U0527615

厦门大学棋人棋事

苏华江　许云昆等　著

2016年·厦门

图书在版编目（CIP）数据

厦门大学棋人棋事 / 苏华江，许云昆等著. —厦门：鹭江出版社，2016.9
ISBN 978-7-5459-1199-2

Ⅰ.①厦… Ⅱ.①苏… ②许… Ⅲ.①厦门大学—围棋—史料 Ⅳ.①G891.3

中国版本图书馆CIP数据核字（2016）第118177号

XIAMEN DAXUE QIREN QISHI
厦门大学棋人棋事
苏华江　许云昆等　著

出版发行：	海峡出版发行集团		
	鹭江出版社		
地　址：	厦门市湖明路22号	邮政编码：	361004
印　刷：	厦门市竞成印刷有限公司		
地　址：	厦门市湖里后坑前社37号	邮政编码：	361005
开　本：	700mm×1000mm　1/16		
插　页：	4		
印　张：	23.25		
字　数：	278千字		
版　次：	2016年9月第1版　2016年9月第1次印刷		
书　号：	ISBN 978-7-5459-1199-2		
定　价：	68.00元		

如有发现印装质量问题，请寄承印厂调换。

序

围棋很美，美在简单，美在深奥。黑白两色，极简规则，演绎着变幻，阐释着哲理，令人痴迷一生。

大学很美，美在激情，美在纯真。读书打球，听歌吹牛，塑造着人格，缔结着情谊，令人追忆一生。

试想，当围棋遇到大学，那该是多么的美！

恰巧，我有一群学弟学妹书写了围棋与大学的美丽故事。

80年代，他们震撼于聂卫平在擂台上的神勇，由此爱上了围棋，随后相聚于东海之滨的厦门大学。这是缘分之美。

90年代，他们组建了厦大围棋队，校内合纵连横，校外南征北战，留下无数棋局棋事。这是兴趣之美。

20世纪，毕业立业、天各一方的他们，又相聚于网络博客，用文字和图片记载青春。进而集结成《厦门大学棋人棋事》，记录翔实、情感真切，读来不忍释卷。这是情怀之美。

去年，艺奇出任厦门市围棋协会主席，提议在母校95周年庆之际，成立厦大校友围棋会，并将此书印刷分发，还嘱我作序。同为南强棋迷，欣聊几句以贺之。

最后，感谢云昆华江诸学弟的美丽故事！感恩母校围棋给我们的美丽人生！

中国围棋协会副主席
厦门大学中文系8001校友
陈秋雄
2016年4月

难忘的瞬间

1993年10月，厦门大学首次单独组队，进京参加全国大学生团体选拔赛，荣获季军，并巧遇围棋巨匠吴清源先生。

1993年8月，福建高校以厦大为主，组队赴贵阳参加第三届全国大学生应氏杯围棋赛，获男子团体第七名。

1994年7月，厦大组队赴兰州参加第四届全国大学生应氏杯围棋赛，获男子团体季军。

1995年8月，厦大组队赴北京参加第五届全国大学生应氏杯围棋赛，获男子团体第五名。

2007年12月，"阿含·桐山杯"中日围棋冠军对抗赛期间，新老校队队员与倪子伟老师相聚于厦门悦华会展酒店。

2016年6月，厦门大学校友围棋会成立，中国围棋协会主席王汝南、中国国家围棋队领队华学明到会祝贺，厦门市围棋协会会长沈艺奇兼任校友围棋会会长。

左图：2015年6月，重返中国棋院。

下图：2016年6月，师生校友联谊。

编者的话

1992－1996 年是厦门大学围棋的一个黄金期，厦大围棋队在三次全国大学生赛中获得两次团体第三、一次第五，此成绩至今仍为纪录。

1992－1996 年是我的大学四年，有幸成为厦大围棋队的一员，亲历了三届比赛，虽战绩一般，但棋内棋外的棋人棋事至今难以忘却。

2007 年，两件事让我翻出老谱重温旧棋，并产生了提笔的冲动：

6 月的一天，晚饭后上棋圣道场逛逛，论坛中一篇《西安交大围棋往事》吸引了我，作者严天鹏与我同年入校，同样参加了兰州与北京两届应氏杯，他在文中两次提到了我，甚至于我俩当年还下过!! 一连串的缘分让我一口气读完了七十八回故事。读到一半，不禁想：写写吧，是呀，该写写了。

8 月，应氏杯在厦大举办，赛前几个队友相约去学校陪小师弟们练棋，下完后，新老队员免不了一块喝喝酒、唱唱歌，酒过三巡，老同志们自然喜欢吹嘘那自封的光荣史。过完嘴瘾，不禁想：写写吧，是呀，该写写了。

……

一不小心，就有了 http://blog.sina.com.cn/pidango 这个名为"南强棋人&映雪棋事"的博客，从开博的第一天起，头尾百来天，我几乎所有的业余时间都用在写贴、读贴、跟贴，真切体验了一回网民生活，其直接代价是肚子又大了一小圈。在网上，我们逐个找回了久无音信的故友，回到了流连忘返的自钦楼与东边社，回到了南征北战的列车上与赛场间。其间一派吹嘘拍马挖苦争辩的热闹劲和原先哪有半点分别！这篇篇文章个个回贴哪是写出来的，分明就是酒意微醺之时一起吹出来的！往事历历在目，故人犹在耳旁，回忆的感觉真好。

再一不小心，又有了把这些文字汇集成册的想法，毕竟辛苦了半天总得看到一个实实在在的东西。继续当了一段身兼多职催稿、拟稿、校对、排版、打印的编辑，历经千辛万苦，总算能把一本 300 余页、15 万字的册子摆在诸位面前，难得说句大实话，不免心里小得意。本册子共分三辑：首先由俺讲述四十九回厦门大学棋人棋事（1992—1996），姑且算是正传；随后轮到云昆兄边作前传边拾遗，足有二十五回；最后仰仗各位大力支持，提供学棋记等诸多佳作，集为《南强棋人共忆映雪棋事》，也算切了博客的题。而每回故事除了正文之外，还附上博客中的精彩评论，读来想必颇为有趣。

又一不小心，稿已送去印刷完毕眼看即将装订，正在预约后天的"首发式"之时，猛然想起好像还应该在前面再说点什么。

三个不小心，就有了这本书，这段话……

再回头一看，巧了：开博日——2007 年 9 月 3 日，我入校十五周年；成书日——2008 年 1 月 18 日，我获厦门冠军后受宫本直毅对局指导 10 周年。而我们说的不就是那时的棋人棋事吗？天意啊！

最后，让我们共同感谢"曾经的厦大、永远的围棋"能把大伙凑在一块，有空多聚聚喔！

皮蛋

2008 年 1 月 16 日夜

【皮蛋】2008 年 1 月成册后，应棋友之需陆续少量加印。此为第五版，更正了原稿的诸多疏漏，补充了一些有趣的评论，还将我和云昆拟写的一些技术心得与盘外花絮，列为第四辑"围棋就像马拉松"。2016 年厦大 95 周年庆、厦大校友围棋会成立之际，承蒙厦门市围棋协会沈艺奇主席、鹭江出版社笪林华社长、《书香两岸》杂志社蔡坚毅副社长等校友鼎力相助正式出版，在此一并致谢。

目 录

第一辑　厦门大学棋人棋事（1992—1996）

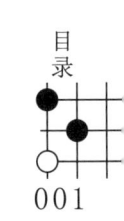

一	南强棋人	/003
二	学前棋缘	/005
三	高手地图	/006
四	挑战师兄	/008
五	初遇彼得	/009
六	五人循环	/013
七	肃然起敬	/016
八	如梦似幻	/018
九	贵阳初赛	/023
十	三方点错	/024
十一	长考臭棋	/026
十二	十六目半	/029
十三	人在旅途	/031
十四	上海印象	/033
十五	巧遇九段	/035
十六	大爆冷门	/036
十七	惜败浙大	/038
十八	昭和棋圣	/040
十九	憾获季军	/043
二十	北京游记	/046
二十一	凯旋之后	/048
二十二	惊艳厦大	/051
二十三	天渊之别	/053
二十四	宿舍拍钟	/058
二十五	连环考试	/061
二十六	奔向兰州	/065
二十七	出师不利	/067

二十八	艰难爬行	/069
二十九	破竹连胜	/071
三十	时来运转	/072
三十一	喜获季军	/075
三十二	难忘兰州	/078
三十三	华山论剑	/083
三十四	西安挨宰	/085
三十五	万感交集	/087
三十六	狼狈不堪	/089
三十七	张罗比赛	/092
三十八	神奇之旅	/093
三十九	风云十局	/097
四十	科仪名人	/099
四十一	再进京城	/101
四十二	郁闷告别	/104
四十三	可圈可点	/108
四十四	打谱趣闻	/112
四十五	聚会逸事	/114
四十六	迎来送往	/117
四十七	小鬼当家	/119
四十八	最后一局	/122
四十九	毕业之后	/124

第二辑　厦门大学棋人棋事——前传与拾遗

一	记忆中的厦大"史前"高手	/129
二	1990年厦大段位赛	/131
三	1990—1991学年往事	/136
四	"沈旋风"横扫厦门	/139
五	蔡建宏"君临"厦大	/141

六	1991年八强赛	/144
七	1992年厦大首届团体赛	/145
八	1992年省运会	/146
九	1992—1993学年拾遗	/149
十	贵阳应氏杯——组队	/152
十一	贵阳应氏杯——赛况	/154
十二	贵阳应氏杯——惊魂	/158
十三	北京团体赛——参赛	/161
十四	北京团体赛——旅程	/164
十五	北京团体赛——对局	/166
十六	北京团体赛——赛后	/171
十七	自钦楼基地	/173
十八	兰州应氏杯——前哨	/178
十九	兰州应氏杯——梦幻	/181
二十	兰州应氏杯——赵栋	/187
二十一	兰州应氏杯——草原	/191
二十二	兰州应氏杯——季军	/193
二十三	兰州应氏杯——游记	/195
二十四	毕业之后——潮州"五建杯"	/198
二十五	毕业之后——风云十局与棋友会	/202
附：厦门大学历届围棋比赛成绩（1988—1995）		/205

第三辑　南强棋人共忆映雪棋事

郭　舰：我的围棋——厦大篇	/211
沈悦海：学棋记	/217
沈悦海：围棋杂忆	/220
许云昆：学棋记	/228
蔡建宏：围棋是一辈子的爱好	/235
张志阳：也谈建宏学棋	/244

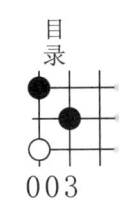

杨　晖：学棋记　　　　　　　　/246
林思风：彼得学棋记　　　　　　/249
潘奕俊：围棋教给我的一课　　　/251
苏华江：皮蛋学棋记　　　　　　/253
卢潮辉：我与皮蛋的中学围棋往事 /260
林志芳：学棋记　　　　　　　　/262
张伟鹏：他们毕业以后　　　　　/266

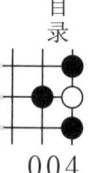

第四辑　围棋就像马拉松

许云昆：围棋漫谈　　　　　　　/273
许云昆：单官技巧进阶　　　　　/294
苏华江：热议十六目半　　　　　/303
苏华江：马拉松　　　　　　　　/327
许云昆：苦难的历程　　　　　　/330
苏华江：围甲观战学习记　　　　/333
许云昆：智运会拾趣　　　　　　/349

第一辑

厦门大学棋人棋事 (1992—1996)

苏华江

一　南强棋人

倪子伟：计算机系教师，厦大围棋协会常任主席，为厦大围棋做了很多实实在在的事，一位有趣而可敬的长者。

许云昆：会计系90级，1994年兰州应氏杯个人第五名，当年联众上赫赫有名的"光辉岁月"，厦大围棋最热心的张罗者，也是当之无愧的最强者，如果没有他的努力，我们不可能参加全国比赛，一切也就无从谈起。

郭　舰：化学系88级，后直读研究生。帅哥加全才，"官至"研究生学生会副主席兼体育部长，研究生队的篮球、足球……，哪都少不了他矫健而帅气的身影。

沈悦海：化学系89级，后直读研究生。一干人等中率先获得厦门冠军，开了个很好很好的头。

杨　晖：历史系91级，长得极像年轻时的吴清源，我们的秀才加导游，诸多妙语的原创者。

林思风：科仪系91级，进厦大很长时间我一直不知他姓甚名谁，只听其舍友称之为"彼得"，极为神似，大伙常拍他"异国情调"的马屁，每逢此时，常颔首之并做自鸣得意状。

蔡建宏：国贸系91级，又一个帅哥加全才，不过是唱歌的"歌"。800米曾获厦大第三名，2分13秒，乖乖。

潘奕俊：计算机92级，1995年北京应氏杯第八名，怪棋加犟脾气，也只有犟脾气才能下得这手好棋。

苏华江：财金系92级，本人，除了绰号"皮蛋"外，其余乏善可陈。大学四年，课余时间一半下棋，一半打排球。

林志芳：法律系 93 级，1994 年兰州应氏杯第四名，自小围棋冠军无数，2006 年获得省运会冠军，乃一干人等中成就最高者。进了厦大后还拿过跳高、排球、足球等一堆冠军，学习成绩还极好，毕业后屡屡对后辈谆谆教导："优秀毕业生光靠下棋是拿不到的，重要的还是成绩！"强调一下，女的。

此外，还有朱建共老师、汤军健、卢潮辉、宋凌春、王培伟、孙杰、张伟鹏等各路英豪，篇幅所限，不再一一详述。

【皮蛋】老有人在问为独何缺了他老人家的大名，我想，每个系都有棋圣，每个宿舍也都有棋王。要都上了岂不得好几十页，所以人物谱的标准是曾代表厦大参加全国比赛者也。

【建宏】想当年，到凌云楼与悦海、郭舰下棋，中盘时喝啤酒，无开酒器。我豪气大发，用嘴咬开，却不料将瓶嘴咬碎，满嘴鲜血。结果，棋自然是下不成了，我被众人送至了厦大医院……

【悦海】说到建宏喝酒，那时候建宏还不大会划拳，我们在贵阳的闭幕式上一起喝酒，建宏豪气大发，要和我划拳，结果被我一抓一个准，哈哈。

【杨晖】相片底片不晓得去哪里了，有点遗憾。那几年下的棋都没记，但很多事倒是很有意思：

倪子伟定式飞刀很多，一上来就丢个目外等你过来挂他就大斜。大半个棋盘都走完了，我就偏不挂，憋死你，搞的老倪很失落，现在想起来很不够意思。以后有缘再同老倪下，四个角一起大斜，正如周星驰说的八个美女同时上吊，何其壮观也。

许云昆下棋声情并茂，到得意处会来那么一句，但凡对方爬一路，他就评价为做鸵鸟状奔跑，或者"把我的悲伤都留给某某（因人而异，在我记忆中是彼得居多），我的啥啥（大龙居多）让我带走"。

彼得名言很多，某次云昆走出刀五，彼得哈哈大笑：敌人走出刀五；转而沉思：小心，刀五也是刀的一种。彼得评棋时，手掌习惯呈 45 度来回运动，现在想来也是刀的一种。

二　学前棋缘

我们每个人的学棋经历虽然各不相同，但有一个共同点：学棋均源于擂台赛老聂的神勇。那真是一个呼唤英雄，也确实能够产生英雄的年代，擂台赛掀起的围棋热遍及全国，各类比赛自然也就多了。由此，创造了我们在入学前相识的契机。

我和云昆早在1988年即下过，那是三明市运动会，他冠军我第四，一盘被翻得很惨的棋。也许从那时起，就注定了我要比赛时赢他一盘是多么的难。说来好笑，那时他最让我佩服的居然是收单官，他先把会出棋的地方先补上后再收单官，在这点上，他比淡路修三和柳时熏都要强，这个好习惯我至今无法养成。

云昆得了冠军，就参加了省赛，遇到了建宏和奕俊，还有志芳。志芳是当然的女子组冠军，想来他们三个青葱少年当时对她除了暗羡之外应无其他接触吧，大家还是以围棋事业为重的，呵呵。一日赛前，潘对许，等待开赛百无聊赖之际，云昆率先打破僵局，扯到本队其他选手战绩尚可，潘依然面无表情，闭目养神之余蹦了一句："今天都会输的！！！"下棋要的就是这股气，想必当时云昆已气矮三分。那盘棋潘赢了，并最终获得了冠军，想来就赢在这段对话上。

……

1992年，我鬼使神差般地报了厦大，上了厦大。揣着一副三块钱的玻璃围棋，我忐忑不安地踏上了上学的火车。那时，又可曾想到自己将迎来甚至亲历厦大围棋的一个黄金期呢？

三　高手地图

到校后，在系里师兄的引领下，我找到宿舍（芙蓉十 703）安顿了下来，从窗口往下一望，天哪，一片杂乱无序、藏污纳垢的平房，这就是大学？瞬间产生了要回家的冲动。1994 年之前入学的厦大学生都知道，它就是"东边社"，一群低矮的临时搭建赫然在厦大校园内顽强生存了 10 余年，搬迁东边社甚至列入了厦门市政府某年的"为民办实事"项目，实乃咄咄怪事。东边社煞风景归煞风景，四年间却让我们渐渐地感觉到了它的好，其间物美价廉的各家小炒店是宿舍班级老乡朋友聚餐的最佳去处，在我们心目中，"城春"的猪脚芋头煲、"中城"的水煮肉片是世界上最好吃的东西。还有很重要的一点：离宿舍近，喝醉了往回扛也很方便。我们宿舍第一次聚餐应该就在"中城"，起因是系里统一组织学生去给电影《陈嘉庚》剧组做群众演员，一人发了 10 元钱的补贴。大伙除了炒田螺、西红柿蛋汤、海砺煎等"名菜"之外居然还喝了点葡萄酒，大快朵颐之下才花了 60 多元，1 人 10 元吃饱喝足还能有剩！现在想想真是太便宜了。

话归原状，在校园生活现状与预期的巨大反差之中，再加上全天候的军训，我自然没有心思下棋，偶尔想下，也听说云昆就在厦大，可大一的新生连校园里的路还认不清楚，找人下棋也就免了。宿舍与班上倒有几位有些基础与兴趣，在我四年的悉心努力下，最后都获得了厦门大学围棋协会颁发的初段证书，成为他们毕业后可供吹嘘的资历之一，不过那也是后话。我那副玻璃围棋的主要用途是五子棋，但很快也没有人下了，因为它根本没有八十分和拱猪好玩，更没有那种热闹。

军训终于结束了，校园的路也认得差不多了，没有围棋的日子也到头了。一天课后，路过三家村，公告栏上赫然贴着一份围棋协会招收会员的通知，还要举行一年一度的段位赛！宛如走散已久的共产党员终于找到了组织，我兴冲冲地去缴费报名。

随后的一天中午，吃罢午饭正欲入睡，门外传来敲门声："苏华江在吗？"睡眼惺忪地开门一看，一个显然是老生的陌生人，但隐约又有些面熟，以为又是哪个师兄来找小老乡。"你是？……""我是许云昆。"喔，看来不仅是找到了组织，还找到了支部书记，不禁喜出望外。双方聊了一会，许叫我拿了个本子，刷刷刷写下了一串姓名、专业与地址，如91历史芙蓉四216杨晖，89化学芙蓉一314沈悦海等，约有10个人。飘然而去之前甩下一句："这些是厦大下得比较好的，你可以找他们，不过大四的就别去了，他们很多要考研，比较忙。"

就这样，我得到了一份厦大高手地图。

【建宏】呵呵，东边社！多少柔情多少泪！

【志芳】对于东边社,我是不熟悉的,当年在学校时,厦大还有老区、新区之分,二者之间的距离在我看来还是蛮遥远的,我们住在新区的学生,戏称新区是厦大的郊区,当年新区人都十分羡慕老区人,向往老区的繁华,到厦大一条街逛逛,就像是进了城。记忆中，我没到过东边社吃饭……

【皮蛋】可惜啊，没在东边社搓过，厦大算是白过了20%……

【皮蛋】说到芙蓉十，有件事不能不提。2007年秋，一家人去厦大玩。那时因孩子他妈正在厦大深造有张饭卡，遂一块去食堂吃午饭。饭后恰好经过芙蓉十，兴致之下带儿子上楼去参观他老爸的"故居"，走到一半，一女生拿水壶、饭盆下楼，不禁心想："喔，现在学生谈恋爱，连饭都可以不用下楼打了，太幸福啦。"继续上了两层楼，又见一女生持同样装备，又想："喔，看来这是普遍现象，俺落伍了。"到了7楼，拐弯后把头一抬，晕，全是女生衣服！芙蓉十居然已经成女生宿舍了！！立马落荒而逃……

四　挑战师兄

许的高手地图上，有两位是我们财金系的师兄，89国金的林毅峰和89财政的孟繁荣。顺便说一下，孟是一个罕见的全才，玩什么都溜，足球是系队主力右前卫，夺得过厦大三连冠，印象极深的是其穿着长裤脚后跟过人，除此之外，此君还弹着一手好吉他，据说还有其他一系列的特长。财金系那时是厦大的第一大系，高分很多，人才济济。

新生对老大哥还颇有些敬畏的，再加上我对自己的棋到底算个什么水准也没底，同时还有云昆不要打搅毕业生的交代，因此我并没有主动去找他们。反倒是一天晚上，林师兄把我拖到了他在五楼的宿舍，刷刷就摆开了，下了我到厦大后的第一盘紧棋。棋赢得比较顺利，好像是连赢了两盘，可惜没记下来，印象最深的反倒旁观者的一句玩笑。一位师兄看着我身上新系服的商标"luckbird"，自言自语："喔，幸运鸟，幸运鸟就是不长毛的鸟。"引来一阵哄堂大笑。扎堆看热闹，如打牌、下棋、看足球等，而且看的人比玩的还急，是那时的校园一景，也不知现在是否依然。

赢了棋，回到宿舍我也没觉得什么，谁知后面几天陆续又有一些师兄叫去下棋，也都比较轻松地赢了，慢慢地有了一点小自信：我的棋在系里应该还不算差吧。多年之后，有一次在网上偶然看到孟繁荣的一篇文章，在回忆他本人光辉岁月的同时居然还提到了我，文中写道："……在92级的苏华江到来之前，我一直是系里的NO.1。"嘿嘿，原来如此，想想也难怪，那时的几盘棋倒可以称之为"横扫"吧，一干师兄有所触动倒也正常。

五　初遇彼得

许的高手地图上，不知为什么并没有彼得，其实彼得与我同楼同层，我住703，他住714，在楼梯的另一侧。一天洗澡，照例去本侧的水房，但见所有水龙头都张大着嘴巴——停水了（这在当时的厦大是常事，常见89级的师兄爬到楼顶的水塔边打水洗，也算是穷极思变，后来我们成老生了也常干这事，在楼顶无遮无拦地看着厦大的万家灯火，还在洗澡，真……）。只好跑到另一侧的水房，匆匆地冲了个澡，路过714，嘿，一堆人围着，里面有人在下棋。

抱着脸盆在一旁看了一会，是一盘让子棋，白棋下得还不错，再加上连哄带骗，威胁加利诱，很搞笑地赢了下来。一片哄笑之中，我跳了出来，下一盘吧。对方一愣，倒也同意了，那时围棋热，会下的人多，这应是常有的事。

学生下棋不比棋社赌棋，没有必要隐瞒实力，几步棋下来，双方也都知道了对方的分量，不由得认真了起来。只有旁观者还在一如既往地插科打诨，左一句彼得，右一句彼得，不由得让我怀疑是否正在和老外下棋。抽空一瞅，对方的鼻子又大又直，眉宇之间还真有点异国情调，贴切，大学生起外号就是有技术含量，呵呵。

也许迷惑于对方的异国情调，我的黑棋满盘追杀，最终却被白棋神乎其神地一一活出后反咬了一大口。黑中盘告负，这是我在厦大的第一盘输棋。也是第一盘有记谱的棋，现在看来棋的内容还颇为有趣，一块看看吧。

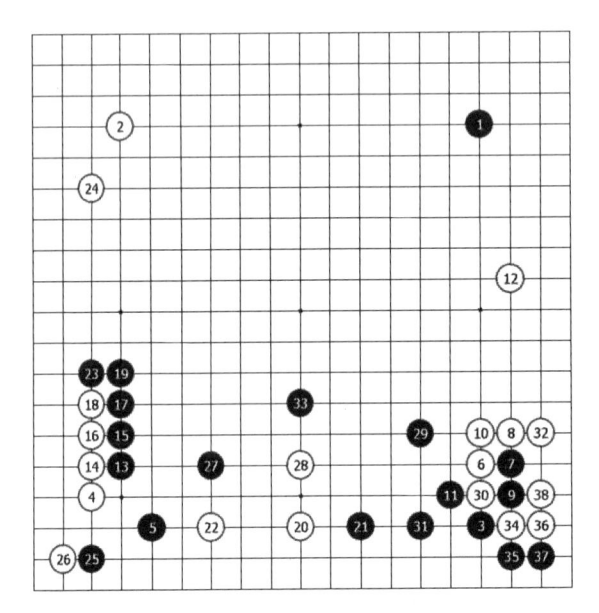

我执黑。左下角白棋连爬四个好像是前无古人后无来者，一种先手活的感觉。

33镇，白居然理都不理，又去右下角收了个大官子！俨然还在下让子棋。

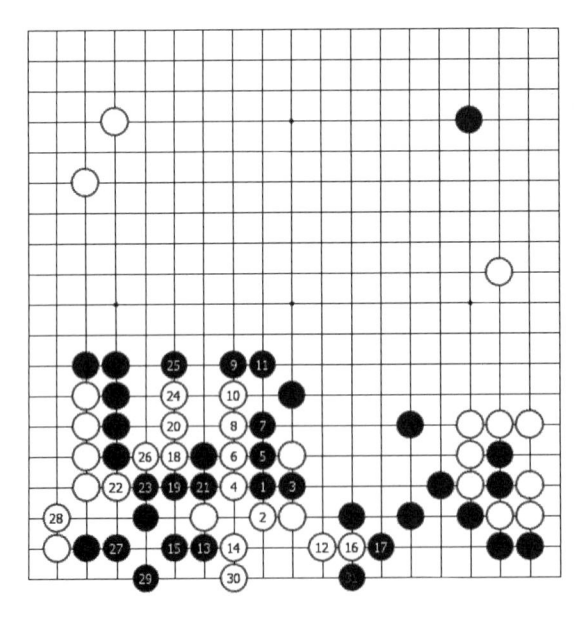

愤怒之下的黑棋开始吃棋，可惜方法不对，外围显然有缺陷。

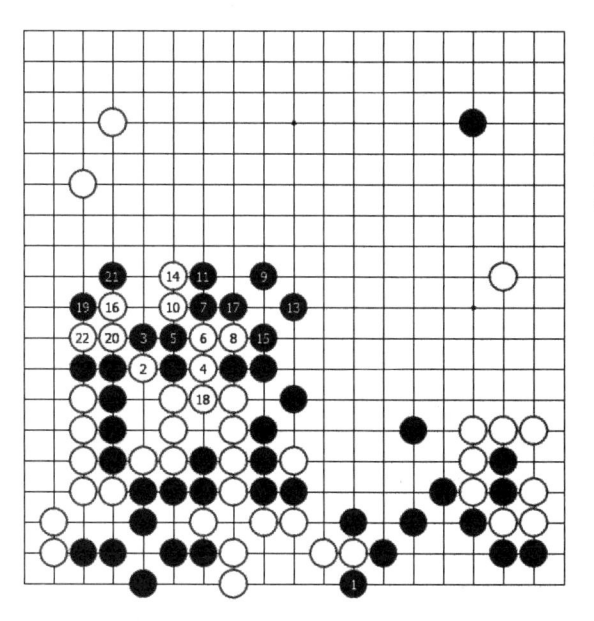

黑 9 实在是有点操之过急了，被 10 一断，吃炸了。

白 12＝9 下。

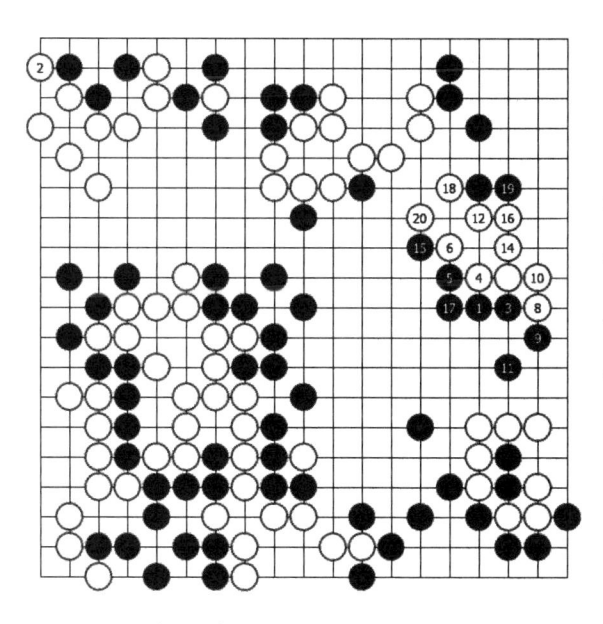

左上角劫争后黑 1、3 穿下。可白 4 居然不顾右下死活，还要跑！这也太黑了，至 21，右下角的白棋应该是瓮中之鳖了吧。

黑 7＝12 下

黑 13＝12 左

五 初遇彼得

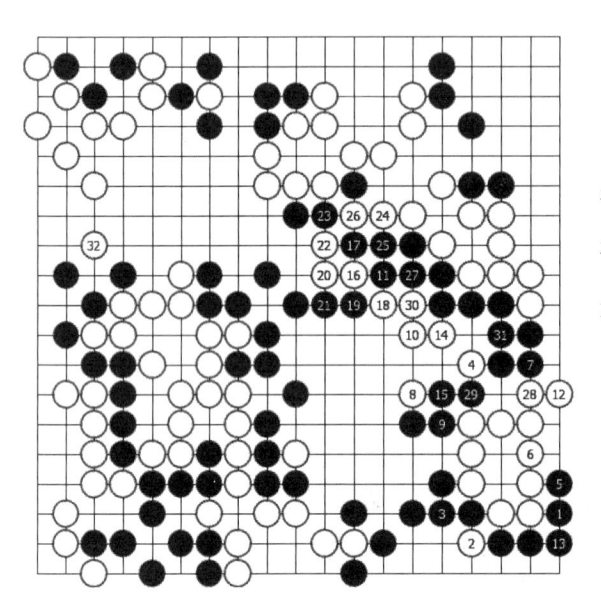

终局谱，实在是很遗憾，黑17显然是被借劲了，白棋居然先手活，黑大势去矣。

六　五人循环

1992年10月11日,期待已久的段位赛拉开了战幕,有36人参加,共九轮。比赛地点是化学报告厅,一个阶梯形的教室,阶梯教室?两个人坐下来,一高一矮,而且椅子靠背朝的是同一个方向,这可怎么下棋?莫非下面的那位是坐在桌子上,或是站着?无法想象。

高手地图上参加比赛的并不多,只有杨晖和倪子伟老师,成名棋手虽然不多,但比赛水平还是有保障的。受擂台赛的影响,那时爱下棋的人很多,水平也都不低,如按现在的标准,估计前30名都能有业余初段以上的水平。当然,现在的业余段位标准是宽了许多,与当年比估计会差个一段以上。

比赛的第一轮,对手是一个本系90级的师兄,原先没下过,自信已经横扫系里的我下到了150手左右还不见优势,不免有些着急。后面抓了对手的一个漏着,在他空中活了一块方才搞定。这再次证明了比赛的厚度:谁都差不到哪去,一不小心就会被咬上一口。

比赛渐入佳境,我第二轮就输给了同为92级新生的林仁杰,随后一鼓作气五连胜,其间还赢了杨晖和倪老师,第八轮输给了92级新生潘奕俊,最后一轮赢了高中的老伙伴卢潮辉(卢最终第六)。10月25日晚,9轮比赛全部结束。

名次呢?出了一个小奇迹,林仁杰、潘奕俊、杨晖、我、倪老师(前五名的顺序),五个人之间相互全对了个遍,小循环都是2胜2负,大分全是7胜2负。最终比小分按前述顺序排定了名次,我拿了第四,捧了本厦大2段证书回宿舍。从学棋至今参加了不少比赛,也听说过不少比赛,三循环常见了,五循环比小分却仅此一次。

【潮辉】我这第六名是第二梯队的领头羊，6 胜 3 负，和第三至五名一起获得了 2 段。那一次太幸运了，6 胜 3 负有好几个，但是第 7 名是 5 胜 4 负，化学系的，名字我忘了，这哥们小分贼高，追上了所有的 6 胜 3 负除了我，只差了零点几分，真是惊险之极啊！还有一个小插曲：第二轮对手弃权，本以为白捡一盘，结果第二天，许云昆找到我，说对手要和我补赛，抱着友谊第一、比赛第二的想法就答应了，结果在云昆宿舍重下了，对手是潘奕俊，实力不济输了。

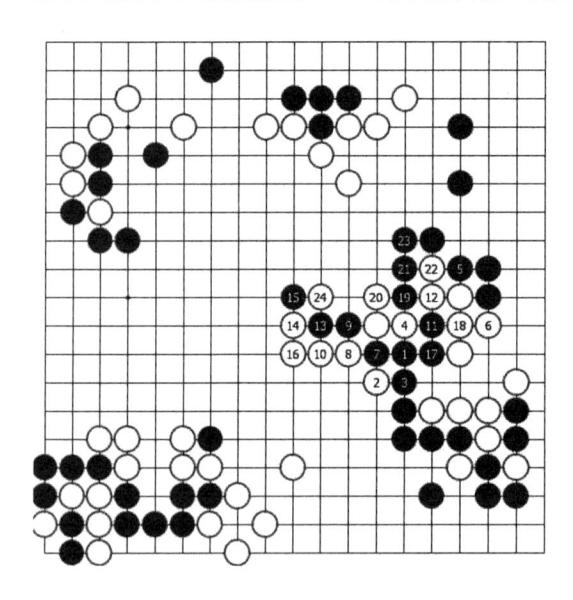

第六轮对杨晖，我执黑，目前黑地多，白厚实。黑棋借冲击右边兼消厚势，但白居然两边都要，难道右边没问题？

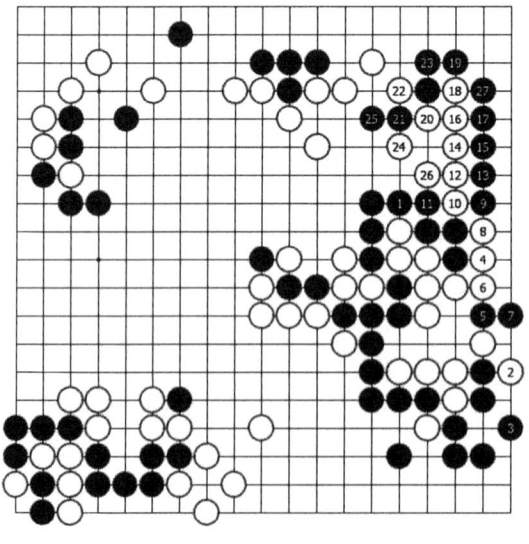

估计白棋是漏看了黑 5 的夹，以为至少能混个打劫。结果黑 5 夹，19 扳，白棋上边的厚势刚好都用不上，白全死，黑大获全胜。

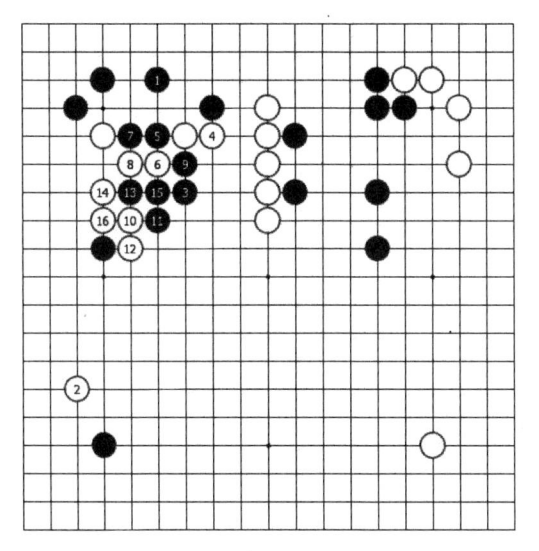

第八轮对潘奕俊，我执白。黑布局时把白刺成一根棍子显然不对。但白2得意忘形，漏了上边尖刺先手补断的必要次序。现在看来，黑3可能不成立，白现在尖应该也来得及。但无论如何，黑3体现了才气，赞一个。

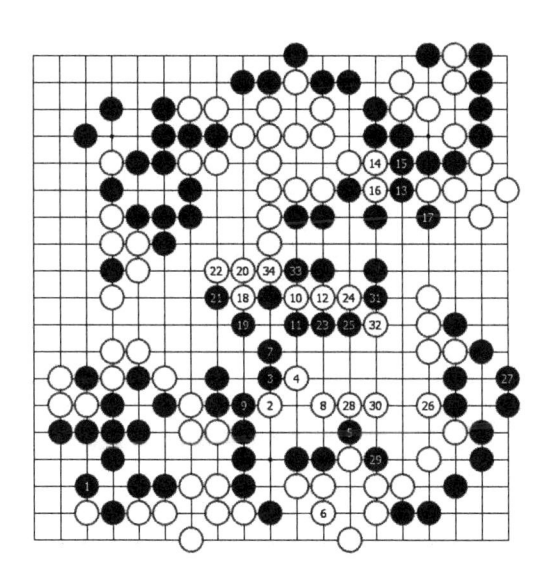

白在右上角和右边两处误算，实地大差，只好白2以下吃棋，实在是勉为其难，被黑轻松搞定。从整盘棋的进程来看，我在力量上和潘是有差距的，如何躲开潘先生的中盘重拳也就成了今后两人对抗的主旋律。

七　肃然起敬

肃然起敬？此话怎讲？容我慢慢从头道来。

段位赛战罢，我拿了本厦大 2 段证书，一个多月之内上上课、打打球、写写信、甩甩牌，大学生活慢慢步入"正轨"，倒也乐得逍遥。11 月底，云昆又找上门，相约参加厦门市个人赛。比赛地点在原厦门棋院，现中山公园的动物园旁，离厦大可不近，许云昆、潘奕俊、杨晖、郭舰还有我，五个人组成了"厦大兵团"每天骑着车浩浩荡荡地杀向棋院。

比赛共 7 轮，居然比厦大比赛还少两轮，我前六轮 3 胜 3 负，退出了名次竞争者的行列，很不幸有两盘是窝里斗，输给了许和潘。最后一轮之前，全场已无全胜，许 5 胜 1 负，取胜则有夺冠希望。潘、杨、郭 4 胜 2 负，赢了均有望进前六。为了战友的小分，虽然名次无望，最后一轮我也得去！原本打算对手也不会来，到了签个字即可。谁知对手是一个中学生，竟然也来了，也不知是以下棋为己任，还是也肩负着挣小分的重任。两人只好摆开棋盘无欲无求、天昏地暗地杀将起来，幸好以 3 目半小胜，圆满地完成任务，开始看棋。

杨晖和郭舰居然最后一轮对上了，和许、潘的名次计划无关，他们的任务是要产生一个小分更高的人去竞争名次。可小分由不得他们，而取决于先前的对手表现，怎么办呢？没办法，边下边看，见机行事吧。比赛开始了，他们先让钟走走停停，停停走走，腾出了 20 分钟的"机动"时间，同时棋也不能太离谱，得呈胶着状态。随着其他盘次的结果陆续出来，他们的胜负要求也在不断摇摆，两人一边商议计算着一边在下棋，其窃窃私语的专注神情颇为搞笑。直到最终引起裁判长的注意，正襟危坐于一旁，两人方开始进入"激烈"的官子角逐。

比赛的最终结果出来了，许不负众望，取胜对手后以 4 个小分的优势夺冠，潘第四，杨晖和郭舰之间的胜者最终名列第七守门，白忙了一场。厦大兵团随即骑车班师凯旋。许自然免不了请客，这也是我们的第一次聚餐，当然是在东边社，平生第一次吃到了城春的"猪脚芋头煲"，好吃。顺便说一下，那时聚餐可是件奢侈事，一个月 200 元的生活费，一次吃掉个大几十的可不得了。因此往往聚餐一次之后，东家就得吃上个几天的泡面才得以缓解经济危机。同样的情况也发生在宿舍，身为宿舍长，我想了个好办法：每逢舍友生日，其他七个人一人掏十块，剩下的寿星做东，四年下来倒也其乐融融、各得其所、不亦乐乎。

回到围棋，鉴于厦大的良好战绩，云昆在次年协会的招生简章中洋洋洒洒地写道："……，多次取得良好成绩，在厦门棋界，提起厦大兵团，无不肃然起敬！"呵呵。

绕了一圈，肃然起敬的来历算是说清楚了，但故事还没有完。2003年，我又回到了厦大读书，一日恰逢"12·9"，厦大社团的集体活动日，信步走到围棋协会摊前，自然已是物是人非，和他们前言不搭后语地聊了几句，顺手拿起一份材料，我的天，"肃然起敬"依然赫然在目！！整整"肃然起敬"了 10 年啊。次日上班面呈云昆过目，不禁相视大笑。

【云昆】当时奖金 80 元，可称巨额，一群人去东边社吃了 56 元，哈哈，实在太便宜了。

八　如梦似幻

　　厦大围棋协会的传统赛事有两个，一个是上学期的段位赛，旨在挖掘新人，另一个是下学期的团体赛。1993年初，为选拔应氏杯参赛人选，用首届"棋王赛"替代了团体赛，棋王赛是一个有门槛的比赛，厦大2段以上的棋手才能参加，相当于"名手赛"。这样既保证了比赛的质量与强度，同时也降低了抽签位次对于小分的影响，我当然欢迎，只是不知道稍微差一些的同学持何种看法。

　　首届"棋王赛"是难忘的，比赛的高强度带来了精神上的高投入，每晚下完回到宿舍，脑袋里全是棋，毫无睡意。那时可没条件抱一瓶啤酒来喝，只好抱了张板凳，坐到路灯下，要么翻翻闲书，要么呆呆傻傻地想心事，好一会儿才想睡。这样一种"放松"、"调整"的方式也只有大学时才有，好在是赢棋了，要是输了可真不知道该咋办，这也算是部分体验了职业棋手的艰辛。当然，除了棋之外，那段时间棋盘外的不如意也让这段经历显得那么的特别与难忘。

　　棋王赛的结果出乎所有人的意料，其中也包括我自己。我居然不可思议地七战全胜夺冠，这也是我在厦大获得的唯一的个人冠军。现在看来，棋的内容一般，运气却好得不行。第一轮顺利胜了刘标，第二轮与杨晖下了一通错进错出的臭棋之后小胜，第三轮对上了许云昆。执白以至今已经绝迹的三三开局，而且是两个三三！一通地域分割之后，白始终保持着优势，形成如下局面。

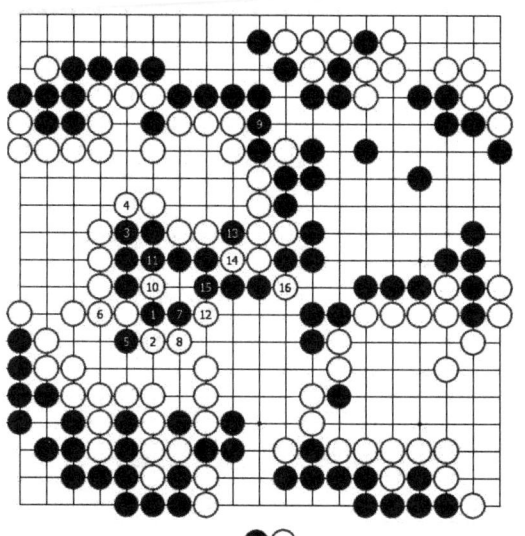

黑 3 撞紧气显然不是好棋，13 挖？！看了半天就是没看懂，14 当仁不让地吃进后，16、18 先手提两子，已然大胜，但却忽略了 13 给白棋带来的缺陷。正由于以上种种机缘凑巧才引发了本局后来的故事。

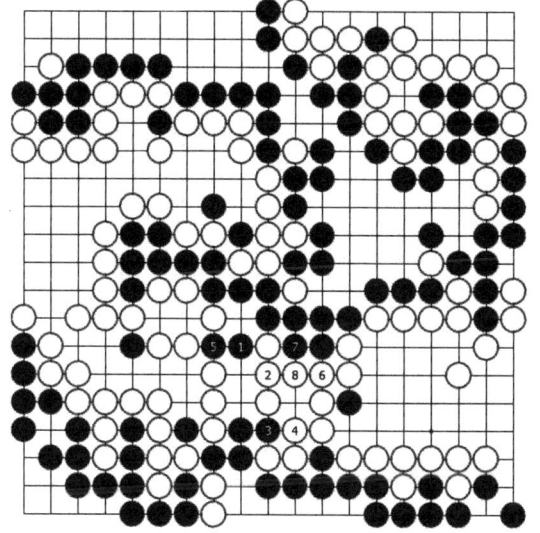

双方又继续地收了一通官子，目前白棋倒贴目都赢多了。中间其实也留心看过几遍，不知怎的就是看不出棋，倔强地就是不补。比赛经验一贯不足的我，居然把狡猾如云昆者当作了一个搞不清胜负，死活都要下到完的臭棋，耐心地陪下。直至最后的一目官子（白 8）。黑 9 图穷而匕现！！一旁的杨晖忍不住笑了起来，"又在最后偷了一盘！！"（所谓"又"是因为第一轮云昆刚偷了孟繁荣一盘，具体由云昆自个描述，详见 P.134）。只有许依然严肃，"好像还是不行！"，确实是不行，白在此局部净损 10 目之后，还能赢 3 目半！真是走运。

第四轮对彼得，全场仅有的两个全胜者对上了。无比艰苦地泡了半天官子，小胜 2 目半，首次胜了彼得。这种棋虽激烈却乏味，也就不列谱了，有趣的是盘外的两个故事。一是彼得也许受不了这种输棋方式，就此甩手不来了！仅仅输了一盘而已呀，路还长着呢！让一干人等目瞪口呆，暗暗叹服。二是在第一轮结束后，一旁观战的蔡雷对我说，彼得的后半盘，简直是"滴水不漏"，让我登时警觉，可下起来却觉得实在不是这么回事。事后聊天，我说通过这盘棋感觉彼得的官子略差，云昆等皆认同，我笑言："看来不是滴水不漏，而是一桶一桶地漏呀。"哈哈大笑之中，彼得就落下了如此恶名，不好意思。

第五轮对潘奕俊，这盘棋充分体现了今后我俩对局的一贯基调，布局我好，在他中盘一通猛搞之下又被他反超，官子中他不出毛病就胜，出了毛病则我胜。只不过这盘棋的起落反差实在是有点离谱。

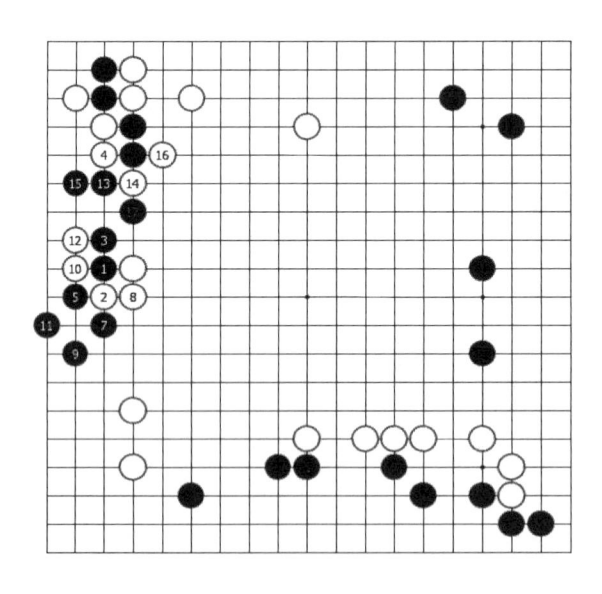

我执黑，面对白左上角的骗着，应以貌似手筋的黑 1，但也不知道是否成立。黑 5 扳时，白 6 居然连扳！13 借劲扳下后，有点复杂，白 14、16 退让。最后 17 打，19 挺，显然黑大优。

如此大优局面，却被白棋左一榔头右一锤子地给搞了回去，现在黑棋已经很吃紧了。但白2、4貌似"次序井然"的收官却让黑5顺手断开了一条超级大龙。白10浑然不觉，15、17、19一把抓起6个白子，嘿，胜负再次颠倒，运气好得让人简直不敢相信。

第六轮对沈悦海，沈因要考研，此前一直深居简出，这是我俩第一次下，结果又让我给捡了一盘。

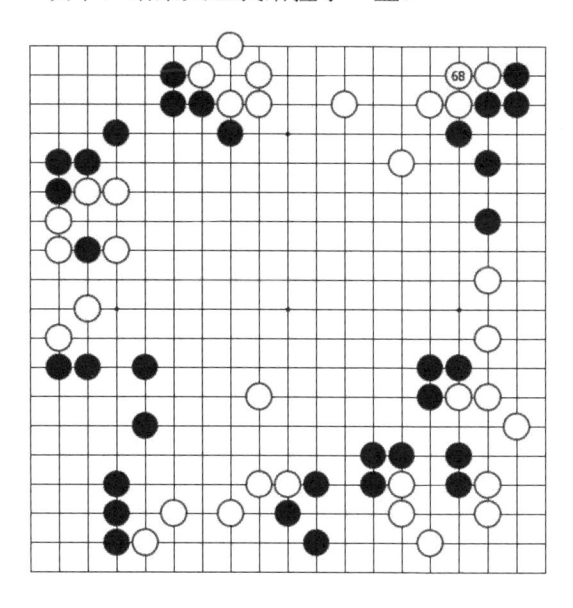

我执白，很显然，那时韩流不盛，还是一个"六超"为样板，小块分割的年代，至68手，我已经不会下了，只好去收了个官子，至今我也不知道该下哪更好。

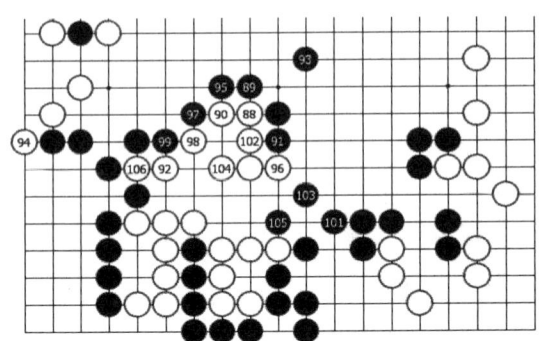

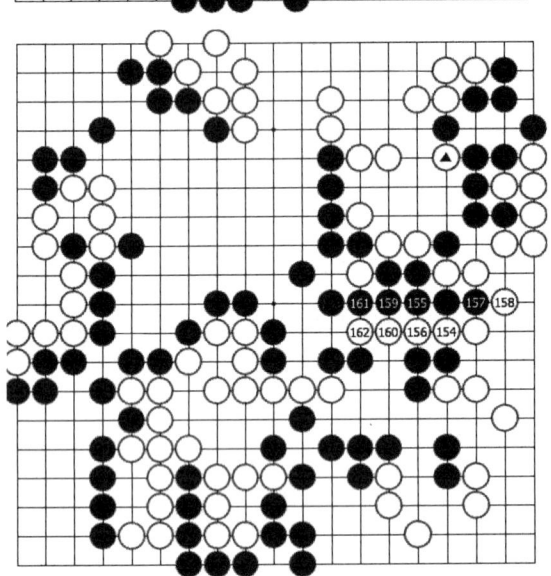

白 94 在最坏的时机扳了一手，被 95 泰山压顶般地压过来后苦活，登时就坏了，还好 105 手软，要在左边先冲再打，更惨。

徒劳的挣扎中，棋局慢慢走向了终点，白▲不知所云地卡了一手，却带来了黑棋的失误，154 冲，155、157 是怎么回事？

160 如水银泻地一般地冲出，最终胜了 3 目半。潘奕俊在一旁摇头叹息："运气好真是没办法"，估计他还在痛悔昨晚的失误吧。

六战全胜后提前锁定了冠军，也是我在厦大唯一的个人冠军，梦。同期举行的象棋棋王赛，冠军是我的高中同学郑闽山，一时间，三明二中包揽了厦大围、象棋王的小传奇在老乡中不胫而走。

【彼得】我中途退场好像有好几次吧，实在是因本人意志薄弱，逆商太低，什么气质清奇云云，唯有苦笑。

九　贵阳初赛

　　1993年暑假的贵阳应氏杯是厦大第一次参加全国赛，但是以福建队的名义，云昆、建宏、悦海、游影（女）以及福大陈旭华去了。男队总共44盘棋赢了22盘，堪堪保本，最终名列团体第七。图中女生是我们系89级师姐，因在黄果树瀑布遇险而大大虚惊一场。各类详情将由云昆补充（详见P.158），包括为什么照片下方会有那些阴影。

【皮蛋】整理文章之时找到这张配文照片，忽觉照片中的建宏与阿伦（谭咏麟）颇为神似，兴冲冲地电话告知，竟然答曰："呵呵，算你有眼光，大家从来都是这么评价的，不论是长相还是唱歌。"唉，受不了，给个杆子就往上爬。

【云昆】皮蛋说我记的谱上有两位小数，其实说来简单，以前记谱，有时是一下完回去就记，那比较清楚，有时是几天后三四盘一起记，那就比较容易出错了，最容易出错的是漏掉交换一个或者数个次序，要重新记或者涂改都不大妥当，于是我就想出了个办法，在需要插入次序的地方用小数点表示。例如第99手和100手之间交换了4手，就可以分别标为99.2（白）、99.3（黑）、99.4（白）、99.5（黑）。有一次，漏了14手，迫不得已，用到了小数点后面第二位……

十　三方点错

1993年暑假刚过，赛季来得格外的早。Why？这得益于云昆出众的社交能力，厦大争取到了去北京参赛的机会，得先内部选拔。而北京的全国大学生团体选拔赛，又缘于一年一度的中日韩大学生对抗，这么说来，如果我们通过了层层选拔，就有机会去韩国！当然比较现实的还是北京，伟大祖国的首都，我们都没去过。

这次比赛后来被云昆誉之为厦大历史上最惨烈的比赛之一，继续冠名以"棋王赛"，成了一个不定期举办的名手赛。地点在凌云二，研究生学生会所在地，进厦大以来的三次比赛，三个地方，颠沛流离。

第一轮又碰上了彼得，前半盘，彼得再展其华丽风采，一路领先之后，又开始习惯性地一桶一桶地漏。从早9点到中午12点，形成如下局面。

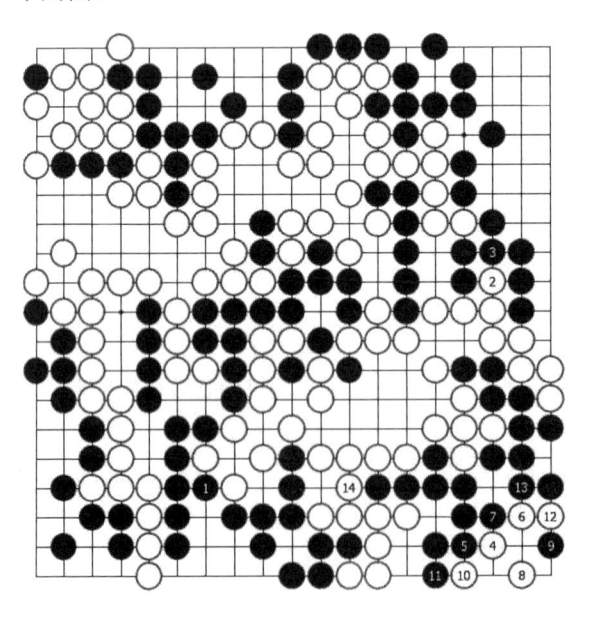

我执黑，漏到现在，彼得已经不大行了，然而黑1忽略了右下角的怪味，白4奋不顾身地点入，开始了最后的拼搏，生生造出了一个缓四气劫来。黑15先打浪费了一个劫材，险些酿成大祸。

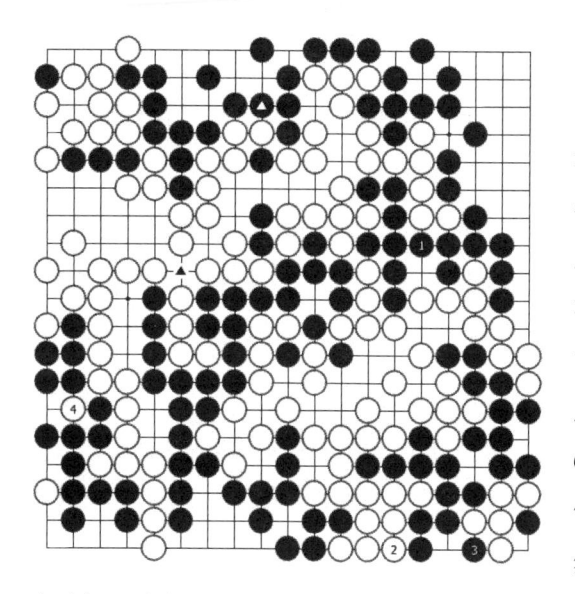

40余手劫争，经历了黑棋△、白▲等非常规应手，黑眼睁睁地看着白一步一步地把劫打成了紧劫。黑现在已无棋可下，只好走一个单官。白2紧劫，黑提劫后显然万劫不应。白4、6提五子后，彼得一愣，倒脱靴！！约等于瞎劫。然而黑鬼使神差般很配合地提了中间四子，被白飞快补上。直至终局已是中午1点半。

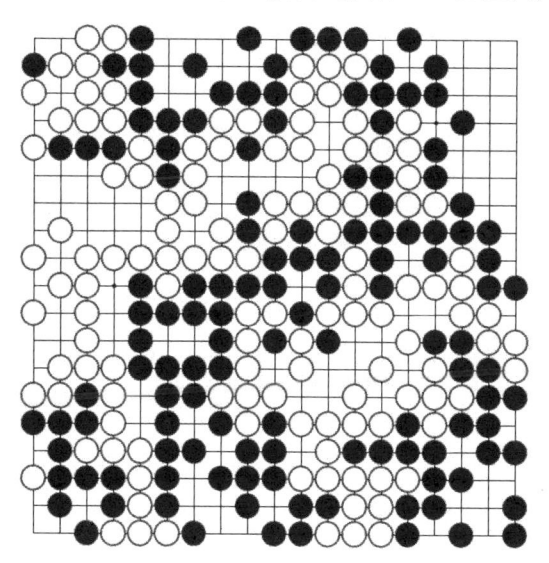

"白半目吧。"我沮丧地叽咕了一句，云昆和彼得都点点头，云昆开始算子……184，黑胜1.5目！什么？三人都不敢相信，饿着肚子重新摆了一遍，还是184！云昆说："不会错的，先填肚子吧，2点了。"回到宿舍再摆一遍，一拍大腿，原来如此：左边坚如磐石般的白棋中，居然暗藏着黑棋两目——该死的倒脱靴。

十一　长考臭棋

险胜彼得，北京好像就在眼前，谁知接连输给了杨晖和云昆，北京又宛如莫斯科一般地远。下一轮对潘奕俊，不能再输了。

昨晚彼得与潘挑灯夜战，彼得在开局就把对方"全部吃光"，随后棋局进入潘的"步调"，潘步步紧逼，林步步长考，熬不住的我们谁也没有看完就先回去睡了。吃罢午饭，忙去找彼得问问结果，可怜而憔悴的彼得正躺在床上哼哼。

"那种棋也输了？""嗯……"正所谓气若游丝。

"搞到几点？"我继续问，彼得无力地伸了个指头，翻了个身，再也懒得理我。

乖乖，晚7点到1点，6个小时，太夸张了吧。晚7点，我和潘的对决开始了。估计已经睡了一整天的潘，精神挺好。

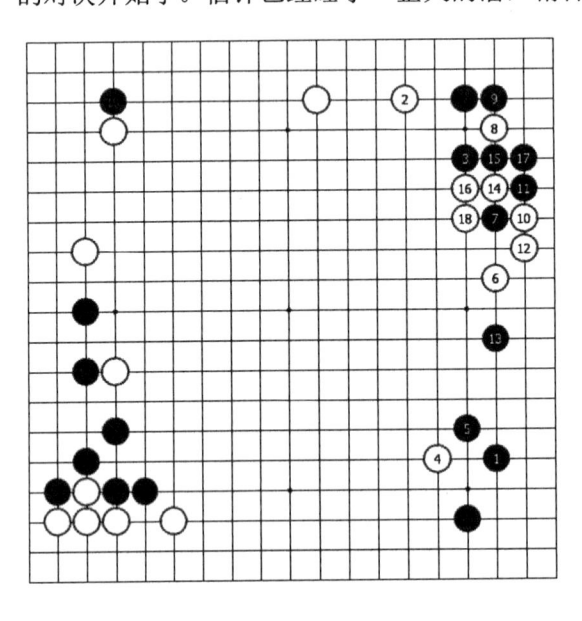

我执黑，坚实地布局积蓄力量以抵挡潘先生的重拳。可白2却开始忙活，一阵眼花缭乱之后，我实在搞不懂白棋在忙些什么，至19的布局黑尚可吧。

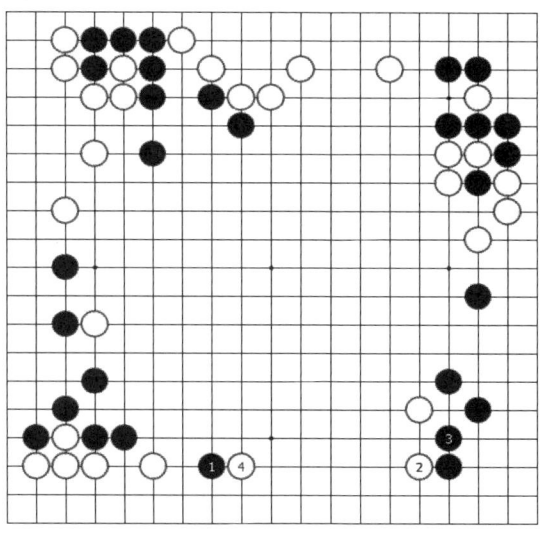

本局最精彩的时刻，黑1逼，白2先手交换后，白4居然从外面碰！真是天外奇想，天知道怎么应。

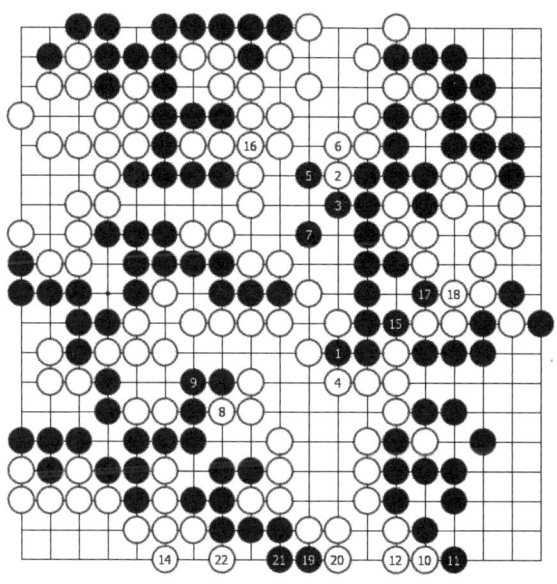

始终咬得很紧，不停地点目、收官，不知不觉之中过了11点、12点、半夜1点。云昆在一旁哈欠连天。时间是耗了，可双方的官子实在是臭得可以，左图简直就是一部官子漏着集锦，只能用走火入魔解释。

最终半夜1点半，黑半目胜。整整6个半小时的臭棋结束了，我精神尚好，只不知潘是否又将和中午的彼得一般。

【奕俊】这些谱我都没记吧。看上去的时候会产生一个喔,过去我下过那么一盘棋?不过白 4 我是理解的,呵呵,毕竟是从我的脑子里蹦出来的招数嘛,有一种本能的理解。白棋在下边没有适当的着手点。左下黑子轻,且有一个透点。下右边两颗白子接,会被黑棋拆二攻。自己拆的话,下边撞在黑小飞上根本成不了地。撞上黑棋一子觉得挺合理的。

【建宏】第一谱白 4 镇再分投,很好,有才气,我很理解;第二谱的白 4 碰,理解不了,所以有才气。如果换个角度,白先拆二,不佳,但还可以看;但黑靠入,明显靠错位置了(左一路就对了),奕俊想:这都会下错?算了让你一着,脱先!

【云昆】俺是理解不了,一定要下,我也就下个肩冲一类的。

【志芳】 呵呵,现在高手对弈不都喜欢碰碰嘛,貌似与众不同,所以,第二谱的白 4 碰,,可以理解,尤其是出自潘奕俊之手,很合理的一步。

【悦海】白 2 要换了我一定去右上挂角。白 4、6 的着法能理解,不过我还是会从 7 位挂入手。白 8、10 很佩服,感觉这里黑被便宜了,可能黑 9 在 15 位挡好些,白如果在右边拆二好像不舒服。谱二里的白 4 实在是奇招。我大概会白 2 在 3 位尖顶、虎,然后高拆一手吧。呵呵,奕俊的怪招是挺折磨人的。

【杨晖】白 4 碰肯定不是好棋,因为黑立一个几乎绝对先手,人家都有两个棋的地方还要一头扎去,不好。

十二　十六目半

苏：一个很怪的题目，为什么呢？1993年9月的选拔赛，如果只用我的两盘棋就打发了，那就远未体现其精彩与激烈，就请云昆讲讲这16目半，同时对比赛来个综述。我毕竟不是组织者，一般只专注下好每一盘棋，总体的跌宕起伏不太在意，再说在意了也没用。

许：我先来把16.5目的谱贴上来，刚才一看时间，是9月18日，唉，在那个万恶的纪念日里，发生点什么倒霉的事，那也不奇怪了。

第二轮对杨晖，我执白。前半盘杨晖下得不错，而我右边下得很见小，到如图局势时白已十分不利。但白1以下苦心的侵消十分成功，显示了战斗力（说实话那时候的棋基本也只会这么硬拱）。白一举奠定了优势。唉，根本就是胜势，但这棋还能输出去，只好说是优势了。

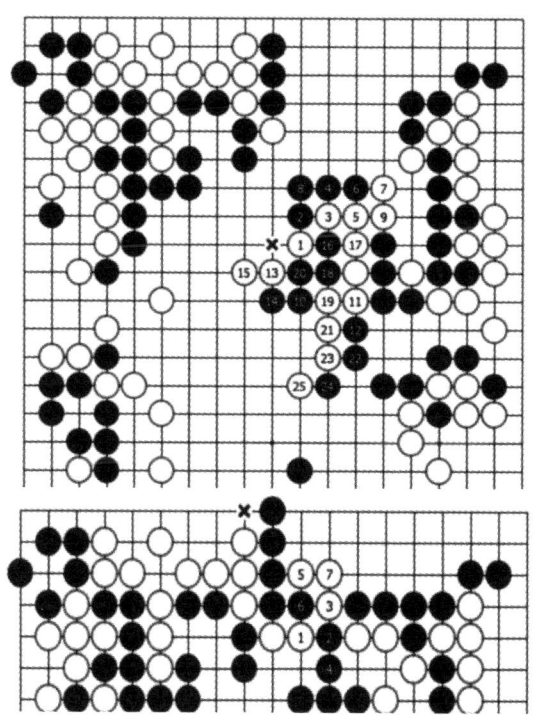

白1忽然发癫，白7悬崖勒马滚打还来得及，但对局时愣是没有看到黑8立一手！各位，你们能点清这里我损了多少吗？呵呵我当时算是损了16目半。最后我输了1目半……

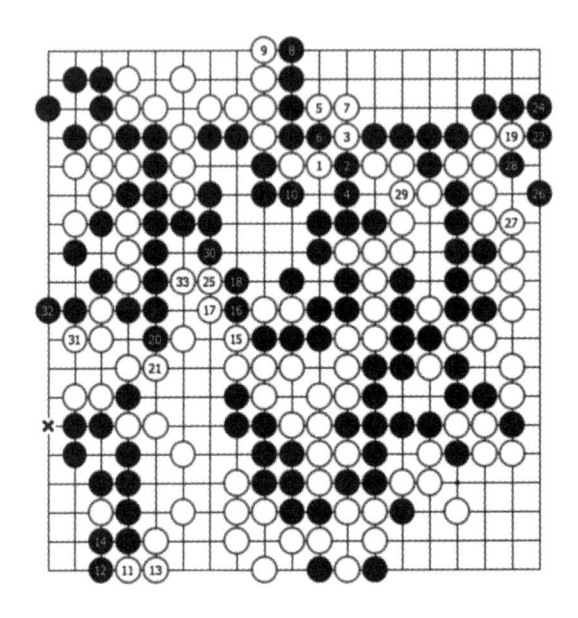

跟贴如云，索性把实战后面的官子都贴上去。这个软件有个问题，贴全谱的时候前面被提的子看不到了。

【奕俊】云昆和皮蛋都是记忆力很好的人，计算能精确到半目，这是我一直很佩服的。在局部，只有精确的计算，才能得到最佳的一手。对于一盘棋而言，你们所需要付出的计算就更多了。围棋之难，就在于计算量复杂到人无法穷尽，这才使得简化思路靠感觉也能混饭吃。嗯，这也是我喜欢它的缘故。

【杨晖】"说实话那时候棋基本也只会这么硬拱"建议把"那时候"删去，以免引起不必要的误会。左上一扳一虎，点进去是手筋，很基本吧，我是用大半个小时才想清楚。所以16目半，就像范伟说的，以我的智商是看不懂的。

【云昆】值此"十六目半"十四周年祭之日，我要偷偷跟杨晖说："那时候也就只会硬拱"中的"那时候"三字，是万万不可删去的，要知道俺早就连硬拱也不会了，如果删去"那时候"，不免对俺的现状产生不必要的误会。

【杨晖】据云昆讲，他29接官子好像有损，但有棋搞，果然最后还在上面搞了个对杀，很热闹，记得那时我还问旁边刀五几气。甚至老潘还夸我有手单提冷静。其实那时候我就像溺水的人一样，双手乱抓，脑袋一片空白，后来还是沈悦海说8目我才知道结果，冷静二字实在是受之有愧。我要说的是：咱穷人也过了一回年，但即便是到年三十，敬业的地主还是来搜刮（现在和谐社会，地主也是社会主义的建设者，不好再加啥别的形容词了），天可怜见，粮食没被他收到而已。

【皮蛋】本文发表后，引来始料不及的热议，跟贴60余篇、1万余字。我把它配图整理，并作进一步研究，最终成文《热议十六目半》，详见 P.303。

十三　人在旅途

六个半小时泡定潘先生之后，北京在向我招手了，最后两轮负悦海、胜军健，3 胜 3 负堪堪保本。这时，云昆出色的外交能力又带来一个消息，只能本科生，研究生不能参加。我们忙了半天忙啥呢！

北京的名单最终是：许、蔡、潘、苏、杨，社交能力又给我们带回了一个好消息，副校长大人拨了每人 1 千元的参赛经费！！天哪，每人 1 千元，一干舍友盯着我，仿佛我就是那 1 千元做的，登时要求去东边社坐坐，美其名曰赛前准备。谁知第二天云昆垂头丧气地又出现了："这家伙昨晚喝醉了，是一个队 1 千元。"得，还好没什么赛前准备，不过有经费总比没有好，出发吧。10 月 2 日下午，五个爷们刚出厦大，正准备习惯性地等待那 800 米以外开来的公共汽车（杨晖语），杨晖响指一打："这么多人，打的！"这是我平生第一次打的。

飞机是不能想象的，那时甚至还没有从厦门直达北京的火车，得去上海转。我始终认为，各种交通工具中，飞机太吵，汽车太颠，都没法玩，轮船没坐过，不知道，因此，火车是最有趣的交通工具。不论是一个、几个还是一群人，都最能体现旅途的乐趣。厦门到上海那时好像要 27 个小时，下午 4 点到次日晚上 7 点，从小到大火车常坐，但还没坐过这么远的。车上的生活是丰富多彩的，除了到了哪个站买买当地的啤酒试个味道外，上车自然就开始聊天，聊了一会儿开始打牌，这估计是绝大多数人的火车经历。

说来好笑，我们在一块基本上不打牌的，可能觉得没什么意思。潘是坚决不打的，杨晖也不爱打，但多亏他有一句名言"三缺一是不道德的行为"，总不好自食其言，只好顶上凑数。牌过三巡，有一盘杨晖坐庄，生猛地报了一对 9，我猛然发觉我也有一根！扔出此牌后举座哗然，痛斥劣质产品之后再无兴致，草草收场。

多亏潘先生带了一幅磁性围棋，那可是《围棋》杂志社有奖竞猜的奖品，是他的传家宝，在今后历次全国赛的旅途中发挥了巨大的作用。除了下联棋等常用套路之外，不知谁提议黑棋任意摆17个子，白棋能活即为赢。最终潘先生发明了大家一致认同的布阵模式：9个星＋4个三三＋4个边星玉柱，颇为有趣。只记得许和潘下时，最终白在角上活了最小的一块（一朵花，一一和二二两个眼），非常搞笑。顺便说一下，火车上看棋的人不少，那时的围棋热可见一斑，现在估计难了。

除了睡觉以外，最好打发时间的就算24，云昆是行家，拿着四张牌出题，诸如"3－5－7－13"、"5－5－5－1"、"3－7－9－13"、"13－13－7－1"之类的，出完题后云昆就开始打瞌睡，留下我们几个拿着牌发傻，直让旁边的乘客觉得我们有病，小睡醒来后云昆不禁洋洋得意"喔，现在刚过衢州，这个嘛挺难，不到金华你估计是想不出来的。"也是奇怪，我们几个在这方面就是略显迟钝，甚至还玩不过若干舍友，后来直到林志芳出现，许才有所收敛。

除此之外，还有自创的人名填字游戏以及人名大比拼，诸如金庸小说人物，日本九段等，轮流说，说不出来者即退场。有一轮说《鹿鼎记》，从韦小宝及其七个老婆开始，一统机关枪之后，眼看弹尽粮绝，杨晖苦思冥想报出一个怪名，颇为得意地笑看许、蔡如何应对，谁知许灵机一动："胖头陀。"蔡自然简单："瘦头陀。"可怜的杨晖，去哪里找"中头陀、小头陀"呢？登时张口结舌，无奈中盘认输。许再一次地洋洋得意，这叫"打将"，如果说《笑傲江湖》，也留着最后一招打将题材——桃谷六仙。三人大笑，当时尚未涉足金庸小说的我只好在一旁跟着傻笑，呵呵。

各种节目之余，上海到了。

十四　上海印象

　　信步出了上海站，在一个阿姨的引领下找了间旅社安顿了下来。饭总是要吃的，旅社旁小店的酱牛肉可真不错，还要了两瓶啤酒，潘先生一摸："老板，啤酒没冰呀？"答曰："都十月了啤酒还要冰？""岂有此理，啤酒没有冰怎么能喝？""岂有此理"是潘先生的口头禅，我们不以为意，但啤酒没冰不能喝，我们就不以为然了，但没想到几年后在体坛周报上看到马晓春也持同样观点，不禁肃然起敬。

　　上海去北京的车票是次日晚上的，我们抓紧时间转了转，外滩、南京路、城隍庙等等，就差没去襄阳公园领会一下那里的棋人棋事，那时东方明珠刚建，第一个球还没好。往后头尾三年，我们每年在上海转一次车，都有去看看东方明珠，也算看着它长大。

　　注：找了半天也没有找到一张五个人的合影，大概是轮流照相吧，大家千万别小看云昆手上的包，那里面可藏着我们的公款，巨款呀。

　　光看路名，到了上海仿佛就到了全国，从西藏路到福建路应有尽有。翻看地图之时，猛然发现我们正在黄陂北路，我灵机一动："去190号看看《围棋》编辑部吧。"除了杨晖嗤之以鼻外，其余三个出于

"朝圣"之情均表赞成。穿过几条马路之后，发现目的地竟然连一个可以拍照的地方都没有，悻悻离去，一路之上自然免不了杨晖的唠叨。

上海的哥很守规矩，我们五个人很难打的，理由是超载，好说歹说找着了一个，条件是如果被抓了罚款我们出。潘先生凭着个子理所当然地占据着前排，我、云昆、建宏坐后排，杨晖只好趴在我们腿上，以免被交警察发现后排的四个脑袋。过一十字路口，正遇红灯短停，不堪忍受的杨晖长舒了一口气："到啦？"正欲抬头，却被我们以迅雷不及掩耳之势给按了下去，交警就站在车旁呢！

一天时间很快就过了，我们再次踏上了进京的火车，一路上继续着睡觉、喝酒、聊天、打牌、下棋、算24的节目，10月5日下午，头尾颠簸了四天之后，我们终于来到了向往已久的首都。

【建宏】云昆的24点啊，那水平是相当的高。经常让我怀疑自己读了十几年书是不是坐火车时一站一站地往外扔，到终点站时回到了幼儿园？不过，手指头有长短，云昆也有很菜的地方，想听吗？嘿嘿，那就是：云昆是个路盲，只要拐个弯，他立马不知东西南北、上下左右……

【皮蛋】说到24，还有个很有趣的故事，有次我和雄哥在宿舍玩24，碰到了"1-3-4-6"，这么好的数字，却怎么也算不出来，真是奇了，心有不甘之余倒颇有如获至宝之感。改天考云昆，"哈，你这才知道，此题无解！"至此也算告一段落了。两年后云昆毕业，一日到公司图书室看书，赫然发现一本24的书，列出了从1111到9999各种组合的全部算法。云昆兴致勃勃地翻到1346……，当场晕倒，此题居然有解！！6/（1-3/4）。

【刘标】自从云昆算出庄家对K冲出的存活概率为21.6%，并得到数学系同学的支持后，他奠定了班上"拖拉机"的霸主地位，牌桌上"凡是云昆说的都是真理"、"看云昆打牌是一种艺术享受"不绝于耳，云昆就是这样在一片"马屁声"中被熏大。其实，光从打牌的角度，无论2/9还是21.6%都不会影响决策，基本上对K都会往外冲。但是如果做科研之类的话，这点微小差距足以导致"嫦娥X号"上天失败。当然云昆已不太可能为航天事业干一些科研技术上的活了，不过他特别适合去搞六西格玛管理，呵呵，瞧我这马屁又拍上了。再揭一个底：云昆之所以为厦大围棋鞠躬尽瘁的，并不是人格上有多么高尚，而是因为他的血管里流淌着"劳模"的DNA——生于5月1日。所以，千万不要被他的表面现象迷惑了。

十五　巧遇九段

北京的黄皮面的就是好，10公里10元起步，以后每公里1.5元，便宜。司机在听了我们说了半天中国棋院后依然两眼茫然，好在找到地图（或是地址）上标着"玉蜓桥"，登时就回过神来，带着我们顺利到达了棋院。顺便说一下，全国各地打的和问路方式可谓各具特色，北京得说××桥往东南西北，上海要说××路和××路交叉，厦门小，说××单位或××路几号基本上就能找得到。

棋院已下班，云昆再次凭着出色的社交能力找到了联络人，对方在电话里交代了几句，一位长者叫住了正好路过的曹大元："曹大，麻烦带这几个大学生去招待所，参赛的。"天哪，我们用这种方式与九段实现了零距离接触，一路上没话找话，当然，是不太敢拿杨晖的名字开玩笑的。曹九段很和气，一一解答了我们的问题，只是两次回避了他当天十强赛首轮的战绩，这让我们有理由确信，他一定输了。

第二天到棋院报到时顺便一看成绩，曹九段赢了，赢了谁，杨晖！曹九段的爱人，呵呵。说笑之余还拿到了秩序册，登时就傻了眼。另外五个队分别是上外、浙大、清华、北师大、中科大，云昆对着名单，一一说着对手在贵阳应氏杯的战绩，诸如刘威、朱海元、项雪松、王梦宇等都是前十二名的名手。还有一些较为有名的新生，如杜景宇、王亦青（现俞斌夫人）、李忆宁等。让我们越听脸越绿，这可怎么玩？！我们叽咕着是否趁别人不熟，搞搞田忌赛马，但思来想去也没什么好招，算了，反正主要目的是来北京玩玩，顺便下下棋，按原计划来吧，许、蔡、潘、苏、杨。

下午，第一轮对上外，贵阳的团体冠军，死定了。

十六　大爆冷门

抱着一副"死猪不怕开水烫"的心态，我们开始了与上外的比赛，我在第四台对朱海元。朱乃科班出身，在次年的兰州应氏杯上获得第四，算是那时的大学生名手。朱下棋的样子挺凶：双唇紧闭、表情坚定、拍子硬朗、气势很足。初涉世面的我本来就底气不足，被这气势搞得方寸大乱，一路溃不成军，早早中盘认输，好像是全场15盘棋中最早结束的。

沮丧的我看了一下另外几盘，似乎都不大妙，难道要被剃光头？心情大坏的我一会儿去隔壁看十强赛，一会儿转回来关心赛况。来来去去之间，奇迹渐渐出现了。

云昆在第一台赢了，赢了刘威！一个棋帅人也帅的上海小生，朱海元称之为"刘4段"，那时的4段恐怕至少相当于现在的强业5吧，真不容易。就请云昆附上这盘棋，并吹吹牛皮吧。

建宏在第二台输了，他一如既往地绷紧了杀，结果碰上了袅袅婷婷却拳头极硬的王亦青，自然招架不住。

杨晖在第五台，正处于双重郁闷之中，局势不好乃其一，对他来说更无法忍受的是赛场不能抽烟，可怜的杨晖棋局吃紧，根本无暇溜出去过瘾，只好拿支烟在鼻子旁翻来覆去地闻闻烟味，算是解馋，闻着闻着，棋居然慢慢地好了起来，最终胜出。

2∶2，我们居然和上外打平了，两个队8个人都围到了第三台边。

潘先生和李忆宁的激战已进入尾声，局面极细，且时间均仅剩1至2分钟，双方在飞快地收着小官子，我们眼花缭乱之下根本无法把空点清。眼看即将收单官之际，潘居然扑劫，李提，潘让，李粘！！天哪，净损一目！！！我们简直要集体晕倒，强撑着看完收单官，黑收后！还好，这一目对胜负没有实质性影响。

谁都搞不清楚胜负，裁判开始数子了，云昆也不懂从哪来的本事，居然飞快地点了一遍子，嘀咕了一句："184，赢了。"大家将信将疑，无暇理会，紧张地盯着裁判的那只正在码十子的手，一坨、两坨……最后剩下4个，再看一遍，没错，每坨都是10个，剩4个，黑184！潘先生赢了半目！！！

就这样，我们赢了上外！真的赢了！兴奋不已的潘先生在回去的路上来了个郝海东似的进球庆祝动作，差点没把腰给闪了。

上外遭遇了如此当斗一棒后士气大挫，随后继续以2∶3输给了清华、浙大，早早退出了冠军争夺者的行列。

十七　惜败浙大

险胜上外，全队士气大振，晚间在小餐馆庆祝自不在话下，主要的话题乃潘先生的自损一目是否是在胸有成竹地故意制造心脏病。兴奋之余，我对下午的惨败仍心有余悸，浙大是贵阳的团体第四，全队实力均衡，难缠。且明天我的对手也是一个贵阳前十几的人物，心里可着实没底。杨晖看出了我的心思："该咋下咋下，就摆出你的错小目无忧角不就得了。"确实，错小目无忧角一开始就先手确保两个大角、25目的实地，随后再慢慢消白势，很对我的路，是我当时持黑常用布局，靠着它，我在学校黑棋胜率挺高。

有了杨晖的点拨，再加上庆祝时喝了点小酒，晚上睡得挺好。以平静的心情迎来了第二局。

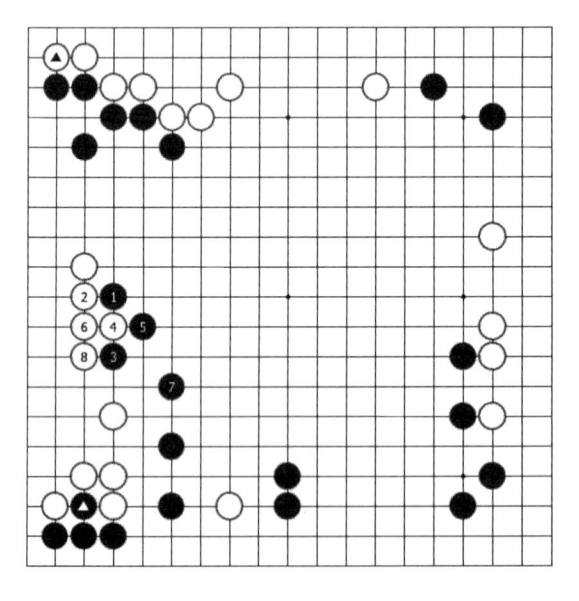

我执黑，左下黑△点三三，白棋心疼之余在左上爬了个二二，取地兼搜根，但与左下显然不等值。黑1尖冲，似有兼顾三方之效，行至黑9，下边黑茫茫一片，打入的白子趋于自然死亡，很爽。现在看来，尖冲可能有些过分了，特别是白8应该靠出来，考验黑棋挡下去的勇气。话虽如此，但能有黑 1 这种思路，我还是较为满意的。随后，黑棋牢牢把持着盘面 10 目以上的优势，最终中盘获胜。

我终于胜了，但全队却输了，许、蔡、杨负，潘连胜，全队 2∶3 惜败。

许的这局得说几句，对手王梦宇来自云南，一身怪力。2001 年云昆和我去上海打晚报杯时，大家居然还在赛场重逢。这盘棋许输得说冤也不冤，说不冤也冤，被王梦宇一个石破天惊的怪夹（详见 P.168）搞得"大惊之下，当场晕倒，醒来已是两分钟以后"(许自语)。后来就再也没有缓过劲来，中盘告负。

【杨晖】我记得是这样的，你同我说浙大的那家伙棋风同你很像，都把棋分成小块小块搞，你犹豫是否变一下。我是说，还是照老路走，如果人家在你最强的地方都比你强，那输了也没有遗憾。后来发现依田纪基也有类似的话：自己看不清楚的地方人家看清楚了，还争啥胜负？

我觉得奇怪的是，一看这棋，想的就是打入，如果抑制住打入的冲动，走尖冲，不应该是"积极进取的棋"，也不该是过分的棋，大概是胸有全局，不纠缠于局部的棋。但这种棋走了才领先 10 目？

很惭愧，所谓的尖冲，我是今天才看到。怪夹我到现在也没有看到，看来那个时候就很不用功。

【悦海】呵呵，还是杨晖生猛，居然一看就想打入，佩服，佩服！这才是真正积极进取的精神。我当时还在想能走到 9 位跳就不错了，差距啊。上边白棋爬二二实在没有大局观，这时候在下边跳出打入的一子最大吧。

十八 昭和棋圣

惜败于浙大之后,我们并没有受太大影响,当天下午,4:1 再胜北师大,建宏丢了唯一的一盘,已经是三连败了。不知为何,次日上午没有安排比赛,我们睡了个好觉,都跑到棋院去看十强赛。只有上海队没来,估计是心情不好,或者是从小到大见多了,不以为然。

说到看棋,得先说个插曲,首轮早早输棋后,我在赛场与十强赛之间来回穿梭,恰逢俞斌正在复盘,旁观的一堆国手中就夹杂着我一个愣头青,俞斌简单摆了两手变化,指着下方的一个局部说:"这里很犹豫,不知下哪个好,方案 A 多一个劫材,方案 B 多紧了对方两口气。"观战的国手全都笑了,我实在不明其中奥妙,当然也不敢多问,挂念着队友的赛况,就溜了回来。晚上把故事说给队友一听,作为国手技艺出神入化的佐证之一,大家不禁肃然起敬,啧啧称奇。谁知后面几天,随着大家陆续去看棋,回来后越想越不对,他们摆棋很清楚的呀,最后一致得出结论,皮蛋被耍了,唉……

回到十强赛,那是唯一能够近距离观察诸位国手的点点滴滴的机会,诸如老聂叼烟,马小游走,曹大沉思等,云昆一大早还听到了老聂与朱宝训的一番 NB 对话:"聂老,听说日本人找你签名耶!""喔,嗯。"聂猛吸了两口烟,"日本人找我签名很正常!!"那时我们还年轻,诸国手宛如天神,点点滴滴都能成为我们的谈资,做名人真难。

看到一半,忽觉赛场有些异样,不知为何,自动地腾出了一块地方,回头一看,闪光灯下一个矮小的身影,一位矍铄的长者,吴清源?真的是吴清源!!无法用文字描述当时的心情……吴老静静地看着对局,一会儿飘然而去。同学们心情激动之下,棋看得也不那么专心了,场内的窃窃私语开始多了起来。

也许正是因为有些嘈杂，赛场开始清场，三番五次之下，我们都被撵了出来。唯独不见建宏，我们兴奋地交换着见到吴老的感受，同时也在羡慕建宏的好运，凭什么这家伙就能待着？到了棋院门口，大学生们又停了下来，吴清源正在和陈祖德、王谊等一干人等话别、合影。大家都静静地看着，大气也不敢出一声。

这是一个需要社交能力也确实能够产生社交能力的时刻，也不知哪里来的勇气，杨晖走上前去："陈院长，我们是参加比赛的学生，能否和吴老合影一张？"和蔼的陈院长并没有拒绝我们，转身征求了吴老的意见，吴老欣然同意，杨晖拿出了当天不知为何带上的相机，交给了王谊，在诸位同学无比之羡慕的注视下，我们留下了这终生难忘的珍贵的一瞬间。晕眩之间，我们似乎还和吴老握了一下手，记不清了。

中午吃饭，自以为占了大大的一个便宜的建宏如阿伦般轻快地哼着小曲回来，正准备卖弄赛场的最新战果与趣闻，听说此事，登时呆了半晌，脸上一副无法用语言表达的古怪表情。此后若干年间提起此事，建宏居然屡屡怪我们不够朋友，被撵出场时没有把他带上，真是岂有此理。

仗着与吴老合影的好运，下午我们5：0大胜科大，确保三甲。

【建宏】哎，那是我围棋生涯中最遗憾的事情，呜呜……

印象中的几个高手片段：

1. 马小与曹大对局，曹大经常是冥思苦想，而对面基本无人，马小一会儿飘进一会儿飘出，曹大下完一着，马小刚进来，立马"啪"的一声，落子后又随即飘出去了！那时真替曹大愤慨，可惜曹大还是输了，那一代的棋手如曹大、刘小光都被马小压制得无法出头。

2. 钱宇平下棋中间，需要常到廊边作作运动，踢踢腿，打打手，那时看着还很正常，可惜后来崩溃了。

3. 刘小光人很忠厚，但力量很大。看他摆马小与曹大的对局，一直在为曹大找机会，我有幸在一旁观看，还参与了几句（当然不是对摆啦，是诸如这几步棋的次序实战是如何下的之类），刘小光也不以为忤，真是有风度。

【杨晖】那个时候，我是叫陈老师的，后来陈院长对吴先生讲，这是几个来自福建的大学生，吴先生就颔首同意了。拍完后我鞠躬说："谢谢您，吴先生（老师？）。"他居然很谦和地也向我鞠躬，吴大师这个修养太好了。

那时老聂还在崇山峻岭上，十强赛他对俞斌，上午三小时，他只用了20分钟。俞斌一直都不好，最后是输4.5目。晚上出去看见俞斌同谁在酒店里喝酒，挺累的样子，一下子就觉得这个围棋搞成职业很可怕。

钱宇平那时好像是复出，但觉得还是有问题。看你的时候像在笑，站着有时脚就往后面抬抬，据说老聂早说过，像他那样下迟早会出事。围棋可能是对天赋要求最高的一项运动，勤不光补不了拙，而且会搞得更糟。

当时是清华、中科大、北师大、浙大、厦大、上外。朱宝训总结发言开讲，这次比赛参赛队伍，大多数都是名牌高校的。前四个毫无疑问，那这个"小多数"不是名牌高校的是我们还是上外？我很疑惑地望向上外的座位，刚巧上外朱海元也看过来，也是目光交汇的一种。

十九　憾获季军

10月9日，最后一轮，我们遇上了此前全胜的清华大学队，那时上外、北师、科大都已至少输了两场，已无望夺冠。清华、浙大和厦大都有希望，此前厦大负浙大，浙大负清华，如果最后一轮厦大胜清华，那就乱了。当然，我们形势最差，由于一、二台的胜率不够，我们必须要 4:1 取胜后靠局分才能夺冠。这显然是不可能的，不过话说回来，我们已经不可能地胜了上外，又不可能地和吴清源合影，会否再来一次不可能呢？天知道，诚如杨晖所言："一不小心……"

最后一轮还涉及多个台次名次，云昆如胜，则与王梦宇并列一台第一，潘先生和清华第三台此前同为四战全胜，争三台冠军。清华的第四台是郑方镳，他来自尤溪，三明的一个县，他的弟弟郑方洁也参加了1988年三明市运动会，第一轮就把我给灭了，算是缘分。郑此前四战全胜，我如能"弟债兄还"，还能和郑、朱海元并列第四台冠军。

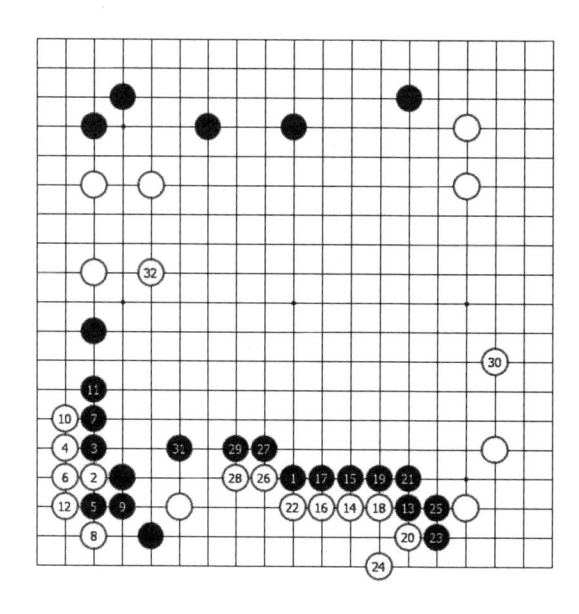

我执白，白2以下见空就洗是我当时的特点，有点小，不过本局用起来好像还行，32 能跳成小堡垒，局势应该还马马虎虎吧，我的判断依据是因为我不会下这时候的黑棋。

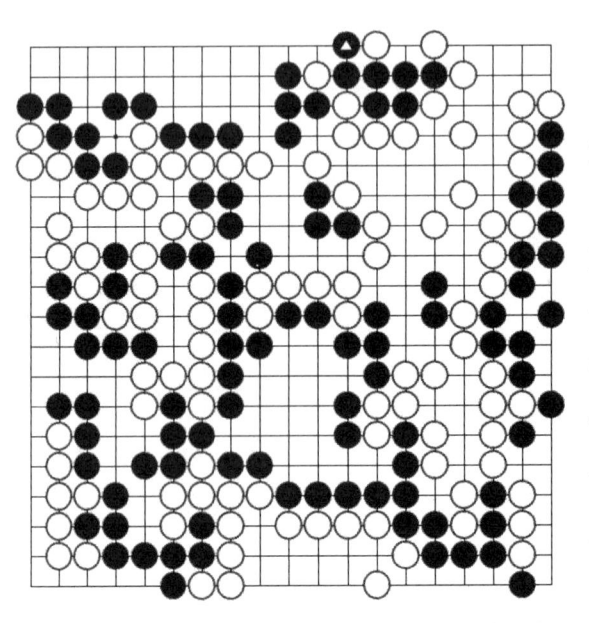

几番争夺下来，白棋占据着微弱的优势，百忙之中抽空问了一旁的云昆，何如？激战过后满脸通红的云昆摇了摇头。唉，专心管好自己吧，但这时，一个致命的错觉险些断送了此局：黑落下上方一路的△时，定睛一看，简直要晕死过去，一直错觉这里黑是没法动的。这时 3 目官子都没有了，何况是逆收 3 目，简直和 100 目一样大。

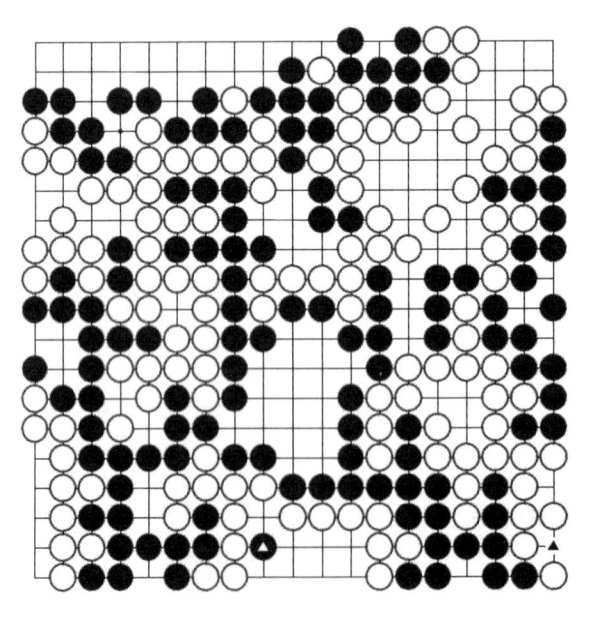

冷静下来收着官子，双方都只剩两三分钟，我其间还曾忘了按钟，多亏对方主动提醒，谢了。最后双方打右下角的单劫，找完了所有的劫材（记谱时把其他地方的找劫过程略去，无法真实再现了）。轮黑找劫。时间紧逼之下，黑▲出了错，瞎劫，白粘劫后逆转半目险胜。

筋疲力尽地下来后一问，这不是价值千金的半目，相反，这是无关紧要的半目。此前，许负杜景宇，蔡负项雪松，潘先生也结束了四连胜，只有杨晖赢了。我们最终2：3负于清华，一切有关三循环的假设早在20分钟之前就破灭了，清华已经拿到了去韩国的机票，难怪这盘棋没什么观众。无趣之下回头想想，在整个比赛中，自己的两盘棋，一盘最早，一盘最迟，也算是个噱头吧。

许和杜景宇的一盘杀得精彩，激烈，中间也有机会，最终上了当年12月25日的《中国青年报》，作为相关新闻的附谱，（详见P.170）由当时担任清华围棋队教练的张文东九段讲评，题目就叫作《书生对弈喜角力》。随后几年，清华多次代表国内大学生参加中日韩对抗赛，负多胜少，直至后来陆续有专业棋手和业余高段特招入学，中国队方才打破了僵局。

【悦海】黑5单接似乎很有力。白棋如果6位粘或5位长黑就10位扳，比实战厚。
【云昆】黑13这手，太本手，给白留下了太好的打入点，如果是我要么前进一路碰，要么后退一路大飞。
【志芳】见空就洗，有人称之为"恨空"，白32我的感觉是飞，不是跳。
【悦海】白2走7位挂好像也不错。黑13可能象云昆说得那样在25位碰一个好些。白14似乎也可以走26位靠，黑棋要是不小心的话左下的厚势反而可能受攻。实战白14打入也很有力。能走到30位拆和32位跳，白棋不错。
【杨晖】有点聂卫平对曹熏铉应氏杯那盘的样子，让白棋三个地方都走到不好。托完后白4扳黑接上如何？反正到最后黑飞的那棋很怪，不好。黑13拆以前可否刺他拆二一下试应手？被32跳后再刺就送子了。
【建宏】黑棋的下法太无法让人赞同了，全部跟着白棋的步调走。黑不仅落后手，还要再补一手，实在是下得太没血性了。主要问题我想是黑二路飞与1位、15位的下法矛盾，思路不一致。（云昆的下法不错）我看，至此白棋已优。
【悦海】关于清华的部分，有网友指出清华1999年首次在中日韩大学生团体赛上夺冠时队中没有职业棋手，能否核实一下？以下是当年的棋手名单：刘欣、胡硕实、赵雁培、程澜、左林、刑翼腾。

二十　北京游记

荣获季军，大伙极爽，开始了计划内的北京游玩，长城、天安门、故宫、十三陵、天坛、颐和园，这些例常的景点就不必说了，说几点印象吧。

大，北京实在是大，任一景点，没有半天根本玩不下来，长城故宫自不必说，最典型的是动物园，我和云昆在最后一天下午去了动物园，长颈鹿、大象、狮虎、大熊猫、犀牛等，反正能想到的动物都看到了，两个人看得不亦乐乎，极为过瘾。筋疲力尽两腿发麻之下，走到门口准备回家之时，正好有个指示牌，不看则已，一看几乎晕倒，我的天，还有 1/3，其中还有袋鼠！！我和云昆对视一眼，无奈但又坚定地点点头，继续！！那确实是需要决心和鼓励的时候。

面的，正因为北京的大，更觉得面的好，10 块钱 10 公里，每公里 1 块 5，还不用担心 5 个人超载的问题，真好。可为什么后来取消了呢，舍不得呀，不够人性化，很不人性化。现在每次去北京，找同学喝完酒，回去打的都是七八十元。

公交，说完面的再说公交，挤就免提了，讲讲快慢车的故事吧，我们住的地方站名叫法华寺，这地名老被杨晖拿来取笑我们福建人的普通话，顺便卖弄他的绕口令："1992 年 2 月 22 日，在伦敦温布尔顿网球场，贝克尔以 3：2 战胜了伦德尔，抱起女儿陈菲儿转了一会儿。"扯远了，从崇文门地铁到法华寺，好像坐的是 41 路车，有天回来，猛然看见公交车前挂着一个巨大的"快"字，大喜，连忙追上车，心想这下赚到了。谁知该快车经过法华寺之时，停也不停，呼啸而去！！喔，这就是快车的含义，明白了，可惜也太迟了，只好到站下车后步行回走。我的天，北京的两站路恐怕比厦门的整条湖滨南路都长。

水果，南方人确实很难忍受北方的干燥，我记得当初买了几个梨，巨大，三个就有两斤四两，放在招待所供大家补充水分。北京的水果卖起来有趣，单位是 10 块钱，"10 块钱三斤喽，嘿！""……""什么，太贵？哥们，给您优惠，10 块钱四斤！！"除了大鸭梨，印象深的还有十三陵的柿子，正是熟的季节，那个好吃，那个爽呀，大伙已经在十三陵吃得过瘾，可云昆实在按捺不住馋瘾，过一会儿趁车子短停时又摸了一个下车偷吃，被大家抓了个现行，呵呵。我买了 10 块钱的青柿子，带回家交老妈埋在米缸中等熟，算是尽一份孝心。

自由活动，临走前的最后一天安排自由活动，总要有一点私人空间嘛。我和许去了动物园，建宏去了大观园，潘先生去了海淀图书城，而杨晖去了个地方淘旧书，抱回了一堆古书，光书名就已经让我们肃然起敬了，更别提昏黄灯光下杨晖那捧卷苦读的迷人背影。

零零散散的几点印象，还有其他诸如天坛回音壁，以及吃糖葫芦被罚款（正如杨晖所云：灌木丛中窜出一个戴红绣章的老太太……）等事。北京之行是难忘的，难忘的是那毫无压力、充满新奇之下的快乐，毕业后去北京可能已不下二十次了吧，每次来也匆匆，去也匆匆，反而觉得两个半小时的飞机真累，无法找回当时的伙伴与心情了。

北京趣事极多，但苦于线索不明，不似比赛可靠记谱回忆，记不得太多了，请诸位补充。

二十一 凯旋之后

在北京玩得痛快，猛然想起现在可不是放假，该返校了。大伙又沿着老路，继续着火车上的节目，杀回了厦门。不过回程好像在上海没有过夜，候车厅里睡了几个小时，就直接上了车。在火车上，我们借着云昆自编的那段校领导的顺口溜，七嘴八舌地凑了一段南强棋人的顺口溜："从苏华江直到沈悦海，郭舰一路上追赶着汤军健，蓝天上飘着几朵许云昆，天边的一道蔡建宏正闪耀着绚丽的杨晖，我站在甲板上迎着吹来的林思风照了一张相，他们都夸我真潘奕俊，哈哈，真是太可乐了。"当然了，那时还没可乐什么事，但念及其也是本文主人公之一，姑且加之。

写到此段时，猛然想起，还可以把倪老师以及现在的小队员们一起加进来呀："从苏华江直到沈悦海，郭舰一路上追赶着汤军健，蓝天上飘着几朵许云昆，天边的一道蔡建宏正闪耀着绚丽的杨晖，几只王鹭正从李腾的波涛上飞过，迎面吹一股林思风，一切都显得那么赵自然，我站在甲板上倚着李祝（柱）照了一张相，照片洗出来，嗯，不错，既倪子伟又陈天骁，大家都夸我真潘奕俊，哈哈，真是太可乐了。"

扯远了，现在回来。火车路过三明，我把 10 元钱 3 斤的青柿子以及北京买的一堆极不实用的东西（诸如登长城证书，塑封的香山红叶等等）捧回了家，待了两天后再返校。回到学校，已经是 17 日了，乖乖，我们居然在校外整整待了半个月，相当于 1/8 个学期了。

到校时天刚蒙蒙亮，路过三家村，赫然见到一块横贯整个宣传栏的广告牌"热烈庆祝厦门大学围棋队荣获全国大学生比赛第三名！"一股自豪感登时油然而生。当时没搞懂它的出处，现在想来，肯定又是云昆的社交能力了，是通过"公"，找团委或体委搞呢？还是通过"私"，找了彼得的同班同学孙宏光，时任厦大学生会的主席呢？估计是两者兼而有之吧。

　　成绩效应的持续时间还挺长，大概是十一月左右吧，我们围棋协会在时隔 3 年之后终于又有了一个活动场所，每周三晚上活动。地处三家村，自钦楼的二楼（当时大约 80%的厦大学生从宿舍到教室的必经之地），黄金宝地呀，我们再也不用颠沛流离了。此后大约 5 年间，厦大围棋有了一个家，也产生了各种各样的故事。直至 1998 年或 1999 年，厦大又扩招，又拆楼（甚至、居然、竟然包括我们博客标题中的映雪），新的嘉庚楼群又在建设，教室极为紧张，连食堂都被拿来作晚自习用，当然就不可能再有这么一处世外桃源了。

　　以上是厦大围协之"公"，对我本人之"私"来说，也是受益颇多，两个月后的一天，居然被叫去参加系里的校运会庆功晚会，简直是莫名其妙。会上，辅导员以无比激动的口吻宣布了我们的成绩，同时奖励我 200 元，相当于那时一个月的生活费，巨款呀。晚会还没完我就和同为系排球队的张汉彬跑去物理食堂小搓了一顿，既然说到汉彬，就不得不多说两句。此君 90 税收，来自海南，个头虽不高，1.73 米左右吧，但运动素质极佳，项目涉猎极广：足球校队，篮球系队、排球系队（我俩打对角，开始他二传，我接应，后来我二传，他接应，难忘的战斗友谊），羽毛球厦大前三。他参加那个晚会的原因是校运会 110 米栏厦大第三名（前两名都是校队的）。在 95 级王俊勇之前，汉彬是财金体育当之无愧的一面旗帜。同时还需要补充一下背景说明，那时厦大的各项体育比赛，我们财金系团体前三名基本上是跑不掉的，免得把汉彬、俊勇之全才误以为是矮个中拔高个。

　　除了 200 元巨款，据说系里还修订了奖学金的发放办法，在原本体育成绩加分的基础上，还增加了校队全国性比赛的加分细则，我靠着中等的成绩分，满分的竞赛加分，每年都拿着奖学金请宿舍的弟兄们小搓一把。

对于我来说，钱倒无所谓，反正掏的往往比拿的多，最挂念的是照片，吴清源的照片。在北京时大家就对杨晖的相机、底片精心呵护，生怕出了什么纰漏。直到塑封后的相片真正到手，心头一块石头落了地，北京之行才算真正圆满地结束了。现在用数码相机"所见即所得"，很难体会胶卷时代的那种等待与渴盼了。

二十二　惊艳厦大

云昆介绍建宏入学时，用了"君临厦大"，贴切，那么林志芳入学又该怎么写呢？总不能用"后临厦大"吧，思来想去，憋了这个题目。

1993年新生段位赛，无法取得确切的举办日期，因为我没参加，没有谱还能记得的话那就是神仙了。推断下来应该是10月底，11月初。因为往前算我们10月中旬才回校，往后算11月下旬是每年厦大的校运会，为什么想到校运会呢？待会说。地点是不会错的，我们在自钦楼的新家已经开张了。

照例是张贴围棋协会的海报招新生，如前所述，云昆在此简介中已经洋洋洒洒地用上了"肃然起敬"的字眼，我可能也协助做了些登记和收相片的工作，惊喜地看到了居然有两个女生报名！（在女子围棋的普及上，我们基本处于自生自灭的状态，做得实在是不如西安交大，详见老严的《西安交大围棋往事》）分别是志芳和黄为，全是法律系的。照片上的可乐和真人实在是差得太多太多，以至于后来见面后简直不敢相认，此事绝无夸张，要不让可乐找出当年的照片贴上来大家看看，呵呵。

根据我们在北京回程火车上议定的结果，悦海参加了此次比赛，为的是冠军轮流坐，让我们悦海同志来一次，同时也确保冠军3段的质量，以免以后拿出去贻笑大方。比赛的结果没有悬念，沈顺利夺冠，亚军是数学系陈黔江，往后好像有王培伟、滕立波、林志芳（他们三人组成的法律系队，在次年的团体赛中表现颇为传奇，这是后话），孙杰（化学系）等人。说到王培伟，有个典故顺便提一下，此君曾和潘先生、志芳一块学棋，直率豪爽，心直口快，不似我们一帮家伙说话爱绕圈子。一日王与云昆对弈，错失一明显胜机后先是懊丧，随即释然："唉，我要赢了许云昆一盘，岂不就一举成名了？"我在一旁颇觉有趣的同时，心中不禁暗想，如此类推，我岂不已"九举成名了"？（那时刚赢了云昆9盘），后来大伙喝酒，提及我这从一到九的搞笑推理，不禁哄堂大笑。王还曾是厦大"未来研究社"的社团负责人，毕业后成为一名律师，多次参加一年一度的全国律师比赛，佳绩甚多，算是律师界的名手，在另一个战场为厦大围棋增光添彩。

说了半天，可乐围棋成绩也一般，惊喜是有的，但怎么也和"惊艳"扯不上边。且慢，校运会开始了，我和云昆对此还是很有兴趣的，在赛场上不期而遇，先后一起看了女子三级跳远，建宏跑4×400米，同时目睹了会计系郭姓女研究生先跑3000米后立即再跑4×400米并双双夺冠的壮举，最后溜到了女子跳高场，嘿，志芳在跳高！登时来了兴趣。三个女人一台戏，志芳、92会计的吴同学（排球打得很好，当年是我们系女排的心腹大患），还有我们93财金的郑姓小师妹三人争冠军，可乐和吴都是跨越式，小师妹用背越式。一台戏真可谓扣人心弦，小师妹实力理应最强，可惜发挥不佳，过杆时腾空很高，但老是收不住腰，中看不中用，导致好局痛失。最后的成绩很一般，好像在1.28米的高度三三倒下。比较前一成绩，可乐第一，吴第二，小师妹第三。呵呵，可乐棋下得不错，居然还会跳高！但没有想到可乐从此一发不可收拾，排球、足球、篮球……什么都会，学习成绩还号称极好，毕业时兴高采烈地捧着一个"优秀毕业生"衣锦还乡，屡屡以此为豪。综合评价，应该称得上"惊艳厦大"了吧。

最后补充一下，反正我不说他们也会揭发的，文中的郑姓小师妹最终成了俺孩子他妈，呵呵。

二十三　天渊之别

本回说 1994 年厦大第二届团体赛，1992 年厦大首届团体赛，云昆率会计系力克众多强队爆冷夺冠，1993 年因为搞棋王赛而停了一届，1994 年恢复举办。我估计是郭舰出的主意，为什么呢，随着沈悦海和汤军健在 1993 年 9 月开始读研，研究生就成了厦大围棋的一支"梦之队"，按当时的厦大段位计算，他们三位分别是 3、2、2 段，实力超群、坚不可摧。这种局面还有什么好玩的，大家争第二就是了。

其他参赛队：①会计系：上届冠军，但许＋刘标＋另一初段的阵容打团体显然差了一点。②法律系：三个新鲜 2 段，林志芳、王培伟、滕立波，段位不错，但显然还嫩了点，志芳被我们指定打第一台，名曰锻炼需要，同时法律还搞了个二队。③科仪系：林仁杰、林思风、陶迎宾（彼得同学，系学生会主席，初段），颇具实力。④计算机：潘、林航、林建津，那两个 93 级新生还行。⑤教工：倪子伟、？（好像不是曾晓明）、曾五一。⑥财金系：我、蔡雷、郑军三个 92 级的同学。还组了个财金二队：吴发松（90）、宿建颖（90）、林晓军（92）等。除了以上 8 个队，还有数学系、化学系，以及 snooker 卢同志领衔的经济系等等，居然还凑了 12 个队，其中两个是 2 队，真不容易。杨晖因没有转会制度而无棋可下，建宏继续保持其清高状，未组队参加。

参赛前，我对成绩是不抱任何幻想的，混个前六名交差了吧，只求别让正在系体育部"就职"的黄志钦与方明两同学太难堪了。毕竟二三台连厦大段位赛也没下过，虽然棋还可以，但缺乏经验是致命的。

果然，第一轮我们就翻船了，输给了数学系！！我顺利赢了第一台之后，跑到后两台一看，登时就傻眼了，均已呈必败之势。心情大坏的我只好跑去看沈和许的巅峰对决，目睹了许记错发生背景的那个故事（见许的文章第六回，P.144）。比赛结束后，郑军直说不好意思，虽然输棋了心里不爽，我也只好鼓励为主："没啥，没啥，玩玩而已"。

第二轮对财金二队，二队理所当然地得放水。说来也怪，此轮一过，二三台似乎一夜之间有了感觉，开始赢棋了。第三轮对计算机，我在开局优势的情况下，挡不住潘先生重拳，没能撑到官子等他犯错，中盘脆败。但第二、三台居然都赢了，唯一的一次，2∶1胜。第四轮对法律，我胜了可乐，二三台也赢了一盘，2∶1胜。嘿嘿，我们居然三连胜直接杀到了研究生帐前。此时的研究生气势如虹，场分全胜自是不必说了，总共12盘就输了沈负许的那一盘，我的目标是：后两台就算了吧，我这盘争取拿下，赚一个局分，万一和其他队同分，计算团体名次时或许有用。

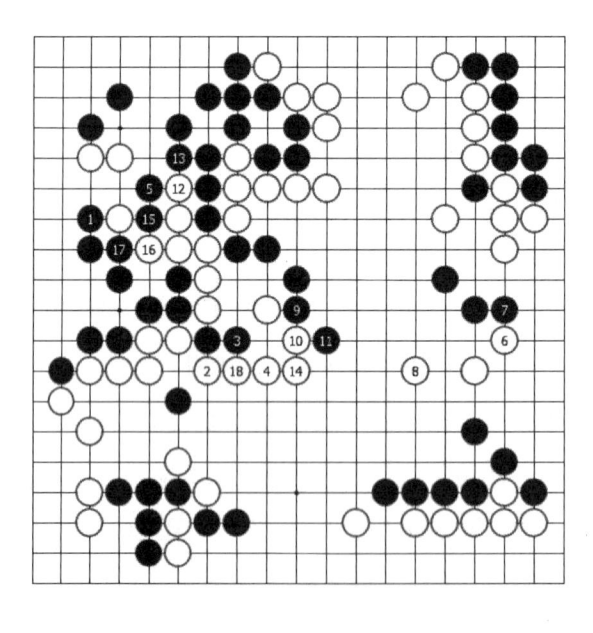

我执白，黑1爬乃双方根据，白应在高目处尖顶先手补断，漏了这个至关重要的次序，黑5穿，白两子居然被吃！白10更臭，被11一扳全身麻倒，14又错，17先手吃净，黑优势历然。总之，白棋这一串实在是太臭了。

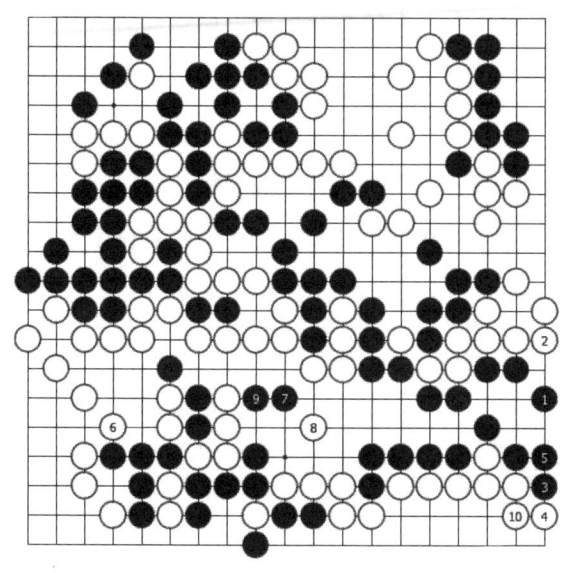

白棋拼命追赶，黑棋不断退让与误算，慢慢接近了。黑1尖后扳接，巨大。白6逆收虽不小，但显然不是最大。但沈却重重地叹了一口气，很不爽地7飞？白8、10又接回了右下角。局后复盘，原来黑一直瞄着黑7可点吃白四子，却被我不知不觉地给补掉了，情绪之下的7后手跟进显然见小，白又逃过一劫，更接近了。

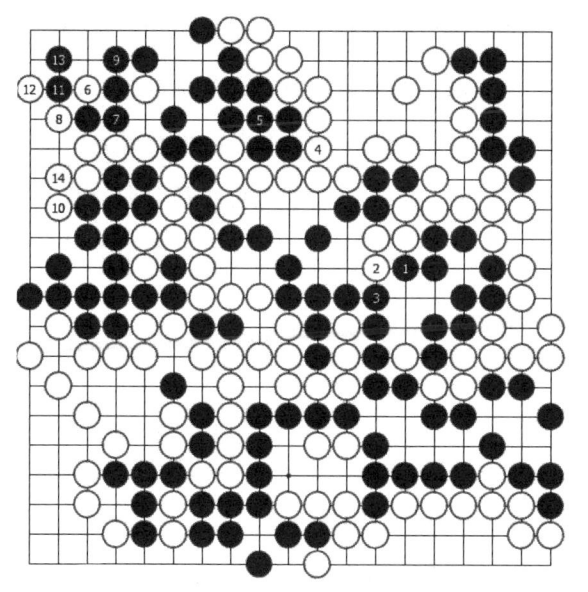

白棋上边扳接先手，黑棋浑然不觉，一连串先手交换后，黑1挡，最后败着。4、5气紧之后，白6以下怎么也出棋了。局后研究，黑补的结果是半目胜负双方拼单劫，但前提是白棋得下出右上角两边扳硬抠黑棋1目的手段，而实战压根就没有看到，总之，捡了一盘。

完成任务之后，到后两台一看，不禁心花怒放，两盘局势居然都不错。最后蔡雷掀翻了郭舰，郑军负于汤军健，2∶1，老鼠偷吃了大象！

吃了大象，团体名次没问题了，我们算是完成目标，可以向体育部长交差了，但局分差得太远，冠军还是没门。最后一轮对化学系，出发时郑军笑言他算了一卦，今晚大吉，我笑了笑："好好下吧，化学系还吃不清楚呢。"最后我赢了孙杰，蔡雷负于宋凌春（宋渐渐引起了我们的注意，他居然还赢了彼得），郑军延续其神勇，力克化学系三台，2∶1胜。我们三个人就这样相互补缺补漏地连续来了四个2∶1，坐二望一。

下完后，我也没去看研究生与法律系的比赛，两个队的实力对比很清楚，实在很难指望法律系能赢研究生。就和许、杨、沈等在一旁摆棋、聊天，沈早早赢了可乐，坐等冠军上门。谁知神勇非常的王培伟胜了郭舰！！咦，我不禁有些心动，跑去看了看第三台汤军健对滕立波，居然是细棋，腾稍好！！留下蔡雷和郑军继续给滕加油助威，我又跑回来心不在焉地聊天，反正看了也没用。大概又过了20分钟，比赛结果从一堆围观的人丛中钻了出来，汤军健输了六轮比赛中唯一的一盘棋！滕立波胜！法律系2∶1胜！！大象再次被另一只老鼠给偷吃了！！

我们是冠军！！！

就这样，在法律系的帮助下，财金系神乎其神地拿走了团体冠军，后面依次是研究生、化学系、法律系、科仪系、计算机系，上届冠军会计系虽然第一台云昆六战全胜，但后面两台实力不济，连个名次也没能捞着。一个赛前谁也不可能预计的结果就这样产生了。说来有趣，那时财金和法律是厦大最大的两个系，在运动场上可以说是全面对抗，从足球、排球到田径等，现在我们居然靠法律系的帮忙拿了一个想也不敢想的团体冠军。然而所谓"出来混总是要还",在随后的足球赛中,已经三连冠的财金系在半决赛中点球负于外文、数学两系联队(当时他们住在同一幢楼,芙蓉九),爆出超级大冷门,致使法律系轻松夺冠。

回到围棋,本来说好赛后聚聚的,可是我们的研究生梦之队在两场比赛连续四脚踢飞空门之后,痛失冠军,这换了谁也受不了。郭舰脸色铁青,拒绝参加,在杨晖好说歹说之下才勉强前往。喝酒伊始依然郁郁寡欢、唉声叹气,杨晖出色地发挥其擅作思想政治工作的天赋,聚会结束之时郭舰已满脸通红,一副卷土重来的壮志凌云状。

唉,卷土重来,壮志凌云,出来混迟早要还云云,都是说笑。在团体赛这个冷门的温床上,谁知道明年又会发生什么呢?

【皮蛋】本文原先的标题是"研究生大意失荆州、财金系爆冷夺冠军",原版还写了这么一段话:"这标题是所有文章里边最长的一个,但实在找不到精简的办法,两个队经历那么戏剧,反差如此悬殊,实在不忍割爱,将就吧。"

【潮辉】我记得会计系的田忌赛马,经济系也是,我把和我差 3 个子实力的陈海帆放在第二台,比我稍差一点的放第三台,结果我输给许云昆,第二、三台居然连连告捷,虽然经济系没有进入前六,但能把上届冠军会计系斩于马下,也是令人高兴的事。

【方明】听小明介绍皮蛋开博写厦大围棋史话, 特意跑来捧场,感觉往事历历在目。特别是那两年团体赛,作为皮蛋排球最大(嗓门最大)的粉丝及围棋的粉丝,本人也亲历历史。唯一有一点遗憾, 连陈明、汪伟雄、林晓军等等之流,都能露一小脸,本人居然以宋兵乙的方式出场,枉你我同为财金系三大球队长。

【皮蛋】部长大人,这怨不得我呀,拿冠军时你还不是部长,你当部长时我们又没拿冠军。如果再版,我一定把你的名字补上,呵呵。(皮蛋注:原文未列大名,仅为"只求别让我正在当系体育部长的同学太难看了",堪称"宋兵乙"。)

二十四　宿舍拍钟

下半学期是忙碌的，比赛总是一个接着一个，3月下旬拿了围棋的团体冠军，4月下旬打完了校排球联赛，5月下旬，又要下第三届棋王赛了，算是准备暑假兰州的应氏杯。吸取了上次做裁判时熬不住马拉松比赛，多次昏死过去的教训，云昆美其名曰为提前适应比赛规则，此次比赛一定要限时，跑去厦门棋院借了几个棋钟。

钟借来已经是5月14日了，云昆抱了一个到宿舍，"要不要先试试？"双方就在宿舍摆开了阵势，扎堆看热闹本就是校园一景，何况应该有九成的学生都没现场见过拍钟下棋，小小的芙蓉十703瞬间就被里三层、外三层地围得个水泄不通。

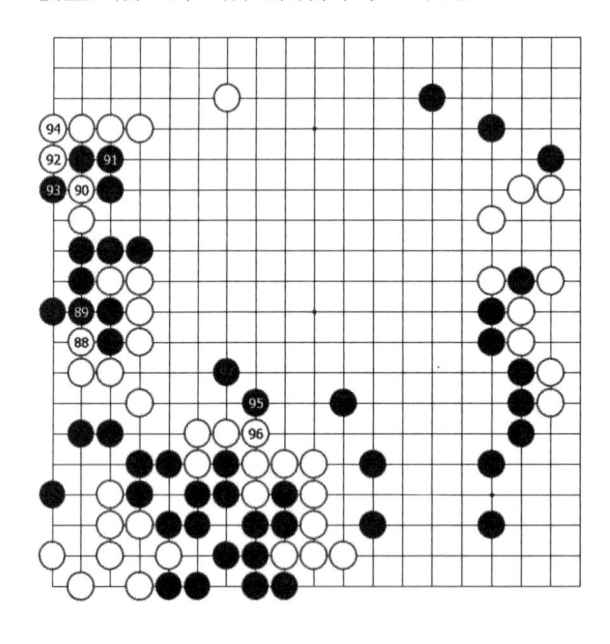

我执黑，因为左下角误算，下边黑棋苦活，现在是白好，但执着的白棋居然从一路渡回破眼，特别是94不提而接，实在是搞不懂，稍稍喘了一口气的黑棋腾出首来从中央逆袭，还是很严厉的，黑就此挽回了局势。

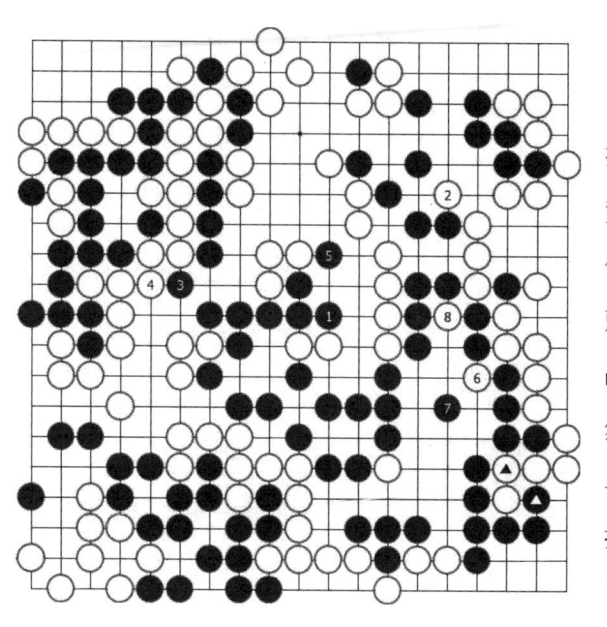

经过了左上角的眼花缭乱的大转换，黑棋取得了优势，慑于许后半盘身体很好，我开始了兢兢业业或不如说是战战兢兢的收官。果然黑棋开始犯错，▲与△的交换，把中央搞成了串竹节，留下了断点，大恶。白2阴着断点，黑5浑然不觉，白棋急匆匆地就亮刀了。黑中间被提两子显然大损，还好能冲进白中腹，捞回了一点。

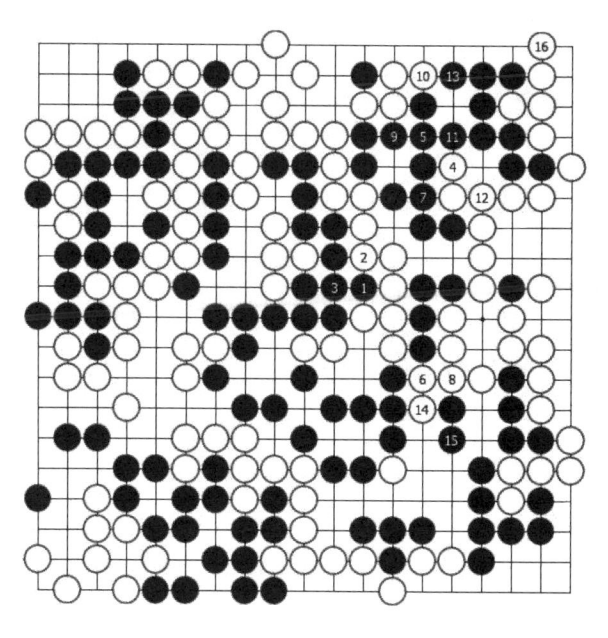

错误还没有完，白依然在阴着中腹，白扑，莫名其妙地自损一目依然没有引起我的警觉，白4冲，黑5依然毫无觉察，走了"正着"。白6断！！！唉，同一个地方能出两次棋。不过更应该拍大腿的是白棋，先在黑7挤黑就得起立了。

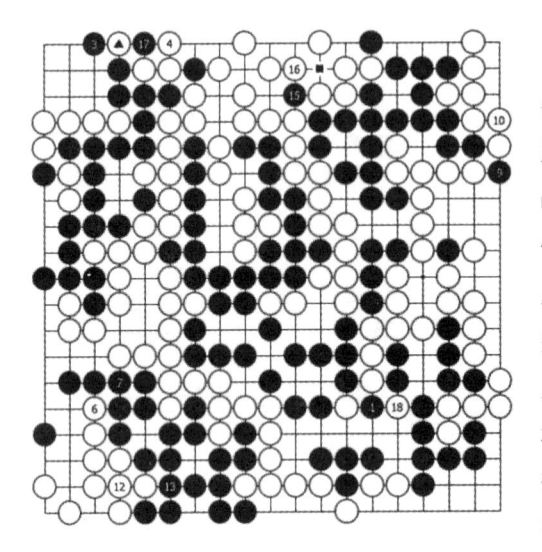

白棋连续得分之下，黑棋依然稍好，可以想象原来的优势有多大。继续战战兢兢，白▲扳，想干什么？居然靠着白4的赖皮劫要抠我两目！！身体也实在是太好了，好在黑棋足够厚，也有几个劫材，堪堪应付了过去。黑19提，白20扑提四子，开局中腹的一条黑壁就这样被白全部吃光了？！顺便提一下，白18的"妙手"损了半目。

最后，双方都仅剩下2分钟，靠着本钱、运气，以及白在锻炼身体时留下的一点小问题，黑棋胜了一目半。复完盘已近熄灯，云昆抱着棋钟满脸遗憾地回去了。我则呆坐在宿舍里，想起毛病百出的后半盘，不禁冷汗直冒，这是一盘没有赢家的对局。

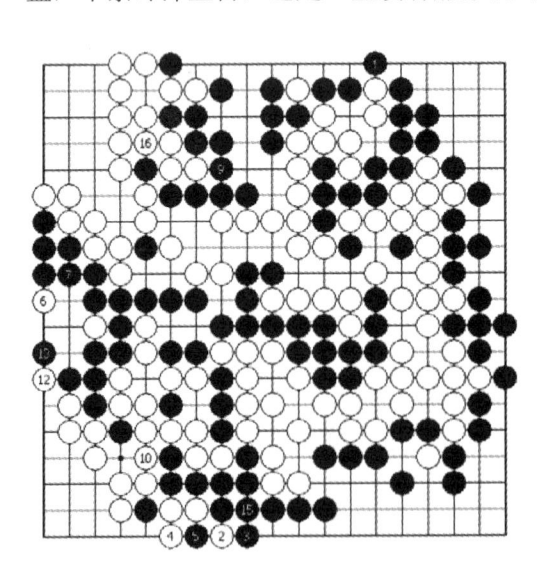

事隔13年，一日看三星杯马晓春与韩国韩尚勋初段的对局，马老一不留神，愣是被韩国人用类似手法抠掉了两目，半目惜败。呵呵，我犯的错误和马老一样嘛，看来还有点技术含量，就冲着这点，也得把这盘棋写进来。

二十五　连环考试

热身过后没两天，5月17日，第三届棋王赛开赛，也算是云昆的告别赛，印象中杨晖好像没有参加，建宏就不用说了。倒是郭舰在封刀多年之后突然跳了出来。

第一轮我对潘先生，此前对潘先生的每盘棋输得都那么干脆，赢得都是那么艰难，第一届捡了个大勺，第二届泡了六个半小时半目险胜，这回又有故事了。

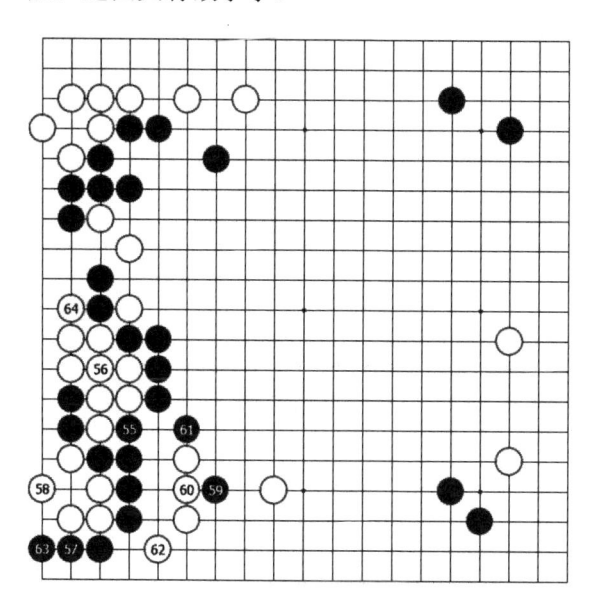

我执黑，黑57在连回之前欺负一下白棋，白58应错，黑却没看见，直至白62，63立顺手想便宜一下。咦，双方同时发现了白棋角上好像不对。65一路打，先手吃去了白三子，黑棋显然优势。随后的比赛又进入了双方的"步调"，白中盘时步步紧逼反超了局势，但官子时因为时间紧张损了两三个地方，最后黑再次逆转胜了2目半。

第二轮对沈悦海，这盘棋下得很顺，却始终不见好，这是和沈悦海下棋的一大特点。

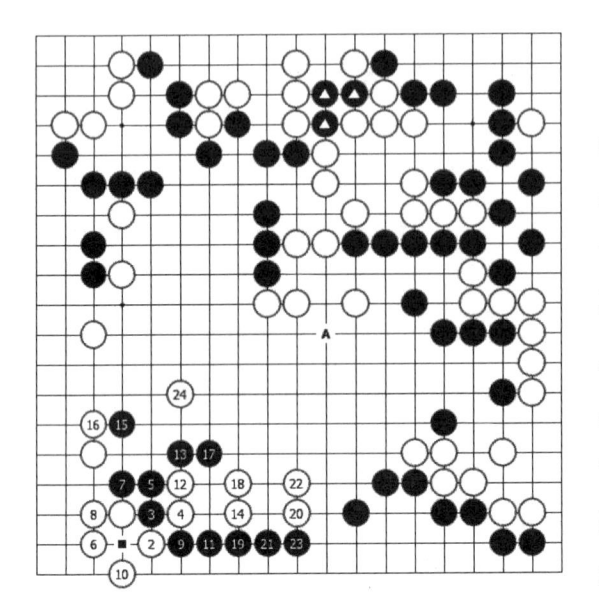

我执黑，在上边黑△三子没死之前，黑是有机会在A便宜一下的，这不经意的次序问题居然成了本局的重大胜负因素。黑■托，2、3正常，但白4大出意外，定睛一看征子不利。登时对A位没点而后悔不迭，懊丧之下居然下出11、13两边都要，太过分了。

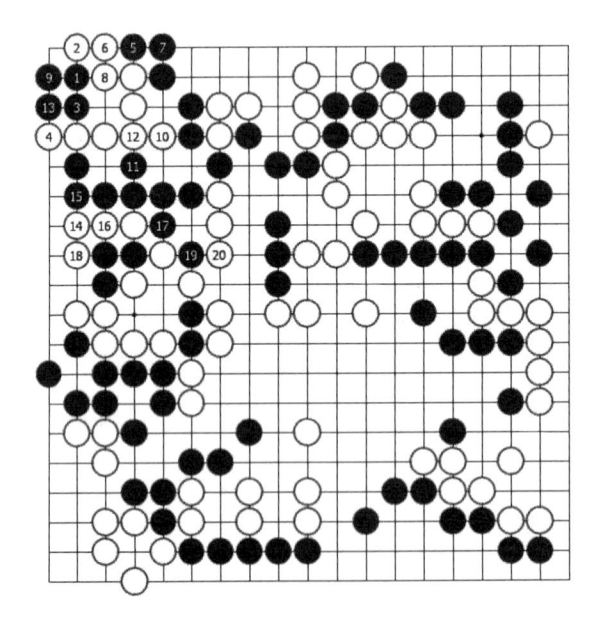

狼奔豕突之下，黑棋居然活了，白棋接着开始教训左上角的黑棋，黑1点本想逼着白棋卖掉黑5位的一路立后趁势做活，谁知白棋毫不领情、针锋相对，自己做成了刀把五和外面黑棋对杀，这是我仅有的一次收刀把五八口气的经历，这气实在是太长了。

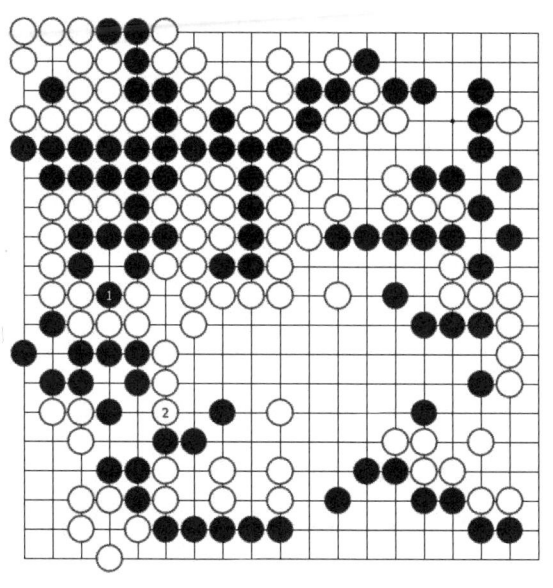

终局谱，一种窒息而绝望的感觉，建议诸位看官在教棋时一定要告诉学生："刀把五可以吃，但千万不能收气吃。"

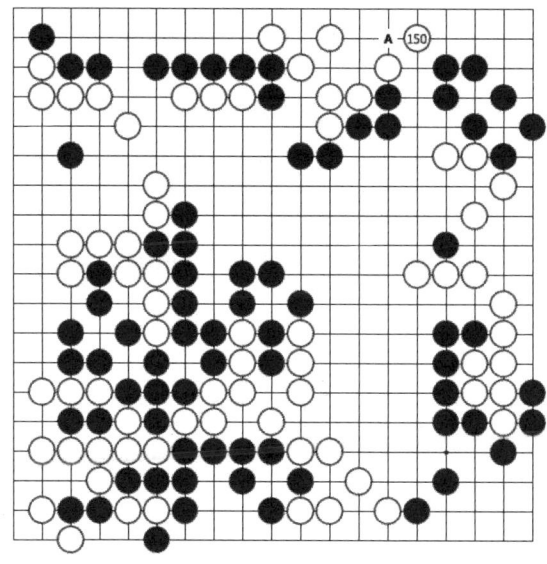

第三轮胜郭舰后，后对许，漏交换了上边黑A的顺序，被白棋抢到了天大的逆收官白150，最终半目惜败。

我和彼得最后一轮无关冠军，抽签定胜负。棋王赛的最终名次是许、林、苏、沈。兰州的参赛名单是许、沈、潘、苏。

下完棋王赛，忙碌的大二下体育赛季结束了，开始进入另一个赛季——考试，其中包括英语四级考试。我在此次期末考中考了我大学四年唯一的一门不及格，差了几分。回想起来，我在大学虽然没有什么钻研精神，但学习态度还是蛮认真的，不论喜欢与否，能上的课基本上都有去上，逃课并不多。但那门课安排在晚上，和我那学期各类比赛、训练实在是冲突，缺课真不是故意的。得知此噩耗，赶忙和另一同学跑到任课老师家中把以上情况晓之以理、动之以情，苦苦哀求之下方得以手下留情，保全了我大学四年的清白之身。

深更半夜写到考试，突然想起来了，那年杨晖没参赛的原因好像是准备四级，他和彼得已经两次没过了，此次考试对已经大三下的他们来说，是为数不多的机会。偏偏那一年题目又难，大家都考得很烂。隔天碰到彼得交流考试结果，彼得气不打一处来："干××（市骂），都怨杨晖这衰人，上次考前遇到他，聊了一会儿天，没过。这次我留了个心眼，考前路过隔壁教室，看到他时就没敢打招呼。他倒好，一会儿倒主动贴上来套近乎！考英语碰到他算我该倒霉！" 我改天将此等抱怨转述给杨晖时，杨自然大呼冤枉且手握拳头加油状："我可是特意跑去给他加油鼓劲的。"那年的四级确实挺难，我自己估摸考在及格线上下，谁知成绩出来居然有七十几分，杨晖和彼得也双双通过，我估计其中恐怕有统一加分，杨晖的加油鼓劲最终取得了"双赢"。

【悦海】"棋下得很顺，却始终不见好"，呵呵，有时候是这样，着法似乎都很漂亮，但就是没空。围棋确实博大精深。和华江这盘棋，左下利用征子有利的手法是老聂擂台赛对藤泽时走过的，正好用上，呵呵。除了这个局部，其他的我一点没印象了，居然后面杀得如此激烈。走厚自身再伺机攻击是我的风格，不过这一盘赌本下得够大。

二十六　奔向兰州

写之前，查了一下兰州首轮比赛的时间，7月18日，格外的早。应该是刚放假没两天，我们连家也没回，就踏上了前往兰州的行程。一行七人：领队为化工系团委书记严健老师（他是兰州人，校团委挺会安排）、教练郭舰、队员许、沈、潘、苏、志芳，黄为不知为何没有参加，导致我们女队缺了一角。云昆是毕业先回家再从永安上车的（关于云昆毕业回家的经历，也是趣事颇多，由他自个儿拾遗吧），郭舰是先回西安家里后直接去兰州。总之，大家通过各种渠道实现了胜利会师。

厦门到兰州是不可能有直达车的，我们照例去上海转，这是一次历经3天3夜，长达70小时的漫长旅程，我后来屡屡以此吹嘘我的火车经历。旅途是漫长而有趣的，挑几个印象较深的片断说说吧。

待遇：有了领队，待遇和去年的北京之旅就大不一样了，我们居然坐上了卧铺。当然，因为经费有限，大家只能轮流躺躺，但毕竟也舒服多了。同时在严老师的带领下，我第一次，也是至今唯一的一次，在火车的餐车里吃了一顿饭，可能还喝了点啤酒，虽然饭菜的味道实在是一般，但也算过了一把小瘾。

卤料：因为杨晖没去，大家的相机没了着落，想到火车要经过三明，我就让家里送个相机上车，老妈还特地卤了一堆鸡爪、牛肉、小肠之类的一同送上了车，一帮人大块朵颐，一扫而空。此情此景倒也见惯不怪，大学期间，爸妈如果去学校看我，总会带上这么一袋卤料，被同学们瞬间清空是再正常不过的事。

算 24：云昆的 24 怪题在北京之旅时已挥霍得差不多了，这直接导致我们少了一个打发时间的节目，但可乐却让云昆碰到了一点小麻烦，间或还能赢上一把，这自然是一件很意外的事。

足球：1994年暑假正值美国世界杯，旅途之中恰巧有两场半决赛，我带上了收音机，收听每天中午的体育节目，以增加些吹牛的谈资。一天中午，好容易等到节目时间，"在今天凌晨进行的世界杯半决赛中，巴西队……"正听到关键处，呜……火车一阵长鸣，啥也别想听了，一群人只好傻眼对视。

郑州：从上海到兰州得经过郑州，从小学的课本上就得知，这里是京广和陇海线的交汇处，中国铁路的十字路口。郑州给了我挺深的印象：数量极多的火车换道口，左边窗户看去大约就有20条吧，右边应该也差不多，真不愧十字路口。而且，火车过郑州后居然连车次也换了，原来在车次编号规则中，往北京方向是偶数，而远离北京则是奇数（和飞机的航班号不一样）。依此规则，一过郑州，方向变了，车次也得跟着变，颇为有趣，不知历经多次提速后是否还这样。

白杨：去年的北京之旅，出了福建、江西的山区，往后就是江浙水乡与华北平原，沿途景物缺乏变化，显得单调而乏味，西北就大不相同了，黄土、隧道、荒地、白杨……与东南沿海有着太多的不同，我们看得很是过瘾，大家一同回忆中学课本中茅盾的《白杨礼赞》，但很多都记不清了，包括那句赫赫有名的"我那时是惊奇地叫了一声的"都争论不休，有说"咦"、有说"喊"，确实会让人"叫"那么一声的，写得真好，只不知道这篇经典现在是否还保留在课本中。

前后70余小时的颠簸，17日下午，我们终于到达了兰州，在兰大师生的热情引领之下，我们安顿了下来。这一夜睡得真香，早把当晚的世界杯决赛给忘得个精光。清晨，天刚蒙蒙亮，我们被门外的起哄与议论的嘈杂声惊醒。喔，巴西队点球灭了意大利，世界杯结束了，我们也该开始应氏杯的征程了，等待我们的将会是什么呢？

二十七　出师不利

比赛开始了，虽然经过北京团体赛的锻炼，我心中或多或少有了些底，但自信不足的老毛病依然。首轮顺利地战胜了一位青海选手后，晚上碰到了王博，陕西一队，《西安交大围棋往事》的主人公之一。

王博的棋风和我相近，都属于慢慢泡、等错误那一类的，这自然就决定本局是漫长、乏味，但又是非常激烈的。

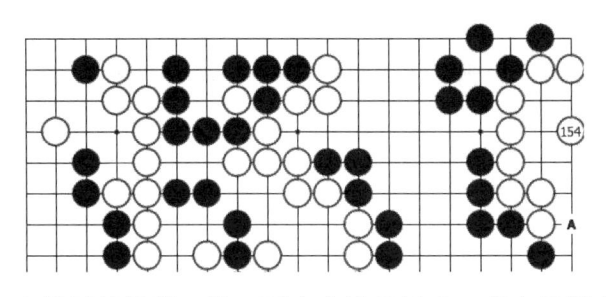

我执白，右上角是白小目，黑低挂飞压后，白连爬三手脱先后被黑拐下的形状，很久很久以前，白棋扳接补棋，错，至少应该是扳虎。现在黑棋夹入劫胜后，白154补棋，又错，应当A位立。棋型不熟直接导致了形势已非。

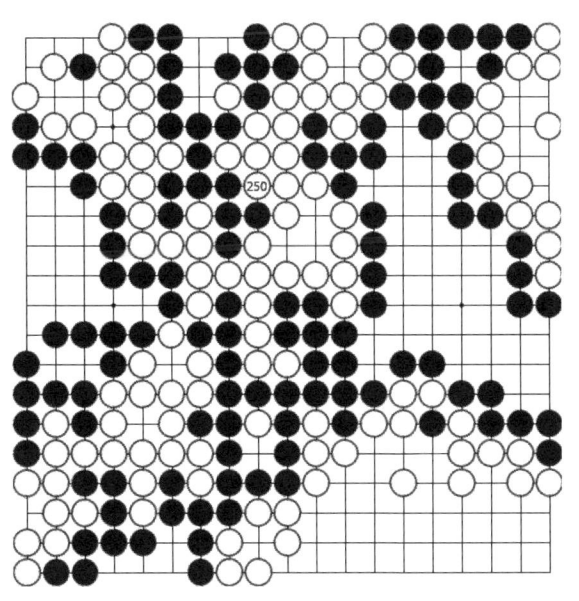

利用黑棋时间紧迫之下的一些小错，白棋拼命追赶，目前已经极细，白棋放着一个单劫始终不粘抢单官，黑棋碍于时间也不敢提劫。250手落下按钟，黑棋迅速按了回来，手一伸，"请接吧"。白棋只好从命，再一看时间，喔，黑棋只剩两秒了，数子后黑一点险胜！

遗憾、自然是出奇的遗憾，回来路上，热议着这盘棋最后的招：

招数A，250不走单官，走两个劫材耗掉对方两秒、黑罚两点，白接单劫，黑收后，没用，两点等于一子。

招数B，248直接耗劫材，罚点后接劫收后，可行，但劫材不够。

招数C，对方提出粘劫时，声称"棋没下完"拒绝粘劫，耗到罚点后再把粘劫，呵呵，那非打起来不可，最后应该是被裁判长判负。

以上其实都是马后炮，当初连胜负都没搞清楚，也没有注意对方只剩两秒了，这些招压根就没想到，经验不足的体现，输一盘也活该。

【周游】无影手和时间战术（摘选）

最容易想到的招数就是"做劫"，打劫的时候往往时间紧张的一方就不得不屈服了，于是"粘劫收后"和"劫活不补"就成为细棋逆转的利器；"试应手"，这里不是说在对方空里瞎走的那种耍赖，而是尽可能地把局面走得奇怪，比如明明能大飞的地方，你偏偏小飞一个，对手肯定会本能地一愣，怀疑你是不是有什么阴谋，时间不知不觉就过去了；"招法飘忽"，对手时间紧张的时候，下棋要尽量飘忽，打乱对手的节奏。比如，你的几个先手官子，一定要分步走完，第一手左边，第二手右边，让对手两线思考；对手的先手官子，能不应就不应，这样也可以扰乱对手的思路。对方的思绪一乱，出勺子的可能就大。

下面还有几个比较邪恶的招数："万年劫"，万年劫可以说是包干制比赛里最有颠覆力的东西，打起来有如老太太的裹脚布，时间紧张的一方要坚决避免之；"不应"，对手往你的空里冲的时候，你不挡，让对手进来，于是又多了几十手官子好收；"自杀"，比赛规则是要把对方死子提干净才能摁钟的，于是某次比赛里就出现了这么一幕，一方把一块几个子的双活自填一气，对手因为没能提完死子而超时告负，惨烈⋯⋯

还有个小故事，一次包干制比赛里，下到单官，没时间的一方叫来裁判说："剩下的单官我都放弃了。"（规则允许单官的时候，一方可以强行结束棋局，单官全归对方所有，直接计算胜负）对手摇着扇子，胸有成竹地说："你不能全部放弃，你看见这个'双'了么？"说着指了指棋盘上某处："如果这两点你都被我占了，你大龙就被断开了，全死了！"本局的结果自然不言自明，"双"有的时候也不那么保险。

可能大家觉得这些招有些胜之不武，但我觉得下棋和比赛是两码事。

二十八　艰难爬行

全国赛就是全国赛，对处于中游水平的我们来说，哪个对手都不是菜鸟，每盘都是硬战，更不用说一天两盘的魔鬼赛程了，实在是太累，第二轮一点负后，随后开始连续三轮的上午输、下午赢，始终无法消灭赤字。其中对贵州欧阳雪松的一盘输得可惨。

欧阳算是那时的大学生名手，这届比赛得了第六，我那碰到强手就缺乏自信，缩手缩脚，不太会下的老毛病又犯了。

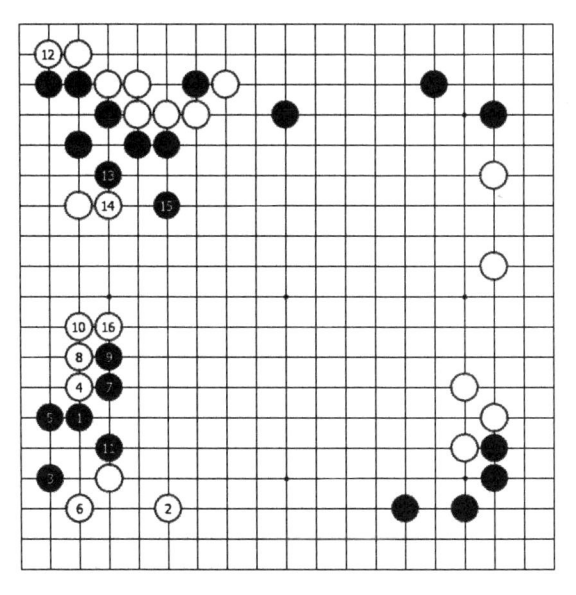

我执黑，左上角走完，上边一子位置奇怪，丢分。白4碰，在那时算是新手，黑太过老实。被白抢到先手12爬两边都要，13、15却缺乏打入作战的勇气，16拐后，可能白棋已经觉得这盘棋没问题了吧。

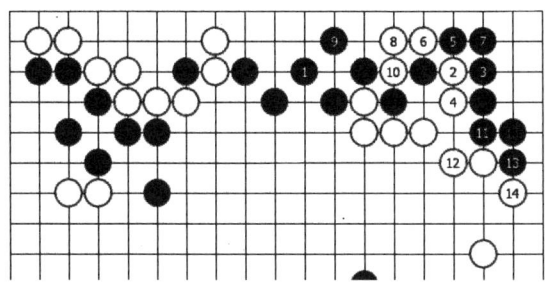

黑中腹消，白在上方压缩黑棋兼走厚，白6断，黑棋脑袋似乎已经木了，没

怎么计算就接在了角上。白棋痛痛快快地把上边黑地席卷一空，没法下了。回寝室摆棋时，悦海扫了一眼就说："等等，为什么不打吃？"定睛一看，唉，真不知当时在想什么？

就这样稀里糊涂的输了一盘棋，套用云昆的一句话"棋可以输，但不可以这样子输。"真是不该。1胜2负、2胜3负、3胜4负，唉，这天天赤字的日子可什么时候到头啊。

【悦海】总觉得左上黑棋这样脱先有点别扭。要不黑1挂之前直接在上边三路尖夹，考验一下白棋怎样？白棋如四路粘，被黑棋二路扳有点委屈，但如果立下，被黑在14位下一路肩冲，瞄着四路断，好像更不好。白2和黑3似乎都应该在左边拆。黑13有在16位压住的心情。实战白16拐，觉得黑棋有点薄。

【皮蛋】顺便说一下，那时叫雪松的特别多，两届应氏杯我就碰到了三个雪松：贵州的欧阳雪松、清华的项雪松、云南的李雪松，好像赛场中还有其他雪松……

二十九　破竹连胜

千万别误会，破竹六连胜的不是我，是云昆。成为全国大学生赛上仅有的两个不败者，坐上了第一台，直接杀到专业五段赵栋的帐前，这是云昆一生的骄傲。具体内容就由云昆来说吧，这里说两个花絮。

下棋的人或多或少都有点迷信，往好说叫心理暗示，例如穿的衣服、坐的位置等，都可能成为一件需要琢磨与嘀咕的事。前面诸如彼得与杨晖的英语四级考试算是一个小典型，云昆也是有那么一点的。

第一轮，云昆套上了1992年省运会高校队的白色运动服，胜了朱海元后，那衣服就成了幸运服，再也没舍得脱下，直至在第七轮负于赵栋结束连胜之旅后，幸运服方才被打入冷宫，已不知道有多脏。

还有一个更绝的，到兰州的第一晚，大家睡得过熟，都被蚊子叮了几个包。第六轮出发前，五连胜的云昆坐在床上，把自己的腿、脚、手从头到尾给搜寻了遍，整一个自恋狂，嘴里还念念有词：

"一、二、三、四、五，一个包一盘棋……"

"咦，怎么找不到第六个包呐？"

"快点、快点。"尚未从上午惨败给欧阳的阴影中恢复过来的我没好气地催促。

忽听一声大叫："喔，找到了，哈哈！"一个极不起眼位置的"疑似"叮包就这样被找到了。

随即云昆一个鹞子翻身，利索下床拾掇清楚，精神抖擞地开拔，两个半小时后，六连胜产生了！！

第七轮对赵栋，云昆倒也识趣，没有再找去找什么包，更没做什么故意把腿伸出蚊帐让蚊子咬的事，六连胜也就此戛然而止。

三十　时来运转

　　1胜2负、2胜3负、3胜4负，我就这样深一脚浅一脚，输一盘赢一盘地往前走着。虽然看着云昆的六连胜眼馋，但知道自己实力不够，倒也不急，一盘一盘下吧。任何比赛，我从来没有把自己摆在上手的位置，这倒也算是个优点。也许正是这种无所谓的心态带来了好运，更也许是刘家峡与草原之行消耗了对手太多的精力。我居然开始连续赢棋了。以下把3胜4负前后几个运气赢棋的片断整理如下：

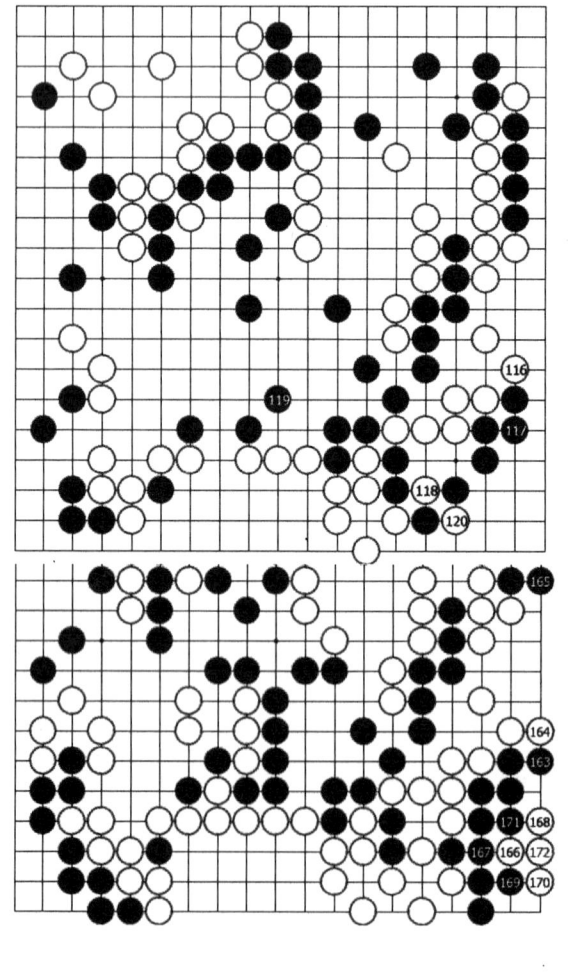

　　第四轮，我执黑，目前咬得很紧。118扑，黑不想撞气且漏算，119脱先，被白先手打拔，巨大。

　　故事依然在右下角，目前极细，黑163、165执着地盯着右边点入后的五目棋，166至172，眼看成劫，结果被173从屁股后面打吃，盲点呀。呵呵，白在此损了3目，而这盘棋白棋也就输了3点，你说是不是运气。

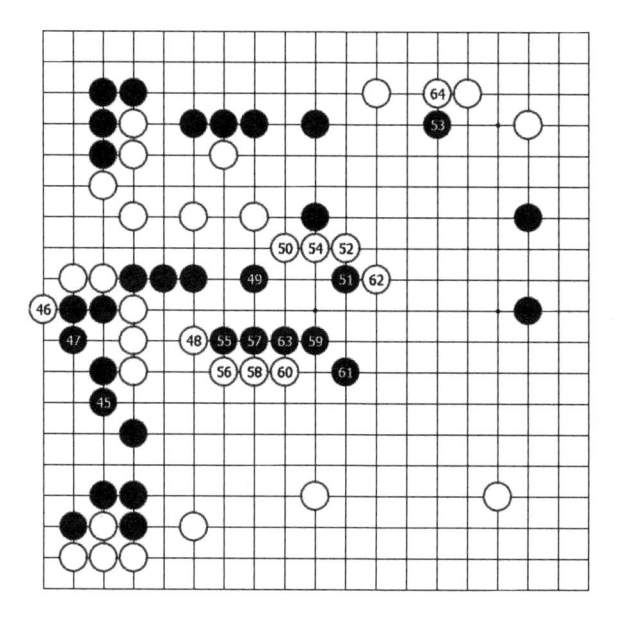

第六轮，我执白。48、50硬跑两块也不知是否可行，我很少下此类棋，52生猛，也是当然的一手，53引征？54接上极厚，黑马上就不对了，至64补回，黑大损。最终白中盘胜。

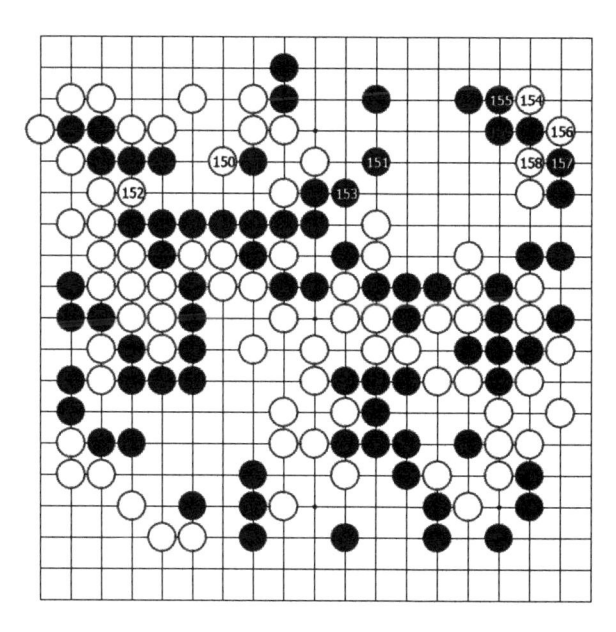

第八轮，我执黑。151欲兼顾两边，大恶，但154、156更恶，投桃报李得真是快。最终黑一点险胜。

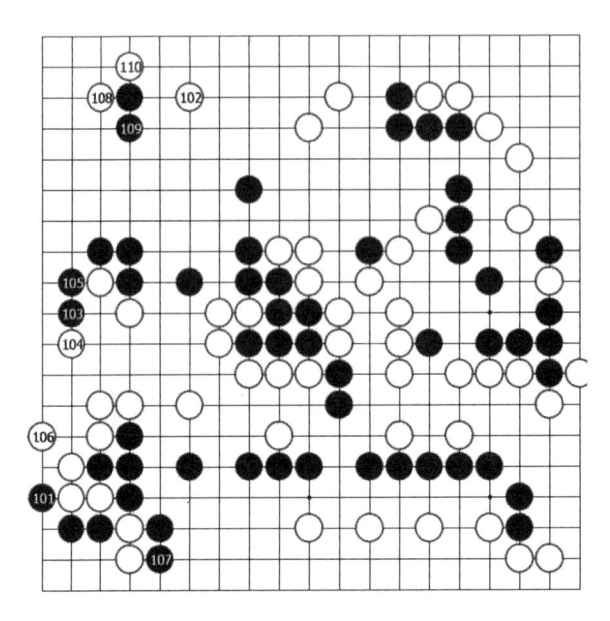

第十轮，我执白。102留味后硬抢大场，103愤怒地开始搜刮，却不幸落了后手，108靠，黑空大差。最终白中盘胜。

三十一　喜获季军

从第八轮开始不知不觉三连胜后，我已是 6 胜 4 负，7 月 29 日上午，迎来了最后的决战。赛前形势如下：云昆六连胜后被赵栋、祝励立、欧阳雪松连砍三刀，硬着头皮再次穿上那已经不知有多脏的幸运服后好容易稳住了局势，目前 7 胜 3 负。潘先生和沈悦海都是 5 胜 5 负，潘的棋我没什么印象了，只记得悦海当时每盘都下得很快，能剩半小时，我屡屡劝他多想一些，他却苦笑着说实在不知道想什么好，可见状态不对，其间还来了次三连败。

除了云昆外，我们的成绩都中不溜秋，最后一盘的胜负对个人名次的影响可能会在 10 名左右，同时对按个人名次累加计算而得的团体名次来说，影响也很大。总之，很关键。

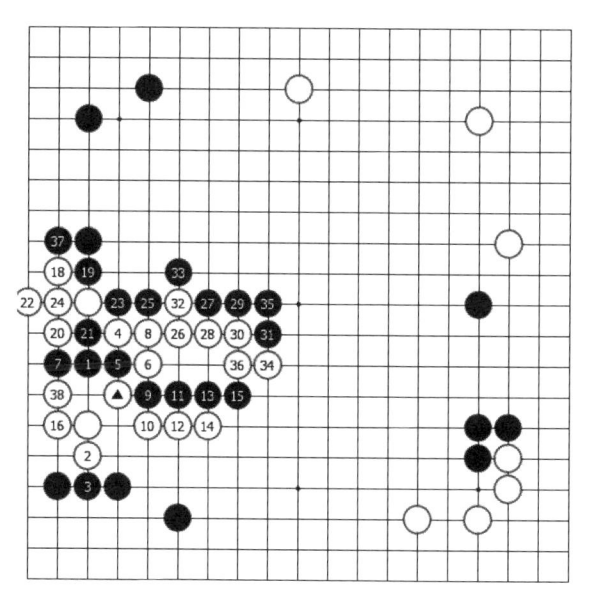

我执白，白▲小尖是去年在北京向马晓学的一着，当时挺喜欢。喜欢归喜欢，却不大会用，黑 1 打入严厉，白 2 显然庸俗，至 38，黑棋处处得利且扳到中央大头，显然优势。

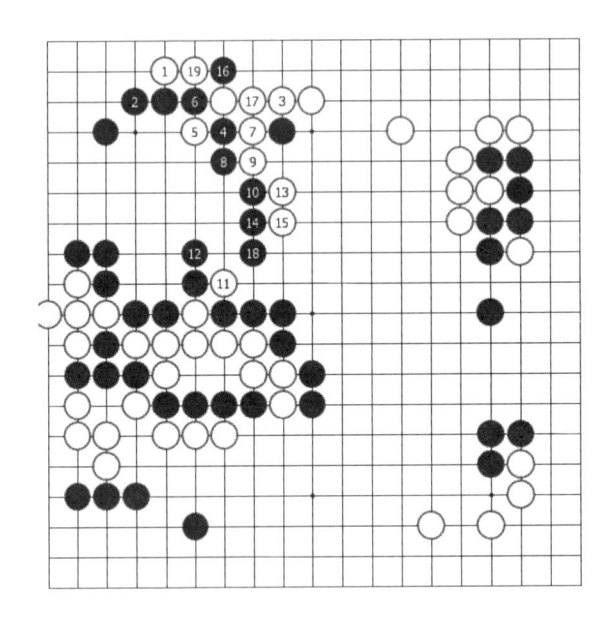

黑压迫拆二，白1托后用一种教科书上列为俗手典型的下法开始互围，还能回手抢到19，土归土，自我感觉效果还行。

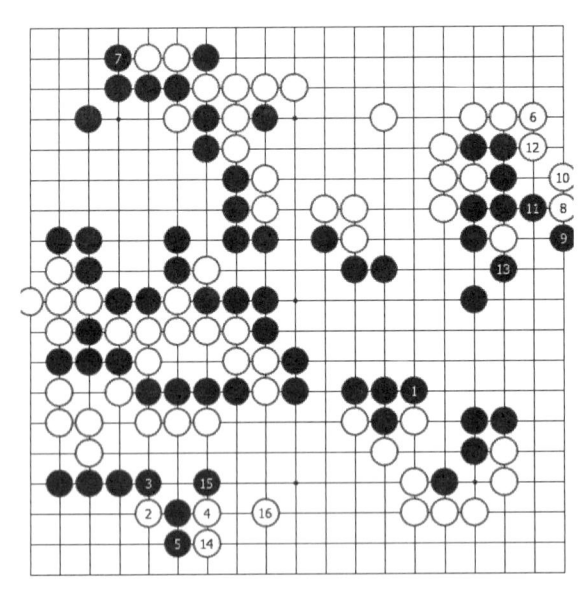

看着右上角眼热，但下边也很大，两难之时，居然想出了2、4先损在前，降低下边拆二价值的障眼法。疑惑之下的黑7见小了，白赶忙先手大伸腿，然后回到14和16，赢下此局。

低开高走，我以四连胜结束了兰州应氏杯，成绩定格为7胜4负，比预期的保本目标多了一盘，还好。与此同时，另外三位纷纷告捷，我们在最后一轮四战全胜！帅呆了，取得团体名次应该没有问题了，算是基本完成了任务。志芳的女子比赛只有七轮，第四名，很强。黄为没来挺可惜，对她本人少了一次旅游，对团体少了一个名次，可谓双亏。

下午闭幕式前，云昆粗粗算了一下团体名次，第五！已经在北京拿过第三名的我们难免有些失望，谁知一看成绩公告，第三？！简直无法相信自己的眼睛，难道云昆的量化能力也有不灵的时候？细问之下方才得知，在计算团体名次时，赛会更改了往届名次相加的算法，改算总得分相加。由于厦大、兰大、科大、清华等四队成绩大致相当，两种算法有一定出入，我们成了最大的受益者！闭幕式前，身旁某大学的领队还在跟着裁判长愤怒而徒劳地争取着，我们只顾在一旁偷偷地笑。

【悦海】这个季军确实是意外之喜，呵呵。对我来说，下棋很需要第一感，但有些时候偏偏找不到感觉，思来想去仍然难以抉择。那时候可能觉得花再多时间也没用，拍下去再说。现在想来，首先是态度问题，韧性不够，还有就是技术问题，平时打谱打得不够，对一些局面不知如何应对，下着下着就坏了，呵呵。

三十二　难忘兰州

兰州应氏杯留给我们太多美好的回忆，老严在他的《西安交大围棋往事》中做了相当精彩的描述，我就单独说说 T 恤和旅游的故事吧。

赛会发了两件 T 恤，一件是当届赛会的宣传衫，还有一件是应氏规则的广告衫，它们在文后所附的相片中均以一眼看出。赛会宣传衫不错，我们不知为何多领了一件（可能是严老师没拿或者是占了黄为的名额），回校后就给了杨晖，一次大家小聚，杨晖笑曰："我得在这衣服后写三个字'我没去'，否则就显得沽名钓誉了。"郭舰接过话茬："那我就得写'我没下'了！"大伙呵呵一乐。

应氏规则的广告衫很别致，长、厚、白等质地优点就不说了，单说外观。正面一个巨大的"碁"字，上书"应昌期围棋基金会"字样，虽显突兀但尚在情理之中。背面就不一样了，居然并排摆了两个图，均为三劫循环但略有差别，分别名曰"活搅"、"死搅"，体现应氏规则的精华所在。在厦大穿着这件衣服时，难免有别人在身后指指点点，嘀咕着"活搅"、"死搅"，倒也颇为有趣，但从来也没有人，特别是女同学来仔细问过，颇为遗憾。这件 T 恤我很是珍爱，尽管破旧了也没舍得扔，一直留着。可后来却被丈母娘拿去做拖把去了，唉……

兰州应氏杯安排了两次旅游，一次去刘家峡和炳灵寺，另一次去了甘南草原和拉卜楞寺，光听旅游路线就知道有多爽了，清澈而冰冷的黄河水、千年风化的怪石、摇摇欲坠的悬棺、一望无际的大草原、雄奇的藏传寺庙、脸蛋红扑扑的喇嘛、与牛、羊、马还有毛驴的亲密接触、篝火晚会、帐篷中大口喝酒、大块吃肉……这一切想起来好像就发生在昨天。工作后，去了不少地方，也出了几次国，景色是各有千秋了，但总觉不如那时过瘾。

老严他们陕西队的相机坏了，留下了终身遗憾。我们的相机倒没坏，但也算有点状况。自打我在三明火车站从老爸手里接过相机后，无论是在火车上、上海还是在兰大校园中，拍照时总觉得走带的声音不大对，但既怕曝光不敢打开检查，又舍不得浪费而没有空拍，大伙就这样忐忑不安地挨到了旅游，已经拍到40张了，胶卷还没有自动回卷。还是云昆当机立断："打开吧，应该是不对了。"开机一看，几乎晕倒，胶卷老老实实地趴着，一张都没往前走！！整整浪费了一卷的表情啊！！吸取教训，以后每次装完机，我都打开看一遍，再空照那么一张，这就叫"宁可浪费两张，不可错失一卷"。这类故事，在数码相机时代，甚至是手机相机时代是很难想象得到了。

工作后经常需要张罗些事，也就慢慢体会了组织大型比赛的艰辛。兰州应氏杯是如此的愉快而难忘，兰大的组织者付出了非常艰辛的劳动，甚至是代价（兰州旅游途中，一辆大巴出了事故，坐在副驾位置的一位老师腿受了重伤，也不知现在怎么样了，祝他好运。）。写到此时，脑中清晰地浮现了当年兰大那位跑前跑后、具体张罗的老师的高大形象，一位朴实、勤恳、和蔼而可敬的中年男子，谢谢您了。

【天鹏】毕业后基本没再好好下棋，后在北工大读研，2004年参加北京富士通大学生赛，竟碰见了十年前兰州比赛认识的东北的岳全力，令人感慨。下棋的人共同点很多，我想写这些文章，主要还是出于对那个心灵纯净的年代的缅怀吧。

【杨晖】岳全力！1995年同我认过老乡。后来比赛结束开会，他在门口同我很专注地握手说谢谢啥的。我也稀里糊涂地同他讲别客气，还以为他在帮主办单位忙搞接待。当时要推举下届举办方，有哈工大、广西大学等。想到路途近一点且南宁风景不错。我就投票广西大学。结果开会出来，岳全力满眼幽怨地看着我："你干吗不投哈工大？"我才恍然大悟，他刚才是替哈工大拉票（或者照现在台湾说法叫拜票，很时髦的一种）。但就像大话西游里面唐僧讲的那样，你又不跟我讲要，我如何知道你要呢？很有意思的。

附图一：刘家峡

附图二：怪石如画

附图三：拉卜楞寺

附图四：草原篝火

附图五：帐篷酒肉

附图六：赛后合影

三十三　华山论剑

应氏杯结束了，成绩好心情就好，大家按计划开始了西安之旅。郭舰家在西安，我们这四男一女就硬生生地，不分青红皂白地挤进了郭舰的家，真是辛苦郭爸爸和郭妈妈了，添了太多的麻烦。西安玩得很爽，因篇幅有限，先说说华山吧，西安游记留待下回分解。

从西安到华山得乘火车，抵华山脚下时已是晚上10点多了，郭舰给大家一人整了一个手电，拿绳子往脖子上一套，连华山长啥样也没看清，我们就义无反顾地向黑暗中冲去。

三明是个山城，我自小爬的山也不少了，可从来没有半夜爬山的经历。一伙人根本也不知道路旁是什么，深一脚、浅一脚地拉着铁链，顺着台阶往上爬。遇到险要处，基本上就是双手抓着铁链，后人顶着前人屁股往上拱，终于知道了为何要在脖子挂个手电。悦海不如我们爬得快，属于承前启后一类的，时不时顾全大局地要求歇歇。志芳女孩子毕竟弱些，爬得很艰难，记得好容易到了一个小平台，志芳却收不住脚，跟跟跄跄地就向旁边冲去，好在我一把抓个正着，否则天知道会出什么事。

就这样爬了六个小时，凌晨五点，我们终于爬到了山顶，顶上已有不少人，都是爬了大半夜之后面呈菜色，我们两眼发直地瞪着前方发呆，算是休息。一会儿太阳冒了出来，华山顶上看太阳确实别有景致，尤其是爬了半夜，不夸它几句，自己也说不过去。大伙"托"着太阳照了几张相，在山顶上找了个稍微平一点的地方，直挺挺地躺了个把小时，也不怕睡得太熟，一个翻滚就到山下去了。

我们爬的好像是东峰吧，随后就在另外几个山峰转转，记得爬南峰时，只见前方有几个小石凹，根本不见路。郭舰二话没说就踩了过去，我不禁疑惑："路呢？为什么不走路？"郭舰回答得很干脆："这就是路。"就沿着这种路，我们去了鹞子翻身、长空栈道等景点，还在一个叫"下棋亭"的地方装模作样地下了一盘棋，不过是象棋，据说宋太祖就在那儿把华山输给陈抟老祖的。很不好意思，这些极险的景点我和云昆都有些恐高，没敢下去，志芳倒奋不顾身地玩得乐不可支，我俩从此在志芳那儿留了个话柄。此外，一干人等还在一个道观中抽了运签，在某个山头照了几张"华山论剑"的相，我们这一代人受《射雕英雄传》的影响颇深，由此倒也带来了不少商机。

玩个痛快后，下午时分，我们下山了，下山的同时不由得感到阵阵后怕，华山整个就是用刀切的，我们完全不似通常的在山腰间盘旋，而是一路上就在山脊上趟，石阶和铁链的两边就是万丈深渊，昨晚要是一脚踩空可咋办呢？就是在这种山路上，那一个个背着背篓，挂着拐杖艰难前行的挑山工又让我们震撼。此外，我们还真切地体会到什么叫作"上山容易下山难"，那种不给劲的感觉真让人受不了，云昆在很长一段时间内索性是一节节台阶跳下去的。

就是在这种人困马乏的时候，潘先生还玩了次小个性，到了一个地方，往左是来时的道，可潘先生凭着他卓越的方向感，非说往右也没问题，而且更近。大伙疲惫不堪之下，众口一词："算了算了，万一错了可就亏大了。"而讨论的结果就是所谓"分道扬镳"，十分钟后，当我们到达交叉点时，潘先生已默默地在那等了一会儿，随后又默默地起身和我们一块前行，那个酷呀，不知迷倒了多少妙龄少女。

最终，当我们跳上回西安的火车之时，别人怎么样我不知道，我是二话不说就躺在了过道上的，对不起，我实在是累坏了。

【志芳】至于这么危险嘛？！嘻嘻。不过也许在皮蛋和云昆这两人的眼里，华山啊，到处是"天险"。）华山确实值得一去，现在想想我们当年真是生猛啊，一群人整整爬了一夜，那是标准的"爬"山：四肢并用。还好平时有锻炼，不然也许小命就丢在那儿了，不是摔死的，是累死的……这一次爬华山是对体力、身体极限的挑战，极大地考验人的意志，至今都让我引以为豪！

三十四　西安挨宰

现在回头说说西安城，古都的气势与底蕴就不必细说了，我们去了碑林、大雁塔、陕西博物馆等不能不去的地方，附庸风雅之时，很痛心这次杨晖没来，否则我们几个边看边听边学，效果自然大不相同。西安小吃是大大地有名，可惜我实在记不起那标志性的羊肉泡馍到底是啥味道，甚至不记得是否吃过，此类事情可能由志芳来补充比较合适。泡馍不记得，羊肉串就不能不记得了，一毛钱一根的羊肉串，便宜又好吃。我历来怕上火，搞一两根浅尝辄止，志芳就不客气了，居然能一口气干掉二十根，乖乖，这小女孩光顾着嘴馋也不怕长痘，估计同时喝了不少可乐，否则后来的大可乐一说又作何解释呢？

玩着玩着，应该是从华山下来的当晚，在郭舰家中吃晚饭，人困马乏之下，不知不觉多喝了一点当地的米酒，悦海当场就不行了，郭舰和潘奕俊次日也爬不起来。就留下我、云昆和志芳三人开始了为期一天的挨宰之旅，目的地：华清池与兵马俑。

华清池实在没什么看头，总不能盯着那口枯池傻想着一千多年前杨贵妃洗澡的样子，再次痛感杨晖的好。从华清池到兵马俑的主流交通工具是三轮小面的，"多少钱？"师傅答曰："4块。"嗯，贵是贵了点，将就吧。谁知车到一半居然坏了，我们据理力争只给了2块，却把一些东西给落在了车上，由此开始了一天的厄运。再拦了一辆面的，报价3块，继续将就，可车到兵马俑，居然说是一人3块！明摆着抢钱嘛，抗议无效，我们还是把钱给如数交了，真是不爽。

心情大坏的我们，悻悻地但又很认真地看了兵马俑，我还企图偷偷地给它来一张，结果镜头一打开，闪光灯就自动立了起来，算了算了，别再惹什么事了。结束后，我们得返回华清池再坐公交回家，刚出展厅，即有一壮汉向我们热情招手，还是一三轮面的！这回我们留了个心眼，"多少钱？""4块。""三个人还是一个人4块？""开玩笑，当然是三个人！"我们终于遇上了好人，忙不迭跳上了三轮车。

车开了，我忽见一旁有辆小巴，上书"华清池1元"，就问师傅那是怎么回事，"唉，那车可坐不得，它会把你们载到其他地方再宰的，小心。""喔，原来如此。" 我们还向师傅投诉了来程时那可恶的一人3块。"这些家伙，太不像话了，败坏大家声誉，害群之马，政府也不好好管管。"这义正词严之下，我们太感动了，喔，真是遇到好人了。

三轮车飞快地开着，路线却越来越不对，我正狐疑之时，车停了，"到了。"到了？压根不是一回事嘛，正待询问，大墨镜后面传来了冷冷的声音："72块。"什么？！再一看那家伙，乖乖，整一个彪形大汉，壮得和头牛似的，怕比我和云昆两人加起来都重。这下坏了，我斗胆多问了一句："怎么这么贵？""18公里，一公里4块。"晕，天底下还有这么黑的。来硬的显然是不行的，四周又没人，得，认宰吧，我心有不甘，说了几句穷学生没钱之类的还价，最后以60元"成交"。

壮汉收钱之后扬长而去，我们再也不敢坐三轮了，打了个的到了华清池，20元，我不禁苦笑："我们倒好，一人打了一部的。"

垂头丧气地回到郭舰家会师，群情激昂之下，却也没有什么办法，只好提醒次日要去的悦海小心。谁知悦海玩回来，笑曰："啥事也没有呀，很正常的咧，你们是怎么回事嘛？"

呜乎，我们究竟是怎么回事嘛？

【思风】哈哈，旅游城市宰人都一样。毕业实习时去杭州玩，一西瓜店挂牌"3毛"，待我们吃完，老板将牌子翻过来，上书"半斤"；还有什么"龙井问茶"，满城都是茶托，三组同学线路不同，居然遭遇相似，都让人给带到龙井村买茶叶。

三十五　万感交集

华山爬了，西安玩了，千恩万谢郭舰爸妈的盛情款待之后，我们也该回家了。悦海直接回贵州，我、云昆、潘、志芳开始了"孔雀东南行"的漫漫旅程。我们选择的线路应该是从西安到福州的火车，然后在来舟转车。坐车就坐车了，还有什么好写的呢？是啊，可这是我那三万公里火车旅程中最难忘的一次，不吐不快。

爬华山的后遗症出现了，爬过山的人都知道"上山容易下山难"，难在哪呢，我的体会是下山时用的肌肉群平常根本就锻炼不到，所以特别吃力。这回好好锻炼了几个钟头，两天过后，这从屁股到踝关节的一路酸痛就别提了，不动不行，一动就疼，一句话，百感交集。

酸痛也就罢了，活该我们要去爬华山，可不知是因为吃了什么东西，第二天晚上，我居然闹肚子了，啥也不能吃，每隔20分钟还得去蹲一次，坐过当年绿皮车的弟兄们应该了解火车上厕所的滋味。肚子空空却只能任其嘀咕咕地叫，想睡却又不可能睡，稍微挪动一下全身又是无比之爽（酸），我的天哪，这就算是千感交集吧。

半夜了，大伙都在睡，在单调而有节奏的，车轮撞击铁轨的呵嗵声的衬托下，车厢内是那么的安静。往常那聊天、下棋、打牌、二十四、数名字等打发时间的玩意儿此时显得那么的可贵，可现在却只能望着窗外那看不到边的黑凄凄的夜发呆。千感交集的同时，我愈发低沉，早把成绩、游玩之类的好事抛到了九霄云外，脑海中不可抑制地浮现出一个又一个不如意的镜头……鼻子不禁一阵阵发酸。终于，列车经过南京长江大桥时，在突如其来的巨大的轰鸣声刺激下，望着隐约可见的长江水，眼泪忍不住流了下来，我万感交集，我想家。

……，天终于亮了，列车慢慢开进了浙江、福建，下午时分到了来舟，福建中部的一个小城，鹰厦铁路和来福铁路的交汇处，我们跳下车来转车，谢天谢地，终于快到家了。一整天粒米未进的休克疗法也产生了作用，肚子居然不闹了，我在车站旁的小店里吃了一碗花蛤米粉汤，看到熟悉的鲤鱼碗，闻着久违的米粉香，已经一天一夜没吃没睡的我鼻子又开始一阵阵发酸，这是我吃过的最最好吃的米粉汤。

再次跳上火车，三明很快就到了，临下车前，我才发现自己已身无分文，云昆支援了我五块钱，就算是我从火车站到家的盘缠，估计那时4个人合起来可能也凑不到一百块钱了。

正所谓"不如意事常八九"，快乐总是显得那么短暂珍贵乃至容易忘却，伤心与痛苦却是那么的容易让人铭记在心，这两天两夜、"万感交集"的回程就此成了我最难忘的火车旅途。

【思风】工作以后，觉得去玩也是很累的事，主要是找不到年少时结伴出游的心情了。记得有一次出差到泰安，入睡前依稀记得窗外有座大山，直到第二天晚上办完事踏上归途才记起那座大山不就是泰山吗？

【志芳】人在旅途，尤其是坐火车，最易产生惆怅伤感之情，其实这种情感也挺美的……，兰州比赛对我而言是一段快乐无比的经历。那是我上大学以来第一次出远门，第一次在全国比赛中取得好名次。要说痛苦有两件：一是下山时，在山脚下把脚给扭了，真是上山容易下山难啊。二是坐火车回厦门时，脚踝肿似面包，从此怕上了火车。当时我们回来时真是特可怜，每个人都灰头土脸，身上又没钱，每一顿饭都在云昆这个管家精打细算的安排下，有上顿没下顿的，整一群难民。

【建宏】当年在贵阳比赛后我独自一人去昆明玩时，本还想去大理。某天晚上去看了场电影（好像是巩俐主演的现代剧），散场后孤独地走在昆明的街头，华灯闪烁、车水马龙，一切是那么热闹。突然却有股浓浓的思乡情绪涌上心头，"我已出来10几天了！"立马决定回家……

三十六　狼狈不堪

　　兰州应氏杯把暑假给用去了一半，新学期很快就开始了，虽然云昆已经毕业，但还在厦门工作，隔三岔五没事就往厦大跑，还时不时掏工资请我们小撮一顿，倒也没觉得有什么不同。国庆前，云昆带来一个好消息，广东潮州国庆节要搞一个比赛，邀请厦门参加，他不知怎的就去棋院把这个任务接了下来，他和我两人做队员，郭舰领队，一块去。这回得代表城市参赛了，这对我来说是开天辟地的头一遭，套句俗话说就是顿觉肩上的担子沉甸甸的。

　　坐了近十个小时的夜间大巴到汕头，继续转车到潮州，10月1日下午，比赛开始了，应其他领队之邀，郭舰跳上去热身，但不记名次。我首轮比赛的对手是汕头特区的李宏概，他的队友是后来曾获得全国晚报杯亚军的蔡建鹏。

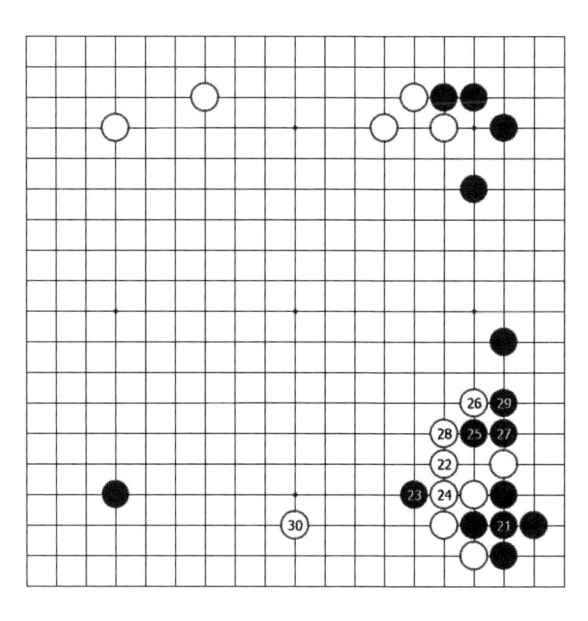

　　我执黑，开局就错了，23、25搞错了次序，这都是什么基本功呀。

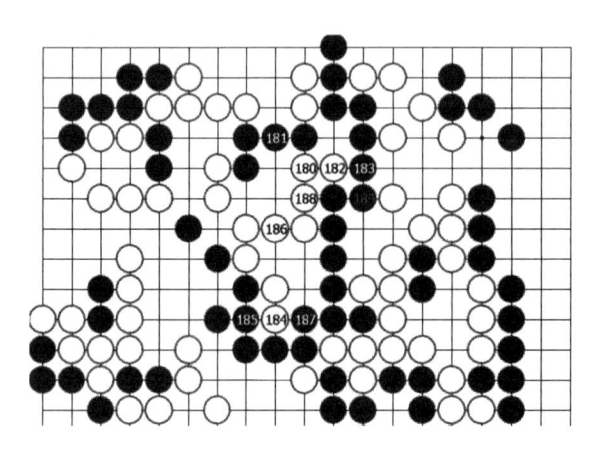

利用白棋中盘时的错误，黑棋取得了胜势。然而 180 夹，算了半天之后，我脑袋进水似地 181 接！！现在看来真不知在想什么，188、190 最大限度地吃掉了黑棋 4 个子、13 目棋，最后这盘棋正常收官也就输了 2 目半，唉……

遭到当头一棒之后，我后面 4 胜 1 负，其中有一盘窝里斗输给了云昆。随后迎来了最后的决战，一个十岁出头的小孩，张伟，即现在的张伟金专业五段。小张伟先后赢了云昆和郭舰，总不能三条大汉让一个小孩给一锅端吧。我给自己加油，然而结果却不是靠加油就行的。

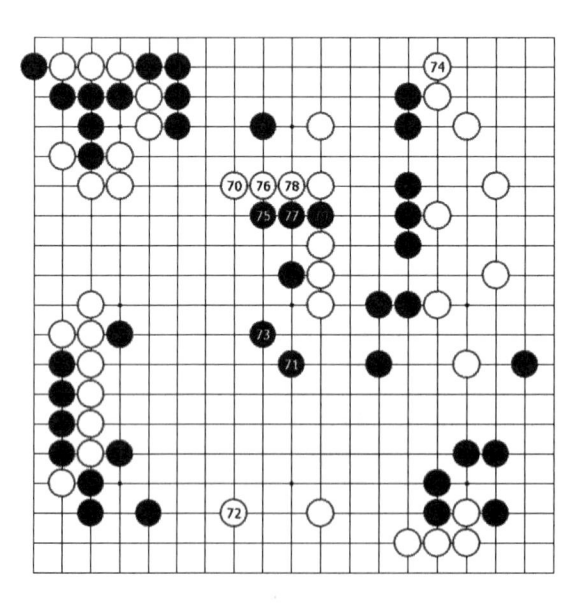

我执白，布局尚可，然而 70 却走错了方向，往下方跳是当然的一手。71 好棋，72、74 置之不理的后果是中间居然被黑棋吃通！后半盘得还债了。

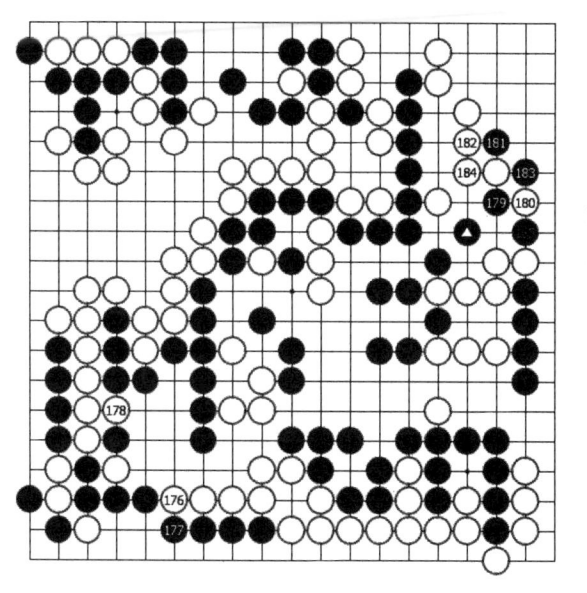

官子边收边损，白棋已不大妙，黑△尖瞄味道，可白棋却浑然不觉，179、181亮刀，白大败。

比赛的前三名是许书祥、蔡建鹏、张伟，云昆第六，郭舰第八。我同分抽签抽到了第十，这个签无关个人名次，却使团体成绩又掉了一名，好像是第六，真不爽。比赛期间梁伟棠八段（当时）还搞了一次车轮战，我也上去凑数，受三子中盘胜，云昆好像下了两子，输了。

回程时，云昆从汕头转车直接回厦门上班去了，我和郭舰继续在汕头转了转，去了趟汕头大学。我突然间不知哪来了一个奇怪念头，非要去看看地图上介绍的"北回归线纪念塔"，找了半天后傻乎乎地就着一个烟囱照了一张相，还自以为那就是目的地，直到有一天看到嵩屿电厂的烟囱后方才知道自己搞错了，算是闹了个比在上海找《围棋》杂志编辑部更大的旅游笑话。

四胜三负结束比赛、三个人被小孩一锅端、同分抽签时又落到了后面、个人名次还不如临时补缺的郭舰"教练"、团体仅获第六、临走前一天在招待所被偷、错认北回归线纪念塔……，一连串让人哭笑不得的事注定了这是一次狼狈不堪的潮州之行。

三十七　张罗比赛

灰头土脸地从潮州回来没多久，又到了段位赛时间。印象中94级是一个断档，没有特别突出的棋手，整个赛事也波澜不惊，同时因为自己没下，没有棋谱做回忆线索，导致具体情况是一点也想不起来。

1994年段位赛是我第一次接手围棋协会工作，申请协会经费、招收会员通知、办理入会手续等，一切都显得那么手忙脚乱，好在云昆还在厦门，可以时不时电话咨询，杨晖等老同志也可以发挥余热。更好在我们有了自己的活动场地，少了最麻烦的事，在大家的帮助下，也凭着自己参加多次比赛的印象，依葫芦画瓢下来，比赛倒也顺利。

搞棋赛最难的恐怕是编排，积分循环制我们说得轻巧，和外行就得解释半天，哪有单循环和单淘汰来得简单。那时没电脑，我就参照往年的印象，也装模作样地去整了套扑克，粘上纸，再标上姓名、编号，再在下面做一个表，写上诸如轮次、对手、先后手、得分之类的。每轮下来排对手之前先顺一遍，对没对过一目了然，排定后把两张牌往桌子上一扔，也不需要做什么台次单了，倒也一轮轮就排了下来。这方法还真是好用，也很有技术含量，一举解决了同分选择、对手不重复、先后手安排、积分统计、台次单的问题，要我直接去把它设计出来恐怕很难，推荐在没有电脑编排的情况下使用。

缺乏记载，名次都记不清了，甚至连冠军也不记得是谁。感谢孙杰后来的提示，这次比赛的冠军是潘先生，亚军宋凌春，后面有林舣、施平等人。原先印象中不知为何老有一个场景，在某次比赛的参赛前两秒钟，潘先生突然从兜里掏出10块钱报名费声称要参赛，搞得我和杨晖一惊一乍，现在想来就是这次比赛吧。

三十八　神奇之旅

1995年下学期，按去年的做法，组织了第三届团体赛。第一届云昆率会计系爆小冷夺冠，第二届在法律系鼎力支持下，迫使研究生临门四脚而不入，我们财金系爆大冷夺冠，第三届又将如何？

随着老生陆续毕业，擂台赛围棋热产生的中坚棋迷正在一拨拨地离开厦大，上届比赛还有12个队，这届就只剩8个队了。研究生队、财金一队、法律一队、科仪系队、教工队、计算机系队都是上届的原帮人马，财金二队和法律二队换了一些人继续参加，财金二队为林晓军、陈明和林宏坤。不知为何没看到化学系与数学系。现在看来，当时对有段选手的系间分布没概念，否则搞个转会制度，多整几个队，热闹一下也好。

8个队当然得搞单循环，赛前抽签，我们依次对：研究生、法律一队、教工、法律二队、计算机、科仪、财金二队，第一轮上届冠亚军对碰，最后一轮系里窝里斗，真是一个搞笑而极不合理的赛程。也难怪云昆前来观摩时看着这个顺序不禁连连摇头，满脸狐疑我做了什么手脚。

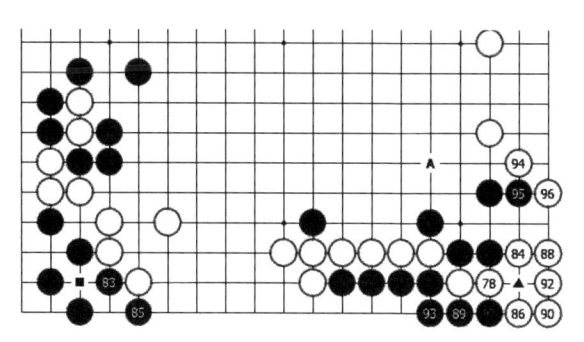

首轮对悦海，我执黑。左下角打劫，84劫败后做成大头鬼被吃，但也掏角走厚，损得如何？

79＝▲，80＝■，81、82寻应劫，　87＝92，91＝▲，98＝A

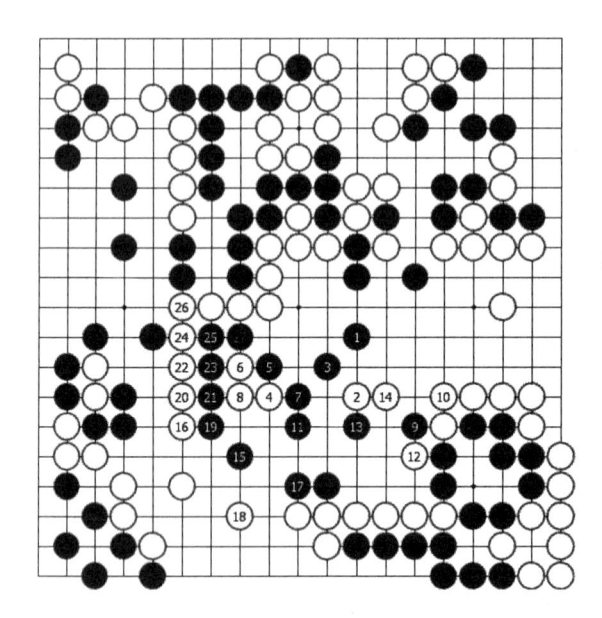

黑狼狈逃窜，但18实在太软，黑居然吃下中间三子，获胜。

靠着一、二台的胜利，我们再次战胜了研究生，但这次不能再算冷门了，悦海、郭舰和军健的棋确实退了，可能是心有旁骛，棋实在太生，导致计算力急剧下降。悦海甚至还输给了可乐，大跌眼镜。

前四轮我们全胜，第五轮遇到了夺冠路上的最后一个对手：潘先生领衔的计算机系，他们第一轮虽然就输了，但后面也一路连胜，万不可大意。话是这么说，但棋局却毫无悬念，我脆败。

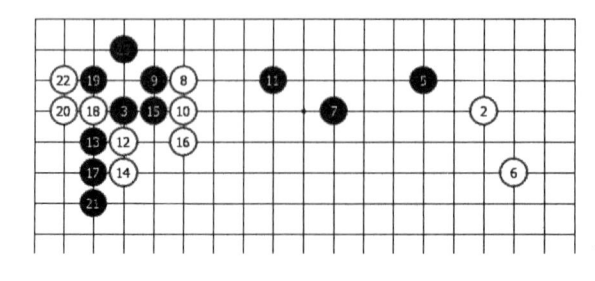

我执白对潘先生，黑17不对嘛？18很生气地断上去，看到23，登时一身凉意。

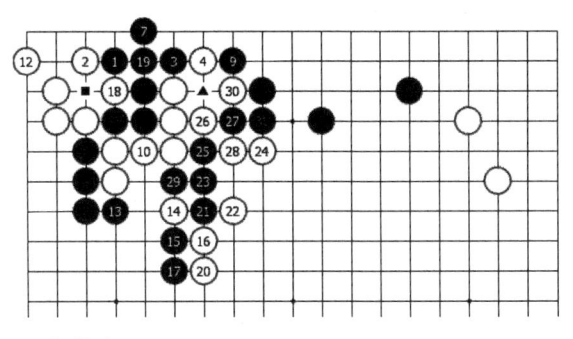

龟缩在角上已经损了，但 20 依然执迷不悟，21 毫不客气地"咔嚓"一声，左上角就这样被"净猫"，万事休矣。5＝▲，6＝19，8＝18，11＝■。

徒劳地抵抗了一阵，我中盘告负，还心存侥幸地期待着后两台复制去年的神勇。谁知刚站到第二台边，却眼睁睁地看蔡雷被林航一把抓起了二十多个子，看着对方拣子，我的脸和蔡雷一样，越来越白。

计算机系队胜了我们后，大分赶了上来，但局分还差一盘。第六轮，我们 2：1 胜了科仪系队，蔡雷意料之中地输给了彼得一盘。可计算机系队却居然又来了个 3：0！（好像还是对研究生队，唉，确实是廉颇老矣。）两队大小分都平，他们靠胜负关系领先了！

最后一轮窝里斗，二队的阶级弟兄理所应当地以 0：3 输给我们，随后我们眼巴巴地盼望着教工队能像去年的法律系兄弟一样帮我们一把，敬爱的各位老师，求求你们了，一盘，只要一盘。然而，第一台倪老师输给了潘先生，第二台也输了，就剩下第三台，曾老师下得很认真，下到了全场最后一盘。但棋是很早就不行了，杨晖在一旁有一句没一句对我地嘀咕着："还有戏，还有戏。"过一会儿就是："恐怕是很难喽。"真是一个思想政治工作的天才。可惜，棋得靠曾老师自己下，最后他被吃了一条纵贯全盘的巨龙。

就这样，计算机系队又来了一个 3：0，生生地虎口拔牙夺走了冠军，如果说去年研究生队是临门四脚而不入的话，今年的计算机系队就是连续踢进了六个点球，也该他们是冠军。

事不过三，1995年的团体赛恐怕是厦大最后一届团体赛，1996年因为实在凑不出几个队就没有再搞，往后应该就更不可能了。前后三届团体赛，屡屡上演热门摔跟斗、鲤鱼跃龙门的好戏，堪称一部跌宕起伏的悲喜剧。更难忘的是那关键对局时观者如堵的盛况，也只有团体赛，台次式的团体赛，才能吸引这么多棋迷与观众。

后注：文章在网上发表后，93级化学系的孙杰回忆，1998年厦大还搞了一次团体赛，不过是两人制的，宋凌春和他代表研究生顺利夺冠。也算是替当年屡屡壮志未酬的梦之队得偿所愿吧。

三十九　风云十局

异国情调的彼得，虽然在此前已上演了诸如"初遇彼得"、"气质清奇地输一盘就跑"、"三方点错空"等故事。但在1995年以前，彼得限于那一桶一桶漏水的官子，实力还是稍弱，因此没有进入云昆给我的厦大高手地图。然而，进入1995年，乘着与杨晖携手喜过四级的东风，彼得的大四生活顿时没有了目标，他又不似杨晖靠饱览群书打发时间，因此整日无所事事，于是，彼得开始了今天一本《新手新型新定式》，明天一本《围棋官子技巧》的日子，随着我书架上的书被一本本借完，彼得长棋了。

翻看那时的谱，我和彼得的对局量不少，明显感觉到越来越吃力。棋谱中甚至还出现了两三盘我和建宏的对局，可见他到了大四也迷失了往日的方向，最终不再清高而迷途知返，开始声称围棋是毕生的爱好，鬼才相信。那时的云昆有事没事就往厦大跑，但我毕竟才大三，而且也想考研，晚上经常得上课、自习，自然没法全陪，只好"委托"彼得了。再加上云昆苦苦哀求彼得帮修随身听的机缘，于是乎，两人一拍即合下起了十番棋，正好名字对得上，就叫风云十番棋吧。

两人下棋，棋外的东西比棋来得有趣，彼得能说，云昆会唱，两人下棋时嘴比手更忙。说唱之间，常让旁观者一时一头雾水，一会儿忍俊不禁。每当彼得棋局颇苦，一路苦渡或大龙苦活之时，云昆就会轻哼"寂寞的鸵鸟总是一路上奔跑"、"巨龙巨龙你差两（擦亮）眼"之类的围棋名曲，间或还哼一下中学音乐课本中的《彼得和狼》，更有甚者，还会极其暧昧地看着对方"喔，彼得，我想对你笑"、"喔，彼得，烛光里的彼得"！彼得自然也不是省油的灯，经常靠其一惊一咋、倒吸一口凉气的经典曲目把大伙搞得也跟着心跳加速，诸如"白棋大优，喔，担忧的忧"、"把猪养肥了再杀，嗯，不能小看了猪，猪的智商在动物中排名第六"、"咦，刀把五，小心，刀把五也是刀的一种"，凡此种种，不一而足。说唱归说唱，双方对胜负还是很认真的，间或还会借此搞一些迷浑招。一次，两人对一变化各自心照不宣，开始极力地说唱造势，转移注意力，最终图穷匕见却各自穿帮，发现对方均已早有准备，众人不禁哈哈大笑。

一晚我自习后回到宿舍，床上扔了两张纸条，云昆和我同班的女老乡各一张，云昆以"皮某"开头，叙述了晚上大逆转胜彼得之爽，女老乡却以"0"开头，看得我一头雾水，字母O？数字0？圈？都不对，苦思了一会恍然大悟，"蛋"也。大乐之下，跑去彼得宿舍问个究竟，彼得再次上演了当年六个小时输给潘先生后的一幕，呈后悔不迭，痛不欲生状，此情此景让我想起了杨晖常说的"我真傻，真的"。

风云十番棋的结果是云昆 7:3 赢了，旁观了几盘，还是很有质量的，也不知两人有没有谱，有的话不妨挑一两个片断大伙乐乐。

十番棋后，两人更加来劲，还搞了更为刺激的升降棋，可谓乐此不疲、不亦乐乎。毕业后，彼得回了福州，云昆有段时间外派福州工作，两人在福州继续上演了一番共闯棋社的欢喜剧，我有次借出差之机也去瞄了一眼。具体情况我不是太清楚，也超出本文范畴，就此略过，如有机会请当事人继续拾遗吧。

四十　科仪名人

经过"风云十局"洗礼的彼得，自觉棋艺大长，不禁意气风发。一日，杨晖正在我处闲聊，彼得兴冲冲地闯了进来，上气不接下气地带来了一个好消息：在他的导师——科仪系朱建共老师的鼎力支持下，将举办科仪系名人战，由彼得全权组织。

肩上顿感沉甸甸的彼得，对组织比赛一窍不通，原来是来取经了。我和杨晖七嘴八舌地说了一通注意事项之后，说到了最关键的名次录取与奖金问题，这下彼得为难了。200元的预算，冠军奖金设多了，怕别人说监守自盗；设少了，又觉得心有不甘；异国情调的彼得倒还颇有一副共产党员大公无私的风范。多方讨论，最后决定：取前四名，第一名奖金80元，以下50、40、30等。

敲定之时，正好啪的一声熄灯了，彼得心满意足正准备离去，杨晖发话了："Mr.彼得，现在棋力大长，冠军是拿定了，这么迟大家也饿了，不妨先预支奖金喝点小酒。"彼得慌忙连连摆手："不行不行，万一……""哪可能有万一，况且夺冠后大家都知道了，那不得请得更多？"杨晖好说歹说、连捧带压地做通了思想工作，我们往东边社进发。

一周之后，科仪系名人战如期开战。一日午睡中，彼得却闯了进来，二话不说把我叫起摆棋，迷迷糊糊的我乍以为他在炫耀得意之作，摆了一半多次听到见到彼得"干××（市骂）"后一副捶胸顿足状，方才明白他昨晚输给了林仁杰，眼看冠军飞了，痛不欲生。我连哄带劝之下，顺便问问还有无可能林仁杰输棋之后靠小分夺冠。彼得如梦方醒，登时来劲，可仔细盘算要靠陶迎宾或朱老师阻击林仁杰实在是不太可能，只好悻悻离去。轰轰烈烈的第一届科仪系名人战好像没有下完，不了了之，估计那200元奖金也没有发出去。

科仪系名人战后不久，彼得又找上门来，他们系告别活动还真多，还要搞什么欢送杯排球赛，体育课选修排球的彼得居然也要上场凑数。第一场下来，缺乏基本二传组织的老大哥们被打得个满地找牙，颜面全无，彼得情急之下又来搬救兵了。显然，这种忙实在是不便帮的，哪有去帮别人打系内比赛的道理。但经不住彼得好说歹说，更主要是上次预支彼得"冠军"奖金一顿后颇有些过意不去，只好答应出手。

一个排球队有了二传当然就不一样了，老大哥们开始连战连捷，小组顺利出线，其他队自然就不乐意了，但碍着面子谁也不好说什么。我们也自知事情不能做得太绝，在半决赛时找个台阶输了比赛。最终大三的"当权者"夺冠，毕业班也不算太掉份，倒也各得其所。自然，彼得宿舍几位相熟的老兄请我一顿也是少不了的。

【思风】89—92级这一时期的科仪系，师生加起来围棋的厚度还是相当可观的。89级的陈文建、90级的傅谋情、91级的我和陶迎宾、92级有林仁杰，别忘了王文斌也是不错的。老师有个周希宏不错，下过几盘第一盘我还输了；朱建共老师是我导师，大局不错，中盘差点；还有一个游博士据说比周希宏还要好点。上述人员综合棋力至少均能达到有段水准。

【思风】与仁杰的这盘棋还是有点故事的，开局就打一个劫，转换结果我以为便宜了，其实根本不是那么回事，因有个手段双方都没看到。棋至中后盘我可能好一点，此时仁杰说要出去一下（其时正在恋爱），我当然能够理解。谁知回来以后仁杰仿佛换了个人，着着紧凑都是争胜负的下法，这一来先前说的那个手段他先发现了，哎，爱情的力量……

【思风】我的导师朱建共老师为人极宽厚，可以说是热爱围棋，大四时指定要带我和陶迎宾。这几年接替倪子伟，为厦大围棋劳心劳力，成绩还是很不错的。

四十一　再进京城

兰州应氏杯时，通过申办，1995年应氏杯原定在厦大举行，但后来因种种原因改在了北师大。（2007年，厦大终于举办了应氏杯，整整迟了12年，算是迟到的联姻。）这也是我唯一的一次全程张罗参赛事宜，也算锻炼不少。

能去参赛本来就是件麻烦事，好在有去年的基础，先找一位老教授联系，知道了北师大主办方的电话，随后请其把通知寄到团委，过几日去团委询问之时，正好那封邀请函就摆在雷老师的桌面（据说雷老师跳远能跳7米的，乖乖）。于是乎再开始申请经费等程序，照例是体委、团委各一半（我毕业后搞财务，一直也没弄明白为啥会搞得这么复杂）。不过一切倒也还算顺利。

参赛队员，女队自然还是志芳，黄为又没能去。男队可选面也不大，悦海那时已无心下棋，退得厉害，不宜再去。恰好彼得经过风云十番棋的锤炼，宛如一颗冉冉升起的新星，再加上杨晖宝刀不老，于是乎参赛名单很快就定了下来：潘先生、杨晖、彼得和我。

北师大应氏杯7月31日第一轮，开始得较迟，这次参赛也没有领队，行程得自己安排。大伙放假后先各自回家，杨晖从四川直接去，省内的几个在厦门集合后一块走。我留在学校看看书、散散心，待潘先生如约提早几天回校后，我俩一起去买火车票，记得好容易排到队买完票，售票员却没有零钱找（我说不用找了还不成！），我只好让一旁的潘先生赶快去换点零钱，他却发着呆一时没反应过来。事后问其原因，原来我们的潘先生对这排队买票的效率低下实在是忍无可忍，正琢磨着搞个自动售票机，真不愧为专业人士。

去北京还是得从上海转，我像去年一样请上外的詹老师帮着买了上海到北京的票，提早一天就单枪匹马杀到上海取票，把后续部队的旅途安排就交给了潘先生，现在想来，完全可以一拨人一块走的嘛，也不知当时是怎么想的。

在上海顺利地取到票，观摩了上外队的训练，顺便在市区转了转后，我晚上到了出站口迎接后续部队。迟迟不来，猛然想起，坏了，上海有多个出站口，走岔了可上哪找去？那时可没有手机一说，由此不禁急出一身冷汗。幸好，此前两次去上海走的是同一个出站口，更幸好，潘先生出色的方向感与记性发挥了作用，当他们三位的身影出现时，心中的一块石头总算落了地。

我们在上海转了转，东方明珠终于落成了，我一年去一次上海，也算是看着它长大。我们在塔底照了张相，原还准备上去看看，结果门票居然要 60 元，只好作罢，现在好像已经涨到 100 元了。到北京的火车可比我们 1993 年的破车要快得多，好像只用了不到 15 个小时，但也贵了不少，真是一分钱一分货。

一路颠簸到了北京站，没看到人接，兰州的流量确实和北京没法比，没法接。坐着面的到了北师大，报到后到宿舍，杨晖已经到了，热情招呼之下，真有点红军胜利会师的感觉。

还有更有趣的会师，第二天开幕式前，我们前面一排的几位同学正在吹牛，来了位老师模样的中年人。

"你们是××大学的吧？"

"是，您是？"

"我是你们的领队。"

……

呵呵，既然大家都会师了，那就开始比赛吧。

附图：1995年北师大应氏杯途中于上海东方明珠塔下

四十二　郁闷告别

虽然放假离比赛有一段时间，但我对这次比赛准备不足，始终找不到状态，开赛前在宿舍和志芳下了一盘，居然差点就输了，真是不祥之兆。回头看谱，那时赢棋乏善可陈，输棋间实在是有太多的臭棋。

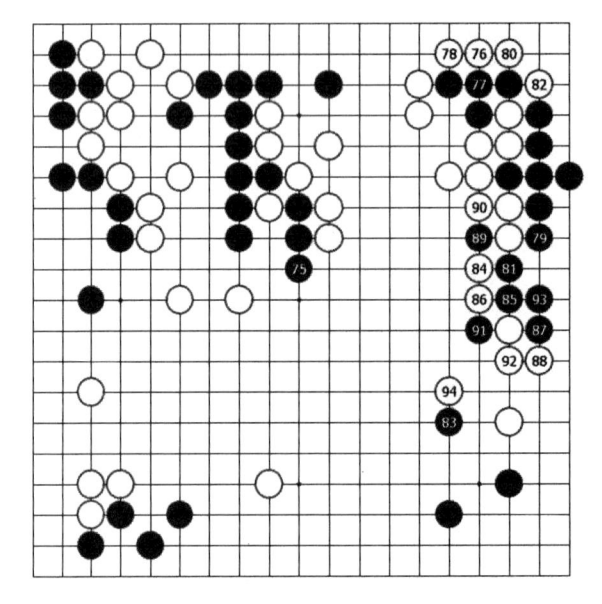

首轮对杜景宇，我执黑。杜当然强了，第一轮碰上强手对调动比赛状态还是有好处的，可棋坏得实在太快。75 走厚后，局势虽见不好，但尚能维持。76 点好棋，77 挡最好，粘也马马虎虎，但 79 以下就不知道在干什么了。莫名其妙的"气合"。94 靠出，黑损失惨重。

比赛间，云昆居然出现在赛场，原来是借出差机会来看看的，打了一通招呼后，一会儿就飘然离去，估计是赶飞机去了。

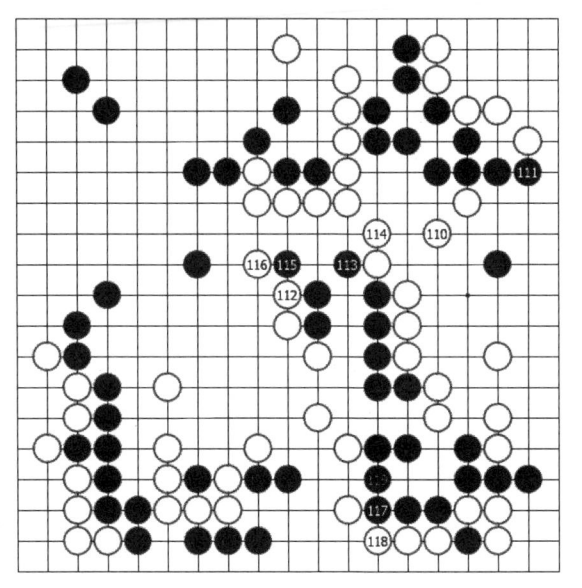

第二轮执白。正在追击黑大龙,但110居然忽略了111对右上角的威胁。119做活后,120只好补右上角,被黑抢到上边的最后大场,坏了。

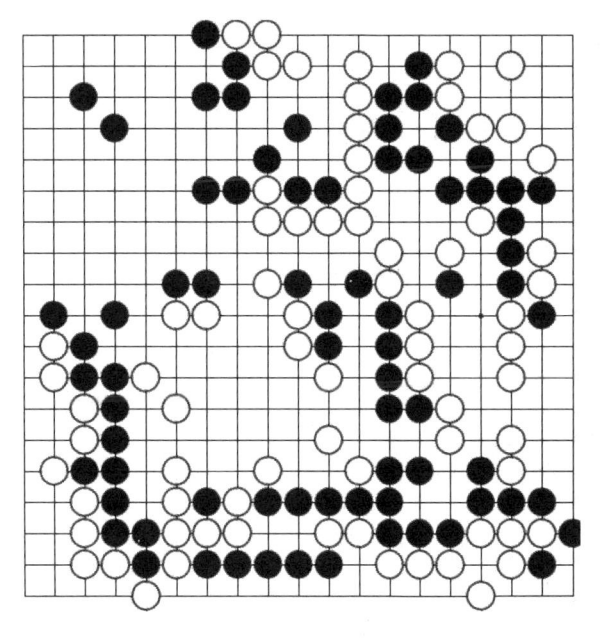

四十二 郁闷告别

追回来一些,此时轮白下,哪里最大呢?实战走了下面接2子,6目。但被黑在左边一扳一爬后,才发现这不起眼的地方居然有8目之大,基本功呀。这棋最后要输1目半,气恼之下,临终局时,甚至连右下角黑棋立有一目都给忽略了,索性就推了。两连败,噩梦般的开局。

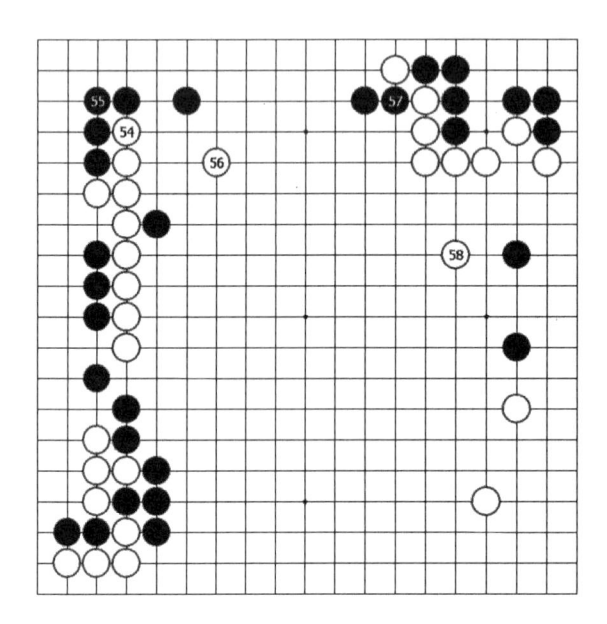

两连败后连赢了两盘，第五轮，我执白。黑53点二路子，56未免太潇洒了点，这种棋都能不要？！这盘棋最后输了3目半。

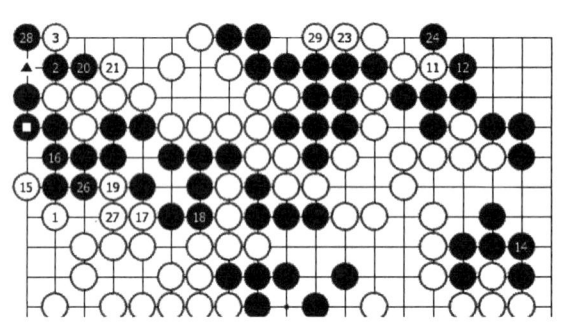

第六轮，我执黑，行至此时，黑已胜定，黑□扳粘收官，白1、3做徒劳的挣扎。5—10他处找、应劫。但黑棋居然对左上角大块的死活麻木不仁。14接！16还接！待到19才发现成了打劫活。晕。

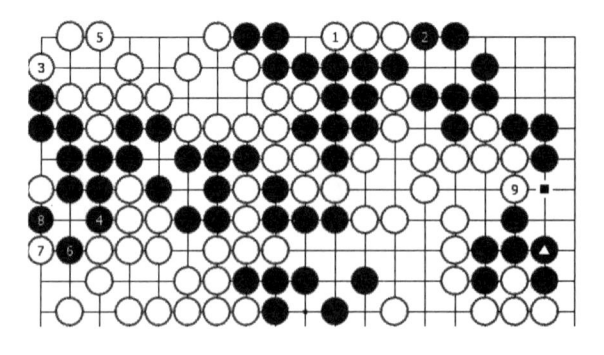

继续，白棋轻轻松松地换了个劫打，9、11吃下了右边六子，当年△的官子现在居然是自填一目，唉……。这盘棋最后

输三点（盘面输七点，但白超时罚四点）二胜四负，更加噩梦的结果。

二胜四负后，我来了个四连胜，三次全国赛三次四连胜，倒也有趣。但最后一轮大决战却下得一团糟。我执黑。黑 1 居然还有连扳的感觉？被 4、6 连压，再 10—14 一路再压后，全场狼狈逃窜，还得下 17 帮对方补断，最后连左下三子也不敢要了，真是生不如死，中盘负。

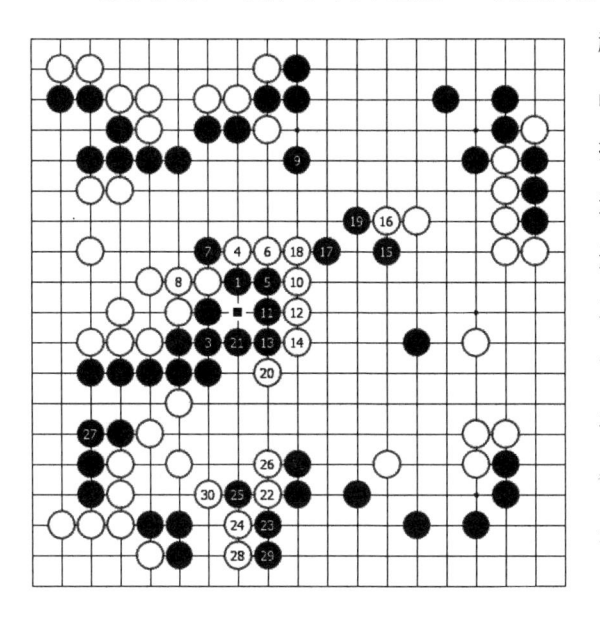

六胜五负，堪堪保本，比去年还少了一盘，以这样一种成绩告别了自己的最后一次大学生赛，郁闷。

说完棋，得回头说说第六轮打劫后三点翻我盘的对手，他是湖北队的许云，2007 年我俩居然在厦大应氏杯上相见。原来他回校读博士，2006 年贵阳就参赛了，我们由此推断许云应该是参加应氏杯最多的选手。（后来他告诉我，截至 2007 年厦大应氏杯，他已经参加了九届！2008 年上海应氏杯的第一盘将是他的应氏杯百盘纪念！不禁肃然起敬。）我不禁想要是 2006 年我硕士毕业前也去贵阳参赛，说不定还能碰上，时隔十一年赛场重逢，那将是多么有趣的一段佳话呀，由此更坚定了我写写这段历史的决心，谢谢许云，呵呵。

四十三 可圈可点

我的表现实在一般，但好在其他几位还是可圈可点的。

志芳的比赛难度增加了不少，由于复旦大学从上海队中单列，增加了叶锦锦、卜俊等强手，她的名次自然就向后滑了，最终名列第七。

彼得首次参赛，虽然经验稍差，但下出了很多好棋，也带来了很多故事，每次回宿舍摆棋，都是他的棋最为有趣。记得曾下出了两盘一路吃棋的妙手，但好像都没能赢下来，一次是后来对杀犯了个遇劫先提的大错（双方有眼、有外气且有外气劫的对杀），另一盘是一个官子失误，彼得的黑棋。居然是黑1和白2，而不知道一路打的基本手筋，净损2目，这盘棋最后好像也就输了2目半。关键时刻，又开始一桶一桶地漏了，唉……

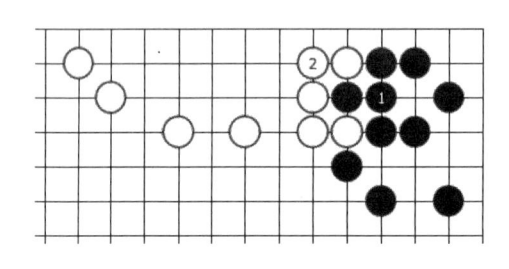

虽然出现过一些波折，但更应当记住的是那两个一路妙手，可惜没有谱。彼得最终6胜5负，和我相同。对首次参赛者来说，最重要的就是保本，彼得出色地完成了任务。

杨晖关键时刻够硬，擅打大赛的特点得到了淋漓尽致的发挥，最后一盘前，杨晖与我同为6胜4负，但杨晖的对手可要比我硬得多了，发挥也比我好得多。这盘棋是杨晖比赛经验的体现，前面下得很好，而对手在局势已非的情况下，见杨晖用时无几（不是罚点，而是超时判负，可见杨晖对此局的投入），居然开始玩填子的游戏，杨晖虽然用时紧张但冷静应对，没有出一点问题，最后取得了胜利，对手可谓赔了夫人又折兵，颜面全无，我至今还记得杨晖从赛场出来时那满脸笑意却又骂骂咧咧的模样，那个爽呀。最终 7 胜 4 负，很不容易。

潘先生就更帅了，一如既往地保持他那"舍我其谁"的气势，冲击力强的同时始终非常稳定，中盘获利是家常便饭，关键是官子没有出现以往的大漏着。最后一轮前 7 胜 3 负，对香港选手陈伟杰，这也是港澳选手首次参加应氏杯，陈还颇有来历，七八岁时和林海峰下过一盘指导棋，棋谱还上了《围棋》杂志，那届比赛成绩也很好。潘先生最终取得了胜利，以 8 胜 3 负的成绩获得了第八名。

盘点下来，我们最终赢了总共 44 盘棋中的 27 盘，总数与分布都和上届一模一样，最终获得了第五名，算是较好地完成了任务，前四名大概是上海、贵州、复旦和清华吧。时隔 12 年，2007 年应氏杯在厦大举行，厦大引进了两位专业棋手，最终赢了 29 盘棋（分别是 9、7、7、6），也仅获得了第六，如果算上韩国队，就只有第七了。两厢一对比，这也说明了由于大量专业棋手涌入校园，目前应氏杯的强弱分化愈加显著，强者愈强、弱者愈弱。弱队只有一些业余爱好者撑着，是无论如何也无法取得我们当年第三、第五的成绩的了。

除了比赛之外，这届应氏杯的赛场风波也让我们碰上了不少，诸如杨晖遇到了对手自填子，潘先生碰到了丢子事件，而我有一轮的对手居然在关键时刻站了起来，旁边的伙伴对他耳语了几句，然后他频频点头后坐下……，真是哭笑不得。北师大应氏杯是我最后一次全国大学生赛，由于是我第二次去北京，更可能是由于大三下相比大二上，脑袋中已多了不少七七八八的干扰项，很多事无法再像原来印象深刻了，宛如电脑硬盘中太多的磁盘碎片影响了存储效率。只有看着棋谱和照片才依稀找回了一些记忆，诸如圆明园内的迷宫、北大清华之游、军博中的王海座机，再游动物园等等。具体请其他几位当事人补充吧。

【杨晖】说到最后一轮填子，我连劫材都补完了，他还一个劲地填子要逼我超时，裁判也要我按钟，我都不用走棋了干吗还要按钟呢？你爱咋走就咋走。

【奕俊】说说丢子事件。某轮对局关系重大，双方队员领队都很关注。对局结束时已是最后一盘，赛场上已经没有其他人，大家围观这一盘。数子前自己点目我已经知道胜利。在数子的时候有点乱，好多手伸向棋盘，其中就有某校领队或队员，而不是裁判一个人在那里数子。裁判按应式规则数完后，判定我2.5目胜。但是，双方把棋子收讫，我发现少了一个子，显然就是某校人员偷的。由于有一个说法，丢失棋子判负。裁判就判我负，但我拒绝签字。赛后，裁判组说他们找遍了赛场，找不到那个丢失的棋子。当然是某校人员乘乱顺走的，不过大家没有证据。最后裁判组在当天下午，根据规则原意判定我胜。

【杨晖】那次老潘下得很好，倒数第三轮对刘鲲鹏，非常精彩。刚开始刘鲲鹏非常轻敌，三连星一走就要吃人，刚好撞到老潘的最强项，老潘满盘棋追着刘鲲鹏好几块棋杀，也搞不清楚哪块是豕哪块是豚，反正屠刀面前众猪平等就是了。那时候刘鲲鹏经常哼一首歌《你的脸上还有微笑吗》，这时微笑没了，还抽了四五次冷气。后来潘的优势大到这个程度：本来他自己角上尖22是净活结果却走成劫活，这样后还是很优势，天晓得如何就杀过了头，才输3点。但话又说回来刘鲲鹏这种棋都赢得回来也很厉害，很少见的杀棋名局。

【思风】第一轮时，寿岷山在我旁边一台，他的对手是覃勉（此人最后一轮对祝励立战而胜之），我记得输棋的那一刹那覃勉惊呼："这里居然还有这种手段？"第三轮我对上寿岷山，此局输得毫无脾气，潘先生看我后对寿岷山大感欣赏，并于赛后特意找寿下了几局，好像是2：2。下完后老潘说寿同他互补性很强，这是我听到老潘对于对手的最高评价。

【杨晖】彼得那时的棋很不错，好几盘棋都赢得很精彩。第一盘同一个奶油帅哥下，刚开始还挺平衡的，收小官子时小帅哥还像布局一样走棋形，把彼得一团子打成饼，但饼中有馅——好几目哪。再看小帅哥的形，再好看也是单官啊。行有行规，再帅也要贴目啊（就好像国产007里面讲的，你再帅过夜的钱还是要给啊）。彼得摆到得意之处，手指又成刀五状飞舞："奶油频频滚打。"由此遂成名言。

【思风】那次比赛最窝囊的是对贵州郭勇的一局，补一手就吃尽大龙了，却脱先导致打劫，慌乱之下又在两条龙对杀时"遇劫先提"，呜乎。

【杨晖】说到对杀，以前彼得同人家下让子棋，无眼同有眼对杀，人家先收公气。彼得居然大呼："先收内气的'铁则'你也知道？这棋如何让得。"呵呵。

附图一：1995年应氏杯闭幕式

附图二：1995年应氏杯赛间留念

四十四　打谱趣闻

北师大应氏杯结束了，云昆、郭舰、建宏、杨晖和彼得等弟兄们也先后告别了厦大，我也即将开始大四的生活，在此之前，先用两回的篇幅回忆一下当年济济一堂之时的趣闻逸事，本回先说打谱。

那时打谱，可不像现在斜靠在椅子上，鼠标点点就过了，得实打实地一手子一手谱，一边找一边摆，累是累点，倒也蛮有情趣。如果再有几个人在一旁七嘴八舌、有奖竞猜，那就更逗了。

1992年刚进厦大，下完厦门市个人赛，出于对新科状元许云昆同志如滔滔江水般的敬仰之情，我居然借了一本他的谱，在宿舍里摆起棋来。这恐怕是各位闻所未闻之事，要是潘先生知道，肯定对此嗤之以鼻。打谱的最大收获就是学了一招：次序漏记时的处理方式，前面已经提到，云昆凭借其深厚的会计专业功底，在此用上了小数点，甚至是两位小数点，让我大开眼界。此外还对牛晓南对云昆的一盘印象颇深，右上角老牛借征子有利把云昆作崩之后，云昆在左下角望断兼"引征"，老牛想也不想就把征子给补了，可我总觉得线路有点歪，算了一下实在信不过，拿着手在棋盘上比画了半天，才搞清楚这是个假引征。云昆借此搞乱局势并最终赢下了此局，算我长了见识，厦门第一高手也是人嘛。

一次不知为何，我、悦海好像还有云昆一同出现在郭舰宿舍，杨晖早到了，正拿着郭舰那副应氏子用功，左手倒也不见棋谱。我们自然询问："和谁下的？"杨晖呵呵一笑："前两天和潘先生下了一盘，一些地方老也搞不清，大家正好出出主意。"问清黑白后，我们开始"热心"地逐手评点，诸如"此手颇有潘先生风采"、"局面已进入潘先生的步调"、"此手大恶,应如何如何"、"此手显然见小,潘先生这方面确实差点"如此等等,不一而足,反正每手棋我们都能有种说法,有时还摆起了变化图……大约过了二十手,杨晖实在忍不住了,抱着肚子笑得个死去活来:"拜托,求求你们了,日本棋圣战,赵治勋-小林觉!"大窘。

还有一次,好像是在去兰州的路上,我掏出一本《围棋》摆了起来,给大伙解闷。云昆和悦海问:"谁呀?"脑袋里登时浮现了杨晖的光辉形象,使了个坏心眼:"小林光一对林海峰。"特意挑两个比较能土拱的。一会儿,许、沈两人开始上当,诸如:"此手似愚实佳,却为愚形妙手"、"此乃后中先,有后发制人之妙"、"此点似小实大,乃全局之急所"云云,总之每手棋都有得赞,我不禁窃笑,云昆见状,狐疑之下似乎也想到了杨晖,抢过杂志一看,哈哈,《对局诊断室》!

现在想来,下了二十年的棋,如果没有解说,一些基本的好坏也还是搞不清楚,都还得从对局者开始先入为主,确实是差了点,不免苦笑。

【建宏】呵呵,什么样的水平下什么棋,看什么棋,解说什么棋。有时不求甚解也是很有乐趣。藤泽秀行的"棋越下,对棋的理解程度越少"(大意如此),虽说高深,可也是很累人的,还是业余棋迷快乐啊!漫点江山无人识!

【杨晖】以各位水平,如果真有这样的事,骗几步还行,不可能摆了20余步大家还没有发觉。1996年在深圳,一次去棋院玩,见两人下棋,对方天上跳一个,这边拆三的棋三路跳一连。旁边一人说,该刺他跳的那个后四路补拆三。他说这样便宜好几目,而对方被刺而接多出来那个子最多一目。一听就感觉棋不俗,也是个量化的好手,最少同云昆差不多,后来才晓得是唐晓宏。

四十五　聚会逸事

大家熟了，自然就会经常聚聚，比赛取得好名次是最冠冕堂皇的聚会理由，甚至如彼得的科仪系名人战还没开赛，就被我和杨晖预定了冠军而请客，最终冠军飞了而血本无归。聚会是有趣的，聚会过程中的各类趣闻逸事往往就更加搞笑。

云昆成绩最好，就先从他说起吧，云昆自称有三大"戒菜"：香菜（芫荽）、芹菜和青椒，都是调料，乃至有一次外地点菜时问小妹有何青菜，小妹说一通菜名后居然最后报出了青椒，不禁全体晕倒。去西部和北方想不吃香菜实在是太困难了，放一把香菜可能已成为当地厨师炒完菜后的下意识动作，为此云昆在贵阳挨了不少饿。兰州比赛旅游时，中午吃拉面，先来了两碗，云昆一看有香菜，忙对服务生郑重声明："我那份不要香菜。"点头答应之后又来了两碗，还有。这下云昆坐不住了，直接跑到厨房师傅边上，忙不迭地苦苦哀求："别放香菜，别放。"师傅满口答应之下，最后起锅时还是习惯性地去抓了一把，幸被云昆眼疾手快及时喝止。云昆通过不懈的努力，终于实现了不吃香菜的个人梦想，可能比赢了一盘棋还爽。

除了三大戒菜，云昆还有其他忌口，毕业后一日回厦大和我说起了毕业回家时火车罢工近半天，被迫在车上借钱吃饭一事，心存感激之时却又为无法还钱而颇感内疚，进而寝食难安。（1994年新学期，芙蓉十一落成了，会计系整体搬迁至此，他上哪找人去？）两人下棋后去一家新开食堂的小炒部吃夜宵，居然巧遇他的救肚恩人，立马还钱，真巧。随后我点了青菜、米粉、汤之类的，青菜上来后，云昆刚一入口即勃然变色，飞也似的跑到外面啐个不停后抱着一个水笼头拼命漱口。我莫名其妙下细问方知，三大戒菜乃专指调料，此茼蒿菜（烫火锅极好吃，但细想来好像确实有那么点味道）乃各戒菜之首，反应极其剧烈。因原先在厦大各处从未吃过，倒也没提，谁知在此新开食堂处重逢！这下可好，一顿夜宵居然来了二次重逢，真巧。

1994年5月下旬，云昆在经过棋王赛热身之后，自信满满地参加厦门市名手赛。月底我过生日做东宿舍聚会，在风味餐厅，酒过n巡，喝得晕头转向、醉眼蒙眬之时，云昆和杨晖兴高采烈地出现在我的面前。云昆穿着他那套后来在兰州六连胜而名闻天下的幸运服，笑得嘴巴都合不拢："刚把老牛（牛晓南）给做了。"杨晖则忙不迭地在一旁添油加醋，两人随即加入战团、把酒庆贺。那天我喝得真是不少，不过到最后居然倒还记得招呼大家把几箱空酒瓶带上，那时一个酒瓶可退3毛，6个酒瓶就是一瓶酒了呀，真是一个称职的宿舍长。

说罢云昆三逸事，来一个不够光彩的。还在风味餐厅，一日小聚，点了半天菜了没上，气恼之下恰好小妹端着一盘鱼路过，悦海大喝一声："站住！"小妹一愣："你们点的？""当然。"小妹赶忙放下碟子。手尚未离开，大伙对视一笑，即以迅雷不及掩耳之势把这条也不知是谁点的可怜的鱼席卷一空，可能连骨头也没有留下，随即把盘子往一旁一搁，擦擦嘴继续坐等上菜。一连串动作可谓一气呵成，堪比当年杨晖洗勺缺席之时，大家对付的那盘海蛎煎。（详见P.151）

继续在风味餐厅，可能是1994年吧，87级生物系的叶升在北京读研时返校寻故叙旧，和云昆、郭舰、悦海等人在自钦楼相谈甚欢，随后自然一块聚聚。落座之后，请叶点菜，叶看了半天，说："一人一个吧，我点个白灼虾。"我的天，那时大伙聚会除了冠军请客，基本上都是一人掏十块凑的，预算从未超过六七十元，虾这种奢侈品可是从未吃过的，一盘虾就去了30元，那还吃啥。大伙的脸上不禁有些异样，幸好一会儿，小妹回来："没虾了。"不禁又各自轻轻地吁了一口气。虽然不大光彩，但大伙可别见笑，正所谓人穷志短嘛。

聚会之时的吃喝对于那时一穷二白我们，改善那嘴里淡得出个鸟来的食堂伙食还是很有好处的。但更有意思的是聚会之氛围，虽然大家都喝不了多少，也比较节制，少有喝醉。但酒意微熏之时的神采飞扬与妙语连珠却比那些醉话来得更为过瘾。大伙经常讨论的主题是棋风，总拿一个知名棋手类比，建宏像加藤是公认的，至于其他人等就不太好说了。我比较欣赏大竹，但大家却觉得我的棋像钱宇平，真没办法。还有诸如聂马到底谁更强，六大超一流谁最强，如果吴清源正值当年，是否也能打遍天下无敌手等等。自然也会不时讨论到棋外，也主要是一些体育方面的事，惊奇地发现大伙除了下棋都还会一些其他项目，如我打排球、云昆跳远、建宏长跑、潘先生打篮球、杨晖跑200米等等，当然这些都比不上郭舰和志芳的各项全能。除此之外基本上就是杨晖的天下了，他的诸多妙语已成经典，诸如"猪排队"、"袅袅婷婷"、"娇滴滴的"、"凶巴巴的玫瑰"、"好棒棒喔"、"800米以外开来一辆公共汽车"，乃至"曾经的厦大，永远的××"等，现在想来，依然忍俊不禁，此乃云昆所云之"罄竹难书"吧。

【皮蛋】说到在风味餐厅过生日，想起件事，大概是1995年吧，云昆已毕业了，那天我生日，这家伙居然跑回厦大给了一份我俩近百局的对局清单，真受不了。

【悦海】提到棋风，我当时确实行棋厚重。其他人，华江酷爱实地，貌似治勋流；云昆行棋快速，像曹薰铉；奕俊奇招迭出，十足"怪童丸"；建宏气势逼人，酷好攻杀，像加藤正夫。

【皮蛋】悦海的棋风过程很高深呀，我从来就是：一是实地至上，所以特喜爱错小目无忧角；二是不犯大错，慢慢等别人犯错。所以这棋对上手没冲击力，有时又吃不清楚下手。现在觉得我们这种水平上好像无所谓棋风，计算至上，包括死活、中盘、官子大小、形势判断……都是计算计算再计算，实际上都是基本功。

【悦海】呵呵，皮蛋你太谦虚了，虽说在高手面前漏洞百出，不过我们也有各自熟悉的套路，这个就是棋风了。像你说的那两条就是你的棋风啊。

第一条，典型的坚实取地派，也是均衡型棋风。我的步调和你差不多，但开局至少要下一个星的，略偏取势，所以我们俩下棋双方各得其所，你会觉得下得顺，呵呵。

第二条，"狼盯人"策略，防守型棋风。我的棋略偏攻击一些。云昆的棋攻击性更强，总是快速布阵然后伺机攻击作战。记得和云昆下，基本是他的速度对我的坚实，如果我的坚实派不上用场，那就是他赢，如果他的薄味被我抓住，那我的赢面就大。

四十六　迎来送往

　　1995年9月，新学期开始了，刚把北师大应氏杯的后续事项办完，放眼四周，猛然有了一种空荡荡的感觉：1994年走了云昆并未觉得伤筋动骨，毕竟他还经常回来转转；1995年就不一样了，郭舰、建宏、杨晖、彼得，一下走了四个。特别是芙蓉十的七楼少了几年间抬头不见低头见的彼得，整个少了一抹异国风情。（彼得毕业后去了福州凯乐公司，继续其异国情调）大学四年，前瞻颇长、回望极短，转眼自己也大四了，太快了。

　　9月初的一天，路过校门口，赫然遇到郭舰，其宿舍一干人等正在送他上车。赶忙上去搭话，原来是答辩等事拖延了一点，现在才走。恰巧送他一程，挥手作别之后，见其室友双眼湿润，亦黯然神伤。

　　路总得往前走的，大四的第一学期，虽然忙着准备考研，但围棋协会的事倒也没落下，做了几件满有意思的事。

　　在招收会员之时，好好地宣传了一下咱围棋协会，找校团委在三家村用了几个橱窗的版面，介绍了三次大学生赛的显赫战绩，先把历次比赛积累的照片给整理了出来，后请系里的宣传部长（我的同班同学）及其马仔排版制作，那时可没有电脑，全是在白纸上贴图、写字、画图，着实费了一番功夫，从晚饭后直干到半夜，颇有些当年六个半小时的气概。宣传画贴出后，效果不错，每次路过三家村，看着师弟师妹们围在橱窗前指指点点，不免有些得意，忙着向云昆、建宏、杨晖等一干留厦人等推荐。只可惜，橱窗借用到期准备回收照片之时，已经被下个宣传主题的哥们一声招呼也不打地就把图片撤下，所有照片就此一去不复返，其中就包括当年在拉卜楞寺和喇嘛的合影，巨痛。

95级的新生赛颇让人欣慰，涌现出了张伟鹏、黄秉诚、叶恒等新生，虽然还嫩点，但比起青黄不接的94级是好得多了。特别是又有了一位来自天津的女棋手王兰泉，这下志芳参加全国赛可有伴了，这些新鲜血液让我们看到了厦大围棋的希望。张罗新生赛的同时，我也极力鼓动我们系92级的一拨弟兄也参与了在校期间的最后一届段位赛，最后蔡雷获得了第四，另有陈明、阮江祥、汪伟雄等也挤入了前十六名，获得了一本厦大初段证书，成为毕业后可吹嘘的资历之一。

其他的还有12·9社团宣传以及例行的自钦楼活动，有了去年的经验，再加上悦海与潘先生等人的共同努力，围棋协会的日常活动倒也有条不紊。印象颇深的乃是1996年的元旦，我照例去抓紧读书，只见校园内经过了一个晚上的新年狂欢已是一片狼藉，同时所有教室都是铁将军把门。我只好给自己放了一天的假，跑到潘先生的宿舍把他拖起来下棋，这好像也是大学四年间仅有的一次。潘先生的宿舍在芙蓉八的二楼，楼下是全厦大女生进出宿舍的必经之路，可谓黄金宝地。边下棋边看着楼下来来往往的女生，真是别有一番风情。可风情之下，忽然想到1997年新年之时不知是否还能待在厦大，心头掠过了一丝阴影。

【皮蛋】前几天为了找张伟鹏，想了各种办法。包括去5460他们班上留言，向黄秉诚打听，均没用。绕个大弯子找到他在大学的朱同学，朱同学原在我们公司，现去了日本，发邮件后半个月也没回。已经绝望之下，今早朱同学回了个邮件。也恰好今天就写到张伟鹏入学。天底下的事咋就这么巧呢？

【蔡雷】怪不得我记得我有一张证书呢，怎么皮蛋一直说我以前没参加过比赛，其实我初二还不知初三时就在我们市千人大赛中定过2段，后来棋真的退得厉害了，如果当时皮蛋你多带带我估计棋力会上得挺快的。

四十七　小鬼当家

1996年3月，考研落榜的我，实在是无心组织团体赛了，再说有了张伟鹏的加盟，计算机系此时的实力恐怕也是鹤立鸡群，当然最重要的原因是那时实在找不出几个系可以组成三人小组参赛。已经举办了三届的团体赛就此告一段落。

团体赛没了，但总不能整个下学期都没有活动吧，打完了惊心动魄的校排球联赛，我组织了第四届棋王赛，也算是我们92级的告别赛吧，云昆特邀参加，事先说好只记成绩，不记名次。

我第二轮碰上了张伟鹏，虽然张已在95年段位赛中崭露头角，虽然我已把协会的工作移交给了他，但心里认为他的棋还嫩了一点。

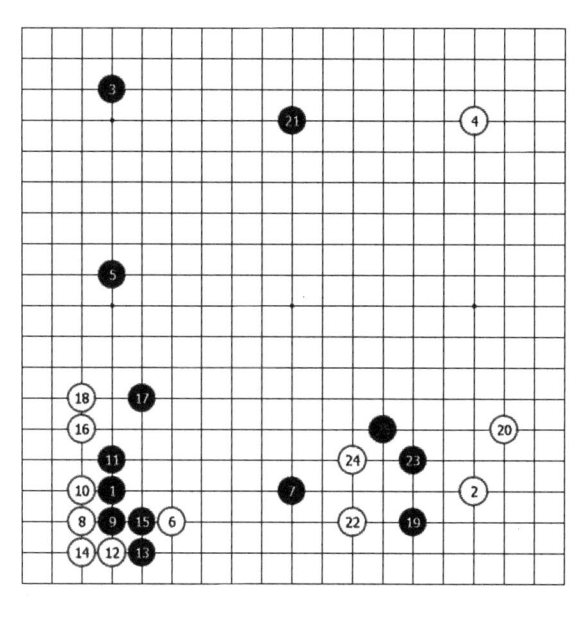

我执白，布局伊始就印证了我的看法，定式选择放白棋16、18打破中国流显然不对，23、25就更不懂了，不由得有些轻敌。

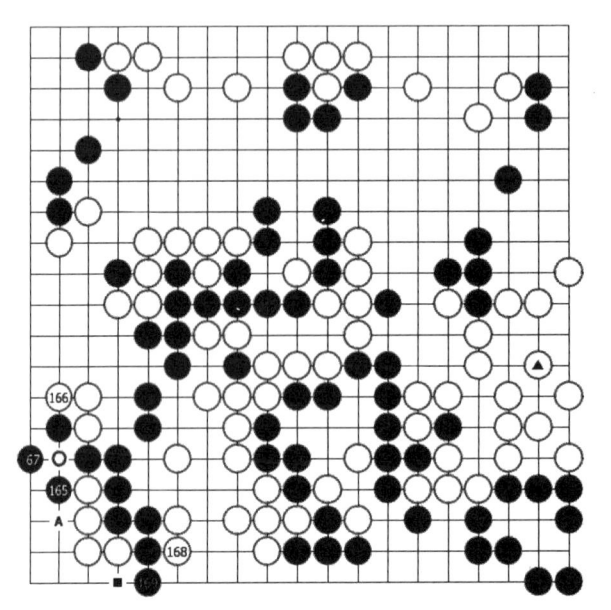

然而黑棋难看归难看，但始终把实地抓得很紧，而白棋漂亮的"正着"和"要点"却始终无法使形势见好，一不留神右下角还出了问题。好容易在右边弄了个劫，消劫后，165打吃，166从外面打，悦海在一旁咦了一声，搞得我莫名其妙的同时也宣告了我的败局。原来悦海指的是A位打吃后靠■的先手立活角，真是没看到，对不起观众。

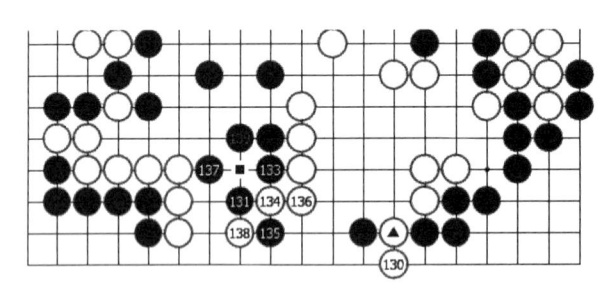

胜了陈剑锋、宋凌春之后对云昆，我执黑，黑131飞下后，貌似手筋的132跨大错，可135就这样放过了如此明显的胜机，白又胜了半目，唉……

最后一轮对潘先生，这是我在厦大的最后一局比赛棋，近期把原先的棋谱过了一遍，才发现本局还有更加特殊的意义，我此前在厦大和潘先生的六次对决中打成了3:3，而且全部是持黑者胜，感情这是七番棋的决胜局。此外，潘先生对我团体赛全胜，棋王赛全败，倒也颇为有趣。按理这本应是激烈的一局，但临近毕业的潘先生已然失去了下棋的兴趣与斗志，本局下得少有的波澜不惊。

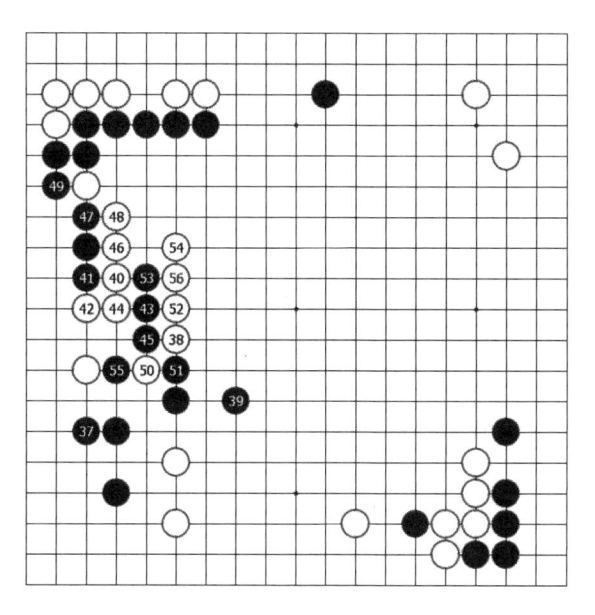

我执白，当时还能下出 38、40？有点意思，43 一如既往地锐利，却把拳头砸在了棉花上，至 56 白棋基本活清楚且走在了外面，黑甚是无趣。此后，劣势之下的潘先生完全没有展示当年穷追不舍的斗志，毕竟大伙都是大四的人了，可以理解。此局最终白中盘胜，算是为我在厦大的比赛画了个相对圆满的句号。

赢了潘先生，本还巴望他回手把张伟鹏给灭了大家比小分（他们原先欠了一盘没下），可此时的潘先生已无心恋战，继续输了。

棋王赛的结果是云昆全胜成绩第一，张伟鹏输给云昆外其他全胜，名次第一。这个结果起初不免让我有些失望，但回头一想，当年自己不是全胜夺棋王后才开始厦大围棋历程的吗？让张伟鹏同样方式的一路走来岂不也是件妙事？厦大围棋以这样一种方式实现了新老交替，岂不是妙上加妙？如此一想，心下释然。

四十八　最后一局

　　1996年应氏杯在哈尔滨举行，可是联系了多次老也收不到参赛通知，最终作罢。再说随着毕业一天天临近，参赛的心思也一天天减弱，我想潘先生与悦海应该也是如此，如果带上张伟鹏、宋凌春等出去参赛会是个什么样子呢？估计很难有个好名次。话虽这么说，但让师弟师妹们失去了一次全国赛的机会，现在想来不免有些内疚。

　　刚进校就听说了这么一段名言："大一时不知道自己不知道，大二时知道自己不知道，大三时不知道自己知道，大四时知道自己知道。"这段话我不知道现在的师弟师妹们知道还是不知道，我也知道当年有很多人知道也有很多人不知道，我现在也不知道我当年知道了什么，总之，就在这知道和不知道之间，迎来了凤凰花开、毕业离别的日子。

　　离别的日子只有两个字：酒和泪，不知为何下了决心，我要留到最后，一个个地送走大学四年的伙伴。随着同学们在泪眼中含泪而去，我的情绪也低落到了极点。

　　7月9日晚，是限定离校的最后一晚，同层的师弟们已经忙着去准备期末考了，楼道里无比之寂静，我草草扒了几口晚饭，郁闷地躺在床上发呆。正在此时，楼下传来了熟悉的"703，苏华江——"天哪，居然是云昆，天知道他怎么会在此时来到厦大。寒暄几句之后，我取出了本已收好的棋盘开始了对局。四周是那样的寂静，除了清脆的落子声，只剩下我俩有一句没一句的闲聊。云昆思考之时，我不禁抬头望了望四周，空荡荡的芙蓉十703，除了我那孤零零的一面蚊帐、一张草席，就剩下了七块光秃秃的床板，真乃"室徒四壁"。回想当年宿舍拍钟热身棋王赛时水泄不通的盛况，恍若隔世。

棋到中盘，又来了位不速之客：当年跳高，现在已是系女排队长的小师妹，满脸惊诧地打过招呼后她就静静地坐在了一旁。一会儿，我的大龙被杀，草草结束了我厦大四年的最后一局。

……

次日傍晚，望着楼前那挂满枝头随风飘舞的磁带，听着厦门大学广播电台那熟悉的旋律，拍了拍暮色中那随风轻摇的凤凰树，我孤身一人离开了厦大。

我毕业了。

【黔江】今天无意中在 yahoo 搜索自己的名字时竟然看到了华江的文章！非常棒，把我拉回到了 15 年前的厦大。那时的我水平很臭却爱棋如痴，印象中没有和华江对过局，不过看了你的文章后才发现我们在团体赛中下过，呵呵！

其实我在厦大对下围棋记忆最深的几个人就是军健、承斌、悦海、云昆了。悦海、云昆很多年没有消息了，没想到现在依旧爱棋，不错不错。我和刘承斌在 2002 年新浪围棋中见过，他那时在海南，我在新浪围棋中的用户名就是我的名字，当他告诉我他是承斌时，我当时真的很激动。当时我们都是 6D，下了 2 盘，我赢了，心里特别美，在厦大时他可比我强多了。

2003 年我去厦门和军健待了一天，下了一盘，我依旧不敌。后来想想，我和军健还是 2 个子的差距，呵呵。悦海我在厦大时和他下得多，现在回想起来应该是他能让我 3 个子的水平。在 1993 年厦大段位赛中，高手里只有悦海参加，我拿了亚军，记忆中最深的是赢了林志芳，那时她还是刚进校的新生。

……

那些往事的感觉这么温馨，能看见你描绘那些多年前发生在我身边的事，我脑子里只感觉一片空白和轻松。非常感谢华江的文章，让我能泛起年少时的往事。顺便向你们这些曾经的高手问好。

【黔江】从文中看好像你一直在厦门，那儿是一个修心淡泊的好地方。从你的文章中也看出你那宽厚淳朴的心境来。呵呵，希望你永远这样安静而又快乐。

其实这些年我生活的轨迹基本是到处漂泊，从东到西，从南到北，很多事和物在记忆中都是慢慢遗忘慢慢丢弃，唯一能一直喜欢的就是爱下几把臭棋了。

四十九　毕业之后

毕业了，大伙天各一方。云昆、建宏、志芳和我留在了厦门，我甚至和云昆在同公司同部门工作至今，彼得去了福州，倒也都在省内。其他几位就有些辗转了，郭舰和悦海都在海外成了博士后，郭舰近期回到了上海，悦海留在了美国（注：现已回国，在昆明理工大学任教）。

杨晖和潘先生都曾在厦门待过一段时间，现都在北京。

毕业后棋下得少了，但也陆续地参加了一些比赛，倒也不乏趣闻逸事，因与本文主题无关，不再详述，择要如下。1997年市运会，云昆和我获得团体亚军，云昆第四，我不幸第九守门。1998年我勇夺富士通杯冠军，并和宫本直毅下电视直播的指导棋，聂卫平与张璇讲棋，志芳按钟，建宏（第四）和杨晖看棋，云昆因故在福州未能参加，天天打传呼问棋。1999年厦门首届晚报杯，我第三，杨晖与云昆并列第五，均获业余5段资格，我和云昆趋之若鹜，杨晖却在谈笑间扬手放弃，让人顿生高山仰止之感。1999年，云昆和我参加全国TCL杯福建省选拔赛5段组比赛，云昆随后参加全国赛。一年后两人有幸去上海参加了全国晚报杯，均为3胜6负。参加全国赛让我们深刻体会了什么叫作"越输对手越强"，两人只好美其名曰学习学习，结果还不幸相互学习了一盘。实在熬不住高强度比赛的我们为了节省体力，在赛前猜先定胜负，后在赛场装模作样地摆了一盘。此外，王培伟和杨晖多次参加全国律师比赛，佳绩甚多不胜枚举，仅记得有次在厦门比赛杨晖得了亚军，两人在另一战场为厦大围棋增光添彩。再后来因为各种原因，既有云昆移情别恋迷上了桥牌、网上对局兴起，当然也包括工作家庭日益繁忙以及厦门市比赛渐少等各类因素，棋子就很少摸了。

说罢毕业后的我们，再回首看厦大，我们陆续毕业后，擂台赛催生的一代棋迷就逐渐离开了校园，虽然此后张伟鹏、宋凌春等人也曾率队继续参加过应氏杯，但已很难取得好成绩，基本都在为保本而拼搏，无法接近我们当年 27 胜 17 负的胜率了。再后来虽然也陆续涌现了程甄等尖子棋手，但已无力组织集团军冲击厦门乃至参加应氏杯。随着现在大学生活充满了日益丰富多彩、琳琅满目的娱乐项目，在大学里学棋、长棋成了奢谈，再难现当年自钦楼、宿舍间将一盘棋围得水泄不通的盛况了，也不知传统的段位赛是否还健在。随着熟人离去、随着棋风日衰，我们与厦大围棋也渐行渐远。

……

直到 2006 年，随着志芳回到厦大读书并代表高校勇夺省运会女子冠军，随着科仪系朱建共老师等热心人的不懈努力，随着厦大在 2006 年重返应氏杯并进而在 2007 年举办应氏杯，随着李腾、赵自然、王鹭、李祝、陈天骁、刘骄等一批强手陆续进入厦大，厦大又重新拥有了一个火力生猛的集团军。我们又回到了厦大下棋，并由此催生了以上文字，但愿新生代的小伙子们能带来更好的成绩与故事。

……

曾经的厦大、永远的围棋，在依山傍水的南方之强、在生机勃勃的 20 世纪 90 年代，曾有过这么一拨有趣的棋人棋事。此前此后，必然还有更多、更好、更有趣的故事，需要故事的亲历者来书写。我们期待着……

喔，曾经的厦大，永远的……

第二辑

厦门大学棋人棋事——前传与拾遗

许云昆

一　记忆中的厦大"史前"高手

华江写 1992—1996，那么，大致可以把 1990 以前的厦大棋手称为"史前"了。我们 90 级刚好承上启下，记得些人和事，也给大家介绍介绍。

高波：女，大概是 84 级的，这是厦大的第一个冠军级棋手。科班出身，多次获得厦门冠军和福建省女子冠军。名气之大甚至我还在高中就已听闻，遗憾未曾谋面。

倪子伟老师：一直就是厦大老师的翘楚，棋风注重局部手段。1990 年厦门市段位赛击败名将叶宏后升 2 段，是厦门最早的 2 段之一。80 年代末 90 年代初，倪老师一直是厦大围棋协会的会长，张罗着搞比赛搞活动，那时是厦大围棋普及度的鼎盛时期，搞比赛很辛苦。1990 年段位赛报名居然报到因棋具和场地限制，不得不分组预赛并限制人数，我记得最后预赛人数是 88 人，后来比赛再也没有这么多人。一直到 1991 年下半年后我接过来，倪老师才渐渐退到幕后。

吴云凯：85 级化学系，典型的力战型棋风。1988 年厦大首届段位冠军，定为 2 段。当时厦门市段位赛还没搞，因此厦大段位赛颇有影响，《围棋》杂志还对此进行了报道。

黄勇：87 级数学系，1989 年厦大段位赛冠军，棋风全面。1991 年参加厦门市入段赛，大概是因为有一定名气，居然被错排到升段组，戏称"保送"入段，后升至 2 段。

叶升：87 级生物系，在厦大的最好成绩是第四，但 1991 年厦门市入段赛拿了冠军。下棋很认真，有一次和汤军健一盘 1.5 小时保留

5分钟的比赛，硬是被这俩下了4.5小时，可怜的读秒裁判是我。叶后在中科院读完博士，后赴美定居。（注：现已回国，在浙大任教）

汤军健：89级数学系，多次进入厦大前6名，棋风全面偏喜战斗。因腿脚不便，一次我们喝酒时排厦大围棋"八仙"，毫无疑义地列为铁拐李，呵呵。毕业后在厦大海洋三所工作。

孟繁荣：89级财金系，高中时即位列哈尔滨十强之一。聪明潇洒，同时和彼得同志一样，气质清奇，怎么说呢？因为每次比赛孟繁荣和林彼得基本上输两盘甚至一盘就飘然走人，再不见踪影，让我们好些两败还在苦苦支撑的同志好不汗颜。

林毅峰：89级财金系，1991年1月厦大"旅游杯"冠军。

郭舰、沈悦海虽然也是"史前"的88、89级的，但华江已有介绍，我就不多废话了。

"史前"同志们在1990—1991年间的一些逸事，下一次我整几个上来。

【皮蛋】倪老师真好，做了很多大家都很敬佩的事。除了文中"扩招"提到的之外，1998年我获厦门富士通冠军，和宫本直毅在厦大表演赛，厦门电视台现场直播但却没有棋具，倪老师从家中扛来沙发、茶几救场。谢谢了，倪老师！

【皮蛋】黄勇，毕业后回厦大一弈，我败，记谱；吴奋，1992年段位赛我侥幸胜出，记谱，事见我的文章第七回"肃然起敬"。吴云凯！这是连云昆都没下过的，甚至从没和我提起过，我在三明段位赛中多次谋面，谱也是有的，原本准备在入学前故事发表的，居然在此提及。呵呵，世界真小！

【志芳】这个高波我知道，1986年省九届运动会冠军，当年比赛输给她。记忆中这是我学棋以来，在比赛中输掉的第一盘棋，当年还是小毛孩的我狂哭不已，好是伤心啊……

二 1990年厦大段位赛

1990年，俺刚到厦大，军训期间厦大正举行教师学生擂台赛，研究生算教师那边。那时活动场所在当时的工会俱乐部，现在的建文楼所在地。我冲进去就和郭舰下，当时郭可是如雷贯耳，但不幸被我斩于马下，就从这盘开始我把郭舰、叶升、倪子伟、张超等厦大一干初段、2段都赢了，7连胜，一时间好不得意。

得意间迎来了厦大段位赛，盛况空前，因场地不够，分组预赛还得限制报名，最后88人参加预赛。俺磨刀霍霍，哪知道上去第一盘就倒在厦大长长一串有段名单之外的棋手刘挺云（后来得过一次厦大第八）手下，半目负。这下算领教了厦大的水深，唯一感到一点安慰的是——郭舰也输了！输给当时还没有什么人知道的林毅峰。预赛只有8轮，前8出线，我首战就输，后面再输一盘就很可能小分不够出局。于是耐着心赢到了第7轮，去算算小分，还好，最后一盘即使输了也是小组第七或第八，这才放心。最后一轮对此前全胜的汤军健，半目胜，但还是汤第一，我第二。

A、B组都杀得天昏地暗，全场只有B组沈悦海8连胜，曾在河北队的张超早早3败出局。最后一轮记分榜前人头攒动，两败三败的都挤在那里算小分，87级会计系的林勇峰三败居然小分追到第6出线，而吴奋第四轮就两败，却一路爆冷（当时吴奋的确比较弱，下得又很慢，众人都对他评价不高），小组第8挤上末班车。最后预赛结束一看，一堆老初段死伤过半，2段还争气一些，基本有惊无险地以2败出线。

这下麻烦了，预赛把这么多好手挡在16强以外，不少人担心，决赛质量岂不是成了问题？还是倪老师有办法，出了个双赢的妙计，"大度"地表示，因为分组可能不公平，因此允许两个小组第9至16名的选手，再交10块钱（大概是3天生活费了），可以参加决赛。消息公布，咬牙勒紧裤腰带交钱者甚众，再加上一些因忙未能参赛的初段老师，和一些年纪比较大的教授，于是决赛最后成了32人的规模。

决赛终于打响了，赛程11轮。放眼过去，有段实力的有20几个，如果按现在标准，这20几个都至少有TOM5D实力。首轮强强对话很多，有一盘就是两个2段对决（当时厦大最高2段），沈悦海由于父母来，第1轮弃权了。我第1轮赢了个弱手后，第2轮对孟繁荣，遭遇战，劣势下翻了他一盘，正高兴赢了个强手小分有保障了，哪里知道第三轮开始这位气质清奇的兄弟就不见了踪影，当晚冲到他宿舍晓之以理动之以情做工作，希望他继续下，无奈世外高人岂是我辈能请得动，没戏。灰溜溜回去，知道这下小分是没指望了，只有靠大分顶住。孟繁荣拐小分的故事，后来同样发生在1993年首届棋王赛中，详见文后附贴。

转眼来到第5轮，全场剩我和汤军健两个全胜，预赛半目胜的我，还给他一个半目，此时的形势是，如果汤不输两盘，我就算赢到底小分也是不可能够的。

谁知汤第6、7轮迅速被郭舰和一个谁干掉，我又可以自己掌握命运了！到第8轮，只剩下我和曾晓明老师一败，接下来以汤军健为首的6人二败在后追赶。当时我状态渐好，也越来越有自信，在一片混战中胜了曾老师。第9轮我战胜沈悦海，继续领跑，后面三个两败。

第10轮我对张超，他比我弱一些，由于是同系，这棋就不好下了，因为他输了前8基本就没戏了。于是我们俩做了个小动作，"因故"

推迟比赛，先看看这一轮结果。谁知真的出现了地震式的结果：三个两败的下挑三败的对手，全部失利，三败者成群而两败的却没有了人，此时我如果战胜张超就提前一轮夺冠，但既然"因故"推迟比赛，看到这个结果那是肯定要放张超的。于是悬念保留到最后一轮，我也背水一战。

最后一轮我对王少寒，当时我气势已经起来了，没有太多的纠缠后就赢了下来。而第2至8名之争极为惨烈，最后吴奋竟然以小分最高获得第二，继预赛后又爆了一个大冷门，也是从这以后，吴奋的棋（至少是自信心）忽然拔高了一档。曾晓明老师、汤军健、郭舰、沈悦海、张超、黄勇、王少寒、叶升分列第3至10名。

这一次段位赛，在我印象中是厦大前排水平最接近的一次，也是最有厚度的一次。后来的厦大比赛能跟这次激烈程度媲美的，我认为也只有1993年参加北京全国大学生团体赛前的选拔赛。

【建宏】看来云昆是都记谱了，不然不会记得那么清楚。想当年还在厦门一中读初中学棋时，常在星期日跑到厦大下棋，在工会的大堂里，常常是满当当的一堆人。那时的厦大倪子伟老师是我知道的第一高手，经常在工会里见到，但都未下过（那时本人水平还差着呢）。那时围棋的氛围多浓啊！现在已不多见了……

【悦海】呵呵，那个擂台赛我也记不确切了，好像是我四连胜后第五盘被判弃权，具体怎么回事不记得了。后面还下了几盘，郭舰好像最后守住了擂台？郭舰来补充一下吧。1990年的段位赛确实盛况空前，竞争惨烈。还记得王少寒被人翻了盘之后，边看记分牌边摇头自嘲："现在喝凉水都塞牙。"然后黯然离去。

【悦海】军健当时状态极佳，下得漂亮，又有气势，但凡他的对局，一定旁观者如堵。决赛时我和他第一次相遇，不幸落败，士气大为受挫。不过军健后来专心学业，棋盘上不复当年之勇。他和我同级，后来都上了研究生，同住凌云二六楼，研究生三年里我们经常下棋。还记得军健左手执烟，凝神面对棋盘的专注。军健爱好摇滚，和他在一起时我也听了不少。

【云昆】深切同情孟繁荣同志

确实不能说怪他拐了我的小分，1993年棋王赛孟执黑。现在形势是即使白粘走中央一子，黑下边也只需要成个贴目就够了。但是不幸的事一再发生了……

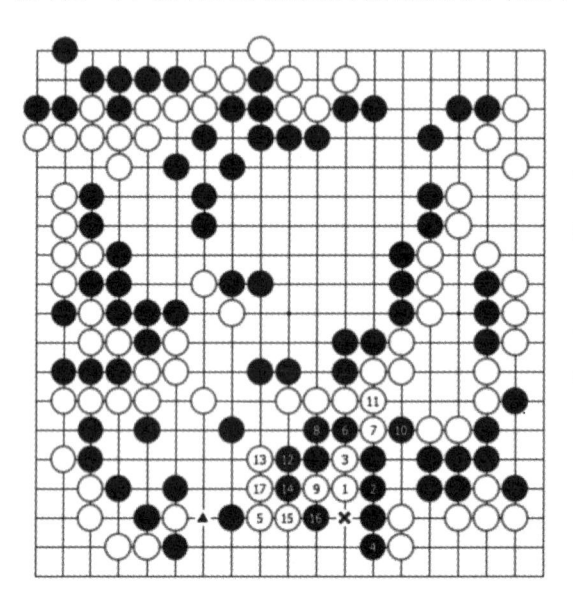

黑4只要三路拐过就可以了，实战很有气质地挡下，于是被白弃子之后，白左下一子还可以先手拉出，黑大损，细棋了，但应该还是黑稍好。

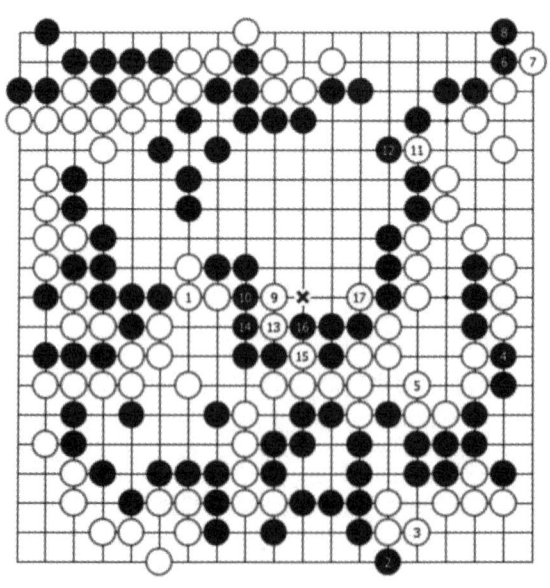

故事还没有结束，白1粘暗藏杀机，黑浑然不觉，去收了右上角的官子，白9点入出棋……

深切同情1993年的孟繁荣同志，第一轮这么输了，换谁都没有兴致再下了，何况是仙风道骨的孟繁荣！

【繁荣】云昆老弟，真是不好意思！两次重大比赛居然都是我先逃跑了，影响了你的小分。1990年的段位赛我有些记不清了，到了大学后就对棋有一种抗拒感，很难再钻研进去，当初郭舰就评价我：下棋总是心不在焉，棋力和基础都有，就是搞不懂我为什么总是半途而废。

我记得黄勇、叶升我们也总下，当时觉得只要我能把精力和心思用在棋上，还是胜面大一些。可能是大学要做的事情很多，很多球要踢，很多书要看，很多股票要炒……

再次缅怀那段美好的时光，现在也和蔡建宏一样，经常去棋圣道场打打谱，说实话，从序盘就看不懂了，几乎所有的棋手上来就绞在一起，已经没有我们当年下棋时的所谓大局和本手了，本格派已经不适应21世纪的围棋了！痛哉！

【繁荣】感谢云昆！让尘封多年的记忆又飘忽而至。下了这么多年的棋，至今只有云昆老弟的这盘棋谱是我能找到的唯一一张。看到文章中那么多熟悉的人物，思绪又回到了十几年前厦大美好的棋坛时光。我记得当初刚入校时和黄勇、叶升、郭舰、林毅峰、沈悦海等常常切磋，胜少负多，但总是乐此不疲。

郭舰是我永远的痛！每次都是差点就拿下他了，被这小子翻盘。可能是他不好意思了，毕业后带着我在期货公司干了一段，感谢他当时对我的帮助，现在能联系到了，非常高兴！

还有林思风，我们住在隔壁，他对棋的执着让我非常汗颜，每次都是我序盘优势，最后下着下着就没心思了，可能是当时光顾着炒股票了，连足球队的训练都很少参加，更不用说费神费时的围棋。

还有蔡建宏，我连和他下的勇气都没有，真是愧对众多棋友啊！

1992年财金系来了苏华江，加上林毅峰、我三个人，如果团体赛，估计在厦大应该是横扫四方了。因为，我相信没有一个系的第三台能有我这样的水平——哈哈，请容许我这里小小狂妄一把！

1993年棋王赛和许云昆的那盘棋，成了我围棋生涯的转折，从此棋也很少下了，在这里替自己沉痛悼念一下。

三 1990－1991 学年往事

先补充一个 1990 年段位赛预赛小分计算的小故事，您是否听说过小分输给别人零点零几分的？那年就出现了，还不止一例。是这样，当时各轮都有人退赛，于是就有不少人被拐了小分有意见。群众的意见是不能忽视的，倪老师等领导的智慧也是无穷的，创造性地提出了后续退赛轮次算平均分的革命性理论。例如，某君 2 胜 3 负后退赛，那么对过他的人最后在他身上的对手分为 4/5×8 轮＝6.4 分！当然还有个合理的补充规定，最后的分值不能超过 8 分（平均分）。于是小分出现 0.33、0.4 等小数点，最后算小分的时候，就出现了差 0.07 的史上独一无二的千古奇冤。

1990 年底，我找到了同样从三明来的，厦门市第一个 5 段棋手牛晓南（现已故），向他请教。后又请他到厦大下了一次车轮战，我、王泉明和郭舰三人受先，我和郭获胜。

1991 年初厦大旅游杯，16 人单淘汰，从未进入厦大前 10 名的林毅峰异军突起，夺得冠军，沈悦海第二。

下学期，围棋协会在工会俱乐部的活动场所没了，此后两年围棋协会的比赛到处流浪，如皮蛋已述及的 1992 年段位赛就在化学食堂和化学报告厅举行，1993 年首届棋王赛在芙蓉八的会计系学生会举行。

1991 年 3 月，厦大首届"南强杯"（也就办了这一届）个人赛在计算机系举行，初段以上及一些教师共 32 人参加，双败淘汰制。曾晓明老师全胜率先进入决赛，我从败组复活，与曾老师下三番棋决战。今天去打了一下那时候的谱，棋是臭一些，但体力显然很好，涉及的计算量很大但算得差不多了就敢硬梆梆地往下吃，最后我 2:0 夺冠。曾老师第二、王泉明第三、叶升第四。

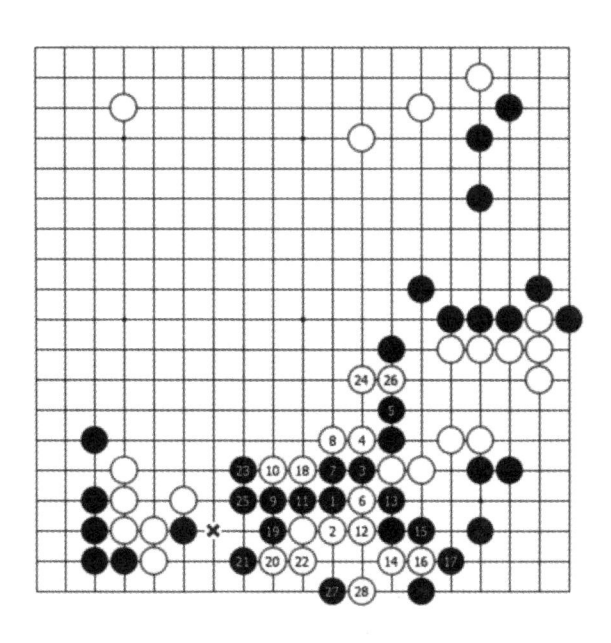

黑方：许云昆　　白方：曾晓明

1991 年 6 月，厦门市第三届段位赛举行，我、叶升、王少寒、陈文建、方绍东等人参加，我下完一轮后家里有急事要回家两天，就让郭舰替我下两盘，1 胜 1 负，回来后我下到 7 胜 1 负，第 9 轮对叶升。此时输给郭舰的那位同志发现我不是那位帅哥，遂予以举报，裁判过来对我进行了审问，我顿时阵脚大乱，居然征子都跑！这次比赛最后叶升冠军，我第三但被取消成绩，陈文建、方绍东也顺利入段，方在厦大连 1990 年段位赛 32 人的决赛圈都打不进去，他的入段一时在厦大棋界被传为佳话，也成了"肃然起敬"的最初证据。

1991年8月，厦门第14届运动会举行，我、郭舰、沈悦海三人代表厦大参加。这算是大赛了，我们都很重视。7月5日放假后我特地在厦门待了10天下棋，15日才回老家。这10天里跟当时厦门的一线棋手叶宏、付享年、周游、廖纳新、陈勋毅等轮流过招，胜略多负略少，棋力和信心都有很大提高，给自己定下了个人冲击前八、团体力保前3的目标。

这篇更多的是一些史料。我还是希望这些东西留下来免得过些年给忘了。

四 "沈旋风"横扫厦门

1991年8月的厦门市运会云集了当时厦门市80%的高手，包括刚刚从福建女队退役的余晓丹二段、老一辈棋手牛晓南、张新民（赵之云的徒弟）、林钦华，新一代棋手付享年、周游、廖纳新等，数来数去，没参赛的只有已逐渐淡出的叶宏和陈景隆，以及刚高考完没来得及参加的蔡建宏。

比赛开始，共9轮。前6轮沈悦海发挥极其出色，把厦门老棋王牛、张、林杀了个遍，一路6连胜，在赛场刮起了"沈旋风"。由于他的小分极高，因此很有希望提前夺冠。但也许是因为心里有了想法，或者更多的是因为经验不足，后面三轮接连败在付享年、廖纳新和余晓丹手下，最后林钦华7胜2负夺冠，沈第五。事后看来，沈后三盘只要拿下一盘就是冠军，可惜了。我和郭发挥都不好，我第二轮在打一个无关痛痒的单劫时"灵光一现"地把一个学棋一周也不会应错的劫材应在了另一边（如左图），烤熟的鸭子就这样飞了，心情大坏，最后只获得第十五，郭舰发挥更差，第二十，最后我们团体仅获得第四。

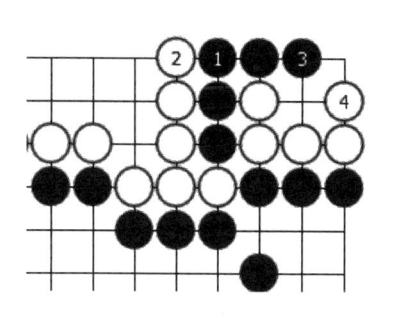

比赛结束，所有厦门的棋手都认为，沈只是运气好，实力还远远不到。但他们没想到，紧接着的应氏杯邀请赛，"沈旋风"再次刮起，而且这一次更加猛烈！

应氏杯邀请赛，32人单淘汰，厦大除了我们三人，倪、曾两个老师也参加了。从最差成绩说起吧，我首轮对名将陈景隆（谢峰的师父），我 1 点告负。表面上看，这两次惨败我是运气不好，但赛后我还是认为是实力、经验、火候都不大够，至少是不够稳定。倪老师与曾老师中好像有一个赢了一盘。蔡建宏当时还差几天到厦大，也参加了比赛，在八进四时被淘汰就没再来了，他不知道这比赛取前六名，他下一盘赢了仍然可以获得奖品一副应氏围棋，结果过了 16 年，他到现在还在做这副应氏棋的梦，前几天还在向朱老师讨要，哈哈。

剩下郭舰和沈悦海那就是应氏棋的得主了，郭舰在市运会仅 4 胜 5 负入不敷出，众人皆以为菜鸟，但这次比赛郭舰显示了实力，一直杀入四强，"旋风"不敢说，"郭风扇"的级别还是有的。而沈悦海则再续传奇，一路杀进决赛，并完胜余晓丹二段，拿走了当时厦门历届比赛的最高大奖（奖金几百我不记得了，沈自己报来）。

赛毕，老将归隐，新手返乡，茫茫天地间，只留下"沈旋风"的传奇，这是 20 世纪 90 年代厦大围棋辉煌的开始，也是高波之后多年来厦大的第一个厦门市冠军！

【皮蛋】看来要拿厦门冠军都得先去市运会锻炼一下，我的经历和悦海倒也颇为相似。1997 年市运会，我和云昆代表开元区（现已撤并）参赛，结果输了三盘棋：对谢峰时还有 3/4 个棋盘没下，谢峰就只剩五分钟了，结果居然没有逼死对方；最后一轮对老牛，大好局势连续出错被翻盘，连老牛自己都觉得不可思议；此外还输了吴凌宵一盘。最后前四名是：谢峰、老牛、晓丹和云昆，我拿了个第九守门，运气可谓差到了极点。谁知过了三个月，富士通杯时运气却又好到了极点，10 胜 1 负拿了冠军。看来大赛的心理、经验乃至运气都得靠盘数才能积累啊。

五　蔡建宏"君临"厦大

上回说到，"沈旋风"横扫厦门棋坛，从此开创了20世纪90年代厦大围棋的辉煌。但由于沈后来基本没有参加厦门市的比赛，因此，厦大出现的第一个活跃在厦门棋界的重量级人物是——蔡建宏4段，要知道当年厦门市只有5段一名、4段两名！

建宏的棋才是厦门棋界公认的，大家都对他评价很高，甚至誉为"厦门第一个真正的围棋天才"！1991年9月，蔡建宏就读厦大国贸系，我常去找他下棋，无奈此公品、学、三教九流均优，时间很难安排。因此第一个学期我只跟他讨教了一盘闲棋和两盘比赛，悉数落败，加上省少年赛，我就是4连败了。其实论实力上的差距并没有那么大，但建宏在1991年对我来说的确就是一座山。我当时下棋的第一目标，也是最朴素的目标就是要干掉蔡建宏！这一点刘标可以证明。

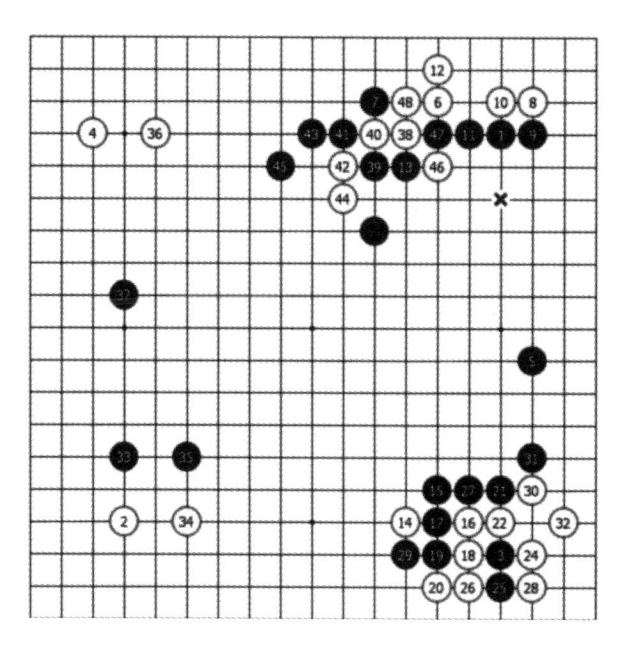

1992年初，我终于在第5次挑战中战胜了蔡建宏，其中的片段我到现在还印象深刻。

我执黑，看看我的15、33、37、49，应该看得出我憋了多大的劲。

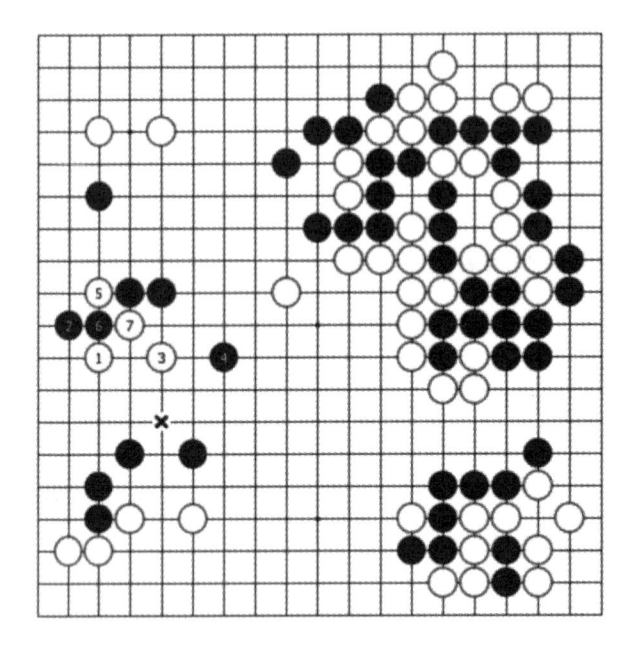

黑8是极具刚性的一手，记得打出此手蔡脸色就变了，显然大出他的意料。

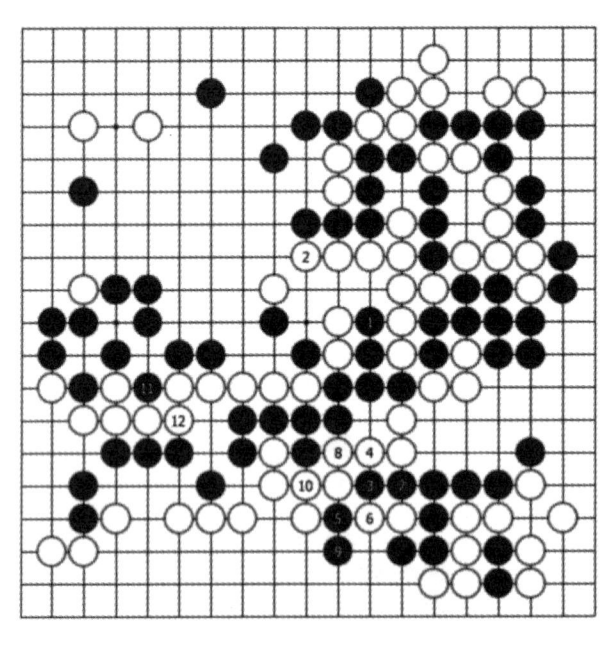

即使现在，也觉这棋质量很高，还能感觉到当时的那股劲。

6月"英皇杯"我又输给了建宏，但此后的比赛中，建宏就再没翻过身。呵呵，好比2006年的让子赛，那样的棋都被我翻了。

同样在1991年来到厦大的还有杨晖和林思风，杨晖奇才，故事罄竹难书，咱这里就说个头吧。他刚到厦大7连胜，郭、沈、倪都倒在他的剑下，后来他来找我，结果找了两次我都刚好不在，三顾之时才下上。我恰巧状态不错，在一个局部变化开始前精妙地先在另一个地方诡异地靠了一下，杨百思不得其解，结果后来变化到那里恰好那个子就用上，杨晖惊呼不已，就此成为俺的fans，据传曾立誓"凡是许云昆下的都是对的"云云，此是后话，按下不表。

　　林思风1991年段位赛第八，他前半盘相当不错，但后半盘一桶一桶地漏，于是大家对付他笑称前面别落后10目就可以了。他长棋是后来的事，因此我给皮蛋的高手地图上最初并没有思风。

【刘标】当时云昆人生的两大梦想剧场是：一围棋打败蔡建宏；二唱歌成为会计系十大歌手。掀开他的被子，这两条就贴在他的床头。
【云昆】唱歌从来就自娱自乐，文无第一，武无第二，我还不至于把文的东西设成目标，吹成床头放个蔡建宏头像还是有可能的。
【皮蛋】现在想想，蔡建宏强就强在一片"哈日"之声中率先刮起了韩国流，确实生猛。只可惜爱好太多，围棋仅是其中微不足道的一项，和郭舰有些类似。
【建宏】什么"围棋仅是其中微不足道的一项"，围棋是我毕生的第一爱好!! 虽然不下棋，可咱也每天必看"棋圣道场"，打谱不辍!!（哦，现在不叫打谱，浏览才对）嘿嘿！在厦大跟你们是下得比较少，华江之前一句话说对了"耍清高"，所以才会被云昆这么快就追上了。看来，什么时候我下岗了，发奋图强，再趁云昆沉迷桥牌之际，或许可以将他掀翻在地。等着啊！
【网友】蔡建宏的大名围棋年鉴上也有啊，哪一年记不得了，我今天回去翻翻看。
【黔江】个人感觉厦大围棋的分水岭是蔡建宏的入校。入校前厦大围棋水平大致在3至4段左右，而且前6名相当平均，几乎都是互有胜负。蔡建宏入校后，明显感觉他比别人强，后来围棋水平有了相当提高，特别是云昆，提高很多。其实厦大的围棋盛世应该在1990年前，当时记得在工会举行比赛，参加者实在太多了，后来人数越来越少。

六　1991年八强赛

1991年八强赛，在计算机系举行，蔡建宏、我、沈悦海、杨晖、吴奋、倪老师、林毅峰7人，加上正在厦门云游的大名鼎鼎的福建业余强豪祝贺4段，单循环。

首轮倪老师对祝贺，实力肯定有差距，但却把祝贺全部吃光，正在我们慨叹宝刀不老，倪老师不补棋抢官子，死灰复燃，又把50目优势送回去了。就从这盘开始，祝贺一路7连胜，养虎遗患啊。

比赛第二至五名是蔡、我、杨、沈。我和沈的对局，有个小插曲。终局正常前我输半目，但气紧后他左上角空里要补一手，我怕引起他警觉不敢去收那个单官，于是收其他单官，可巧他也没收这个，最后轮到我下时全盘就剩这个单官了，我这下犯愁了，心想我如果收了这个单官，然后裁判来说终局了没有？我说没有岂非等于提醒沈悦海了？想来想去，只好在自己空里找个地方补一手，沈看了看，说："这里还要补啊？"说着就把这最后一个单官收了……于是，我在终点线上翻了一盘，也算是和市运会应错劫材扯平了。（注：这个局部据皮蛋说是在1994年团体赛时下的，没记谱无从考证，姑且算在这里吧。）

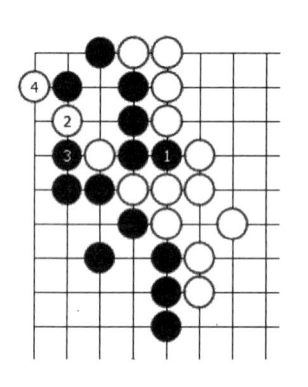

在1991年八强赛之前还照例举办了段位赛，第一名蔡建宏全胜，第二名曾老师一败，第三名沈悦海两败，第四名我三败，第五名汤军健四败……跟梯子一样，你说是不是没什么大悬念，所以也就不提了。彼得第八，杨晖最后一轮弃权后第十二，否则可能是他第八。

七　1992年厦大首届团体赛

1992年，是我长棋的一年。年初，翻山成功，战胜了蔡建宏（如前所述，见 P.141），5月，越岭完成，拿了省高校冠军还赢了厦门第一人牛晓南……不不不，不着急，要开始给自己吹牛了，慢慢来。

1992年4月，厦大首届南强杯团体赛，数学系和化学系是两大热门，数学系三人是1991年段位赛的第5—7名：汤军健、刘承斌和吴奋；化学系是沈悦海、郭舰和汤彩彬（初段）；而研究生王泉明、彭学龙等三人实力平均，科仪林思风、陈文建、陶迎宾（初段）也绝非善类。我们会计系本来还不错，我、张超和林中（福州的一个初段，从未参加厦大比赛，无人知晓，但实力相当不错），但张超因为考研等原因，长期没下棋退了不少，悬。此外、财金、国贸等都具有一定竞争力。

比赛开始，我的状态很不怎么样，我前三轮两败，输给研究生王泉明和数学系汤军健，幸而我们铁三台林中稳定发挥（后来七战全胜）。关键就看二台了，张超本来就实力不大够，恰好又有事这三轮不能参加，只好由刘标暂且顶上，结果刘标力挽狂澜，先是爆冷战胜彭学龙，然后又在收单官时，捡了刘承斌一个漏，当时刘标看见刘承斌自撞一气，一边猫哭老鼠地说着"你怎么能这么下呢"，一边双手急忙去提子，贪婪、虚伪之情此刻在刘标这位生性忠厚的、1992年会计系夺冠的大功臣脸上暴露无遗。

大难不死，必有后福，此后张超回来虽然状态不佳一直输，但凭借三台的全胜和我一路力克思风、建宏、林毅峰等人，最后会计系七轮全胜夺冠。各台次中，二台郭舰全胜，三台林中全胜，一台则十分惨烈，除了我和建宏两败外，其余全部三败以上。

八　1992 年省运会

1992 年是省运会年，按中国惯例，当年各地市、行业工会对运动会的比赛项目空前重视，高校也是一个代表队。福建教育学院的王鉴椿老师作为上届省运会围棋的第四名、福州棋界的泰斗，免选入围，余下两个名额 5 月在福建医学院选拔，蔡建宏一如既往地难以安排档期，于是厦大由我和沈悦海参加。

说个题外话，那是我第一次坐飞机，厦门到福州学生票 38 元，呵呵，和沈的地面部队在医学院会合。

比赛共 8 所院校 16 人，5 轮积分编排。福大是传统强队，全盛时期曾拥有三名 4 段棋手，并以此为班底获得过 1989 年全国大学生团体亚军，此时虽已走下坡路，但两名棋手仍有 3 段实力。医学院作为东道主，两名选手均进入过福州前六名，实力不俗。

由于仅赛 5 轮，输一盘就需要比小分，所以前几轮一定要稳，输早了基本就出局了。沈第三轮对上福大陈旭华，按理沈的棋要比陈稍好（我后来在福州和陈集训过一个月，对他实力有充分了解），但沈不幸落败。第四轮我和陈两个全胜相遇，陈属于典型的本格派，实力还是要差一点，波澜不惊地就交枪了。最后一轮对医学院高永康，此君下棋极快，后来得过福州冠军，参加过晚报杯。最后我全胜夺冠，陈旭华和沈悦海同为一败，沈果然因为小分不足出局，十分可惜。于是我和陈出线。

从福州回来后，我首次战胜了当时厦门棋界第一人牛晓南，当时的我可以形容为"无他，唯生猛耳"，就这么一路强攻（白 1 在 32 左一路）：

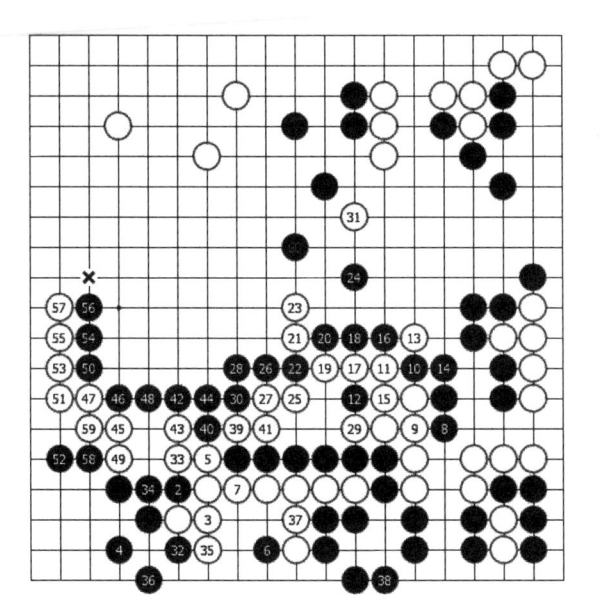

至刚则易折，那时的棋是有冲击力，但拿到大赛还是不够稳定，6月"英皇杯"，我对晓丹的首轮，就是在吃了三块棋以后不知收手飞了熟鸭，还是建宏厉害，第三，我第七。

7月放假后，我在福州集训了一个月，和福州众多棋手交流不疲，更是和王鉴椿老师学了棋中柔软的一面，可以说这个暑假我稍稍突破了原先的一个瓶颈，对围棋有了更深一些的认识。省运会发挥正常，尽管有两盘惜败，但也有一盘逆转，最后名列第九，王老师第四，陈三十几，我们团体季军。下面这盘和那年福州冠军林仕斌的棋，也可以看出我的棋基本就是能战则战。

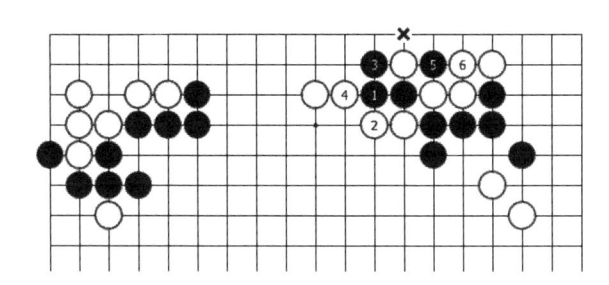

对黑1，普通感觉肯定是2路爬过就可以了，但我实战就是要下这个最强的压住。

从蔡建宏开始，厦大逐渐对厦门棋界发起了团体式的挑战，原先厦大只有厚度缺乏高度，现在开始连高度也有了！90的我，91的蔡、林、杨，92的苏、潘，93的林志芳，也是机缘巧合，四年间厦大出现了一茬可以拉出去打的兵将，从蔡、我、沈的三人小分队逐步发展成了一个"肃然起敬"的集团军。大大小小，算是开创了一个时代吧。

厦大围棋1990—1992年的史前史就写完了，接下来我要对皮蛋写的东西补漏了。1990年以前的故事，是不是请郭舰、倪老师或者是更早一些的棋手来充实呢？例如，我就曾听说过有一个叫信建荣的棋手。

【杨晖】口水像一条河，缓缓地流在深冬的风里。

1997年才正式见到老牛，他的很多棋有职业感觉，仙风道骨，很飘逸。有超越胜负的风度。没想到英年早逝，挺可惜的。据说有一次他要成立一个研讨会，没有我的电话，还进厦大来找我……走笔至此，多少有些感慨：棋才和风度比好多职业棋手还职业。

福州老高棋才也很好。人也有真性情，可能也只有这种人才下得好棋。

云昆棋才也不错，但接触太多了，仰慕之情比前两位稍减。有一次在棋院见到他下30秒一步的快棋，感觉很好。

【皮蛋】云昆一直很遗憾无法了解1988年郭舰进校前的厦大棋人棋事。

我想，1985年擂台赛前的中国围棋，应该是阳春白雪，参与度有限，要产生很多很有趣的棋人棋事恐怕很难。郭舰、悦海进校时85、86级还在，他们两位老大哥的见闻应能很大程度地弥补史料不足的缺憾。当然如果能有一些1985—1988年期间，围棋在大学生间因擂台赛而风靡的故事和图片（棋圣道场上我好像就见过一张），那就好上加好了，但这恐怕只能寄希望于倪老师了。

现在想来，厦大围棋的整体水平，从20世纪80年代末开始逐步提升，在20世纪90年代初形成一个高峰，随后又逐步下滑，应该是时势使然，估计全国各高校应也大致如此。

九　1992－1993学年拾遗

　　1991年来了蔡建宏、杨晖和林思风，1992年来了潘、苏，厦大围棋进入了90年代的黄金时期（后来被赵自然小师弟称之为"黄金一代"）。倪老师、曾老师等教研工作渐忙，协会活动主要由我和郭舰来组织。段位赛在化学报告厅进行（我记得在食堂，皮蛋说在报告厅，后来我想起来好像两边都有，大概是报告厅，然后某两三轮因报告厅忙改在食堂），这次比赛皮蛋介绍得很详细，我就不多说了。

　　这里补充一个我、奕俊、建宏等在1989年省少年赛的事。那是我仅有的一届省少年赛。但那一茬棋手中，第六名的钟海杰后来升到业余6段，第五的方子敬拿过福州冠军，加上我、潘、蔡三人，5个人都有过地级冠亚军的记录。比赛第5轮，我对潘是实质上的争冠之战。赛前潘的豪语皮蛋已说了我就不重复了。比赛开始，潘执白落子如飞，你道为何？它竟然下起了模仿棋，我心下大怒，第9手狠狠打在天元上，倒过来模仿他。

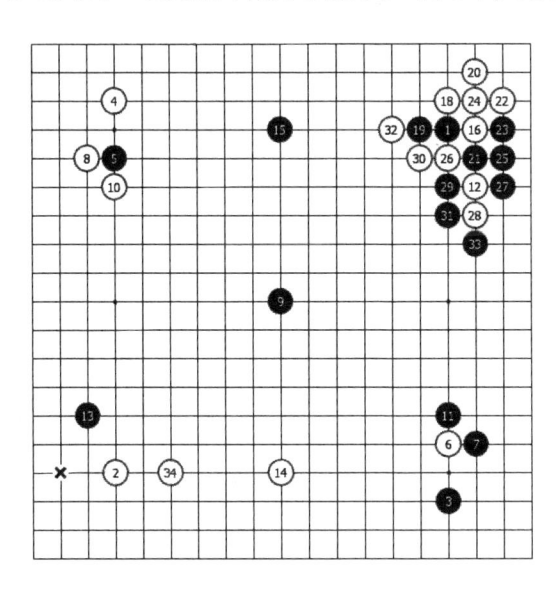

　　但毕竟我比较排斥模仿棋，第17手我就早早变着，但落了后手吃了亏。后来中盘转换不断，最后大概要输两目半，找了个台阶就认输了。

不管你信不信，在2000年以前，我的所有比赛只要是输棋我从来不要求裁判算子的，因为一般目点不错，再者从第一次参加比赛开始我就练就了点子的功夫（皮蛋在北京比赛的文中有提及，详见P.37），所以如果一两目的胜负，我总是习惯于再点一遍子确认胜负。这个习惯一直到最近俺老眼昏花才戒了。

1992年12月厦门市个人赛补充一些。我首轮对付享年，1988年省冠军，但并没有听起来那么强，那时我对他已经胜多负少。我在他的空中打入一决胜负，那时候就是有看不清也敢下的勇气（如左图）。

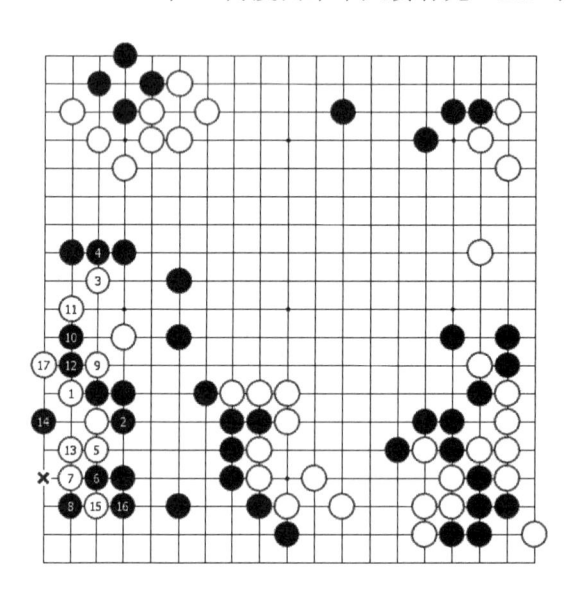

最后6胜1负凭小分夺冠，冠亚军居然没对，也是怪事。这是我的第一个厦门冠军。赛后我们去东边社，第一次凑在一起喝酒，呵呵。

次日，厦门棋院成立，挂起了方毅题的牌匾，并举办了一次6人单循环名手赛，我和建宏都参加。我前两轮赢了建宏和陈景隆老师，第三轮对周游，在铁赢2.5目的情况下小官子疏忽出棋败北，第四轮对晓丹，官子刮得必胜了，忽然去冲一个什么时候都能冲到的先手1目，然后发现气撞紧后空里味道不对又补了一个，结果被她收了唯一的4目以上官子——7目，最后输了半目。第五轮对牛晓南，在缠绕对方两块已必杀其一块的局面下，漏了个次序被他巧妙连通，连丢三局，最后并列三至五名，抽签抽了个第四。这次的惨败对我打击很大，棋不是不可以输，但很难承受连续三盘这么被别人翻盘，当晚熄灯后我难以入睡，绕着厦大转了不知道多少圈。

3月举办了首次厦大棋王赛，作为贵阳应氏杯的前哨，下回再说，就此先跳过不提。4月6日，厦大校庆，围棋协会作为"较为活跃的社团"，应团委邀请，在芙蓉湖畔摆摊，迎接师生攻擂。10时许，收摊，五六个人提议去小撮一顿，我和郭舰商量决定拿出30元经费（当时体委一年拨经费200元），大家自己再掏30元，到风味餐厅。

入座以后，杨晖同志以其良好的大局观和慈悲的胸怀，收拾了大家的小勺子去厨房找开水冲洗，正在此时第一份菜海蛎煎蛋上来了，大家蜂拥而上，1分钟后杨同志返回，只看见一个空盘和几点油花。唉，为了组织，杨晖勇敢地站出来牺牲了自己……

【奕俊】少年时，和云昆下了模仿棋，我有印象。不过谱就完全记不得了。现在我的棋不行了，在网上一下，20盘输了11盘，早没了当时的霸气。不过想想少年时，之于围棋，我的心是很纯的。一坐到棋盘之前，就会很认真地去思考围棋的变化，心里较少有对手和名次之累。比赛之后，对手是谁基本上不知道也不记得了，结果大家又凑到厦大。呵呵。

【杨晖】云昆量化的好，但就是标准太单一，除了子以外，还有别的标准来衡量：

人民币：1993年北京选拔赛回来，据说老何同意把棋协的经费提到300元。但后来云昆走的时候没有给我交代，就仍然按200元去申请，差了100元。云昆曾为棋协创收买了几本棋书，每本租金1角，这样也就是说租1000本书才能回来。如果我们把它当成落后1000目的话，这种劫如何打？

棋盘：以前老潘从泉州带到厦大好多棋盘，据称为提高厦大的围棋水平。现在想来略有不妥：如果此说成立的话，泉州的围棋水平无疑会相应降低，我帮他卖了好几个，也就是说我亲手把泉州围棋水平给降了数棋盘之多。

鸭子：有段时间同安定下彩棋，20元一盘。有一天打个勺子差点翻船，平安度过之后一拍胸口：煮熟的鸭子差点飞掉。不是比喻，千真万确是量化的一种：每次赢了，就去买只鸭炖，现在不晓得20元够不够，那时还可余点钱买点姜啥的。

十　贵阳应氏杯——组队

1993年3月举办了首次厦大棋王赛，苏冠军、沈第二、我第三，后面我也不记得了。最后一轮潘奕俊跟我下的时候，中盘有个地方小损，此时尚不足百手，棋还早，但潘忽然认输！看了苏的贴子，大概是上一盘被苏翻盘的打击太大了（详见P.21），呵呵。

此次组织棋王赛的原因是省高校要组队参加贵阳应氏杯大学生赛，要厦大出两个，于是就搞这个比赛兼选拔赛，结果是苏、沈前二，按照赛前的承诺就应该是他们去。结果临近比赛时，领队打电话要我再找一个，但因为省运会我的表现比较让人放心，因此要求我一定要去。当时我是比较独断，感觉皮蛋火候还差一点，而且建宏这个太阳那时候还没有陨落，我想首次参加要成绩好一点，就自作主张把冠军换成建宏了，后来这事杨晖问起我解释了很久。因此，最后就是我们三个去，皮蛋就这么被我搞掉了一届大学生赛，不好意思。

领队还要我看看厦大有没有女棋手，于是我去打听了一下，找到两个陈昭瑞（张璇八段的启蒙老师）的学生，一个是89国金游影，还有一个是90国贸陈筱榕，我找到她们，后者因故不能参加，游影原本兴趣也不大，但后来我说到比赛在贵阳，她顿时双眼发亮楚楚动人，我听说游影和王健丽乃89国金双姝，此刻自然更显靓女本色。

目光发亮的游影表示了参赛的愿望，尽管我知道那不过是旅游的愿望，但我还是安排棋艺生疏的她和刘标练练棋，并挑了布局、定式、官子、死活的棋书让她去温习温习。游同学礼貌而略显哀怨地扛走了不轻的四本书后并在一个多月以后原样扛回。后来在贵阳混熟以后，她老实说她一页都没看，我哈哈一笑说："我早就知道，不过作为我是肯定要挑书给你的，看不看那就不是我的问题了。"

牛晓南曾对我说过多次："有些东西要盘数够了才能明白。"随着棋龄的增加，在1993年上半年我明显感觉思路开阔了，摸索中前半盘有所提高，5月和我父母去桂林旅游时，先后战胜广西老棋王邓双陆（多次代表广西队参加全国团体赛）和王民学6段（曾获"晚报杯"十几名）两个业余强豪级的棋手，在厦门也开始对所有的棋手都胜多负少。7月，我踌躇满志准备参加贵阳大学生赛，赛况如何呢？下回再说。

【思风】天哪，世界怎么这么小！云昆说的90国贸陈筱榕居然就是我太太的嫡亲表姐，她家在天津，但小时候在福州老家与我太太一起生活过一段时间。她竟然还是陈昭瑞的学生？

【繁荣】游影什么时候和你们去贵阳参加比赛的？游影是89国金的才女，当初在福州少体校和张璇是同门师姐妹。记得1989年刚入校我们两个宿舍的人在情人谷野炊时和她大战了几盘，棋在女棋手里面属于比较凶狠的，估计在当时厦大女生无人出其右。如果1993年在我们毕业前组织团体赛，要求一名女生作为第四台的话，华江啊，这哪里只是梦之队，这就是王者之师！

【志芳】呵呵，看到这想起了许、苏、杨一伙在学校时发表的一番言论，关于如何夸奖女生的，到底出自谁之口，已经记不清了：

如果一个女生长的漂亮，你可以直接夸她漂亮；

如果这个女生长的不漂亮，你可以夸她聪明；

如果既不漂亮，也不聪明，你可以夸她可爱；

如果既不漂亮，也不聪明，还不可爱，你可以夸她善良。

【杨晖】如果任何优点都没有，你就直接夸她爱国。

十一　贵阳应氏杯——赛况

　　1993年7月，福建教育学院林易扬老师领队，王鉴椿教练，我、建宏、悦海、游影以及福大陈旭华为队员，组队赴贵阳参加第三届应氏杯全国大学生赛。悦海正是贵阳人，放假直接回家了，我和建宏坐大巴赶到福州，吃了碗线面，到美女师姐游影家中小坐后，次日一行6人乘火车前往贵阳。

　　上了火车，建宏就大叹这火车票就是便宜，他上次放假送福州同学，打车到火车站花了15元，同学的火车票到福州倒只12.5元！

　　半夜到了株洲转车，几个小时的停留，我们就在候车室就地休息。一会儿就困了，我们男生席地而卧，没想到我们的靓女游影也这么睡下，顿时让我肃然起敬，先前杨贵妃的印象中又揉入了刘胡兰的气质。

　　转车了，没有座位，领队显然是老江湖，花钱买通列车员，买下了两节车厢之间的三平方米左右的空地歇脚，后来才有了座。

　　终于来到贵阳，和悦海会合，调整一天后开始比赛。男子组84人，女子组13人。比赛间隙难免对游影的比赛对手做一些特别侦察，10%是棋上的，90%是棋以外的。我的结论是天津队王玥、上海队倪宇最有大家闺秀风范，当然她俩棋不怎么样，后来看见夺冠的陈同学，越发觉得大学生赛女子组水平与悦目度成反比，不过后来见多了，我的观念慢慢也就纠正了过来……

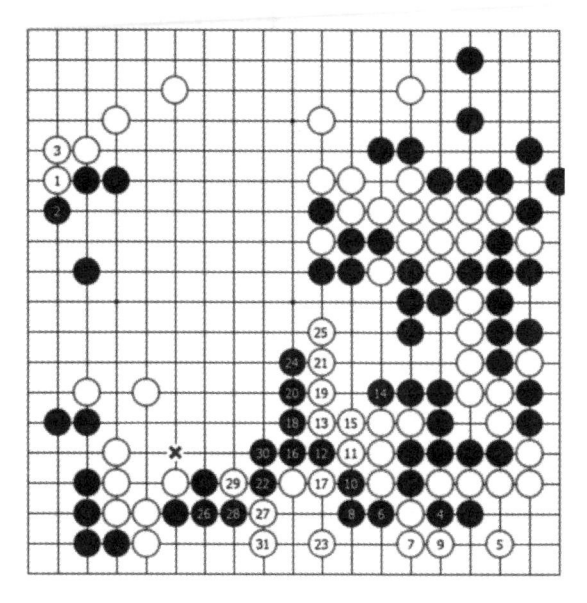

我第二轮执黑对张翔（现为6段），白忽略了下边黑棋动出的严厉性，被我一举取得优势。

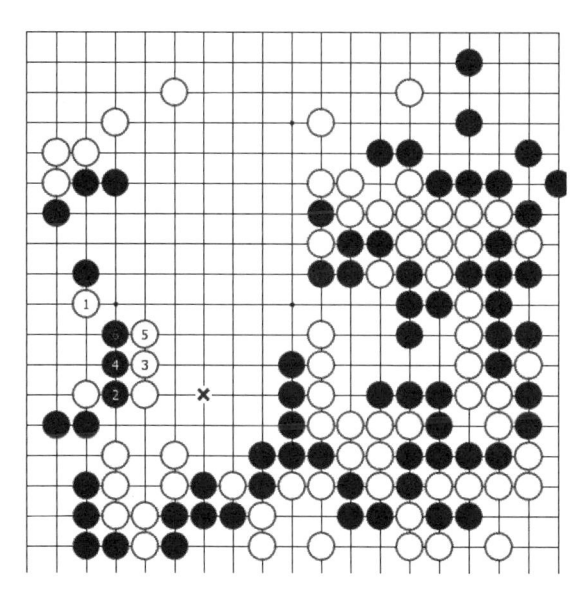

现在问题是如何攻击白棋。我的思路显然是直线性的。

这么一路直冲，当然效果不见得好。大官子收束时我没有下好成了细棋。最后剩下一个单劫和一个单官，单劫定胜负，眼看我山穷水尽，无奈之下我在左上角找个瞎劫，孰料张翔空没点对以为需要打劫收后才够，不粘劫去抢了最后一个单官！！！刚才还萎靡不振的我顿时精神奕奕，继续打劫，而那个瞎劫造就了不下6个劫材，这下单劫他没法跟我打了，最后他无奈地让我粘劫，成了我打劫收后！就这样我在终点线上捡了一盘。

第三轮对贵州欧阳雪松，他拿过两次全国希望杯青少年亚军，我久闻其名，轻装上阵。我抓了一把子猜先，结果欧阳同志大度地说不用猜了，让我直接挑！尽显大师本色，我就不客气了，拿过黑棋就下（虽然贴8点，但我那时黑棋比白棋要好很多，所以我仍然喜欢执黑），结果竟然完胜欧阳。

连胜三轮后我执白对上海缪中子6段（后获亚军），中盘时一个地方双方看错，还好是我先他后，给了我纠正错误的机会并借此确立了优势，后面我步步退让，甚至他一条50个子的巨龙的缓一气劫一直不补，我边收官边打劫，一直打到5目官子还是打他不过，最后被他当作补一手7目收去！即便这样我也还是稍好，但接下来发生了极为邪门的故事：进入单官我点清了空，盘面6目，我又点了一遍单官单双来确认，没错，OK，我就在空里味道不好的地方补一个（其实我已经算清楚了没棋），然后就看见缪兄飞快地抢了一个单官给我制造了一个断点，我一阵恐惧，仔细一看恍然大悟，被他抢了这个单官后气紧之后我需要补棋！这里还有一目暗目！！！盘面8目了！顿时眼前一黑，我茫然地收了几个单官，认输了……，唉，也算是对张翔那盘的报应吧。

前5轮，我4胜1负，悦海3胜2负，领队乐呵呵地夸我找了个稳健的好队员；陈旭华2胜3负，正常；建宏很不幸，1胜4负，这领队的脸就难免有点长了。建宏久疏战阵，屡屡打一勺子痛失好局，几乎每场比赛结束后，都唱着张学友的《吻别》中的"总在刹那间……"跌跌撞撞地惨然走出赛场，其状催人泪下！

游影前几轮成绩我不记得了，只记得每盘比赛后，我们都在宿舍里复盘研究。一次游影复盘，我和陈旭华在旁，大概是一着棋下得有点臭，陈旭华竟然说游影是"饭桶"，我当时心中早已拔拳揍了陈八九百拳，但为了全队的利益不得不强按心中怒气……过后游影幽怨地对我说："竟敢骂我饭桶！"

　　五轮过后，赛会安排去红枫湖侗族、苗族聚居地以及水上石林旅游，博客里那张照片应该就是在水上石林照的。在船上卡拉OK我和建宏同唱《外面的世界》，被誉为"福建队的歌都唱得这么好"等等，在场外为福建队争得了些许荣誉。

【建宏】我依稀的记忆中是与云昆、游影常到赛地学校的后山散步，以排解郁闷心情。事后看来还是蛮有效果的，因为后来领队林老师的脸色就渐渐好看了些了。

【杨晖】云昆写道：过后游影幽怨地对我说："他妈妈的（TMMD），竟敢骂我饭桶！"对呀，说人家棋就好了，干吗要牵涉到体形？比如说花瓶啥的，估计游大小姐都不会如此嗔责。就像建宁公主说的那样，你皇帝给韦小宝封爵，叫啥别的名字不好，偏偏叫通吃伯？TMMD，该叫小陈背500遍八荣八耻才对。但话又说回来，饭桶装饭，花瓶插花，分别代表物质文明和精神文明。所以，我们可以很恰当的认为博客有饭桶和花瓶的功能。祝愿华江博客不光不要停，而且将饭桶和花瓶的作用更加发挥出来。

十二　贵阳应氏杯——惊魂

从红枫湖和天星桥回来，继续战斗。大概旅游还是有效果的，第6至10轮，建宏状态渐出，气势如虹五连胜，领队的脸也由长变方，由方变圆，由圆变咧嘴。我2胜3负，和建宏一样累计6胜4负。输给后来进入前六的广西严剑刚（曾获西南五省冠军，现6段）、上海刘威（科班出身，12岁即获上海4段，那时还没办晚报杯，上海可只有8个5段），确实下不过，两盘完败。还输给了徐旸，好胜负，有点可惜。赢的对手有一个叫谷万里，是孟繁荣老乡，由于他们是同届的哈尔滨十强，因此我说孟与"谷万里"齐名，每每说起皮蛋总是大乐。陈旭华4胜6负，悦海5胜5负，游影比赛好像已经结束了，3胜4负第九，取前八，守门，可惜了。

然后赛会组织去黄果树瀑布旅游，游美女发生了终生难忘的惊魂一幕。

那天来到黄果树，当时恰逢贵州雨季，水量很大，蔚为壮观。瀑布前有一水潭，中间有一串石头可以越潭而过。于是我们就手拉手拎着鞋子过潭，王鉴椿教练第一、游影第二、我第三，我们三个走在前面。那石头长期泡水颇为滑溜，在一块石头上游影一滑忽然掉水里，我和王教练一人拉着她的一只手，但水流很急，怎么都拽不上来，过了大概10秒钟，王教练说放手吧，否则久了会溺，让游影漂下去自己浮上来，于是就放了手。据游影后来说，放手那一刻她顿时觉得小命要留在这里了，然后沉到潭底脚下意识地一蹬，立刻浮上潭面，领队反应神速，立刻就跳入潭中（此前除了我和王老师，他们都不知道游落水了），自由泳几下游到游影身边拉着她，但毕竟领队年纪也不小了，又有心脏病，水势且急，因此游不回来，前面七八米处刚巧又是一个落差几米的小瀑布，相当危险。幸好几个当地人跳了下去，七手八脚地把两人都救上岸来。

上岸后领队的心脏病被诱发，好久气顺不起来，游影则脸色惨白，但一直没有哭，这个女孩子真的很不容易，刘胡兰的形象再次浮现。王老师则一如既往地沉着地用他永不变化的语气和语速说着刚才的情况，建宏不住地赞叹领队应变之奇速。领队的钱包相机泡了水，大家在博客上看到的我们四人合照有一道红色就是这么来的。后来回到福州，游影每年都去领队家拜年，大恩啊！

后面又玩了些景点，俺是赤脚玩的，为什么？因为游影鞋子被冲走了，我把鞋子给她了。庆幸我小学有两三年赤脚上学的功底，这会儿救美用上了些许。别的队对我的赤脚感到奇怪，不免问上两句，俺即故作淡然述说其中因由，引来掌声一小片。

回到贵阳，准备最后一轮，我的形势较好，如果赢了由于小分在同分中最高，刚好第十二（取12名奖励，并授予应氏5段），建宏小分不大够，但如果赢了也能进前20，团体有望冲击前六。此外还有个两件事交代一下，一是福州申办1994年大学生赛没有成功，输给了兰州，不过我是暗暗高兴的，寻思着明年还可以去西北一游。二是红枫湖期间我留了个心，向刘家全老师申请到了10月团体赛的资格。

最后一轮只有旭华赢，我、建宏、悦海都输了，我第19，建宏第34，悦海第36，旭华好像是40，13～40授予台湾应氏围棋教育基金会业余4段，大家都扛了一本证书回家。团体第七，取前八，因此领队还拿了个茶杯大小的奖杯。我对湖北谢军一盘太可惜了，直到小官子他黑棋盘面还只有3目，但我一个随手损失了5目，最后不多不少盘面8目，我输一点，就这么与5段擦肩而过。

这次比赛关键的第 4 轮和第 11 轮，我都在胜定的情况下小官子甚至单官输棋，且均只输了一点，很郁闷。但应该说偶然中也有必然，第一次参加这样的比赛，冲劲有余而稳健不足。次年的兰州，经过大学生团体赛的洗礼的我就老练多了，第 4 轮和最后一轮刚好赢回两个一点，也算是扯平了。

赛前，我、建宏和游影说好了赛后去昆明旅游，但惊魂之后的游影虽然坚强，旅游的兴致却肯定是没有了。而我虽然组织纪律性一贯不好，但出去比赛却一向以老大自居，就说那就都不去了吧，建宏想了想太可惜了，就拜托我把游影送回福建，自个去昆明看滇池了。

建宏回来后大呼滇池之美，搞得我心痒痒的。不过他云游也有小小惊魂，在安顺车站，他开着窗穷爽，在车启动时，手表被站上的刁民抢走了……

贵阳之旅给我留下了很深刻的印象，很多事至今仍然觉得好像刚刚发生一样。昨天偶然翻到自己记录的贵阳前 17 名，这里列一下：刘鲲鹏、缪中子、严剑刚、刘海峰、沈兴、刘威、项雪松、王梦宇、胡隽辉、郭勇、宋自海、朱海元、金中、徐旸、钟志钧、欧阳雪松、张翔。唉，我对钟志钧以下一串都赢了，却落在他们后面。

【建宏】伟大的林易杨老师，毫无迟疑地跳水救人，而敝人正好走在云昆后面，见水中冒出一个人头后（还未看清是游影同学），立马吓傻、呆若木鸡，想搞个英雄救美已来不及了。嘿嘿，高下立判！林易杨老师真高风亮节！

【悦海】游影落水的时候我不在现场，也许正在瀑布下优哉优哉？后来得知，惊骇之余颇为游影感到幸运，也很佩服她的坚强。林老师确实令人敬佩！后来出去游山玩水时，总是浅尝辄止，绝不冒险过河，呵呵，怕了。

十三　北京团体赛——参赛

1993年8月，我和建宏、悦海参加了贵阳应氏杯全国团体赛，比赛期间传出消息说当年亚洲大学生赛要搞一次选拔，10月在京举行，邀请几所知名大学参加。于是我就留了意，要争取厦大参加。

无论是学校的知名度、还是围棋渊源，听起来这个"知名大学"显然不包括厦大（贵阳我们的团体后来只拿了第7）。于是在赛间旅游时，我就找到了刘家全老师，表达了希望厦大参赛的意愿，刘老师大致问了一下厦大围棋开展的情况后，表示可以，回去以后给厦大发一份通知。

我怀着无限憧憬回到了厦大。新学期伊始，我立刻组织了第二届棋王赛选拔参赛选手。原本棋王赛是打算搞挑战制的(所以后来郭舰一再说他只认华江这个棋王，呵呵)。但考虑到要为京赛热身，我还是力主搞拉练式的循环赛,同时贴出广告请自认为有2段以上实力的新生来我宿舍试对局。广告贴出后，有一位吴姓新生前来应试，于是拉开架势下了起来。布局未了，该生点入我三三，这倒也罢了，但一手倒虎让我吃惊不小，也彻底浇灭了我对该生的殷切希望，如左图。

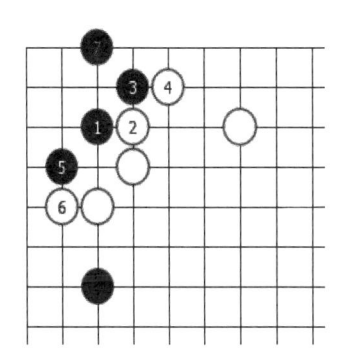

耐着性子下完这盘棋，我勉励了该生几句，并委婉地建议他参加10月的厦大段位赛。除此之外，没有其他新生应试。（皮蛋注：现在想来，那时新生正在军训，累都累趴下了，哪有空下棋啊。）

9月12日，堪称厦大棋史上最惨烈的一次循环赛在凌云二打响，7人单循环，每晚一局。这次比赛下到6个小时以上的应该就有三、四局，平均肯定在3小时以上，对局质量相当高，毫不夸张地说比赛结束后大家至少是竞技状态拔高了2目棋吧。

才开赛局势就混乱不堪，例如被认为相对弱一点的汤军健，就在第二、三轮连胜。第二轮我对沈悦海，中盘阶段我被追得仓皇逃窜后劣势历然，进入官子我盘面都不够了，几个大官子下来我有所得但还是差一点，我像狗一样这里闻闻那里闻闻，什么味道都闻了个遍，下到这个局面，我甚至连A位都想了！

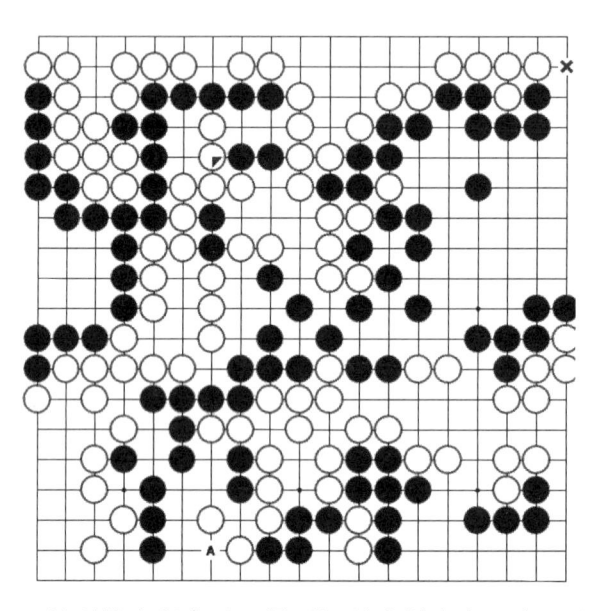

局后摆这个想法时，杨晖笑坏了。笑话归笑话，但实战中能去想这样一手棋，足见当时的挖空心思到什么程度了。最后还是沈悦海自己官子出了些问题，我才从小负转为小胜。

其他一些有趣的棋局皮蛋都有介绍，我就不说了，最后成绩是：我5胜1负，杨、沈、潘、苏四人3胜3负，林、汤2胜4负，并且第1名输给第2名，第2名输给第3名……直至最后一名刚好反串了一圈，真是个奇哉怪哉的排列。

最后因为规定研究生不能参加，沈、汤自动出局，剩我们5人。建宏不知道什么原因还是没有参加此次比赛，但建宏当时太阳还没有下山，我们苦苦哀求其出山，毕竟让后半盘一桶一桶地漏的思风去实在不能让人放心。建宏大度地、勉强地、慈祥地答应了。

棋王赛期间，我跑了N次厦大体委，但北京迟迟没有来函。最后我等不下去了，直接往北师大打电话，打听刘老师家里的分机，总机开始还不肯给，我诚恳地表达了来意后才搞到号码，何教授接电话后说邀请了开展得比较好的贵阳前四名上外、科大、浙大、贵工（后没参加）和北京的清华、北师大参加，他忘记了厦大也提出希望参加了，他说他跟华以刚说一声，让我明天直接和承办比赛的中国棋院联系吧。于是我次日又找到华老，华老说那好你们来吧，到了北京由棋院负责食宿。

当时电话是20元的磁卡电话，为了北京参赛，我跑了N趟邮局，打掉了两张卡！当然了，协会报销。

剩下的就是参赛路费问题了，我又跑体委，找何德馨教授，他说这个花费有些大，他不大好出，建议我直接去找郑学檬副校长。

于是我鼓起勇气直接走进了郑校长的办公室，就这么没有比赛通知什么的说明了来意，说希望学校能批一些路费，郑校长爽快地批了一千块，让我次日去领。我高兴坏了，当即回来传达郑校长的指示说一人一千，心中暗骂自己之前在宿舍编的打油诗对郑校长的不敬（我穿过一片王洛林，我泡了一碗林祖庚（羹），我喝了一杯郑学檬，大家都夸我是王豪杰）。次日去领，我这才发现是总共一千，但还是很高兴，路费刚好，我们用学生证还能剩500元。至今，郑校长的光辉形象仍然让我感动不已。

就这样，我们得以首次单独组队参加了全国赛。

十四　北京团体赛——旅程

贵阳期间饮食颇为不适，其他几人吃不来辣，我是因为不吃香菜，而在贵州不放香菜几乎要给厨师磕头。有天晚上我们半夜溜出来找东西吃，毕竟是暑假，连方便面也找不到，最后总算在贵工校园找到一个食杂店，买了一罐也不知是否过期的红烧肉罐头。

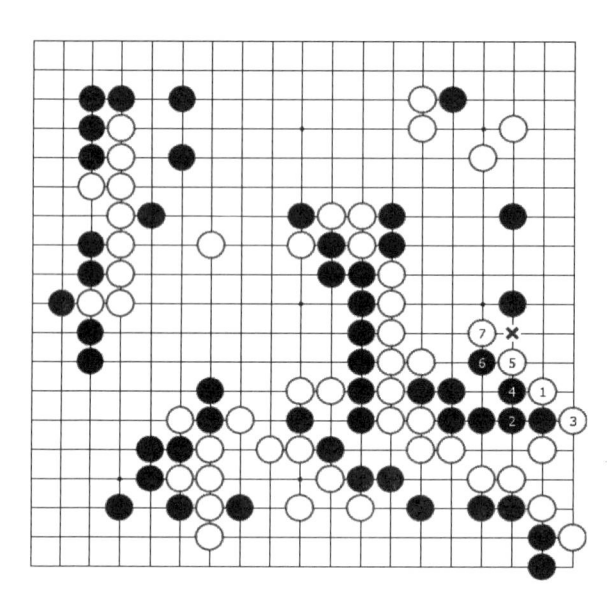

贵阳归来，带着两盘关键的 1 点负和委屈了的肚子，休养生息了月余。一开学就乘建宏还没有安排档期练一盘。下了个得意的三连扳：黑 4 想紧住气，白就这么一路五子棋扳了上去，把黑给吃了！

然后是惊心动魄的第二届棋王赛，发生了 6 个半小时的损官集锦、16 目半、三方点错目等系列故事。

10 月，迎着飒爽的秋风，队伍开拔。首先是 76 次特快列车，30 个小时到了上海。下了火车，先签了 162 次车进京，后找个地方填肚子，尽可能离站远些，火车站的东西贵得很，500 元经费可得精打细算。拐了俩弯坐下点菜，一盘酱牛肉，多少钱？4 元，太便宜了！青菜呢？怎么没有青菜？老板无奈地摇头，建议我们是不是去隔壁店点一盘来，问了一下，5 元！乖乖，青菜贵过牛肉啊，没办法，没青菜可不行，还是点了。然后是鲜蘑炒肉。这一趟进京，这蘑菇炒肉吃得太多了，我从此居然就喜欢上了蘑菇这东西。当晚睡下，杨晖、皮蛋和我同住一室，杨晖忽然慨叹连连，细问缘由。竟说是"三生有幸，和两位棋王住在一起……"呵呵。

游上海，感受都会风光、外滩豪景，那时东方明珠刚建，雨天糊糊的看不清，但雄伟的感受是跑不了的。

162次可就不是特快了，直快。这样一来，县一级的站全部都得停，一路上也不知道停了多少站，尝了德州扒鸡等"名肴"，潘奕俊动辄来碗康师傅方便面，从"康师傅"到"康先生"，最后绕回到了"潘先生"，潘先生的昵称也就由此而来。颠簸着到了天津，大伙儿心想这下离北京可近了，登时精神大振，杨晖同志不免发表一番对"勤劳勇敢的北京人民建设的美丽富饶的首都"的赞美和向往，我一颗红心想象着是不是就要见到天安门广场和伟大领袖毛主席像。

火车跑啊跑，停了一站又一站，明明已经进了京，这破车还停了丰台等六七个小站，吊足了我们的胃口。终于进了北京站，大家叠罗汉似地挤在车窗边，大概是争先恐后看看首都的铁轨有什么不一样吧，总之那种期盼是免不了的。

出了北京站，已近黄昏，找面的去中国棋院，一开始司机没听清，问是不是"肿瘤医院"，后来说清了就往玉蜓桥去了。

到了棋院报到，安排住在射击队的招待所。吃完饭洗澡，10月的北京已经颇有些凉了，洗的又是地下水，我们在澡堂那是惨叫连连。晚上早早睡下，干燥气候很不适应，次日我话都快说不出来了。

十五　北京团体赛——对局

先开领队会，华以刚、康占斌、朱宝训等出席，说到年初指定上海外国语学院参加首届亚洲大学生团体赛，虽有沈兴领军，仍然不幸以两个2∶3叨扰末座，应各校要求，今年改为选拔。赛场的横幅就叫"首届全国部分大学围棋团体赛"。参赛队：

1 上外：包揽历届大学生赛冠军的上海队永远都是夺冠热门。上外由贵阳团体冠军班底中的刘威和朱海元，补充王亦青和李忆宁两位全国青少年赛的冠军，实力十分强劲。

2 浙大：贵阳团体殿军的原班人马，加上一个新生打三台。（咱贵阳名次之和大致是浙大的两倍，差距明显。）

3 清华：晚报杯十强杜景宇6段领军，贵阳第7项雪松打二台，体校出身的吴梓新打三台，显然很生猛。

4 北师大：贵阳团体第三的北京队来自三个院校，因此北师大起码没那么唬人，我队当可一争。

5 科大：贵阳团体第5的原班人马，各台实力平均，跟我们应该是好胜负。

6 厦大：两个贵阳的6胜5负，带上三个首次参加全国赛的菜鸟，打着"重在参与"、"到了北京就是胜利"等旗号凑数，忝列诸强。

各轮比赛的跌宕起伏，皮蛋已有描述，我这里补三盘谱。

首轮对上外。我对刘威，完全没有包袱，但却下出了一盘完胜，刘帅哥通盘没有机会。

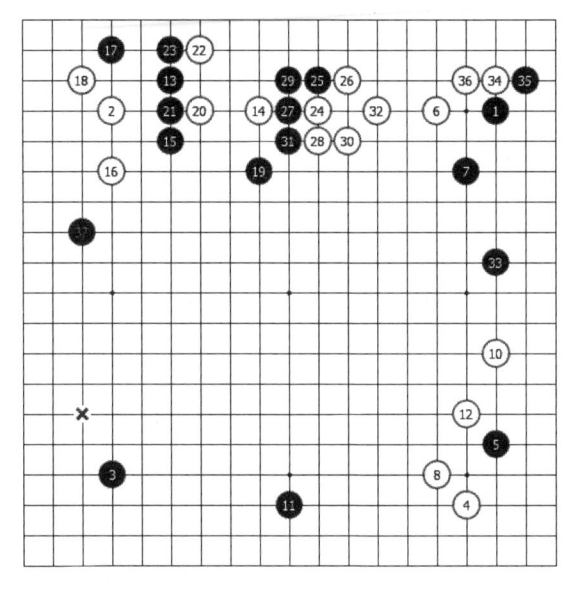

我执黑，黑下到37，黑实地领先且局面广阔，优势。

优势保持到了最后，总体上兵不血刃，在贵阳吃了大亏的我开始学着怎么把该赢的棋赢下来。这盘赢棋大大地增强了我的自信。

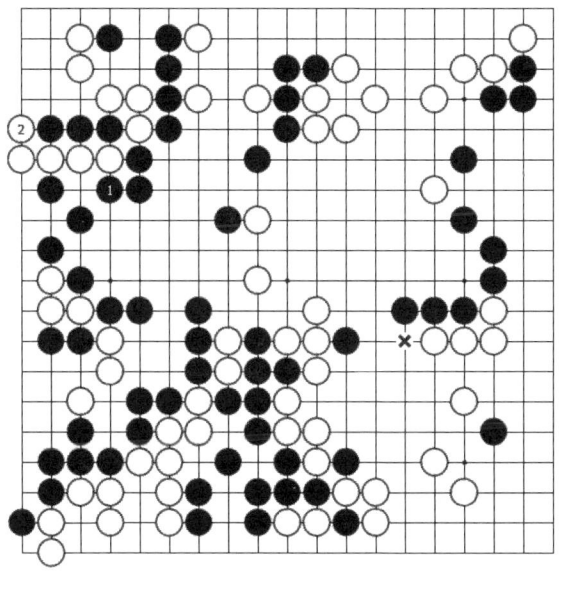

黑1的时候刘威的白2给我留下了很深的印象，上海阿拉的基本功实在扎实。

次轮对浙大，2：3惜败，我执白输给王梦宇（后升6段），事后才知道这场比赛之关键。我执白局面至此，此前王通盘强攻，实地难免不足，此时我如果能处理好自己的孤棋，他的空是不够的。

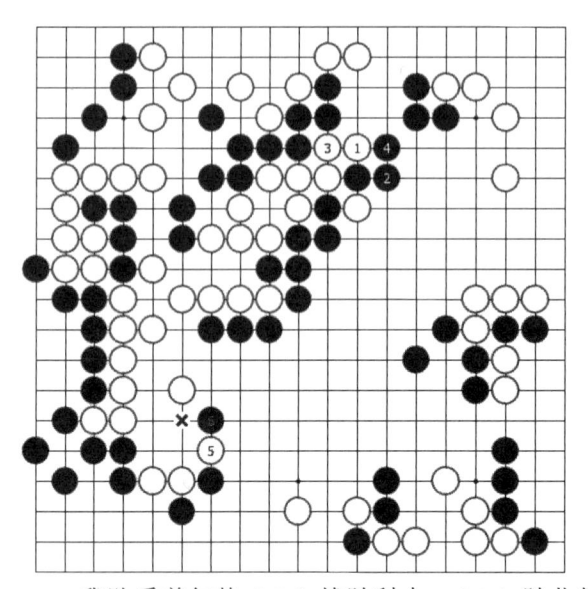

白1、3还沉浸在实地领先的意识中，走尽了变化，可以说是败招，否则2位打吃很严厉。但黑6凌空一夹刚猛无比！倒在这样一手棋下，从胜负来说是值得的，只可惜团体飞了。

我队乘着气势5：0战胜科大、4：1胜北师大后，最后一轮对清华，我对杜景宇。赛前算了小分，我们4：1的话如果我赢可以靠一台胜率出线，但也就是算算而已，杨晖总结为"一不小心，谁知道呢……"于是轻装上阵，搏一把。我这盘棋拼得很凶。

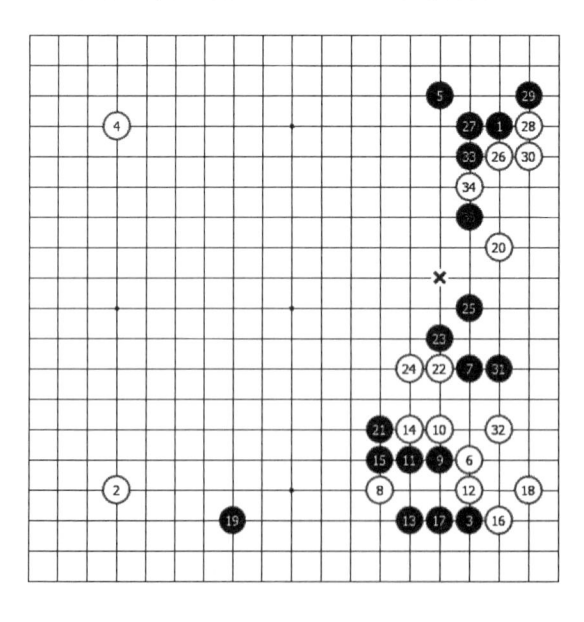

我执黑，受到王大侠的影响，我也下了个夹，可后来一个简单误算，反而下坏了。

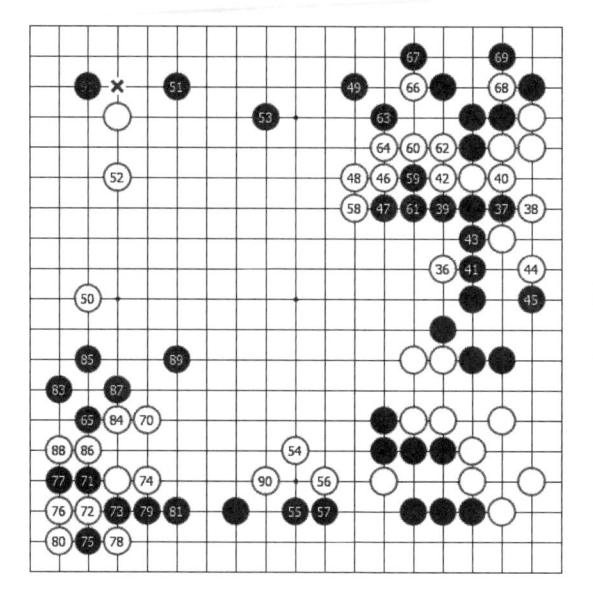

至 90 黑已经很困难了，黑抓住机会点三三一拼胜负。

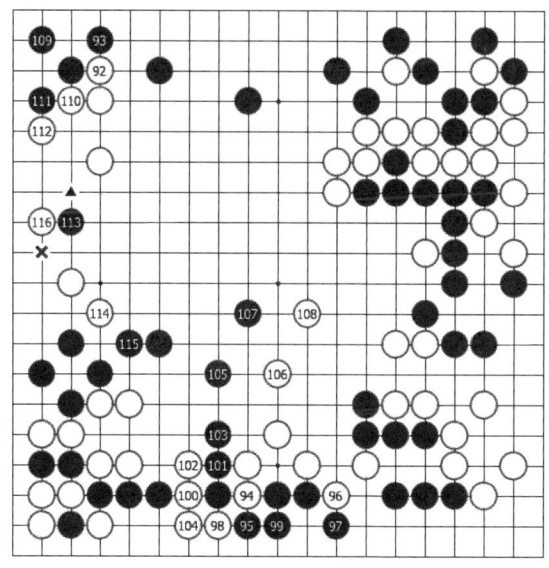

白 94 以下落了后手，给了我机会，杀得兴起的我 113 打入，这里变化很复杂，应该说，黑很有机会，但实战这里下得太快。唉，还是节奏不对，实力经验都不够。

半年后寒假去三明玩，和三明的李海鹰 3 段、皮蛋一同摆这棋时，偶然发现白 116 托时，黑横着笨长一个即可，白无应手……

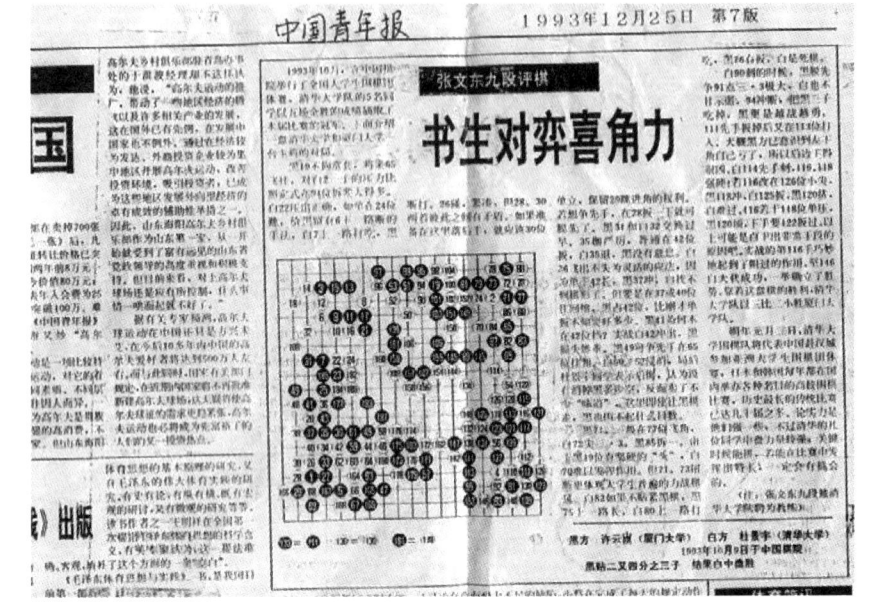

这盘棋后来由张文东解说，发表在1993年12月25日的《中国青年报》上，我起初并不知晓，是在京上学的少时对手沙县吴文敏告诉我的。顺便说一句，杜前面输给了北师大王煜炜，这次比赛全场只有浙大二台李振、五台李广宇以及清华队三台吴梓新三人全胜。

最后我们四、五台胜，潘遗憾小负，我们2∶3负，在最理想的状况下，4∶1是有可能的。首尔对我们来说，其实并不是没有机会。

整个比赛，我们后三台都是4胜1负，厚度可见一斑。我斗胆说，如果比赛有7台（一台女将），我们补上思风和志芳，应不弱于任何院校，那也是最好的一次机会。次年，上外招了赵栋五段和祝励立三段，此后几年职业棋手开始逐渐进入院校，我们的差距可就大了。

【杨晖】今天第一次见到江湖上闻名已久的夹，厉害。一般的专业棋手在实战中也不一定走得出来，赞一个。牡丹花下死，做鬼也风流，值。能够被这样搞死，岂止不遗憾，简直就是一种幸福。看云昆的棋同看李昌镐的棋一样，不理解的地方很多。我慢慢看，一个接一个地赞。

十六　北京团体赛——赛后

比赛结束，清华全胜夺冠，浙大亚军，我们季军，上外第四。前四名之间的 6 场比赛比分都是 3∶2！而清华新生杜景宇其间三战全胜，某种程度上起了决定性的作用。

比赛上午结束，下午浙大、上外两个失意的队在那里捉对下彩棋赌烧鸡（20 元一盘，大概够买只烧鸡），王梦宇的惊天一夹让我很想再找他下下，就和他拍了五盘快棋，2∶3，这输一只鸡应该说是正常的实力对比。

接下来应该好好看看首都了，由于棋院就在天坛附近，因此比赛期间我们就游过了天坛，试了试那个回音壁，真是神奇。

比赛结束当晚，我们联系了一家旅行社的一日五游，哪五游记不得了，只记得有长城、十三陵，（故宫和颐和园是后来我们自己去的），每人才 15 元，挺划算不是？就说记得的长城和定陵吧。到了八达岭，只有 45 分钟时间，这么紧的时间基本都得坐缆车，但我们血气方刚，决定爬台阶上去，就这么一路小跑着半小时爬上了长城，花 5 元钱买了本登长城证书。下来时看看时间来不及了，只能坐缆车。得，双程缆车 25 元，单程也要 18 元，实在是有点冤。定陵我们就不知道是什么了，但历史系的杨晖同志在车上为我们提供了导游服务，称定陵是十三陵中最什么的陵，游览的必要性不亚于故宫云云，说得我们不由得肃然起敬，一对杨晖，二对定陵。整装列队恭谨入陵，到了地宫，一看那万历帝的大棺材，乖乖，我是真的被震慑住了。

五游回来，次日我们自己安排，颐和园自然是要去的，只是这园对我来说大了点，转两圈就找不到北了，只有诚惶诚恐紧跟队友的份……，游园完毕出来找地吃饭，一看菜单，对学生来说够宰人的。正困惑间忽然看见一道菜又有名又便宜：小葱拌豆腐！哈哈，久仰久仰，当然要点，结果最后吃完剩的还就是它……

学生进京嘛，书店肯定是要逛的，就往王府井去，先逛了商场，留下了建宏"这商场可比我们自钦楼商场大多了"的感叹，然后就逛书店，这逛书店就萝卜青菜各有所爱了，于是首次分头行动，指定时间到指定地点碰头。

最后还有半天的自由活动，我和皮蛋去了动物园，动物园的犀牛和万历帝的棺材一样，又把我震住了。建宏去了大观园，潘奕俊去海淀淘书，杨晖再去另一处淘古书，回来时下了大雨，远远看着他抱着一大捆书打的回来了，注意，不是面的而是轿车！一问，五十元！五十元啊，听得我脸上有限的肥肉都疼得抖动起来，却见杨晖淡然一笑，学海无涯四字立刻浮现脑海，杨晖的才子形象从此挥之不去。

从北京回来，路上还发生了个小插曲，在上海出站时，车票被站台收走了，说"国家已经给你们优惠了，车票要收回，不能拿去报销"，这下我们傻眼了，最后商量着就说车票丢了，反正获奖证书铁证如山，能证明我们去了北京。

回来后就抱着盖了中国棋院大红印的巨大的获奖证书四处奔走。先是到郑副校长那哭诉包丢了，郑校长大笔一挥，报销。然后又到体育组何教授那汇报成绩，何老师看着证书，答应我们来年经费从200元增加到300元，这在各社团中可是鹤立鸡群。最后跑到团委金能明书记处继续展示，团委随即在三家村贴出了横幅"热烈庆祝厦门大学围棋队荣获全国大学生比赛第三名！"。

十七　自钦楼基地

带着季军从北京班师，有了成绩，这申请经费和活动场所就容易得多了。先是得到了体育组何老师关于次年经费增加 100 元的承诺，又和象棋协会一起在新落成的自钦楼三楼弄到了活动场所，每周三开放，由此告别了围棋协会近三年的流浪史。

于是紧锣密鼓地发公告招收新会员，正值意气风发之时，拟的海报虽说半通不通，倒也洋洋洒洒："金秋佳季，棋运盛昌。蒙各方鼎力相助，围棋协会得于自钦楼三楼觅一胜地以供手谈之用，为此，拟招收一批新会员，并对老会员重新登记……"

自钦楼开张那天，人来得格外齐，惊悉竟有两名女将加盟，协会一干人等或满怀憧憬，或摩拳擦掌，或神驰想象，或故作矜持……

当年的段位赛就在这里举行，从 1992 年开始，老一辈 2、3 段对段位赛缺乏兴趣，段位赛就成了新生和初段的天下。由于第一名要定 3 段，为保证质量，我们派遣沈悦海参赛守门，最后结果是沈全胜第一，陈黔江第二，两名法律新生王培伟和林志芳分列三、四名。

北京回来后大家熟络得多了，加上周三的活动，平时对局、研究就多了起来，我每每摆到无人响应之处，就试问杨晖一句："如何？"杨晖总是两个"凡是"做篇首，然后感言我的棋下在外面（这外面的着点杨总是觉得有巴掌大小的好点可选择）、高者在腹云云，实在觉得没什么好赞的，就说"反正我是不大懂啦，应该是很有道理"等等，此时俺总是全身舒坦……

这几天看了一些自己当时的棋谱，发现当时大概是受了这舒坦心情的影响，发现二间高挂、目外、弃子等手法明显地多了起来，自觉似骡马(不是天马)行空、奔放得很。此外也找到了与潘奕俊的一盘堪称故事多多的"名局",该局十分体现潘的棋风。

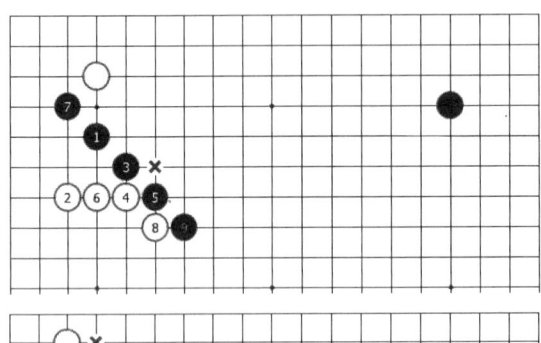

我执黑,开局我就在左上下了个五子棋。想下什么就下什么,很有乐趣。

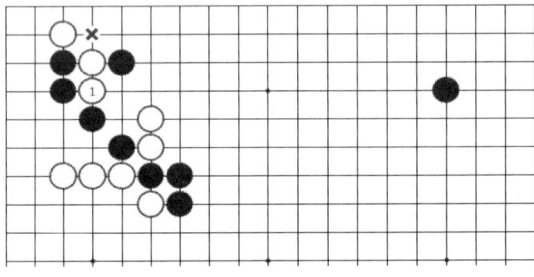

白1这样的盲点,估计也只有潘先生有这感觉了。

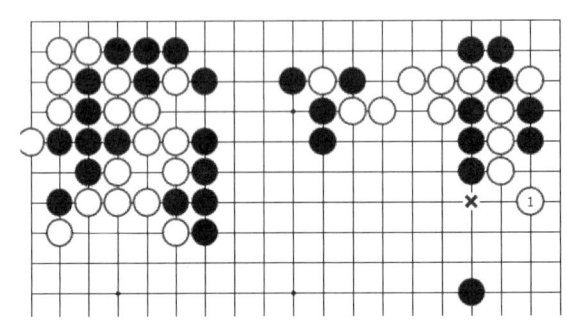

白1尖我至今印象深刻,我认为这是极有才华的一手,我完全没有想到。

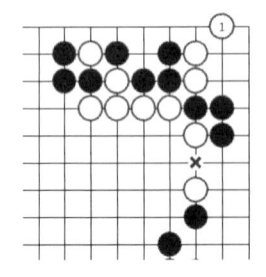

加上之前我和潘的一盘,也有一手尖帅呆了(如左图)。潘先生总能在极困难的地方找到支撑局面的着手。

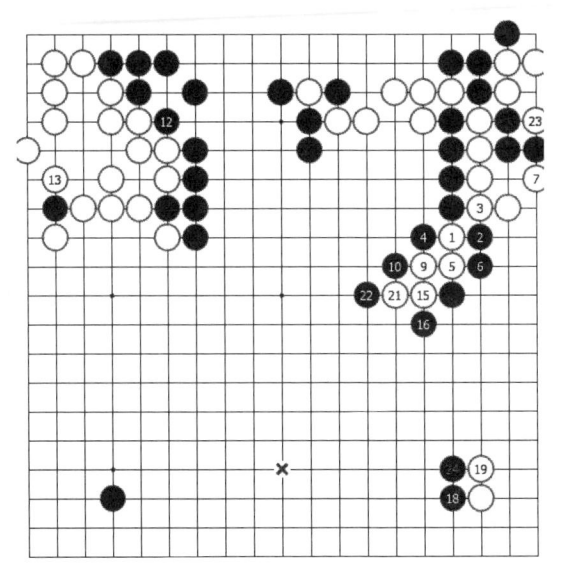

右上劫争,白竟然用1、3、5的手法造劫材!当时我就差点晕倒……

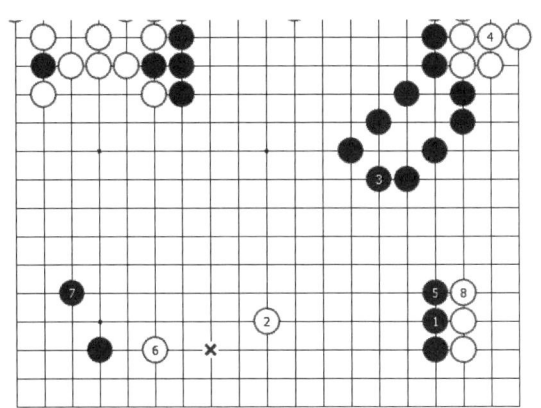

潘先生消劫的方式同样令人惊愕,一转眼间白棋三面走到!虽然我是不会这么下的,但潘先生的思路的确很独特。

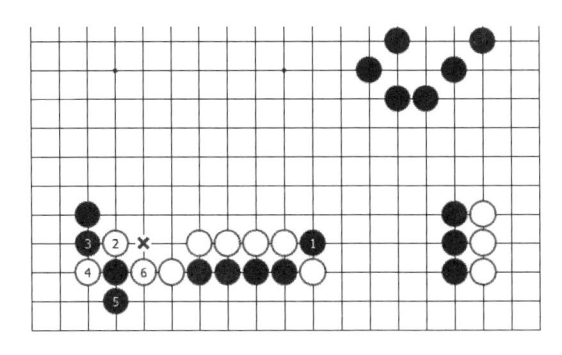

白2、4手筋,黑如何应对?

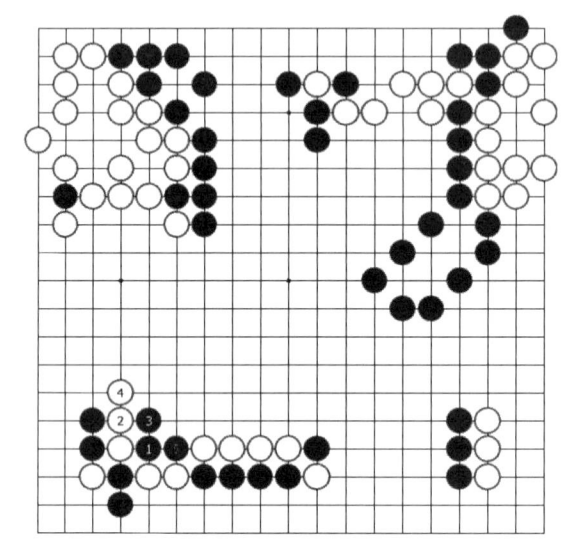

也许是受了潘先生的影响，对局时我认真地考虑过黑 5 的断！局后我摆出这个图杨晖笑得花枝乱颤，七分钟未能喘过气来。此外还有一些我根本想不到的着法，就不一一列举了。最后黑中盘胜。

在厦大，和皮蛋的对局是最多的，由于对实地、官子的敏感度差不多，因此和皮蛋下时对方在想什么基本心里有数，着法也不会太意外。但 潘先生的对局就完全是另一个概念，冷不丁他就下出你看不懂的东西来，你根本无法洞悉他的思路，胜负姑且不论，但你要想控制住局面进程绝对是难以做到的！

【皮蛋】对潘先生的二路尖，白三路打后再把角上白子吃掉会是什么结果？
【云昆】就是应该打掉然后吃角，但实战中被这个尖施了障眼法，我是觉得这个尖很有欺骗性，再者我是怎么都不会往这个尖去想，真的是很有才啊。
【悦海】"但和潘先生的对局就完全是另一个概念，冷不丁他就下出你看不懂的东西来，你根本无法洞悉他的思路"，呵呵，和云昆非常有同感，所谓"挽狂澜于既倒"，这就是奕俊的强大之处
【奕俊】待到已经出了麻烦，再去找所谓"妙手"解围，已经离开棋之正道。在右上，白棋扭断黑星位一子，实在是过分的。在二路扳，把上边一片简单做活，就可以了。皮蛋说的没错，三路打再回头吃角，白仍然是形崩。我想，应该是没有去算黑棋的反击，白棋才会冒失下扭断的。
【建宏】不过这正反映了潘先生困境下的求生本能，很顽强，也很倔强啊！

【皮蛋】潘先生的中盘是很有思路、很强的。我的感觉就是每手棋都让我觉得有点过分，却又想不出治他的办法，只好被他便宜。我能偷赢他几盘的原因只在于潘官子时会出些毛病，后来1995年应氏杯潘先生官子毛病少了成绩也就很好。

【悦海】奕俊当年也是我的苦手。我对其他人好像还行，对奕俊的胜率却很低，印象里没赢过几盘，其中还有一盘是他赢棋认输的。奕俊很少按所谓"常理"下棋，跟他下老找不着调子，呵呵。

【杨晖】"我跟他下老找不着调子"，悦海就是高手，我同老潘下好多时候连棋子都找不着。

【悦海】奕俊的很多着法都让人大跌眼镜，印象深刻。看来我那个"找不着调子"要改成找不着眼镜才应景，呵呵。

【皮蛋】回头想想，许和潘应该是一干人等中最有才气的两位（建宏下得太少，当时不好算进来），大赛成绩也最好。然而两者下起棋来又往往南辕北辙，根本对不上号，因此每盘棋应该都很有故事，很有看头。我这里居然就有一盘。

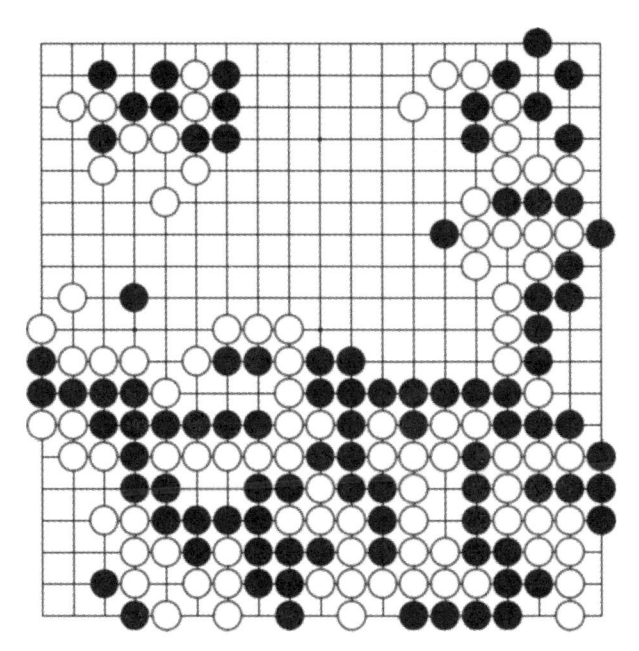

终局谱，怎么样，过瘾吧，可别看花了眼。我几乎从来没有记过别人下的棋，这是其中的一盘，可能是当年在一旁观战，觉得实在太过有趣，才把它给记了下来。如果云昆有兴趣的话，完全可以整理个"许－潘激斗十名局"，肯定能引来无数眼球。

十八　兰州应氏杯——前哨

1994年5月17日至22日，第三届厦大棋王赛，6人单循环，最后我全胜夺冠，后面名次不很清楚，只记得彼得和皮蛋最后一轮没有下大家就直接去喝酒了，大概是谁赢谁第二，皮蛋输了第三，彼得输了第四，沈悦海根据二者成绩确定第三还是第四。最后在酒桌上抽签（大概工具是猜牙签？），最后是彼得抽赢了第二，苏三、沈四。

这次比赛偶祭出了所谓"世界儿童锦标赛的二路靠"，从后面看来还用在了冠亚军比赛上，哈哈。

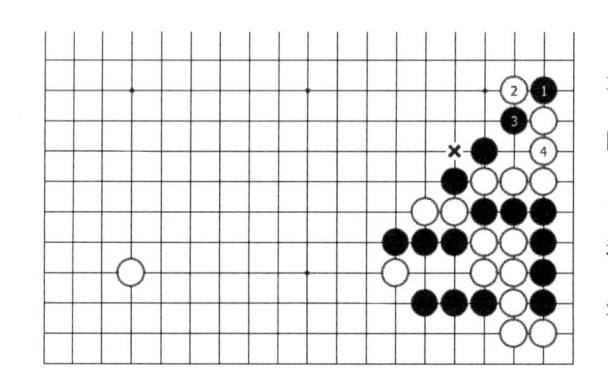

黑1靠小骗着，有一次在傅享年对局时看到，局后他说源自世界儿童锦标赛，我后来翻过《围棋》杂志，确实如此。

彼得先是大惊失色，继而狐疑丛生，最后长考之下牙关一咬，扳了出去！我自然是断上去，心下暗喜，谁知道彼得再度长考，最后长叹一声，脖子一缩，又回到了白4接，唉，俺的骗着就此失效。

这次比赛我赢了潘、苏两盘半目，似乎也预示着摆脱了贵阳关键轮次两盘半目败的噩运，接下来的厦门名手赛和兰州大学生赛该交好运了。厦门名手赛5月25日开始，我虽然1992年拿了厦门个人赛冠军，但名手赛的质量与强度同个人赛完全是两个概念，这就好比1992年以后厦大的段位赛和棋王赛的差别。我对这次比赛精心准备，志在必得。杨晖也许还记得，名手赛前我就跟他说："我这次谁都要赢，包括牛晓南！"当时说这话是要相当底气的，那几年牛晓南如日中天，1991年打了全国团体赛，1992年省运会亚军，升段赛13连胜，名手赛非冠即亚，是厦门名副其实的第一人。

比赛开始，每晚一局。我先从心理上把自信心和杀气凝聚到位，这也是我打大赛的习惯，然后每天17：30左右到林家鸭庄或丰庭餐厅吃晚饭，完了到南普陀荷花池看乌龟半小时，大致是"入定"。18：30左右从钟鼓山洞走到棋院。每天都固定这个模式。最后我6连胜提前一轮夺冠。事实上，这一年我的状态相当的好，从厦大团体赛开始我29胜1负（终止我19连胜的居然是陈景耀，后来和陈喝酒时他屡屡提及此战绩）。名手赛时我对廖纳新的一手托，可以看出当时的状态。

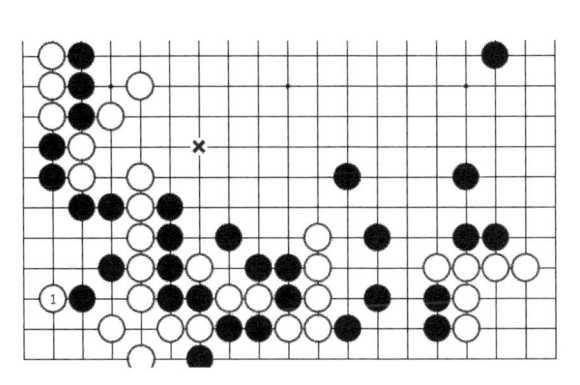

1994－1996年是我的综合实力的顶峰，从成绩看也是这样，只可惜……那几年厦门棋院塌了没场地，几乎没有比赛，呵呵。

夺冠之时，正值毕业，酒席不断，名手赛的500元奖金正好雪中送炭。名手赛的赞助人是林强，这家伙至今都是我的偶像。这奖金在当时也是沈悦海市运会夺冠那次以外最高的，谁知才个把月，就吃喝光了。到毕业回家时，在校尽可能吃饱后，用最后一块钱买了盒"鹭芳"，一贫如洗地上了火车。心想下午两三点到永安，没问题……

人算不如天算，因为山体滑坡，火车在离永安只有9公里的地方趴下了，这一趴就是4个多小时，可把我饿坏了，期间多次想要不要下车走回家，但看着两个包还是下不了这个决心。大概傍晚时分，我实在熬不住了，开始地毯式找熟人，终于找到了一个一起跳远还算认识的91会计的陈伟，跟他借了5块钱弄了盒快餐（这滴水之恩后来工作后回厦大才滴水相报，详见P.115）。

难得吃到这么好吃的盒饭啊，晚点5小时后火车终于重启，迅速到了永安。又过了几日，带上向二姐借的500块，踏上兰州征途去了。

上海到兰州42小时，我们有两个还是三个卧铺，就数我最能睡了，不管白天黑夜只要是铺上有空，我就去睡，养足精神才好比赛嘛，何况这是我最后一次大学生赛了。

在兰州下了火车，我就觉得人还在火车上摇晃，走路跟钟摆一样。臭虫在火车上咬了我六口，由此也就有了六连胜的故事。

【建宏】"完了到南普陀荷花池看乌龟半小时"，真是笑死我了！妙不可言啊！
【志芳】不知是在羡慕乌龟的自由自在，还是在学习它的缩头缩脑……，在我看来云昆是比赛型棋手，最让我欣赏的是他比赛时表现出来的高昂斗志和必胜信念，在这种状态下发挥出的水平会比平时更胜一筹，所以说精神的力量是巨大的！
【云昆】俺只是觉得看看乌龟，可以把心率降下来。
【皮蛋】对手看着云昆看乌龟，心跳会加速。
【云昆】大家不要小看这个看乌龟，这个是我的大赛调整秘籍之一。俺已经是泄露军事机密了，你们谁有俺这个本事到比赛时就把自己老母鸡变鸭的？
【皮蛋】下次和云昆对局前得先去南普陀把那些乌龟赶走，让他没得看。
【悦海】估计云昆在看乌龟的半小时里，什么节奏、时机、全局、未雨绸缪、收放自如之类，通通在脑子里过了个遍，连用什么骗招都想好了……
【皮蛋】悦海此言应该差矣，我估计云昆当时应该是在发呆。大家设想一下，在萧瑟的秋风中，任由两旁游人如织，熙熙攘攘，一气质清奇的白面书生正聚精会神地看着乌龟？这迷人的背影不知迷倒了多少妙龄少女。
【悦海】这个看乌龟可比照武林高手上阵前的入静，排除一切杂念，把心态、功力调整到位。可以想象英俊少侠许云昆步出南普陀，杀气腾腾奔赴棋院的场景。

十九　兰州应氏杯——梦幻

1994年7月，带着上半年29胜1负的状态，我来到了兰州，状态加运气，我居然6连胜，第一台都坐了三次，只能用"梦幻"来形容。

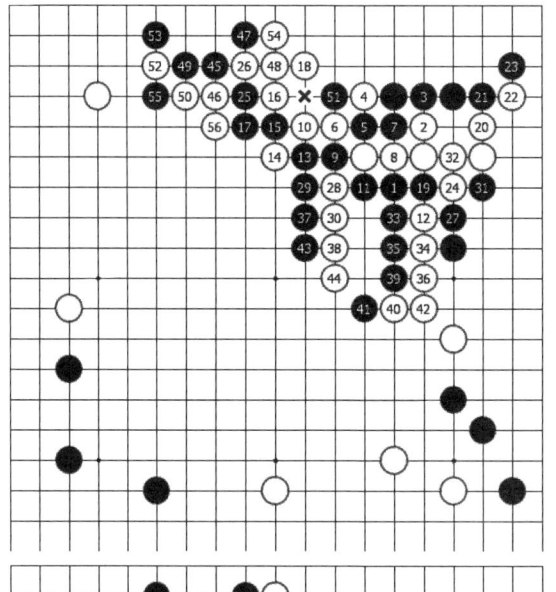

首轮对最后获得第四名的上海队朱海元，原八一队队员，应该说是好胜负。刚开局就扭在一起，杀得真是天昏地暗。

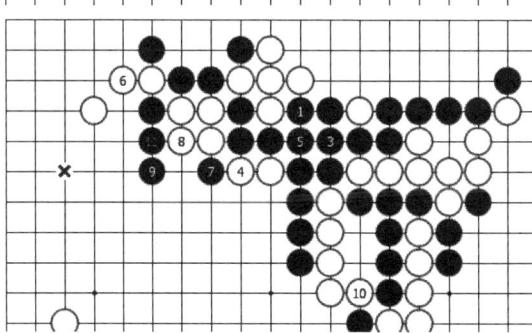

整个扭杀过程黑还是相当紧凑的，最后白崩溃。拿下了这么硬的一个对手，小分肯定是有保障了。

二、三轮胜了甘肃孟刚和科大钟志钧（对钟保持三连胜，钟说跟我仇深似海，呵呵），和贵阳一样三连胜开局。贵阳第四轮对缪中子6段我制造了单官输棋的冤案，这一次我对甘肃李海欧专业初段（最后第7名），比缪中子只强不弱，我难道又要和贵阳一样连胜中止？

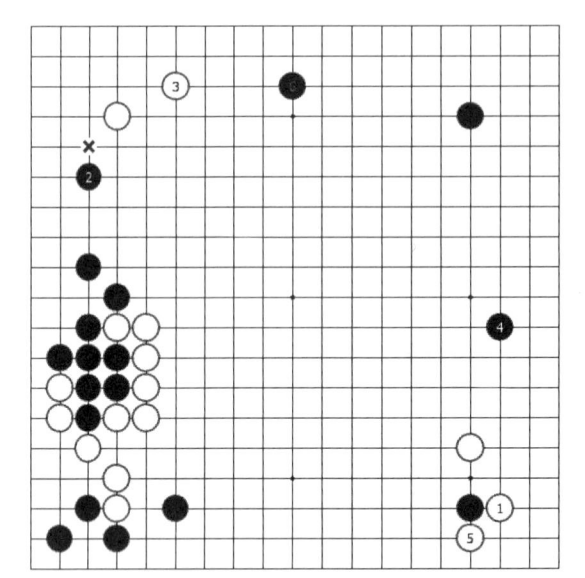

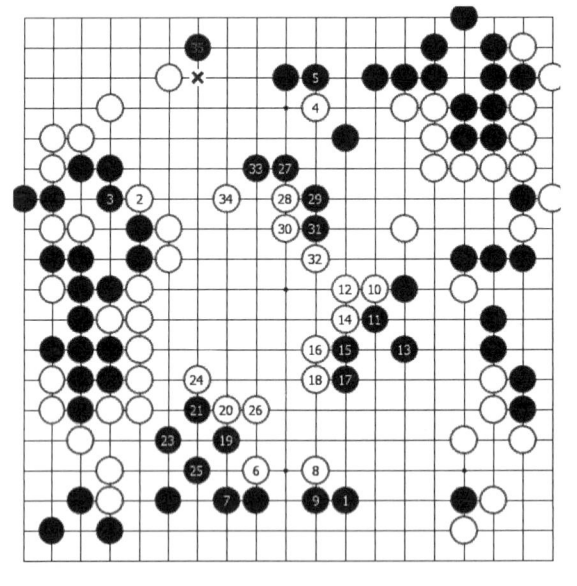

我执黑，左边的定式我并不懂，比赛时临时下出来，还好没有下错。

白1好像也没什么不对，但2、4、6忽然抢占了所有的要津，回头看，白1也许应该逼住左边。

白左边看错损了4目后，黑棋一直略优，如图白如何在中央成空是个难题。实战白下决心围，黑从三个地方渗透，也成了不少，并抢到35的大棋，依然保持盘面10目左右的优势。

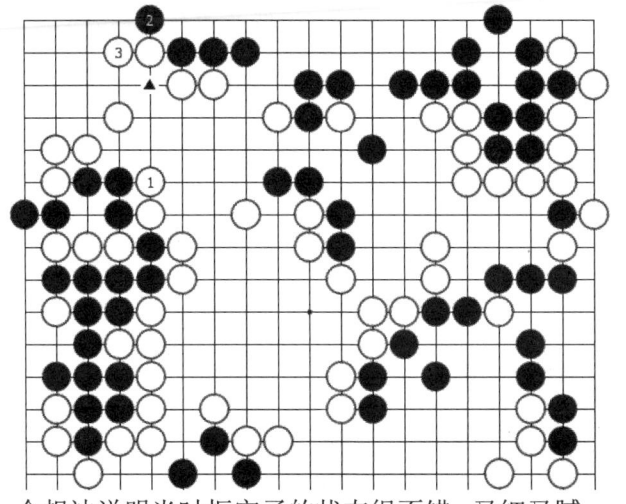

这个局面我至今还有印象，白1压的时候，我长考▲断怎么回事，黑2扳白退后又想了想断是咋回事。现在我也没搞清断会怎么样，但有这个想法说明当时抠官子的状态很不错，又细又腻……最后还是没有断，形势判断决定了下法。

此后的官子双方各有一个大错，先是他收了个看不清的官子（刚才算了算7目半）被我下到一个10目，差距一度大到盘面约13目，然后紧接着对方麻我一下的时候我想先走个先手再看，结果没想到是后手，结果麻我的地方他先动手刮走了5目。损的时候我真的是冷汗都冒了出来，但冷静下来点了一下空还是8目左右，很接近，最后盘面9目。

回头想来，坐在第一台，我的头脑还是格外清醒的，执黑序盘取得了一些优势后就一直简明定型终局，盘面一直在8～10目，虽然最后只赢了1点，但他基本没有机会，我摆脱了贵阳的一点负的阴影。

第五轮对清华吴梓新（最后好像是十三四名），又是一个体校泡大的，不过这个级别的功力还不足惧，捞足了实空后，安全运转，再胜一局。

这就五连胜了？？！！没有想到，更没有想到的是五盘棋基本都是完胜，两天半了局势就没有落后过，这真的是太意外了。

于是又坐上了第一台，这回待遇不同了，居然旁边有人做记录，对面的白面书生是四川吴晟。此君曾获 1987 年国际棋童赛季军（冠亚军是常昊、罗洗河，吴三四名决赛干掉了周鹤洋）、1989 年全国少年亚军等，至于在高手如云的四川省赛打前几名的成绩，那就数不胜数了，当真是如雷贯耳。此次比赛和同样如雷贯耳的棋界著名美女赵岚手牵手来，不知羡煞多少青年才俊。

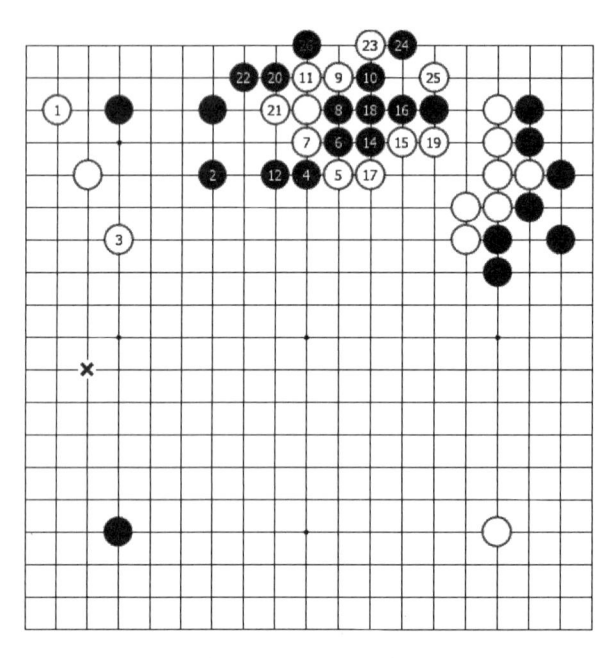

这记录员一坐，而且还是白棋，我多少有点紧张。和这种基本功扎实的对手，不想下他懂的东西，于是白 1 刻意求变，但显然不成立，黑简单一跳白就不好办。右上角我算了半天，想到了 13 断后 15 翻打，却没有看到 26 简单的扳死白棋，实在有点幽默。

只好开始整理心情，心想对这种常年在职业圈混的这棋是输定了，再说现在白连发力的地方都没有。想到这心反而踏实了，死马当活马医，接着下下看吧。接下来局面波澜不惊，照理是我完败了吧？错了，我就这么兢兢业业地下好每一着，在吴晟的患得患失中，差距一步步拉近，终于下成我稍好的细棋了！

白 13、17、19 尽量把棋盘下大。

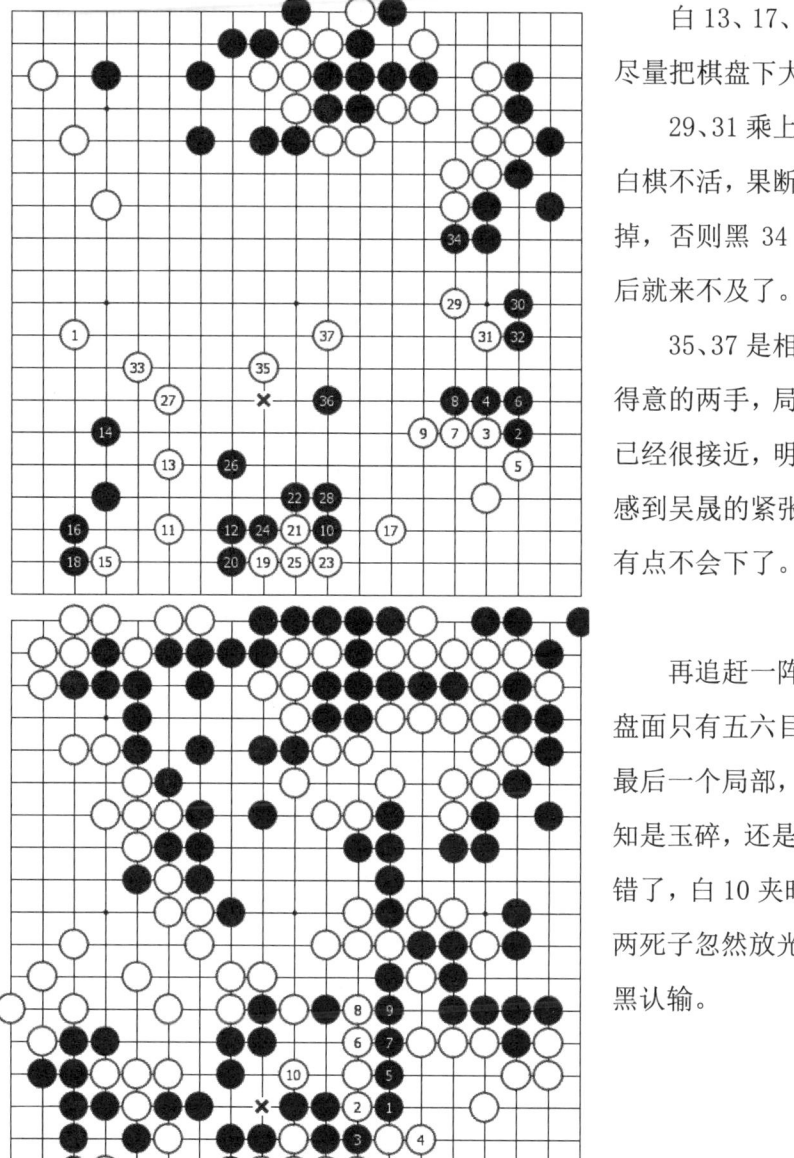

29、31 乘上边白棋不活，果断下掉，否则黑 34 拐后就来不及了。

35、37 是相当得意的两手，局面已经很接近，明显感到吴晟的紧张，有点不会下了。

再追赶一阵，盘面只有五六目，最后一个局部，不知是玉碎，还是看错了，白 10 夹时，两死子忽然放光，黑认输。

六连胜！简直不敢相信！第一盘赢朱海元的时候，上海的王亦青对志芳说（志芳和上海两个女生住一起）觉得意外，志芳说很正常啊。

是，看看这一路每盘都还算正常，但六盘组合在一起就太不正常了！算来算去，六连胜还是只有 1%的可能，但它就是发生了！虽然 1994 年的实力不一定比 1997 年、2000 年强，但这运气实在难以复制，说是巅峰也决不为过。从前五盘的内容来看，保持优势的功夫实在是下棋二十年最好的，也就是皮蛋说的"体力好，会赢棋"。

郭舰从西安出发，第三年天早上赶到兰州，仔细端详记分表时，正赶上俺五连胜出来，看到郭舰那满脸的惊讶，那叫一个得意……

确实有在手臂上数臭虫咬的"6 个包=6 连胜"的迷信，这个迷信同样发生在科大的马伯骊上。和科大都是老朋友了，第六轮结束后去科大宿舍串门，正赶上他们给 5 胜 1 负的马同志整理八项注意，内容从牙膏到皮带，十分细腻……

6 轮后歇赛一天，游览了刘家峡和炳灵寺石窟，在黄河边和毛驴留了影，当晚酣睡不提。

【杨晖】"拿下了这么硬的一个对手，小分肯定是有保障了。"我很不明白，你遇上这种对手，不管输赢小分都有保障啊？似乎应改成"我拿下了这么硬的一个对手，大分肯定是有保障。"但也不对，赢一个对手就 2 分，不管硬软大小都有保障啊？还是改成"名次有保障"，但每盘赢棋都对名次是一种保障啊，如何突出你想表达的这一盘呢？好象还是不妥。即便能够准确传达这些信息，但也无法表达喜悦的心情。郑重建议，放弃量化冲动向汉语语法挑战，实词当成感叹词用："我拿下了这么硬的一个对手，梦幻啊，毛驴啊，30 胜啊，臭虫啊，保障啊。"

二十　兰州应氏杯——赵栋

从刘家峡、炳灵寺回来，次日屁颠屁颠地再次跳上第一台。郭舰要拍照，就胡乱梳理了头发。前十几手怎么也进不了状态（虽然进了也白搭），老觉得相机晃来晃去。1994年也挺邪门，三个月内对了两个半高段，分别是这盘的赵栋和10月的许书祥，还有半个是后来升五段当时还是小孩的张伟金，此后再也没在比赛中对过高段。

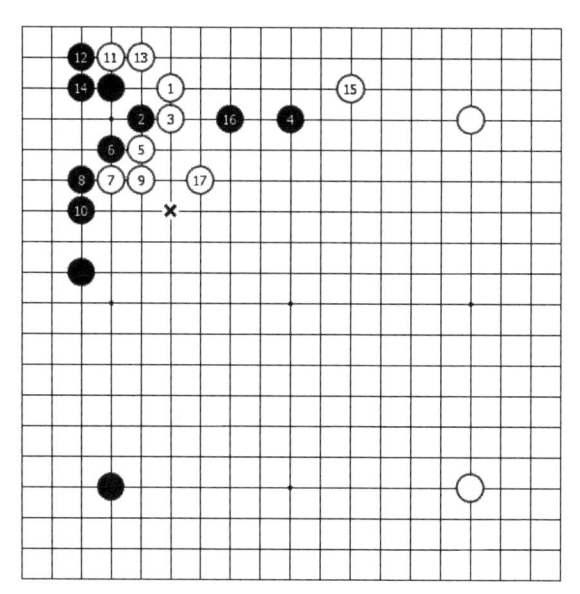

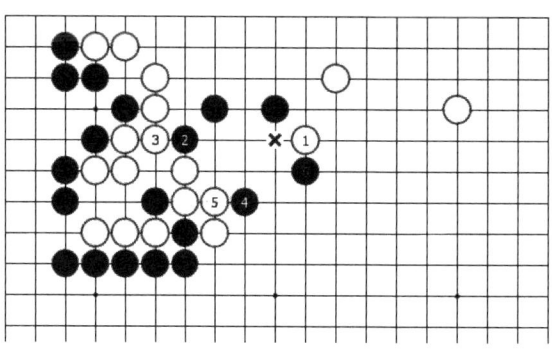

我执白，开局就刻意求变，总之不能下常规套路，白1挂之前并没有任何研究，但黑2、4不假思索，顿觉不妙，果然赵栋局后说白1他有研究（晕，怎么不早说）。我自己给自己下套了。

帮黑棋成了一条厚势以后，准备攻黑，但赵栋在职业界就是以力量见长的，很快下出2、4、6这一串好手，给我半小时也找不到这组合。

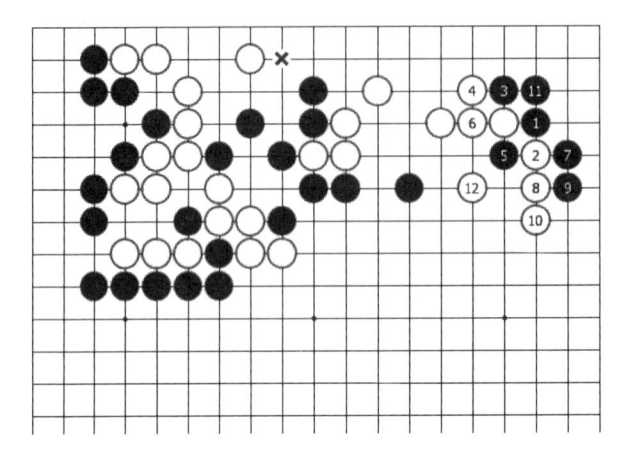

难受的还在后边，他抽空还把我右上角也掏了，整个上边下得难受，完全使不上劲，只好忍耐。偏偏对手落子如飞。时间也输了不少。

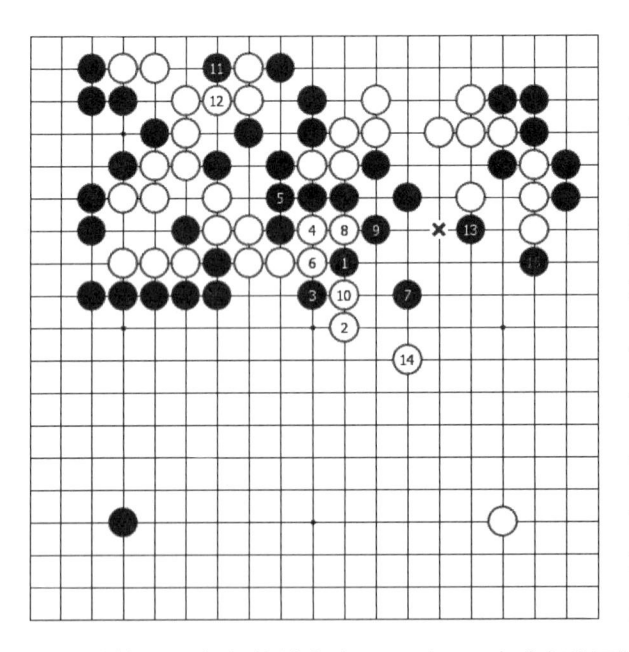

终于等来一个机会，黑1跳，白2镇了上去，阿弥陀佛，起码对手开始长考了。长考后下出黑3尖，白4、6必然，黑7又长考。这个节奏显然不对，我忽然觉得腰杆直了点，怎么说也耗了对方20分钟。但高段就是高段，13和15令我佩服不已，轻松治孤，赵又恢复了落子速度。我就想，怎么也要揪住他点什么，让他喘喘气。

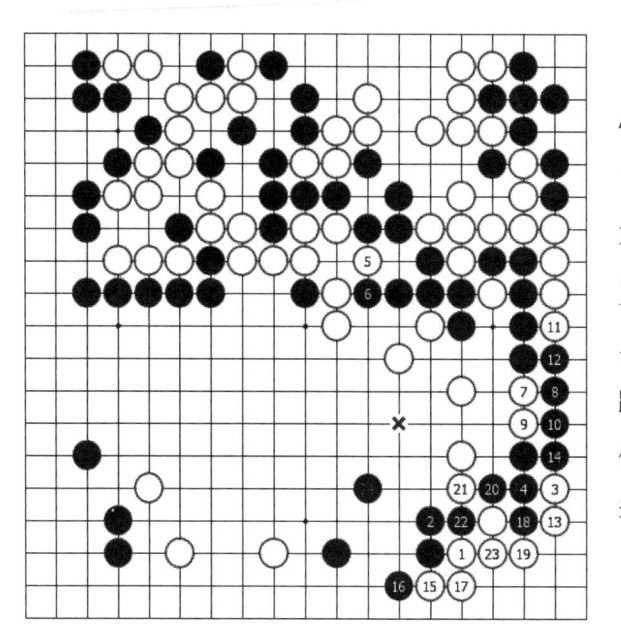

白 3 以下一轮怪拳，终于又找到了目标，毕竟右边不活，赵兄的速度又慢了下来，最后黑 20 冲断后，24 跳。虽说白难攻，但至少他也有点看不清了。

终于，他喘喘气就跑了，我自然实空不够，交枪的时候黑盘面 15 目左右。

局后赵对此前的白 2 镇评价很高，比我自己的评价高得多了。对右下我的挖掘能力也给予了肯定，我将就听着，就当客套吧。

但后来赵又一再对刘威和朱海元说我比他们强，这可不敢当，并且在全部比赛结束后对我说整个比赛就是对我和对欧阳两盘感觉到了压力，也下到时间有点紧（我记录本上记着这盘他用了 75 分），其他都比较轻松。欧阳那盘我看了，的确能搞。

从此告别一台，下午执黑对祝励立职业三段。下得还可以，开始让对手成了一条 36 目的边换来一个带花的厚势，但攻击不得法换不回损失，到了收束的时候我考验了他几次，他思来想去不愿跟我一般见识，于是一度把局面拉近到盘面六七目，不过小官子又损了一点，最后输 3 点。

两连败，意料之中，但还是有点不爽。晚上睡前，我对皮蛋说："这就两败了。"皮蛋说："这很正常。"我说："不管怎么说，形势总比早上没下的时候差点嘛。""那是。"哈哈。

次日对欧阳雪松，欧阳这次比赛也发挥不错，我和他是真正的好胜负。虽然他名头很大，但贵阳我赢了他，因此也不怵。这盘棋应该说我也正常发挥，但下得太薄了，欧阳是那种推土机一样的风格，被他抓到毛病了一路推过来不得了，我少了跟吴、赵、祝下的时候敢于玩命的气势，整盘棋有点想赢怕输放不开，而他这一路4连胜上来，气势正盛，几个回合我这里那里"稳健"了三四下空就不大够了，而且前面下得薄，再想拼命也没地方了，完败。

下完刘鲲鹏过来说："呵呵，受打击了吧。"我没什么脾气。

转眼6胜3负，打回原形，和贵阳成绩一样了。贵阳最后是两连败收场，明天要去草原旅游，难道两次旅游中间俺要制造一个全败？

二十一　兰州应氏杯——草原

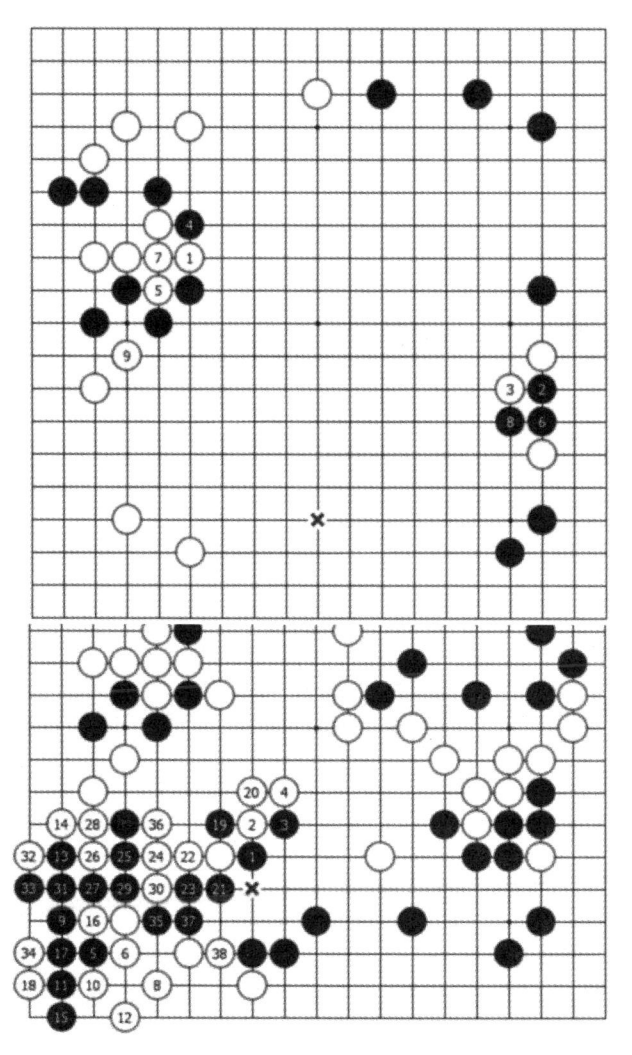

三连败后，迎来了去草原前的最后一盘，执黑对上了黑龙江孟勇。

黑 2 制造劫材后立刻开劫，急躁的心态一览无余。打劫的结果显然白好，黑废子太多。

黑虽围了两条大边，但白左边实在太大，黑依然落后，必须在白空中搞点名堂。黑1靠，白2、4连扳，然后黑点角，成功出棋。

这盘棋可能是我发挥最差的一盘，但即便如此，后面搞棋的本领还是不错的，总体看内容也还过得去，大概这才是我的真实水平。反过来说，在兰州的确是超两段水平发挥。

总算没有带着全败去草原，否则显然影响旅游心情。先到了拉卜楞寺，喇嘛教四大寺庙之一，相当雄伟，就是那酥油味道闻久了实在有点不适应。在一座山羊雕塑旁，我和皮蛋梦寐以求地和志芳、王亦青、朱姝丽合了影，比起六连胜时和毛驴合影的待遇有天渊之别，相比连败之后，心下稍慰。

合作草原海拔高达3500米，距青海仅5公里，多数人都是头一次到草原，那一片广阔的绿，中间有一条小溪流过，真叫人心旷神怡。晚上气温骤降到10度以下，T恤套T恤、再穿上衬衫和外套也还是冷，就在那跳小时候玩的一米一米三热身。后来生起了篝火，在帐篷里吃手抓羊肉，饮青稞酒，俺只有本事喝小半杯。那酒可烈了，何况又在3500米的高原，一行百余人颇有些醉倒，云南队的"版纳棋王"陈斌舌头明显就比平时大了三圈……

【刘标】小李飞铲的第48回《此情可待成追忆》中写道："……车上，很多人竟然像小学生春游般唱起了歌，所不同的是，并没有老师督促他们唱……"不知道当时是不是心情不错的云昆在引吭高歌 "小鸟在前面带路，风啊吹向我们，我们像春天一样，来到花园里来到草地上……"呢？
【云昆】我这个人比较正统啦，要唱就唱中国少年先锋队队歌。
【杨晖】"小鸟在前面带路"应当不会，云昆一般打麻将时遇到幺鸡才唱这句。"等你等到我心痛"是上听后唱的，很讲究。

二十二　兰州应氏杯——季军

　　从草原回来，迎来了最后一轮。我对北京队乔健（最后第九名），毕竟上一轮止住了连败，心态好得多了，一盘平淡的、几乎第60手就开始收官的棋。最后我在确认盘面10目的时候在空里补了两手，我的老一套确认三部曲：点目、确认单官单双、点子。

　　最后一轮结束，志芳更早结束一些，5胜2负第四名。皮蛋在3∶4的情况下四连胜，第21名。潘先生和悦海都是6∶5，大概在35名一带。我8∶3，冲出去算小分。乖乖，1990年厦大段位赛吴奋150分就全场最高了，贵阳我154也已经绕了两个人一圈了，可兰州我的小分竟然高达164！超过两败的朱海元20分（可惜兰州的规则是22分满分才追大分，而不是最高分20分），我后面同样三败的欧阳差我也是20分，更不用说后面李海欧他们差我26分什么的了。数字可能比较抽象，具体地说，在这七八十个人的比赛中，前9名中我居然除了刘鲲鹏外全对了个遍！事实上最后一轮我输了也是并列第五，赢了只不过把并列二字抹去而已，这盘棋对个人名次来说实在太小。

　　但团体名次却因这盘棋发生了戏剧性的变化，上海和贵州蝉联冠亚军，后面我们和北京、清华、兰大、科大十分接近，我们按传统的名次累加算来算去，好像只有团体第五，正失望时，忽然听说规则有变，说是按总得分相加排定名次，这一下我高耸入云的小分发挥了重大作用，最后一盘棋也从鸡肋变成上校鸡翅，赶紧去重新算过，我们居然爬到第三！不敢相信，又找到裁判长伍爵天老师确认，他说没错，厦大就是第三，这下我们乐坏了，闭幕式上，风风光光地继北京之后再次荣获季军。志芳奖金好像是 400 元，我是 350 元，雪中送炭啊，西安、华山的 N 日游玩就此有了后续经费。

男子组最后名次是：1.赵栋， 2.刘鲲鹏，3.祝励立，4.朱海元，5.许云昆，6.欧阳雪松，7.李海欧，8.吴晟，9.乔健……15.杜景宇，其他不记得了。

比赛结束了，兴奋过后，我突然有一种颇为苍凉的感觉：我就这样告别应氏杯了，不再代表厦大征战了，也不再有机会和众多院校的朋友们这样集体地相聚了……

除了朋友、草原、寺庙、石窟、拉面外，兰州还有几个片断颇有印象，例如晚 10 点才天黑（时差+纬度）、一座山最多只长一棵树（戏称"消息树"）、黄河母亲像，乃至比赛宿舍前的那个小喷泉，等等。有一个很特别的片断，是我和郭舰还有个谁，晚饭后散步至兰大后的一座小山上，垂直的土坡上有一朵颇为漂亮的花，离地五六米，郭舰费了好大的劲爬坡把花摘了下来，下来的时候也很费劲。回来后，教练大人把花给了谁，这个俺就不晓得了……

离开兰州，我们往西安去。火车上和贵州队同行，大家聊着聊着，两队就摆起了擂台，集体下彩棋一盘 10 块，刘鲲鹏不算。我跟欧阳下了四盘，2∶2。其中一盘欧阳四处挑衅，我一一转身，末了居然是大胜终局，看得潘奕俊直感叹原来还可以这么赢棋，难得有潘先生佩服的货色，当然这里要拿出来招摇一下，呵呵。回到厦门后，潘先生还多次提起此局，评价居然高过了我自我感觉最好的吴晟那局。

到了西安，别了贵州队，又开始了西安之旅。

【皮蛋】说起风风光光领奖，也有一段小插曲：云昆领完奖正欲下台，我叫他回头照了个相。回三明洗相片照例按人头洗，结果洗出了八张！只好一人分一张。

二十三　兰州应氏杯——游记

到了西安，住在郭舰父母安排的学校里。

当晚去逛西安夜市。郭舰说西安治安不太好，但我们去的这里是闹市区，所以问题不大，我一听乐了："闹事区啊，不安全不安全"。后来就去吃羊肉串，我清楚地记得是1角5分，我吃了30串，辣得哈喇哈喇的，悦海显然是能手，少说吃了七八十。

次日逛了西安城墙、历史博物馆和碑林，我不知道哪里买了副吉卜赛扑克，就在城墙边算起命来。回来后在郭舰家索性下起9路棋比赛来，开始贴4目半，后来发现黑棋太有利，逐步增加到9目半。这棋盘实在太小，经常下了两三手就开始长考，想半天没招，觉得好像已经落败……单淘汰制不知道下了几次，也不记得结果了。

休整后，乘火车前往华山，郭舰宣布了三大纪律：（1）别乱搭话以免挨宰；（2）每小时休息一次10分钟；（3）手电筒挂着，人跟紧。晚上10点开始爬山，在老君犁沟处，志芳体力不行了，气喘不过来。那可是个接近垂直的750个台阶，半中间没体了很危险，何况下边台阶还跟着一大串爬山者，进退两难。我们就一边给志芳鼓劲，一边上拉下推地把志芳扯上去了，到了上边就发生了皮蛋文中所说志芳跌跌撞撞的险情。

凌晨爬上东峰观日，郭教练说我们运气不错，天气好。忽然间太阳跳出云海，我们每个人都手捧红日留了影。

渐渐天明了，大家都累，就在东峰顶席地而睡。约莫一个小时后继续，爬了南峰、西峰。在南峰我和郭舰在华山论剑的牌子旁摆了个POSE，我持剑，郭舰持刀，上演了一出"华山自杀"。此外还有鹞子翻身、长空栈道，在皮蛋文中有介绍，俺就不多说了。只是长空栈道的悬崖边横着的那棵松树实在令人震撼，印象颇深。

下午下山，对华山的险又有了更深的感知。我估摸着还好是晚上上山，否则白天我可能就两腿打战。下山膝盖、脚踝特别辛苦，我一溜小跑下山，到溪边泡脚，权作冷敷脚踝，等了一个多钟头，这第二名才到，再过了一会才凑齐，当晚返回西安。

华山归来，个个站立不稳，提议次日去兵马俑，众菜鸟或做揉膝状，或盘腿入定，或托腮思乡，或顾而言他，总之响应声寥寥，最后只有皮蛋、志芳和我三个人去。

次日一早，坐了99元一日N游的旅游巴士前往。一路看了两三个蜡像馆，隐约觉得这99元花得不大是地方，于是问导游，才得知这一路过去大概就是继续领略蜡像艺术，这下我们不干了，强烈要求退票，导游自然是四平八稳说得无懈可击，最后我们决定起码后面景点的门票费一人退33元（导游说的，无从核实），气呼呼撤下巴士，就这样，挨了第一刀，200元。

到了华清池，逛着买点纪念品，我看中一对明显假玉做的烟灰缸，准备买来当棋罐。老板开价一个280元，我神秘地笑笑不答，老板说您倒还个价啊，我略一沉吟，说15元一对。言毕心下忐忑不安，生怕老板揍我，谁知老板一拍大腿，成交！我晕，就这么完成了一次离奇的砍价。

拎着烟灰缸，我们三人叫了一辆手扶拖拉机改造的车，说好4元钱走。路上车坏了，师傅开始修车，这一修没完了，我们说这怎么行，换车。师傅不干，而且要12元钱留下才行——这才发现上当了，是一个人4元，再说没送到地儿怎么能收全。最后扯了半天我们说算了，给您10元吧，师傅恨恨地收了——好像还是我们黑了他似的。然后我们好像就走到了兵马俑。这一路可真不容易，大概每走 100 米，我们都要停下来歇会儿，顺便切身回味一下华山之险。可这一走，却把辛辛苦苦砍下价的烟灰缸给忘在了车上。

到兵马俑、铜车马，阅兵完毕，找车打道回府，这回找了三轮车，说好四块，开路。一路上和司机聊，他痛斥害群之马云云，我们心下甚慰。谁知快到时司机忽然一拐弯，我顿觉不妙，呵斥司机停车，司机反而越开越快，并左右张望，这下我知道坏了。过了一会车停了，地方显然不对，更不对的是还有显然是同伴的俩家伙在一旁若无其事地站着。开出的价格也就成了 1 公里 4 元，18 公里，一共 72 元，他还算"讲诚信"，没有再乘以人数。这下我们傻眼了，我气血上涌，要和他讲道理摆事实，他烦了，索性直说："我还没收你们 100 呢！"。那家伙体壮如牛，更遑论还有两个帮手，来硬的显然不行。还是皮蛋心理素质好，整理心情，从穷书生出游的困难等角度和他动之以情，终于他手一挥说要不零头不要了，收 70 吧。可这也不算啥呀，皮蛋又用了 5 倍的言语继续旁敲侧击，最后他也就把"优惠"额度提高了 5 倍，60 成交。

几刀下来，大家手头都紧了，真多亏了我和志芳的 750 元奖金，从西安回闽，我到家时身上就剩 1 元钱。可翻开学生证，意外发现里头夹了一张百元大钞，唉，居然没有花在勒紧腰带的旅途中。

休整几日，南下厦门，如王培伟所说"要走上工作岗位了"。

二十四　毕业之后——潮州"五建杯"

1994年8月，我毕业后进入厦航计财部工作。开始时住在机场，那时候机场可真是个鸟不拉屎的地方，买包方便面都要走3里多，公共汽车17：30就收工了。当时没有上网也没什么电脑游戏，于是每周的工作日中除了大概一天去厦大玩并住在皮蛋那里外，其余时间就在办公室打谱。从16：30下班到晚上23：30左右睡觉，其间除了吃饭洗澡，打谱时间超过6小时！忽然之间，我就过上了半职业棋手的生活。打的谱甚至包括一本韩国的没有解说的谱，同宿舍一个家伙一次偶然凑过来看，说："什么？这个棋手叫金坐基？？哈哈！！"大笑而去，此后很长一段时间，他就叫我"基仔"。

就这么经过一个多月闭门修炼，9月下旬的一个中午，忽然叶宏来电话说潮州有一个"第二届闽粤两省'五建杯'"，邀请厦门参加，路费自理，棋院这里没有这个经费，问我要不要自己拉一个队自费去，要就中午去拿报名表。于是我联系到皮蛋和郭舰，然后大中午辗转公车到了棋院，拿了报名表，也没吃午饭再打的回机场上班。

月底，我们厦大队一行三人冠以"厦门队"之名来到潮州。主办方接待得很好，潮州菜天下闻名，这次比赛是我参加所有比赛吃得最好的一次，广东人什么都吃，好像有一顿还吃了牛的另一个什么胃（皮蛋注：反刍的胃）。

参赛大概12个队，每队两名队员。领队会上，有人提出人数不多，建议领队也参赛，计个人成绩不计团体名次，大家都同意了。于是包括郭舰在内大概30几人打7轮。

这次比赛强手并不多，许书祥职业五段和蔡建鹏业余 6 段二人较为突出，其他比较有实力的有张伟、沈克雄、我、皮蛋等六七人，因此最后打到我第六和皮蛋第十的成绩很不理想。我没赢什么强手，但输的两盘却正常。

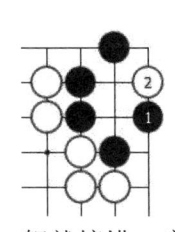

首轮，郭舰对小张伟（11 岁，后来的张伟金职业五段），小孩毕竟是小孩，局部很有东西，但大局肯定弱一些。郭舰的好局，可惜却在一个简单的角部死活出了问题。黑 1 我的刚学几个月的学生都不会下错，偏偏郭舰就搞错，痛失好局。这一放出来不得了，就有了后面我们厦门队全军覆没于小孩的花絮。

第三轮，我对张伟，执白下得太缓，早早就呈现乐败之势，后半盘连搞棋的地方都很难找，终于在围中央时，下了个标准手筋。

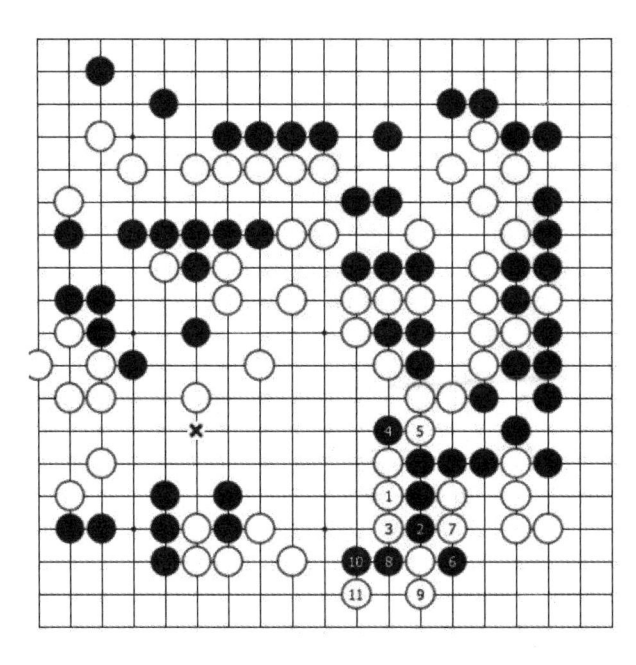

白 11，做题目我是做了 N 遍了，实战下出，却只此一次。对面的小脸顿时涨得通红，但我心里清楚，还没赢，右下角味道极坏，只希望小孩就此阵脚乱了。

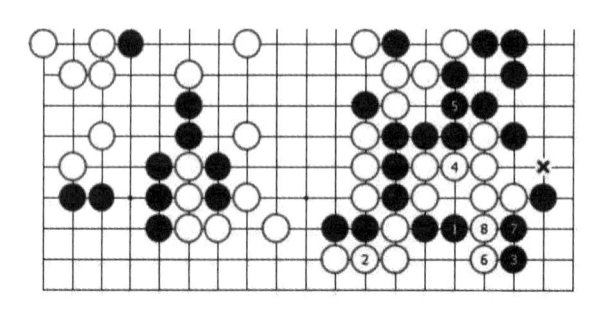

张伟素质好，左边交换两三手后，迅速整理心情，黑1长后，我没想出办法来。活角后，还是黑稍好。官子我辛辛苦苦刮了一些，但忽然一个昏着损了两三目。还好最后输3.5目，就算找台阶了。俺当年因为拿了厦门冠军名头不小，局后小孩屁颠屁颠跑到梁伟棠处请功，汕头报纸也报道为"爆冷"，给足了俺这个败将面子。

二胜一负后又赢了一盘，然后对皮蛋，我一看成绩表，告诉皮蛋："谁赢谁下一轮必然对许书祥"，于是这盘棋就成了"五段指导棋争夺战"，最后我赢了，皮蛋忿忿地说："你今年跟职业的下了那么多了还下什么呀。"哈哈。

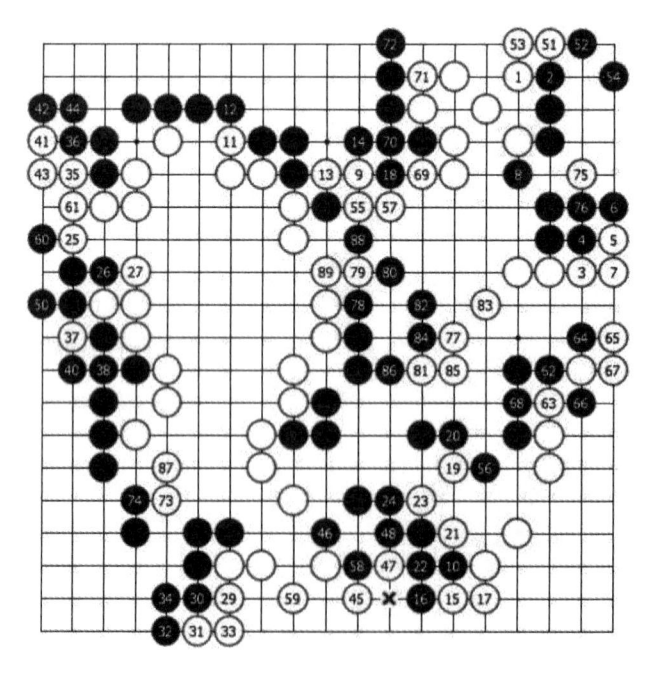

第6轮对许书祥，可算是许家第一高手，后来拿过新秀杯。我轻装上阵，也没刻意求变，下了盘功夫棋，七十几手收官了。

许书祥是祝励立那种类型的棋，官子在职业中也一流的。收官前黑棋盘面十几目的优势难以动摇，但漫长的官子却下成了半目胜负，最后输半目。局后复盘，许书祥说："不知道怎么搞的，越收越细、越收越细。"现在我重新打谱，看来看去，也搞不懂黑究竟哪里下得不妥，差距又是怎么一步一步缩小的。不过当然了，至少从我的角度，我觉得这盘官子我是发挥到头了，我挑不出自己的毛病来。

　　最后前四名是许书祥、蔡建鹏、张伟、沈克雄，我第 6。张伟以下都是 5 胜 2 负，蔡沈都没对过，我的小分自然不好。

　　比赛结束后，梁伟棠八段（当时，后升至九段）下了一次多面打，一对九，我和皮蛋上去下了，其他的较弱。我和皮蛋都很自觉地放了三个，梁问了一下要我拿掉一个，于是就下两个。皮蛋完胜，后来有一次在北京皮蛋对王尧单挑三子，皮蛋也是完胜，他这种棋上手三子是很难下的。我这盘空一直不坏，但序盘阶段收空时为了多围 5 目、空里味道一直不好，自己也一直担心，最后就是这个味道和别处一结合要了命。

　　最后顺便说一句，第一届"五建杯"的冠军是牛晓南。

【奕俊】哎，郭舰不是一次在这个地方出毛病。印象中，我和他的第一盘对局，就是靠这个局部翻盘的。

【皮蛋】郭舰怎么老在这种基本死活上出问题，唉。就如杨晖说的"全体起立，拒绝再看"。

【皮蛋】说起和王尧的那盘棋，还有点故事。晓丹牵线，我俩在北京出差时联系上了俞斌。到了棋院，云昆对俞很自觉地摆上了三个，俞叫了王尧和我下。见是一个小毛孩，我摆了两个。俞斌问许："你那伙伴下得怎么样？"，"差不多"，"那也得摆三个，那小孩和我差不多"，这就摆了三个。

二十五　毕业之后——风云十局与棋友会

1995年二三月间，彼得同志大四末段，百无聊赖，而我也总往厦大跑，两个人凑起来也算是干柴烈火的一种了，少不得撞出点火花。我们常常在芙蓉十7楼的过道对局。

开始还一本正经，慢慢地熟络了就开始插科打诨调动气氛，到后来基本都要拿出30％精力来斗盘外招。只是我远远不是彼得的对手，只会唱些《烛光里的彼得》的小调和说些《彼得和狼》的寓言。但彼得在福州棋社早已身经百战、经验丰富，一整套"做情绪"（福州棋社称盘外招为"做情绪"）的功夫少说也高我三段。下面截取几个不堪回首的，我盘外招失利的片段：

我唱《烛光里的彼得》："哦，彼得……"彼得飞刀一样的眼光一撒，说："来了，来了，又要对我笑了。"

我刚死了个刀把五，彼得："哎呀，小心啊，刀把五也是刀的一种啊，也会杀人啊！啊，不能大意，小心小心……小—心"，然后作蓄（畜）势待发状。

我跑大龙，颇为狼狈。彼得曰："狼奔豕突，唉，昨天查了字典，这个字念 tun"。回去查了一下彼得搞错了，大概他以为是"豚"字，豕这个字念 shǐ，但偏偏这个音比 tun 糟糕，我还不敢纠正，郁闷……

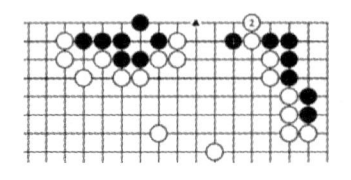

总算有一次，斗嘴占了上风。弈至如图局面（局部棋型记住了，具体的没有谱不记得了，大致如此）。进入官子，我形势不好，于是空里不补，彼得纳闷着要夹进来，我立刻作势要立下去，谁知彼得见状又把手收回去，半晌，恍然大悟，原来我要靠▲位的尖从一路渡过。于是我高唱"寂寞的鸵鸟总是在一路奔跑……"，彼得则在歌声中冷静沉思，最后还是夹了进来，双方打劫，一阵转换后我还是不够，歌声又降了下去，不免又遭到一阵奚落。这就是"鸵鸟"典故的由来。

一个月内，我和彼得下了24盘，16：8。然后我们就商量下个十番棋，反正有的是时间，说好多胜四局为一升降。3月27日，番棋开始，每盘都下三四个小时。我拿下首局后，被彼得连砍两刀，于是彼得开始一惊一乍地喃喃自语："哎呀，这么下去应该考虑一下打到两子的可能（9盘连胜刚好够把我降两档），咯咯咯……"

我憋了一肚子火，从第四局开始四连胜，把比分扳成5：2，这下我只要再赢一盘就降他级了。我欲乘胜追击，连续三天到厦大找彼得决战，岂料彼得找一大堆理由对我进行战略性降温了两天。此招果然奏效，第三天实在推不过开战，但我气势已失，被彼得在悬崖边扳回一局。但次日我又下一城，6：3。这下彼得彻底高挂免战牌，也不找理由了，就明确表示无条件停牌。一直到1个多月以后才下第10盘，我顺利拿下，7：3，也算出了口恶气。

十番棋下了两个月，但却是前九盘不到一个月，最后一盘拖了一个多月。应该说棋的质量是相当不错的，经此历练，彼得的棋长了，起码改变了一桶一桶地漏的形象。7：3应该是最合理的比分吧。

1996年6月2日，中山公园的棋院因房子老旧意外坍塌，于是厦门棋院就没了活动场所，个人赛就取消了，段位赛1996年取消1997年在老干部活动中心，我也因责任局不够升不了5段。一直到1998年1月，晓丹在青少年宫的俱乐部办起来，厦门围棋活动才又活跃起来，皮蛋拿了首次比赛的冠军，并和宫本直毅下了一盘电视转播的指导棋。

棋院坍塌后，一群少壮派没地方下棋憋得难受，于是10月我组织了一个"厦门中坚棋友会"，那时候没有手机只有传呼和固定电话，俺这个联系人可真是有点忙乎。好像是16人，包括张鹭清、翁健、叶朝晖、林雄岳、李挺锋、黄志雄、张靖这一帮人，厦大背景的皮蛋、蔡建宏、张伟鹏、我，还有温海航、李祥毅，以及陈李林、陈文东兄弟等。普遍是3、4段棋，因此谓之"中坚"。这个棋友会活动了几次，搞了一次比赛，我输给翁健后第二，第一名是叶朝晖还是翁健我不记得了。12月，我驻外福州，这个棋友会也就散了。

1997年1月至1998年3月，我在福州工作一年多，又和彼得重逢，那时候彼得已经偶尔能进福州比赛前八了。这一年间我在福州打了8次比赛，6次进前四，可算是当时福州最稳定的棋手，却没有拿过一次冠军，不能不说是个小遗憾。期间回厦打过一次市运会。另外98年张伟鹏拿了一次快棋赛的冠军，成为厦大的又一个厦门冠军。

【杨晖】猪，上古时期被人们称作"豕(shǐ)"。豕字的发声来源，有三种可能，一是小猪的尖叫之声；二是野猪发怒后，会像箭矢一样笔直地冲过来；第三种就是云昆讲的那个原因了。

豚是古人招待客人的上乘食品，《说文》中说："豚，小豕也。从象省，象形，从又持肉，以给祠祀。"意思是：豚为鲜嫩的小猪，是祭祀祖宗时的上乘祭品，也是招待贵宾的美味佳肴：丰年留客足鸡豚。"狼奔豕突"从语法角度该念 shǐ，但念豚也没错，也是猪的一种，比较能体现那种欢快心情。这属于已被关在猪圈里的猪，属于已经被端上桌子，失去了"突"的前提的猪。至于彼得说 q 某被做的像猪，从可能有的叫声的角度看，该念 shǐ；惨烈程度上讲又应该念 tun，不好讲。

云昆有次预测比赛：如果不出意外，那如何如何，但如果被一头疯狗咬一下，就难说了云云。我在下棋的时候，他满脸通红的进来，我试探性地问了句："某种动物？"他很沉重地点点头。现在看来，我认为这某种动物是 shi 也很好：人家发怒后，会像箭矢一样笔直地冲过来，然后自己被拱倒——被 shi 了一下，根本不用担心传染病啥的。

云昆以前常唱"猪啊猪，猪啊猪，你总是把我来鼓舞…"。跑大龙的时候这个猪代表 shi，并且是第二种含义的 shi－万水千山只等闲；人家跑呢恐怕就是 tun 了。这样可以创造性解决世界性难题：汉语没有主动被动之憾。华江下棋有时出勺子会冒出一句"猪啊"，到底该如何判断恐怕要联系具体棋局。

以前还有这种说法："这样也是一法－猪的一法"，很复杂，改天有空的话我把那几年的话从语法角度分析一下……

【云昆】听晖一席言，胜吃卅年豚。

【皮蛋】首先，建议把"有时出勺子"的"出勺子"三字去掉，以免引起不必要的误会，呵呵。 "猪啊"也有三种含义：一引自雄哥，即这棋只有雄哥才下得出来；二引自彼得，即猪的智商在动物中排名第六；三嘛，就是这 shi 的本意了。具体确如杨晖所言，得视棋局情况而定。

杨晖和易中天颇有些神似，易是中文系讲历史，晖是历史系讲中文，绝配也。

附：厦门大学历届围棋比赛成绩(1988—1995)

一、厦大内部比赛

时间	赛事	名次
1988年	首届段位赛	吴云凯、郭舰、倪子伟、吴永平、曾晓明、张世党（前6名定2段）
1989年	第二届段位赛	黄勇、曾晓明、郭舰、王少寒（前4名定2段）
1990年	第三届段位赛	许云昆、吴奋、曾晓明、汤军健、沈悦海、郭舰（前6名定2段）
1991年	第四届段位赛	蔡建宏、曾晓明、沈悦海、许云昆、汤军健、吴奋、刘承斌、林思风/倪子伟（并列）（前8名定2段）
1992年	第五届段位赛	林仁杰、潘奕俊、杨晖、苏华江、倪子伟、卢潮辉（前6名定2段）
1993年	第六届段位赛	沈悦海、陈黔江、林志芳、王培伟、刘标、滕立波（前6名定2段）
1992年	第一届团体赛	会计、数学、科仪、计统、物理、国贸 台次冠军：许云昆（会计一台）、郭舰（化学二台）、林中（会计三台）
1994年	第二届团体赛	财金一队、研究生、化学
1993年	第一届棋王赛	苏华江、沈悦海、许云昆
1993年	第二届棋王赛	许云昆、杨晖、潘奕俊
1994年	第三届棋王赛	许云昆、沈悦海、林思风
1990年	旅游杯	林毅峰、沈悦海、黄勇、汤军健
1991年	南强杯	许云昆、曾晓明、王泉明、叶升、林毅峰、张步城
1991年	八强赛	祝贺（特邀）、蔡建宏、许云昆、杨晖、沈悦海

二、厦大参加厦门市各项比赛

时间	赛事	名次/成绩/参赛队员	
		升段组	定段组
1989年	首届段位赛	—	倪子伟、吴永平
1990年	第二届段位赛	倪子伟：升2段	王泉明：并列冠军
1991年	第三届段位赛	曾晓明：升2段	叶升：冠军
1992年	第四届段位赛	陈文建、黄勇升2段	许云昆、王少寒、吴奋分列第二至四名
1993年	第五届段位赛	许云昆：升2段	汤彩彬：冠军
1994年	第六届段位赛	许云昆：升3段	—
1991年	第14届市运会	团体第4名（沈悦海、许云昆、郭舰）个人：沈悦海第5名，	
1991年	应氏杯	沈悦海：冠军、郭舰：第四名	
1991年	新老对抗赛	蔡建宏5胜1负，胜率最高	
1992年	英皇杯名手赛	蔡建宏：季军	
1992年	涤纶杯名手赛	许云昆：第四名	
1992年	市个人赛	许云昆：冠军、潘奕俊：第四名	
1994年	名手邀请赛	许云昆：冠军	
1994年	第二届粤闽"五建"杯围棋邀请赛（潮州）	团体第五名（许云昆、苏华江）许云昆：个人第六名	

三、厦大参加全国、福建省各类大学生比赛

时间	地点	赛事	名次/成绩/参赛队员
1992年	福州	省高校赛	许云昆：冠军、沈悦海：季军
1992年	福州	福建省运动会	高校队：团体季军 个人：许云昆第九名
1993年	贵阳	第四届全国大学生应氏杯	福建队男子团体第七名：[许云昆、沈悦海、蔡建宏、陈旭华（福大）]
1993年	北京	全国部分大学围棋团体赛	团体季军（许云昆、蔡建宏、潘奕俊、苏华江、杨晖）
1994年	兰州	第五届全国大学生应氏杯	男子团体季军（许云昆、苏华江、潘奕俊、沈悦海） 许云昆：男子个人第五名 林志芳：女子个人第四名
1995年	北京	第六届全国大学生应氏杯	男子团体第五（潘奕俊、杨晖、苏华江、林思风） 潘奕俊：男子个人第八名 林志芳：女子个人第七名

第三辑

南强棋人共忆映雪棋事

郭　舰：我的围棋——厦大篇

围棋入门

　　和大家一样，开始接触围棋是1985年中日擂台赛掀起的围棋热。刚从初中升到高中，正是好奇和叛逆兼而有之的年龄，我不顾父母与老师的反对，昏天黑地爱上了围棋。那时的棋友就是身边的同学，大家互相借阅围棋书籍，利用中午甚至是课间的一切时间享受着围棋带来的兴奋和快乐。学棋的第一年，我用薄纸板裁出250多个圆片，再将一半涂黑，藏在火柴盒里。每当晚上做完作业，便取出来打打谱，抑或左手下右手。可惜好景不长，才数月便被家人发现，辛劳付之东流水。由于师长们的反对，我们转入"地下"，笔记本画成了棋盘，虽然小，却不受时间地点的限制。有时候一天课上下来，棋也能下了五六盘。有趣的是，棋友们虽然上课如此不专心，却都没有耽误下课程，高中毕业后都如愿考上了大学。

　　如此痴迷，我的棋长得飞快。到了高二，家里发现我的功课并没有耽误，也改变了态度。1987年，母亲竟给我买了副云子，还托人找了一位围棋老师！当时西安的业余顶尖高手的段位是业余4段，这位老师是业余初段，据说在西安东郊小有名气，可惜已记不得名字了。

　　于是，在一个星期天的中午，我骑了一个多小时自行车赶去拜师学艺。到了老师那儿，他正在看另两个弟子下棋，便让我拿张凳子坐在旁边看。两位对局者，一位看起来已近三十岁，另一个则是个刚上小学的孩子。虽然是下让子棋，但是年长的"大师兄"（后来才知道的）很快便赢了下来。接着，老师让小孩和我下分先。我猜到黑棋，便按照刚看过的加藤正夫的《中国流》一板一眼地开始布局。可惜对手不按规矩来，第一步棋边上一颗星，接着又是边上一颗星，虽然限制了我中国流的发展，却被我占到了三个角……才下了十几步，老师便说别下了。然后是大师兄出马，让我四子。由于我太紧张，一开局就被他在角上吃了块棋。我还不甘心想再紧紧气，结果成了个后手死。他不免得意起来，老师为了鼓励我，提醒说这块要收气吃的。受此启发，我突然想到了可以弃子取势，就又来了劲头，拿出十八般武艺，居然赢下了这盘。老师显然对我比较满意，交代我每周两次到附近他组织的一个工会俱乐部下棋，在那里，我开始接触更多的棋友。

老师和我只下过一盘棋，是在我拜师后的数月。我们在俱乐部里下了一盘让先的对局，虽然最终是我输了，但是局面上一直很紧。这盘棋下完，他托人转告我母亲，说我在他那里没什么可学的了。现在回想起来，可能就是在那段时间的进步，使我的棋力接近了初段水准。这时再回到学校和同学们下棋，已感觉得到自己的自信。尤其是进入高三，当大家忙于功课时，我却花了更多的时间下棋，并且在西安的南郊找到了成立不久，当时还没什么名气的西安棋院（前身）。

已经停刊的《围棋》杂志上曾介绍过西安棋院的一些情况：搬到莲湖路之前，西安棋院是一位狂热的围棋爱好者租用民房个人办起来的，每人每次进场收费一元。我的记忆中，那块场地非常简陋，房顶是木架子支起来的砖瓦结构，地面是临时铺的红砖，水泥台当桌子。但就是这个地方，曾经启蒙了像金中、董彦等围棋天才。当时的董彦可能还在上小学，非常腼腆，但已横扫西安。据说当时棋院特意请了一位山西的职业五段教他——这或许是他后来代表山西队的原因。

棋院还请来了南京的姚建科当少年队的教练，姚曾在第一届晚报杯上获得第 11 名，很早就开始靠授徒为业。他在南京名气很大，教过的学生的段位加起来很可能上千段（当然是业余段位，呵呵）。那段时间由于常去棋院，我便也有机会和小孩们下下。曾经有次我下棋时还上了电视新闻，有半秒钟的特写，呵呵。印象中自己计算最长的一盘棋就是当时和一个小孩的对局。开局不久，在他的小目角上，我一间高挂、他一间低夹；尖、一间跳；三三托角、扳；断、打；我长后，他走出虎的骗招。就此展开的战斗蔓延全盘，也吸引了姚建科驻足观看。此小目角处的边角对杀，最初双方都以为是我被杀。可由于他打入我的大空中走出了劫活，形势对我不利，我硬着头皮长考，计算了近二十多步，最终硬被我走出了双活！

高三毕业时，我在市入段、升段赛上连闯两关，拿到了 2 段证书。

初到厦大

一到厦大，开开心心玩了一个月。我们军训是在靠近泉州的一处军营里进行的，虽然白天军事化训练很累，但年轻人有挥霍不完的精力，又不用担心学习，就有了许多业余活动和兴趣，其中不乏很多今生仅此一次的。军训结束回厦门不久，我就赶上了厦大的围棋个人赛，所谓初生牛犊不怕虎，我以仅输一盘吴云凯（85 化学）的成绩拿到了第二名。随后在厦门市的一个比赛中，我又幸运地得了第五，有幸进入厦大高手行列。现在想来，1988 年厦大围棋的整体水平和厦门市高手还是有差距的。厦门市当时的顶尖高手如牛晓南，到厦大来就下让子棋，我虽然没碰上，但是自感和这些人下还是有差距。比如在厦大和鹭大的擂台赛上，我就输给了鹭大的擂主，也是厦门有名的一位高手（皮蛋注：郭舰没写名字，据建宏和朝晖推断，应该是廖纳新）。

1989 年，沈悦海（化学）、汤军健（数学）、孟繁荣（财金）等人也到了厦大，厦大的整体厚度有了进一步提升。这些棋友棋风各异、特色鲜明、才华横溢，在华江和云昆的文章中已有所提及，我再补充一些他们不太熟悉的。

倪老师是厦大围协的创始人之一，也一直担任会长。八十年代曾留学国外，后到计算机系任教。在苹果公司的Apple II还是国内主流机型，IBM286兼容机刚刚进入中国市场的时候，他家里就有了苹果的Mac机和视窗操作系统，走在了绝大多数人前面。他的围棋藏书也非常全，那时我常去他那儿借书。在厦大这个铁打的营盘里，倪老师如迎客松般迎来了一批批棋手，见证了他们在厦大的辉煌与离去。

叶升（87生物）经常找我下，他棋比我稍弱，但是很痴迷，下棋又认真。叶非常聪明，后师从研制出猪胰岛素的邹承鲁院士，他1996年从中科院生物所博士毕业，现在可能在纽约的Columbia大学生物化学和分子生物物理系。

孟繁荣比赛中运气不是很好，记得他和我下时总是脆败，但是他热情、健谈且很有才华，到哪里都能吸引无数眼球。

从棋风上来看，倪老师和吴云凯都是属于野战型，吴抢实地非常狠，而倪则更爱攻杀。曾晓明、汤军健、沈悦海和我都属于均衡型，曾和我偏爱实地，棋型都偏薄，我比曾稍华丽一些，曾则更认真；悦海棋形厚实，讲究棋理，中后盘定型掌握很好；汤的杀力很强，但是布局稍缓。王少寒（87经济）我印象不深，依稀记得是白面书生，属学院派的棋风。另外，吴奋也以低姿态出现在厦大棋坛，虽然中盘还较弱，但是"磨王"本色使他保持了较好成绩。而我呢，下棋受心理因素影响很大，对熟悉的对手，如果认为对方比我强，我会很快失去斗志而草草应付，反之则信心十足，这种心理在棋上会反应得很明显。如果碰到陌生的对手，才恰恰能保持平常心，较好地发挥水平。

在89级进校前，我自觉已可以扫平厦大了，可悦海一来时我就听说楼上来了个贵州3段（我们同在一个系），下了几盘后便发现可没把握赢，真是好景不长啊！更何况不久许云昆（90会计）和蔡建宏（91国贸）的加盟，将厦大围棋提高到可与厦门市相抗衡的高度。

云昆时代

云昆来后，他和悦海、我代表厦大参加了1991年厦门市运动会围棋比赛，虽然最终只取得团体第四名，但是那次比赛是我下得最累也最认真的一次。由于围棋在体育中属于边缘项目，所有棋手都非常重视。在如此心理重压下，棋的质量往往不高，人还非常疲劳。团体赛之后，还进行了应氏杯个人赛，悦海一路过关斩将，在决赛中赢了刚退役的女子职业二段余晓丹，获得第一名。我获得第四，幸运地获得一副应氏围棋。这副棋价值1200台币，近50美元，而当时我每月开支才100多元，非常高兴。

云昆对围棋的痴迷是我非常佩服的，一般到他的宿舍总能看到他在摆棋，他还常主动找厦门市的高手切磋，这种痴迷可能就是他脱颖而出的原因吧。几年间他的棋力从刚进校的比我稍强的强3段到毕业时可让我2子的强5段，上了至少两个台阶，可谓一分耕耘一分收获。他的棋风也从开始的中后盘计算准确、大局较弱发展成为在业余棋手中无明显弱点、中盘强悍，后来他基本上赢过厦门所有的业余高手。补充一下，我认为90年代的段位比2000年后的段位，是要高出1段左右的。比如2004年有位与我下十番棋的棋友，和我打平不久就在南京升了5段，而我一直就是1995年到深圳时一次打到的3段。

除了棋力之外，我将云昆称之为一个"时代"的原因更在于他对围棋协会的热心张罗。他来厦大后组织了几乎所有的围棋比赛，也带动了厦大的围棋热。随着1991－1993年杨晖、林思风、潘奕俊、苏华江、林志芳等人的加盟，当时的厦大围棋可谓高手如云，迎来了一个兴盛期。最终厦大围棋在全国大学生应氏杯围棋赛上取得好名次。而云昆个人也曾连胜职业选手，获得1994年个人第五名，均可谓辉煌。

蔡、杨、潘、苏等人，初进厦大时都已经很强，离开厦大时也都可能成为业余强豪。而我在这个时期，由于兴趣太多，加上学业、科研的压力，我在棋上已无力再进一步，但是和棋友们的交流却很多。大家兴趣相投，又没有掺杂任何功利的因素，相互间的友谊已经超越了围棋，这是值得我一生珍惜的。

【悦海】前几天和老黄联系，他提供了一些宝贵的信息：老黄和当时化学系的棋手们较熟。85化学有吴云凯和王泉明两大高手。吴云凯和皮蛋早年在三明段位赛时对过，毕业后回到三明，棋力后来还有提高，可能还打上过IGS6d。王泉明1989年毕业后在校继续读研，1992年毕业，当时是厦门初段，后来是IGS5d，2005年回到厦大化学系工作。86和87级没有高手，但有三位棋手与老黄水平相近，老黄和他们经常下。另外，厦大书店当年卖过围棋书，老黄在那儿买了坂田的围棋教室。

【皮蛋】大家都写到倪老师，郭舰写得最好、最贴切、最有趣，迎客松，呵呵。

【悦海】几点读后感，呵呵。

1. "左手下右手"，初学时我也这么下过，好像是在作业本上，比郭舰的自制围棋隐蔽些。和自己复盘有点像，当然空想成分多点。后来不知什么时候，觉得自己的思路太有限，戒了。

2. 自制围棋的事以前听说过，主角似乎是军人，在比较偏僻的地方，用石子做的。刚才Google了一下，聂卫平曾在狱中用饭粒和泥土自制围棋。看来郭舰的纸板围棋还是个新发明，呵呵。

3. 可能很多人学棋时曾拜师学艺，说说我的经历。记得在我学棋的第一、二年，父亲听说一位同事下得不错，于是带我去拜访，下了盘让子棋。输赢不记得了，可能得了些夸奖。不过好像后来没再去他家，所以觉得自称师徒有点勉强。

4. 我都不记得我自称贵州3段了。当时我刚入校，懵懵懂懂不辨东西南北。郭舰听说我会下，亲自到芙蓉一的三楼（他住在一楼）拉我这个小师弟去他宿舍下棋，真是受宠若惊，结果我上来就老实不客气地把师兄赢了。

沈悦海：学棋记

开始接触围棋是在 1985 年夏，当时我还在贵阳上初中。一次学校组织郊游，吃喝玩乐之余，发现几位同学在树荫里下围棋。虽然棋具是最普通的玻璃棋子和塑料棋盘，但这种"新"游戏一下吸引了我。我抛开学了多年的中国象棋，开始下围棋。父母出于益智的考虑，给我买了副棋，他们当然难以想象，日后我将为此倾注多少时间和精力。

为什么当时同学们开始学围棋？这我完全不记得了。应该有先期学棋的同学的带动，不过看上去更重要的一个原因是首届中日围棋擂台赛江铸久从 1984 年 10 月至 1985 年 3 月间辉煌的五连胜。当年的中学生可以选择的娱乐不多，体育是男生们当然的首选，中央台中午和晚上的体育节目是收听率最高的节目，我想可能有不少人是通过体育报道接触到围棋的。

学棋之初根本谈不上什么条件，没有老师，棋书也少，但大家热情高涨。有一阵子，班上几乎所有的男生都在学棋，连女生都跃跃欲试。大家不仅放学后回家下，还经常在课间就凑在一起杀将起来——当然不敢拿棋盘棋子，是在作业本上画圈打叉。甚至在课上还有人背着老师悄悄下棋。呵呵，我就干过，还好没被老师抓住。大家如饥似渴地学习各种招式，有限的几本棋书发挥了最大功用，在满盘乱爬的混战中，逐渐出现了各种各样的手筋妙手。

转眼间到了秋天，大家升入初三。与此同时，中国围棋也迎来了一个历史性的时刻——1985 年 11 月 20 日，首届中日围棋擂台赛最后一局，聂卫平对藤泽秀行。记得我在电视上看到了这盘棋的大盘解说，学棋不久的我似懂非懂，但印象无疑非常深刻。多年后，老聂当年右上角的着法被我借来对付皮蛋，获得超乎想象的战果，事见皮蛋的《厦门大学棋人棋事》第二十五回。这盘棋的技术内容尚在其次，最重要的是老聂赢了。棋迷们在经历小林光一六连胜的压抑后终于彻底扬眉吐气，围棋热也如火山爆发，顿时席卷全国。

当时我在初三毕业班，气氛略有不同。一些同学或慑于升学压力或失去兴趣，陆续退出，留下我们一帮执着的棋迷明里暗里坚持下棋。父母自然操心我的成绩，不过鉴于我在学习方面一直表现不错，没有明令禁止，只是反复提醒我读好书的重要性。似乎在这一年，我和朋友们一起报名参加了贵阳的业余升段赛。我战绩不佳，没能定段，后来再没参加。一帮朋友中好像只有一个成了业余初段，当然这个初段比现在的初段强得多。

中考完毕，大家又开始狂热地下棋，陆续又有一些其他年级或学校的棋友加入，我们的队伍空前壮大。拜老聂擂台赛连胜之赐，当时中学里棋风鼎盛，以至于校方还罕见地组织过一次比赛，我也是参赛者之一，不过不记得具体赛况了。高中三年里我还算用功，没有再参加别的比赛，但棋力还是长了不少，按现在的标准，大概从业余2段到了业余5段。原因一是棋友间的相互磨炼，还有就是看棋书。当时由于围棋热，书店里的棋书突然多了，其中不乏译自日本的经典教材，例如石田芳夫的《围棋形势判断基础》、林海峰的《围棋的筋和形》和加藤正夫的《围棋攻防技巧》等，这些对我非常有帮助。

随着棋力的提高，我也在寻找适合自己的棋路。一开始学加藤正夫，热衷于吃棋；接着学坂田荣男，三三起手，再打入、治孤；后来武宫正树的宇宙流风靡，又开始围大模样、攻击。几经反复，发现聂卫平、林海峰的均衡型不错，棋风慢慢固定下来。当然，理解也有个渐进的过程。最早是从地势兼顾的角度，强调在围地的同时限制对方势力；上大学后觉得棋形走厚一些有力，侧重攻击威慑；再后来意识到关键是行棋效率和棋局的流向，地或势都只是手段。这个领悟的过程很漫长，也和自己阅历的增长有关，颇令人感叹棋道之艰深。

那时候的故事还有不少，可惜很多都记不确切了。这里摘录关于自己的两则，多亏妈妈时不时地念叨几句提醒我，呵呵。

一、中考前夕，为确保考好，大家相约戒棋。不过不下棋实在难熬，中考连考三天，等到第二天考完，我和两个朋友按捺不住，偷偷把棋拿出来，找个僻静的角落杀了几盘。下完匆匆回家，约好谎称在校自习。结果人算不如天算，带棋的那个朋友回到家，家长对他异常沉重的书包起了疑，真相就此曝光，我们三个都挨了一通好训。幸好最后大家都考得不错。在那种时候居然还不忘下棋，可见棋瘾之大。

二、高中时我买了不少棋书，闲暇时间不多，就悄悄在学习时间里看。当时书桌上总是一大堆学习资料，正好作掩护，一有风吹草动，立刻拿课本盖住棋书作用功状。如是者再三，有一次过于"用功"，终于被妈妈当场拿获。时值期末考试前夕，妈妈将所有棋书锁进衣柜，勒令好好学习。于是度过了一段无书可看的日子，直到放假才开禁。

高考之后，大家各奔东西，只有假期才能碰面，一起玩的内容也从围棋慢慢变成吃喝麻将，往日棋盘上的角斗征杀积淀为真挚的友情。在贵阳的棋友后来不少仍在贵阳工作，对围棋的推广普及贡献良多。而我远赴厦门大学，开始了和厦大棋友共铸辉煌的征程。

时至今日，学棋已有二十二年，往事难忘，谨以此文记之。

【皮蛋】补两句同感：1. 那时确有女生加入，我初中班上就有一个，不容易呀。2. 当年中央人民广播电台还为围棋热推波助澜，连载广播陈祖德的《超越自我》，更有甚者，还请江铸久整了一份围棋教材广播播出教学，真是匪夷所思。

沈悦海：围棋杂忆

一路硬腿

初学围棋时的一个小片段。如图局面，白借一路硬腿往黑空里冲，黑棋如何应？刚开始大家只知道直线打吃，一看远处二路是黑子，立即 A 位扳挡。心想白断打就长，再打再长，一路能跑回去，没问题。

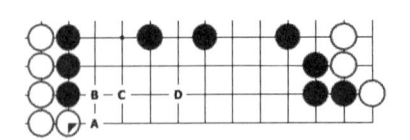

突然有一天灾难降临，对手胸有成竹地在 B、C 连打后走 D 位枷，细看发现居然逃不出去，震惊！

A 位既然不成立，那就只好 B 位曲了吧。白再冲就再长，直到白棋枷吃的手段失效为止。

最后终于在书上看到了正解——C 位跳！拍案惊奇、如获至宝，再一次深感围棋之玄妙。

【志芳】想起刚开始学棋时，要吃棋只知道苦苦紧追，让对方仅有一气。直到有一天发现居然可以枷吃，如获至宝，凭借此赢了好多棋而屡试不爽。未想二十年后，被云昆让两子，他一招不慎被我枷死了棋筋，好不得意，哈哈！

【悦海】云昆居然会犯这种错？呵呵。学会枷吃也算是棋力的一大飞跃了，当时很得意，不过现在回想起来都挺好玩的。

【皮蛋】这个有同感，当年知道枷和跳的肯定算个小高手了

【云昆】说到枷吃，俺要检讨，直接打跑了一位好对手。学棋大概一年的时候，学会了一个手筋，一次实战居然用上，如左图。本来嘛，黑 3 在 11 位压然后跳枷

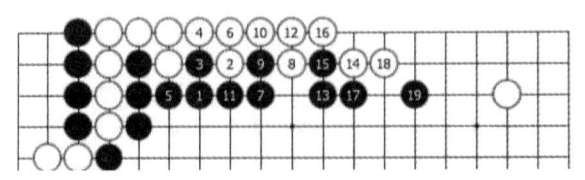

就吃住了，但既然对方跑，我就乐得装傻跟他跑一会，直到19枷，对手脸由黄变红、由红变白……后来他再也不跟我下了。

梦想成真

1991年夏对我个人来说颇为难忘。在8月的厦门市市运会上，我获得个人第五，又在随后的厦门市应氏杯邀请赛上获得冠军。这是我学棋以来首次夺冠。当年的赛况在云昆的大作中早有叙述。可惜我手头没有当年的记录，只能凭印象略作补充。

厦门市市运会共九轮，积分循环制，前六轮我连胜。棋局内容多已淡忘，只记得其中一局，对手可能是林钦华或张新民，我执黑布下小林流，对白打入之子展开攻势，最后杀棋制胜。大概在我赢了第五盘后，牛晓南找到我猛夸了一顿。身为小辈自然非常感激老棋王的赏识，但自己有多少斤两还是知道的。连胜的原因，一是我此前没有和厦门棋手下过，有奇兵之效，二是我积蓄力量的厚重棋风，一旦下到我的路子上，对手不容易翻盘。不过我毕竟比赛下得少，应变能力欠佳。第七轮对付享年，不知为何一直找不到步调，糊里糊涂败下阵来。随后两轮对廖纳新和余晓丹，同样输得干脆利落，最后名列第五，憾失冠军。

后来发现自己在长赛程的比赛中多半成绩欠佳，摆棋时间虽然不少，棋感反而变得迟钝。现在想来，可能因为平时在棋上花的时间太少，赛前赛中突击补课导致精神上的疲惫吧。这点比云昆远远不如，他是深知其中奥妙，越到比赛越来精神的。

休整几天，我与郭舰、云昆一道参加应氏杯邀请赛，单淘汰赛制。我这支奇兵兼哀兵再次好调开局，连胜三盘进入四强，其中一盘赢了付享年，报了市运会的一箭之仇。郭舰和我同在一个半区，也是状态极佳,一路奏凯,和我会师半决赛。窝里斗的结果是我进入决赛,另一边余晓丹获胜,于是又在最后一轮和她对上了。

这次相遇我没有像上次那样早早失误,局面一直相持。中盘时有个小花絮。余出现几处小失误,中间的大龙有点薄。我正埋头计算如何攻击,突然听见啪的一声轻响,惊讶地发现余给自己来了一巴掌。后来花了不少时间自己复盘,才发现这里有手段可以切断对方大块,不禁钦佩职业棋手的棋感和对胜负的执着。

实战我没下对,放生了大龙,局面继续细微。但官子阶段我抓住了机会,那个局部直到现在我还记得。

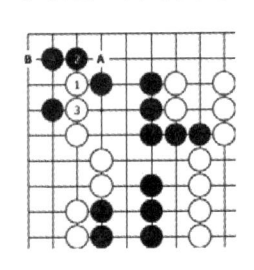

局面大致如图,黑棋中间大龙与左上蜿蜒相连。长考之后我拍下白1跨。此手一出,余刚刚由阴转晴的脸色又慢慢变红,斟酌再三,应以黑2内扳。这个局部值得多说几句。黑2如3位冲,白就A位扳,以下黑二路断打,白三路翻打后渡过,黑补角。白3选择了简明定型,此时在4位连扳很严厉,不过黑可以3位打后B位夹作劫,虽然黑非常重,但局面未必容易控制。

经此一役,白成功压缩了黑空,奠定胜局。双方收完官子确认胜负,我终于获得了平生第一个冠军!奖金好像是250元,不少,但那副应氏棋具显然更有价值,虽然又大又沉,比不上现在的那么小巧。

回想起来,应该说靠了市运会上的磨炼才有了这次夺冠。所谓宝剑锋从磨砺出,多打比赛显然有助于提高棋力、保持状态。可惜下好棋的愿望比不过学好功课的需要,赛后我忙于学习,下得少了。过了大概一两个月,廖纳新到厦大下棋,点名和我对阵,结果我一个局部下崩,中盘脆败。鱼与熊掌不可得兼,奈何?

云昆逸事

云昆的事迹他自己已说了不少，我来补充两个棋盘外的故事。

当时的厦大食堂伙食不怎么样，油水不够，到了晚上快熄灯的时候，很多男生的肚子就唱起了空城计。记得我经常到芙蓉一楼后的小店里买点干粮或煮方便面，小贩叫卖的海蛎饼和肉粽也不错。有时熬夜到四五点钟（原因当然是打牌看武侠期末考之类），还能去物理食堂买刚出锅的油条，比早上的冷油条好吃多了，是为时代背景。

云昆住在高耸入云的芙蓉八，买零食可能不太方便。有天晚上熄灯已久，云昆却饿得睡不着，只好翻身下床找东西充饥。不料宿舍里竟然弹尽粮绝，遍觅不得，无奈只好吃了点常人不容易想到的替代品——两片维生素！（注：应该是润喉片）几天后我闻听此事，非常佩服云昆的想象力。

云昆的业余爱好第一是围棋，第二就是唱歌了，整日曲不离口，也确实唱得不错，和建宏并列棋协双星吧。一日相聚，云昆很兴奋地宣布他能惟妙惟肖地模仿不同歌手的嗓音，为了满足大家的好奇心，当场引吭高歌两曲。却见大家面面相觑，似乎没听出什么区别。云昆大感意外："真没区别？""真的。"这个答案颇令云昆郁闷。可能那时候云昆才发现自己听到的嗓音和别人听到的不一样。

后来我发现其实不少人对此浑然不觉。某个周末妻子在家学会一首新歌，得意扬扬地录下来，回放后很惊讶地跟我说这不像自己的声音。"这就是你的声音啊。""我的声音这么难听？"我当场笑倒。

【云昆】呵呵，纠正一下，是润喉片不是维生素。那是1991年厦门市运会前，我在厦门练棋10天。一天没吃晚饭一直下到晚上11点回校，上床发现饿得不行，就去找吃的，所有店都关门了，校外一条街也没店营业了，只好返回宿舍。发现还是饿得不行，就翻箱倒柜，最后吃了两片润喉片。

苦手奕俊

奕俊在我们这一帮人中可算另类。其他人一起摆棋时，总不难对局面和着点达成共识，棋虽臭，也算臭味相投。不过奕俊特别，用杨晖的话说就是"走得好的地方他自己认为不咋的，走得烂的地方他又觉得挺好"。

听着有趣，不过真和他对阵就是另一回事了。奕俊天赋异禀，局中常有神鬼莫测之手，加上棋风强悍坚韧，想赢他一盘实属不易。因此大家多以奕俊为苦手，可能只有云昆有办法对付。记得那时我和大家的对战成绩都还过得去，但对奕俊却输赢完全不成比例，有限的几盘赢棋里还有一盘是奕俊赢棋认输让给我的，印象很深。后来写了下来，算是仿演义体的习作，整理如下。

某日我与潘奕俊对垒，潘一如以往，鬼手迭出。行百余手，潘已稍优。却见潘双眉紧锁，摇头叹息。心中疑惑，未敢懈怠。又几十手，局势未见改观，而潘叹而推枰。我大为惊诧。局后研讨，潘指盘上数子称憾，然我愈信局势不利。隔日再见，潘恍然而笑曰："昨天的棋实际上我不坏。"

果然是走得好的地方自己认为不咋的，正应杨晖所言。

现在看来，奕俊成为我等的苦手绝非偶然。后来在 95 年应氏杯大学生赛上，奕俊大放异彩，立马横刀杀进十强，一时成为全体参赛者的苦手，为厦大围棋争得了荣誉，可敬可佩！

上海三年

1996 年 9 月，我完成硕士论文答辩，随即匆匆北上到中科院上海有机所读博，之后 1999 年博士毕业出国留学，一转眼离厦十多年了。

在厦大的最后一年忙于毕业论文，确实如华江所言，已经无心下棋。尤其是最后一学期，为求得到更好的结果，基本都在实验室度过。最后独自踏上行程，难免有些伤感，不过更多的是疲惫与释然，当然比不上华江毕业离校时红袖添香夜弈棋的浪漫了。

以后在上海的三年也是如此。按说上海是围棋圣地，高手很多，但既然选择了化学这样的实验科学，就不能为业余爱好花太多时间，更不敢奢望提高棋艺。当时也就是每月一次翻翻《围棋天地》和《新民围棋》，业余时间主要是锻炼和休闲，有段时间经常打乒乓球，球技倒是长了不少。

这三年里对局寥寥无几，偶尔和单位里一位棋力约业余2段的学弟玩一盘，认真下的可能只有两盘棋。其一是与一位同在中科院上海分院的师兄，在宿舍里切磋了一盘，我赢了。其二是与贵阳的一位业余好手，大致是在出国前我最后一次回贵阳，与老友聚会时说起想下棋，于是朋友们介绍他和我下了一盘，我开局不久抓住他的一个缓招，最终幸运获胜。从这两盘棋看，我的棋力掉得还不算太多。

海外棋缘

1999年我博士毕业，到日本仙台留学，一年后转到美国，先在佛蒙特，再到密歇根。出国时我把棋盘棋子棋书棋谱等统统留在家里，以为从此没有机会下棋了，没想到飞速发展的互联网又把围棋带进了我的生活。

在日本的那一年比较单调，每周工作70小时，专业上受益匪浅，但下了班就只想睡觉了，业余生活的唯一收获是学会了上网。说到这大家可能会觉得好笑，很多人早几年就在泡网了，不过我是直到在上海的最后一年，为了向国外发联系信才学会用电子邮件的。到美国后工作压力稍减，于是入乡随俗，和新结识的朋友们钓鱼、打球、登山，也有了更多上网的时间。上网当然少不了逛网上论坛，找到了一些围棋论坛，通过网友的讨论知道了一些网上对弈的地方，如雅虎围棋、KGS（全名 Kiseido Go Server）和 IGS（全名 Internet Go Server）等，终于又能下棋了。

　　一开始是在雅虎围棋，界面不错，当时颇有一些好手，从 1000 分开始，要打上 1600 分很不容易。不过很快那里就棋痞横行，高手们纷纷撤退，我也碰上了几次玩填子游戏的主，就不再去了。KGS 的界面更漂亮，也没有棋痞的骚扰，不过高手却不多，我在那里居然冲到 9d。名头当然好听，但没有和高手过招的机会，未免兴味索然，也不去了。后来固定在 IGS，当时的客户端还比较土，不过下棋的气氛好，好手云集，记得我花了不少气力才在 5d 站稳。至于国内的对弈网站，受网速和时差限制，只好浅尝辄止。

　　2001 年底我在南京成婚，次年夏妻子来到美国，婚后事多了，于是我慢慢退出了网络棋坛。这段时间大家一起回忆旧事，让我又想起了 IGS，上去一看，发现变了不少。界面漂亮了很多，但段位标准好像降了一些，大致要 6d 才有当年 5d 的水平，看来这也难免"通货膨胀"。

　　后来很偶然地发现了离线对弈这种对局方式，也称非即时对弈。大概在 2004 年，国内一位网名为兔子的棋迷开发了一个名为棋网的对弈网站（www.qigame.com），采用离线对弈，可以登录一次下一手。这样一天花几分钟，一盘棋下两三个月，很适合工作繁忙的棋迷，于是我成了那里的常客。我觉得这样下棋颇有点古意。记得日本秀哉名人在和青年吴清源对局时就有随时打挂的特权，没有用时限制，如今我等凡夫俗子也能享受名人待遇，岂不美哉，而且对局质量也会高不少。不过国内的棋迷还是不太适应这种新方式,这个网站在刚开张的红火之后访客渐少,使主办者失去了热情,终于关门大吉,殊为可惜。

现在常去的是另一个离线对弈网站DGS(全名Dragon Go Server)。那里主要是欧洲北美的业余棋手,高手不多,不过棋手们很用心,网站也维持得很好。大家如果不嫌下得慢的话可以到那里找我。

杂忆结语

走笔及此已是尾声,最后以一戏文作结。

"纹枰之乐有三。其一曰胜棋。胜则把酒临风,其意洋洋,然一败而沮,胜负之常也。其二曰技法。初,学有所得,舞之蹈之;浸淫既久,偶忆当年情状,又一笑也。其三曰知人。局中角斗,所用无不其极,然弈罢言欢,惺惺之情日增矣。噫!陶然弈道者众,盖因此也。"

许云昆：学棋记

从象棋到围棋

说起来我家还颇有些棋的传统，只不过不是围棋，是象棋。曾祖父是新中国成立后永安首次象棋赛的第四名，父亲弱一些，但下乡时在乡里每年拿个热水瓶（冠军奖品）还是有的。在这个环境下，大概五六岁左右我就开始下象棋，我记得第一次下棋我第一步就是炮打对方的马，为什么？车马炮，马比炮大嘛！

小学时和同班一个同学长期下谁先赢15局（参照排球记分）谁胜的N番棋，一直下到初二我的象棋在永安儿童组已有前三实力了。但一学围棋，象棋就基本不下了，所以俺现在象棋水平还不如13岁时，而我原先的手下败将后来下到福建师大冠军。

首次接触围棋是在小学四年级左右，但只会四个提一个，打劫是万万不明白的，甚至含着一个劫的时候都不知道能不能提回去——我放进去的子也没气，对方立刻抗议说我先没气，究竟能不能提呢？疑惑了很久……算子也搞不清，但居然自己发明了填满谁填不动就认输的确定胜负的方法，大致也可自诩为应氏规则早期的实践者之一了。

真正学围棋，也是乘聂老横扫擂台赛的东风。1986年寒假，我在家里偶然翻到一本《围棋入门》，由于以前下过一段时间，因此没有棋抱着书也能看个大概，就这么一口气看到布局。然后大概下了几盘棋，书上东西当然是没掌握清楚，于是出了很多故事，例如对方占小目，我挂角居然也是在小目（小尖）的位置。紧接着赶上元宵的擂台赛，我就去趴着看了两天，就这么个只会算气的毛头，居然也敢在旁边指手画脚！清楚地记得的一个片断是：一方刺断，另一方思考，我说：

"这肯定要接的吧。"哪知道话音刚落他双了一个，我愣了半晌，发现还有这么漂亮的手法！

下了两个月棋，迎来了第一个"高峰"，我的好友郑晓文俩兄弟忽然也要学围棋，但我们仨没有棋，首先得自己动手做。怎么办呢？棋盘容易，画一个便是；棋子呢，他家在轴承厂，圆铁片有的是，弄来绿色油漆染一部分，就做成了黑白子。就着新出炉冒着热气的棋子，第一盘棋我让他 35 个，他还输！不就多学两个月么？晕倒。然后我就耐心地教他一些我拿手的关门吃、征子等招数……

然而一个月后晕倒和指导的方向都发生了 180 度的转变，这兄弟俩不知哪里看了本书，回头再跟我下，只让四子我都输了！甚至下出了二间跳（小目低挂一间低夹，他们大跳），这种我从未想象过的招数！再过几天就对子。又过了一段时间，我们仨的水平逐渐追上了那个象棋同学的哥哥，此后一年的时间，我的下棋对手仅限于这三人，四个人旗鼓相当地也不知下了多少局棋。1986 年暑假，我整个暑假几乎每天到郑家报到，早出晚归。除了入门书外，我看的第二本书是不知哪弄来的《围棋官子基础》，凭借这本秘籍，官子常常可以刮上 20 目。此后是《通向十级的捷径》，再往后看书的顺序就不记得了。

【悦海】"我看的第二本书是不知哪弄来的《围棋官子基础》"，难怪云昆有强大的量化能力，原来是从官子学起的，呵呵。

【皮蛋】悦海的逻辑引来了一个很有趣的话题"对你影响最大的一本围棋书"，推论如下：许《围棋官子基础》、潘《围棋新手与怪着》、蔡《围棋中盘攻防》、沈《围棋厚势的运用》、杨《围棋与哲学》、彼《官子进阶》、芳《论女子下围棋的八大好处》、苏《围棋"土拱"法》、郭《痛悔饮恨的败着》，呵呵。

一次刺激、一次机缘

1987 年 6 月，初中即将毕业时，学校里举办了一次围棋赛，我和郑晓文也参加，那时候水平估计差现在四五个子吧。我小组赛一胜二负没出线。郑小组出线，折戟半决赛。

10月，市里举办中小学围棋赛，校团支部点了8人参加，没有我，我就到团支书那里央求，但团支书说人太多了不能再报了，磨了两个小时直磨到支书大人吃完晚饭也还是没有答应。而看看参赛名单，6月校赛全败的都参加了，唯独没有让我参加。我失落地到赛场看比赛，又听闻裁判长说报名不限制，要来都可以！这件事让我受到了很大刺激，我憋了一股劲一定要下出点名堂来！郑晓文抓住了这次机会，市赛再获第三，前三接着参加地区赛，又获第5，回来后我就下不过他了，大概要三七开。后来郑最好下到永安成年第三。

从此我也开始满城找人下棋，最方便的是发现邻居有两兄弟也是棋迷，我去他家下了应该有几百局，高一下学期我水平迅速提高，在高一对高二的擂台赛上五连胜，郑晓文也从此逐渐被我甩下，我此时与城里顶尖棋手差距大概一先左右，代价呢？是数理化三门不及格，被迫选择文科，读我当时厌恶的史地。

也是在高一，我在课桌上刻了个棋盘！班主任发现后让我去找瓶油漆来刷掉，说这可是要处分的！我灰溜溜地跑去找油漆，结果次日班主任告诉我她让别人刷过了，伟大的班主任啊！后来才知道，她先生就是1990年永安的围棋冠军。

当年9月三明首届运动会，这是我学棋最重要的一次机缘。大约是6月里的一天，市里打算在我和郑晓文之间选拔一下少年组人选（学校里其他人都超龄了），那晚我早早到了体委，不知为何其他几人（包括说要来考察我们的当地高手）都没来。夜色中我一个人静静地从6点等到8点多，一位中年人几次经过看了奇怪，最后就停下来问我怎么回事。我就说了原委，接着我们聊了起来，中年人十分平易，说着说着我就把去年 10 月无法参加市赛以及此后的一系列学棋经历一股脑儿都倒了出来，言语间自然是饱含发奋之意。中年人很是勉励了我几句，最后他让我先回家，说他是体委的，有消息再通知我。

后来我才知道，这位中年人就是时任永安市体委卢主任，此后暑假的一天，我被通知到体委去，走到主任门外，我恰巧听到主任和薛老师（成年组参赛人选）谈话，就偷听了一会儿。卢主任说到了我 6 月的那番话，认定我能下出成绩来，因此三明运动会让我去。于是我获得了一次极佳的机缘。

团支书家和体委门前的两次等待，至今仍能感觉到自己当时的心情，这两次事件对我的影响，只怕不下两段。

次年的地区成年赛，卢主任又力主破格让我参赛。这么多年，我一直十分感激卢主任，可以说，没有他，我长棋的路子要曲折得多。后来很快他升任地体委主任，就再也没有拜访过他，一直深以为憾。

一年进三步

1988 年 8 月，为备战三明首届运动会，我和薛老师一起到省体工队学习几天。到了福州，通过薛老师一个同学的小舅子在体工队这样一层曲曲折折的关系联系到了棋队，那时省队只有余晓丹和陈晓昕二人。我和晓丹下了一盘三子，在棋队泡了四天，跟着打谱看杂志。然后薛老师就给我买了张票让我回永安，他自己过两天办完些私事再回。

独自坐在候车厅，我怎么都不愿意离开体工队这个圣地。我想起了凌云宫（羽毛球馆）楼上棋队训练室旁的台球桌，心中有了主意。我出了候车厅，到问讯处把车票签转到后天，然后叫了个摩托回到体工队，当晚就在台球桌上睡了一夜，杀死蚊子数十只。次日一早，晓丹来训练，惊奇地发现我已经在门外，猜了个大概，当日又指导了我一局，期间薛老师也来了，生生吓了一大跳："你怎么又跑回来了！"

转眼又到了第三天，薛老师又把我送到车站，我还是不想走，如法炮制又做了一遍。然后两天后薛老师第三次把我送到车站，千叮咛万嘱咐我不得再溜回去——也溜不回去了，规定火车票只能改签两次。前后我在体工队泡了 8 天。9 月，三明运动会开赛，我全胜夺冠，也是这一次比赛认识了皮蛋，他第四。

寒假，我又一个人坐了棚车（春运临时列车，没有座位，俗称"闷罐车"，类似以前的军车）来到体工队，向晓丹学棋。此后这就成了我每到假期的必然的一站，1988－1991 年间，除了高三寒假外我去了 6 次体工队，最后一次谢峰从国家少年队超龄回省队，我向他讨教了三盘。1991 年末，省棋队撤编，也就没有去体工队学棋一事了。晓丹和谢峰退役后都到厦门邮电局工作。

我的水平继续迅速提高。次年 5 月，我首次参加成人比赛，全胜夺得永安冠军。7 月我参加了唯一的一次省中小学生赛，第三，认识了建宏、潘奕俊、钟海杰，还有那个不知失败是何滋味，让我们景仰无比的林志芳。

8 月中旬，高三开学了，爸爸要求我停止下棋，好好读书。而我高二的成绩也的确有些离谱，期末考仅仅班上 22 名，虽然可以戏称比高一的三门不及格好些，但这个成绩如果去高考连大专都成问题，我也要求自己收心读书，朴素的想法是别太丢人。

但 9 月 1 日，卢主任打来电话，说有个地区赛（成人组），希望我去锻炼。我有些心动，而且卢主任对我这么提携我实在是感激不尽。但爸爸反对，我也就没再说什么，但次日爸爸又建议我去，并说这是最后一次，开明而英明的爸爸！这比赛回来，你说我能不玩命读书吗？

6 胜 1 负，战胜了各路名将，只打劫收后负于老棋王郑永明（详见《单官技巧》）。一年之内，我从没有参加过正式比赛，忽然就坐到了地区冠军的位置。

【皮蛋】原来云昆市运会对我之前，还去体工队过了一次水呀，难怪下不过。这家伙碰到自己想做的事，真可谓无所不用其极，我们能去打全国赛也多亏了这份认真与执著，所以郭舰把此称为"云昆时代"，还是很有道理的。

【志芳】云昆学棋的这股执着劲，真是让人可钦可佩啊。

【悦海】同感，云昆不仅认真执着，而且很会想办法，愿作牺牲，成为领头羊再自然不过。我是有棋下当然好，没棋下就看棋书，没棋书看就收心用功的，投入程度远远比不上云昆，因为想都没想要下出什么名堂来，呵呵。要是下棋耽误了功课，估计要被父母念叨一辈子，怕怕。

肃然起敬

地区赛后，我真正收心读书，封棋百日，成绩直线上升，一个学期爬到第6。寒假继续埋头读书，海峡杯就在三明举行也强忍着不去，到5月省统考爬到年段第2，这才放了心，间或下盘棋放松放松。

然后迎来高考，我爸爸实在是颇有大将风度，7月7日高考，4日十一二点还问我要不要看世界杯半决赛！当然其中有稳健地填报了厦大、保证招生名额有一定数目后的因素。他相信有围棋、数学、唱歌一堆特长和证书在，基本十拿九稳了。

说来我读文科虽然意外，却也在情理之中，理化不行了，但史地政都是只要肯背就行，可以重新开始。我就靠着一门数学拉分，只要数学难考，我排位就看涨。高考时，我语文作文没写完强行收尾、历史不及格（平均分），但阿弥陀佛数学试卷如愿出得难，全省平均70分不到，而我115分，OK过线35分来厦大。

高考填报志愿时，由于围棋的原因，我是很想去京沪等大城市的，最后关头还是稳字当头报了厦大。还好还好，否则又怎么能和诸位弟兄一聚，肃然起敬，携手至今呢？

【皮蛋】2008年1月5日，厦门国际马拉松赛，云昆自去年来了个半程之后今年挑战全程，4小时12分搞定，强啊。我本欲在途中搞张相片和大家分享一下，结果不知为何，没见他从我眼前跑过，估计是夹在一堆人中间吧。

【云昆】比赛成绩是4小时14分19秒，出发时六千人我大概在五千的位置，等跑到起点一看已经1分41秒了，因此净时是4小时12分38秒。本来还以为以净用时记名的，跑完才知道出发时芯片是不扫描的，亏了不少。前一段的储备比较充分，所以30km以后并没有撞到所谓的"墙"，最后5km我还能加速比我全程平均速度快4%，最后400m我发狠以跑1500m的速度冲，超了十几个人，呵呵。

【志芳】云昆太强了！佩服他的毅力！该同志已经成为我2008年的新偶像之一。

【刘标】云昆的爆发力一直都是很强的，上大学时他是我们班踢后卫的，经常是得球后从己方禁区开始启动，然后以迅雷不及掩耳之势狂带80米，直到冲出对方底线为止。没想到十几年后风采依然，强悍！

【刘标】既然讲到云昆的棋事，作为他的粉丝，骨灰级的，我觉得应该义不容辞地讴歌他一下，并且希望此贴能参与史上最强"马屁贴"的竞争。

云昆的case似乎是"只有偏执狂才能成功"的印证，但我觉得他超凡的天分永远不可忽视。各位看官，look：一个文科生能在奥数赛拿省奖，能在短时间内将魔方还原，能把双K被对方双A抓住的概率算出21.6%，能把24点玩得炉火纯青，能在马晓春第10000天生日寄贺卡给他（有回复的哦）……除了量化能力之强外，我只能说，昆哥的天才，高山仰止啊。

第一眼见到云昆，虽然刚进大学校门的他还处在战痘的青春期，但清奇的骨骼还是让人觉得此子不凡啊。棋盘前的他冷峻的表情渗透着悠远的杀意，犀利的眼神中氤氲着为对手担忧的柔情，即便是臭袜子的味道也让人感觉是远处高楼传来的缥缈歌声，而蹂躏对手之后的汕（善）笑总带着蒙娜丽莎的神秘，在一片"原来围棋还可以这么下"的惊呼声中扔下一句"不开窍"，然后敞着运动衣打着响指引吭高歌扬长而去，而那一转身的华丽风采，让我等永远徘徊在2段门口的面瓜，顶礼膜拜啊。

综上所述，云昆确实是个职业棋手胚子，只不过起步晚错过入段年龄而已。看完此贴后，若出现云昆的后槽牙酸倒和其他棋友吐出隔夜饭的现象，在此，本人为给你们带来的不适表示深深的歉意。

最后申明：我绝对不是云昆的枪手。像我这样属于周星驰在《喜剧之王》里所云的"有没有跑龙套的角色啊？哪怕不露脸的也行"的厦大围棋史上小人物，近4个月来也一直在在享受此博给我们重温校园回忆和属于我们那个年代的围棋烙印的快乐和温馨，非常感谢博主苏先生、云昆和所有厦大棋友们！

蔡建宏：围棋是一辈子的爱好

围棋是一辈子的爱好，这是我的心愿，但华江老兄对此深表怀疑，理由是我在厦大读书期间几乎不下棋，"不知在干些什么"华江如是问我，我也无以作答。人总是在曲折探索之后，方知自己深爱的是什么。现在这个社会，各式各样的诱惑很多，我又貌似兴趣广泛，什么都要涉猎，什么都要附庸风雅一番，如唱歌、体育、电脑游戏、文学、电影等等，可却无一精通，吹吹牛可以，上不得正式的台面。而这些呢，却占据了我许多的时光，对围棋呢，反而却有逐渐疏远之势，与云昆、华江在围棋上的付出比起来，哎，是不能称什么热爱的！随着年岁的增长，许多所谓的宏伟远大的理想其实不过是空中楼阁，生活中点点滴滴的细节，才是真实的人生。而在琐碎的生活中，什么会让你在疲惫不堪时给你慰藉，让你坚持不懈，偶然之间还会怦然心动呢？我的答案是：围棋！

华江的"南强棋人&映雪棋事"博客把我们这群厦大棋友在围棋世界中的一些片段、经历描写得这么细致入微，引起了大家的热烈反响，参与者甚众，纷纷发表自己的《学棋记》。在华江的一再催促之下，我也回想了一下自己的学棋经历。与学围棋时的全身心投入相比，也许现在我对围棋的付出已不值得一提了，但是我对围棋的感情应该是日久弥深，才会有上述答案吧。因此我也写了点东西，除了凑一凑热闹，吹吹牛外，我想也可以激励一下自己，重燃自己的那份热忱。

记得是在中学初一年学的围棋，想是前世有缘，一下子就迷上了。我们班的班长陈国火一直与我要好，他家有许多武侠小说，我常千方百计地向他借阅。某日，国火说要到同班的张志阳处学围棋，邀我同行。我与张志阳那时还不熟，且有些许不值得一谈的小过节在，因此本不欲去。但为能向国火多借几本小说，我便装出一副舍命陪君子的慨然之态与之前往，不想却陷入了围棋快乐的旋涡当中，从此不能自拔。很多人说是受了中日围棋擂台赛的影响学的围棋，而我却是因了武侠小说之缘而进入了围棋的世界，呵呵，难怪我痴迷围棋的同时还是不忘金庸的武侠小说！

初学伊始，自然是与国火作对手了。那时下的棋想来大家都是一样的，布完星后就从中路开始互贴垒长城，没什么技术含量。开始时当然互有胜负，但因我渐渐懂得了扳二子头、连扳，很快我就超过了国火，从此国火就再也无法赢我了。国火可能是大受打击从此不再摸棋，没了对手怎么办？我只好不知天高地厚地向张志阳挑战。志阳与我下了一盘后，不动声色地说，"可以先跟我老爸下下，下过了我们再来"。志阳的父亲张良杰先生是位数学教师，是志阳围棋的启蒙者，但水平与志阳差了好几个档次。由于良杰先生热爱书法，写了一手好字，常在家勤练不辍，平时一般不下棋。但良杰先生见我学棋热情高昂，同时也想过过棋瘾，因此只要我一到，立马放下毛笔与我来上几盘。那时刚好放暑假，我常在炎炎午后一点多去志阳家与良杰先生对弈，经常一下就一个下午。

志阳在同学中人缘很好，许多同学也常来他家玩耍。他们见我在学围棋，也都装模作样地学了起来，但更多的时候是聚集在一起打牌，玩电视游戏，因此水平提高不快。反观我，虽然偶尔与他们在一起玩一玩，但主要的功夫都花在围棋上，因此水平提升很快。暑假未结束，我对良杰先生已是胜多负少了，惹得志阳也不时过来观战一番。终于有一天志阳以高姿态的口吻说："还可以嘛，那就来一盘吧。"自此，我的对手就晋级为志阳了。那时志阳是我班乃至厦门一中的围棋第一高手，初期过招，我自然是屡屡中刀。但被砍得多了，也能学到几手妙招。同时志阳家中也有不少围棋书籍，原被志阳视为不外传之武功秘籍，但禁不住我不断索求，终于对我开放。我如获至宝，每日勤学苦练，目标就是打败张志阳。志阳在我的不断冲击之下，渐渐地败下阵来，此时已是初二年的暑假了。志阳兴趣广泛，对文学、音乐等均有浓厚的兴趣，而我心无旁骛，眼里只有围棋，"搏 N 只兔子"让志阳的水平一直未能有大的突破，此后也一直未能缩小与我的距离，但其对围棋的热爱仍是一如既往。与此类似，我在成名后对围棋的付出也逐渐减少，云昆却痴迷围棋不已，对围棋的投入十倍于我还不止。我在近十年来一直未能赢过云昆也如同志阳于我一样，是很自然的事。

水平超越志阳后，我成了厦门一中围棋的第一人，一中的围棋热度也随着中日擂台赛聂旋风的狂飙而逐渐升温。记得那时大家很崇拜日本超一流棋手，纷纷效仿日本棋手夺得大赛冠军后更名，也为自己取了个日本名字，以表达喜爱之情和体现自己的棋风。如我因喜欢武宫正树而取名武宫正宏，而志阳的偶像为加腾正夫，自然取名为加腾剑阳等。班级的围棋活动也以我和志阳为中心，互相切磋较量，不亦乐乎。虽然后来坚持下围棋的同学也只剩寥寥的 3 人，但那段同好群聚畅谈围棋典故、围棋理想的学习生活片断仍不时让我心中充满了温暖。而我在与志阳对弈之余，在他的影响下，也培养起了多种兴趣爱好，从此也与志阳建立起深厚的友谊，并成为一生的好友。虽然我现在水平已达业余 4 段，而志阳仍在 1 段徘徊，但如果没有他的指导与帮助，我是不可能在围棋的海洋坚持畅游下去的，因此志阳虽是同学，但我一直视他为我的围棋师傅，对外介绍时即是如此称呼的。

在同学圈中无敌后我一直在寻找其他的对手。良杰先生学校中也有一帮教师爱下围棋，如陈荣茂老师、罗盛开老师、杨老师等，志阳的围棋传授也主要来自于这些老师。听闻我进步飞快，这些老师很感兴趣，良杰伯父也极力安排我与他们较量。在初二年的暑期后半段，我的战场也从志阳家转移到了陈荣茂老师家中。陈荣茂老师与我对局最多，他的棋力当时有强初段水平，是力棋，而我也是有断必断，两人经常杀得天昏地暗，尸横遍野。因此陈老师对我的棋的评价是冲击力强，很是凶悍。想来我后来的棋风就是在那段时期培养起来的。而其他几位老师比较温柔，这让我也接触到了不同风格的棋路，技艺更是悄然上升。

在与陈老师们苦战一段时间后，除了对罗盛开老师（后来升为业余3段）我还是处于下风外（但较少有机会与之对弈），其他均取得胜多负少的成绩，我又不满足于这些对手了。想再寻找更为强大的对手来提高自己。在一次与同学的偶然聊天中，同学说到一位邻居也经常下围棋，问我有无兴趣去会会。虽然同学说不出邻居的水平如何，但我那时寻找对手心情迫切，什么样的对手都想试试，因此欣然前往。而陈勇成先生，这位对我围棋生涯起到最为重要作用的人物登场了。陈勇成先生棋力当时应有2段水平，初接触后我略逊，而此后他与我对局的数量实际也并不多，但也许是缘分，勇成先生对我特别看重，为提高我的水平不遗余力，介绍了众多的对手与我对练，这极大地促进了我水平的提高。虽然我与陈勇成先生没有师徒名分，但没有他的指引，我是不可能达到业余4段。

当时陈勇成先生是位已参加工作的青年，有位长兄也会下，兄弟二人都非常喜爱围棋。我初次到他在滨北石亭路家中下棋时，除了我与勇成一盘外，他哥哥也领着一帮人在下棋。那群人中实力强劲的人不少，而勇成的水平最高。他们平时经常下棋的场所其实不在石亭路家中，而是在一处很有意思的地方，当时那个地方没有任何称呼，为写这篇文章姑且让我称呼它为"勇成俱乐部"吧。

勇成是老厦门，有栋祖宅在现定安广场那一带，属于待拆迁的危房，里面设施已基本搬走，在屋内大厅处摆放两扇门板，两边各摆有两条长凳，这样就组成两排棋桌。而在屋内还有两间不足8平方米的小房间，也摆了几张快散架的桌椅。这就是勇成俱乐部的活动场所！勇成俱乐部是个自发组织，不收费，茶水、吃饭自理，每天从早晨9点至夜里12点，不仅有勇成他们这群人在这个破破烂烂的危房内下棋，还吸引了厦门其他的棋迷们来此对弈取乐。当时厦门棋院还未有组织什么像样的比赛，棋院也还未像首届段位赛后成为棋迷们下棋的中心，因此我估计那时勇成家的这间破败的祖宅事实上已是厦门的围棋中心。俱乐部内下棋人员最鼎盛的时候，每天来此下棋的人数近30人。小小的屋内摆不下，时常要摆到路边的小巷里，夜里还有借一下路灯的光线。棋迷大多是烟枪，且喜盘外招，哼歌者有之，边下边调侃者有之，因此屋内一片既乌烟瘴气又热闹非凡的景象。那个时候是20世纪80年代末，老百姓的物资生活水平虽然不高，但在这样一个南方城市的盛夏酷暑里，在如此简陋的，而且还颇具危险性（我当时在此对弈的间歇老是在想这房子会不会在某天就哗啦一声瘫倒在地啊？勇成有段时间也担心这个问题，因此在台风天时禁止人员来此下棋）的地方，仍有这么一群不知疲倦，对炎炎夏日毫不在意，只管沉浸在围棋的搏杀乐趣中的棋迷们如此迷恋围棋，可想当年围棋的热度有多高！

在初三年的那段暑期，我基本上是每天早晨8点出发到勇成俱乐部下棋，奋战一天，夜里八九点方才回家，有时甚至夜里12点才到家。生活中只知围棋，不闻其他事。而这段时期也正是我学棋历程中最为快乐的一段时光。勇成俱乐部中有许多人物和细节一定是很有趣的，由于年代久远，加上我的记忆力实在不怎样（断不能与云昆老兄相提并论的），现早已遗忘，但俱乐部中那时而沉静、时而惊呼（出棋啦）、时而喧哗（局后复盘互不服气）的对弈情景并未随着勇成祖宅的拆掉而随风飘散了，现如今偶尔回想起，依然历历在目，清晰如昨。

随着对局量、各种棋路对手的增加，我的水平又提高到了一定的阶段，俨然已成为俱乐部的第一高手。勇成在与我的对局中也基本处于下风，想来那时棋力已近3段了。勇成见我水平提高飞快，也甚是欣喜，不仅带我去看在厦门举行的中日擂台赛（好像是依田纪基与马晓春的对局），还不断为我寻找水平更高的对手，如当时厦门围棋界的名手叶宏、廖纳新、傅享年等。其中傅享年与勇成好像是自行车厂的同事，可能因了这层关系，与我对局最多（叶宏印象中仅下过一局）。享年的棋路比较正，不像我一样大砍大杀。因此与他对弈，在布局、大局上深有收获，对我水平的提高帮助很大。

水平到了一定程度要再提高是比较困难的，特别是对于我们这种未经过专业训练的业余棋迷。当时围棋相关的信息很少，只有《围棋》月刊等少量的书籍，并且也无力购买大量的棋书，因此我对围棋的基本布局、死活、局部常用手段等基础掌握得较少，况且我对于基础的东西总有种不屑一顾的态度，总以为砍杀、杀大龙是最简单的取胜之道，因此基础一直不太牢靠（云昆说我官子太臭想来也是有道理），这也成了我水平一直难有重大突破的关键原因之一。不像现在，网络实在发达，围棋相关的信息很多，各种介绍围棋技巧、手段的书籍网上一拾一大把，而且有高手做贡献，各种文章书籍分门别类，非常系统也便于查阅，如华江使用的 StoneBase 软件，无疑就是一个围棋技术的大仓库，而且可以随时任意地添加最新的资料，实在是目前我见到过的学习围棋的最好助手。现在只要有时间也肯花时间的话，我想完全也可以达到专业训练的水准。只是像我们现在这种岁数，错过了围棋最佳学习的黄金时间后，想再重新进行基础培养已不可能了。

在高一年下学期参加厦门首届段位之前，我也参加过几次比赛，都没有什么出彩的成绩。那时厦门水平最高的应该是牛晓南与叶宏，他们就像高山一样难以逾越，在比赛中与他们对局总是感觉非常艰难，很快就会崩掉。当时深感水平要再提高，真是太难了。但比赛的偶然性很强，运气来时，也能在老虎打盹的时候赢上一盘。比如叶宏我是从未赢过，但棋力最强的牛晓南也是砍杀型的，比较对路，我偶尔也能揪住他一条龙攻而杀之，赢上一盘。因此几次比赛之后，我也小有名气，信心也比较足。

1989年，厦门举办了首届地方围棋段位赛。那次比赛云集了厦门所有的高手——牛晓南、叶宏、陈景隆、张新民、林钦华、廖纳新、傅享年等，参赛人数达100多人，盛况空前。勇成与我都报名参加，赛前勇成还鼓励我争取拿个业余2段证书。但谁也没想到我却脱颖而出，取得了第二名的成绩，获定业余4段。记得最后一盘我是赢了之前从未赢过的叶宏，真是运气啊！比赛过后报社记者还来学校采访，学校团委也很重视，为此还成立了厦门一中围棋协会，我也经常参加如多面打、棋局讲解，与双十中学、厦门五中进行围棋擂台赛或对抗赛等一系列活动，"蔡建宏"声名因此鹊起。

但惋惜的是，在成名之后我下棋的心态发生了一些非常自然的变化（所以似乎也不能说惋惜），以前输一盘棋心里难受，但更多地是想着下次怎么赢回来，心底有一股奋起直追的勇气在激励着自己勇往直前。而成名后，输了棋除了痛苦外，更多的是不安与恐慌，心中想"我怎么会输给这个人呢"，对自己下棋的信心在逐渐丧失。渐渐地，我下棋开始怕输，缩手缩脚，形势好时一味保守而惨遭翻盘，形势不佳时过于急躁激进而使还能维持的局面过早地崩溃。记忆深刻的一次是参加厦门市中学生棋类比赛，当时中学生围棋中确实无人能与我相提并论（中学生象棋中有后来成为象棋特级大师的郑一泓），我直奔冠军而去。但不可思议的是，我却在小组赛中不慎负于了林雄岳，连小组都没出线！厦门棋院原来拟定要派冠军代表厦门参加省中学生棋类比赛的（冠军好像是双十中学的郑志宏），可比赛结果让我无地自容，也让棋院为难了，最后棋院权衡再三，还是派我去安溪参赛。在这次比赛中，我结识了潘奕俊和许云昆。那时云昆的棋还缺乏冲击力，潘先生客观地讲还是稍逊于我的，但我在大优情况下输给了潘先生，仅获亚军，也是心理状态无法摆脱，老是以上手自居、想赢怕输的缘故使然，后来在厦大期间棋下得少也是这个缘故。

有段时间心态调整不过来，竟然有此生不再下围棋的念头！我的对局量急剧下降，而我也为自己找好了借口——高考在即要专心学业了。围棋似乎已逐渐离我而去，在此后的厦大求学期间、走上工作岗位后，我的围棋水平一直未能有重大突破，水平迟滞不前，一直至今。虽说我自觉对围棋的理解还在不断地增进中，但对局数量少、计算力不足仍然不利于提高棋力，毕竟围棋讲究的是整体水平的较量。我也逐渐与陈荣茂老师、陈勇成先生等在我学棋过程中对我帮助很大的这些老师前辈们断了联系，在各种重要的比赛中也未能再取得什么出色的成绩来回报他们对我的教导之情，真的是惭愧啊！学棋时那种永不服输、一往无前的劲头一去不复返了。从获定业余4段后已近20年了，我在围棋上仍然无法找回我学棋时的那种状态。名声这个东西给人带来的利弊确实非常明显，如何克服功利心、想赢怕输的心理现如今的职业高手也无法幸免，何况我这个俗人？呵呵，不谈也罢！

作为业余围棋爱好者，我们在年少时为之付出那么多的心血，她也给我们带来了那么多的欢乐。学棋时光真的是快乐的，回想起来也真的是甜蜜的，如同在谈恋爱一般。因此我们有什么理由不能终此一生热爱围棋呢？如余平所说的，围棋是这个世界上最有趣的游戏！我也玩过那么多种的电脑游戏，确实没有一项可以让我坚持至今。现在对弈时间远不如从前，但我依然关心围棋，最新的赛事、最新的人物、最新的布局、最新的局部手段，其实我都会在第一时间内去了解，因为我仍然订阅《围棋天地》，我仍然每天浏览《棋圣道场》网站的新闻报道与最新棋局，我仍然购买最新出版的围棋书籍……我相信，围棋一定是我一辈子的爱好，如果我们把围棋视为一种游戏，视为一种爱好，淡化我们的胜负心，我们其实比职业棋手更幸福！在繁忙的讨生活之余，围棋将是我们生活中的精神支柱。

【倪少丹】
鹭岛围棋往事——蔡建宏

1989年夏天，厦门举办了首届地方棋段位赛。那次比赛云集了厦门所有的顶尖高手！牛晓南、叶宏、陈景隆、张新民、林钦华、廖纳新、傅享年等都参加了比赛，参赛人数达100多人，盛况空前。一位16岁的花季少年参加了这届比赛，虽然年纪轻轻，却已有着超乎年龄的从容与稳重。虽是初出江湖，年少试剑，却是于锋利中不失厚重，无论攻、守，布局，都十分得当。比赛中，他发挥得淋漓尽致，击败了多名重量级人物，最后勇夺亚军，获得了业余4段证书（当时的厦门段位赛最高只能定到4段）。这位花季少年名字叫作——蔡建宏。

进入90年代后，蔡建宏已是鹭岛棋坛一面飞扬的鲜明的旗帜。厦门市诸多围棋赛事、团体赛、个人赛、升段赛等，蔡建宏均取得了骄人的胜绩。以至于，鹭岛棋坛谈蔡色变。放眼鹭岛棋坛，所有的围棋高手，没有人不知蔡建宏。"莫愁棋坛无知己，鹭岛谁人不识君？"

令人惋惜的是年少成名的蔡建宏在成名之后，可能是下棋的心态发生了一些变化，没能在棋艺上继续突破。若干年下来，他就只有人见老而棋不见长。棋力始终停留在以前的水准上，达不到更高的境界。

时光步入21世纪以后，随着倪少丹、李腾等"80后"新秀的崛起，对蔡建宏等70辈棋手产生了极大的冲击波。蔡建宏也慢慢地淡出了历史舞台。

2004年秋天的"厦门围棋锦标赛"上，已过而立之年的蔡建宏再度披挂出征。他一路过关斩将，7轮制的比赛前6轮全胜，向棋友们展示出了"宝刀未老"的状态。遗憾的是在最后一盘冠军争夺战中超大优势的棋被倪少丹翻盘，痛失冠军。

生活的战场上，没有永远的胜利者，棋坛也是如此。这正是生活的残酷，也是生活的公正所在。没有一段岁月可以被永远守住。再回首，天空没有翅膀的痕迹，而你却已经飞过。

张志阳：也谈建宏学棋

大家好，我是建宏同学文中提到的张志阳，很高兴认识大家！

其实从一开始我就在关注这个博客，因为华江一开博，建宏就告诉我了，而它也就一直在我的收藏夹里了，不时要打开来看看，很佩服华江的用心，他的满腔热情和花费的心血让人感动！从这里我看到很多精彩的人和事，很羡慕建宏有这么一帮子热爱围棋的可爱的朋友！那些尘封的往事，仿佛经过擦拭一般，都闪闪发光了，这就是大家永远珍藏在记忆里的闪亮的日子吧！

看了建宏的学棋记，勾起我很多少年时代的回忆。他学棋当然是我教的，不过他进步神速，以我的水平又能当得了他几天的老师呢！当时俺带动了好多同学，包括后来与五中的擂台赛，成立一中棋社，参加市里各种比赛，俺都是主要组织者之一。那几年一中的围棋活动真是轰轰烈烈，当然这主要归功于建宏突飞猛进的棋艺、出类拔萃的战绩，当时他才高一，就已是厦门仅有的两位业余4段之一，在学校是挺轰动的。

其实建宏学棋之后最重要的是另两拨人。

其一是我爸学校的陈荣茂老师、游怀忠老师等众多教员，他们其实是我们所有人的启蒙老师，那时（80年代中期）我爸学校下棋的风气很盛，我们家简直就是这些老师们的棋社，我们就是在耳濡目染之中开始学棋，陈、游二位老师是其中最顶尖的人物，又都英俊潇洒，风度翩翩，很让我等仰慕。建宏自是向他们讨教了不少，两位老师多次提起"建宏这小鬼是个棋才，如果早点学棋，并处在北京上海围棋水平较高的地方，一定前途无量"，这番话我印象深刻，觉得是很高的评价，不知建宏可还记得。

其二是勇成、勇显兄弟等一帮江湖怪才。通过同学我们认识了勇成，并到他家以及九市路口的一间破房子去下棋。记忆中那是一间非常破败的房子，光线昏暗，四壁斑驳，仿佛随时可能坍塌下来，里面歪歪斜斜摆着十几张破旧桌椅，十几个人在其间捉对厮杀，许多烟枪把房间变得一片迷蒙，云雾缭绕，大多数人举止怪异，言语粗俗，犹如一群江湖怪侠。门外是思明南路，车水马龙，人们上下班、买菜、逛街，一切如常。而推开这扇门，云雾里的这般景象，很有魔幻气息，一门之隔，仿佛来到一个虚幻的世界。家里的老师们文质彬彬，举止高雅，围棋很是阳春白雪，这里的围棋却是如此粗鄙草根，这种落差给了我很大的震撼。建宏却无神经似的毫无感觉，如鱼得水般很快融入了这个怪人家族，这段时间他与形形色色的对手下了无数对局，棋力在超越我之后取得飞速长足的进步，将我远远甩下，这一阶段的差距，成了我今后永远无法缩短的差距！因此我觉得这是建宏学棋过程中极其重要的时光。

初中及高中这五六年期间，是建宏这辈子对围棋最投入的时候，有如着魔一般，完全浸淫其中，棋力突飞猛进，想来他一定有种高峰体验。工作这些年来，他就只有人见老而棋不见长，随着阅历增长，大局、境界或有提高，但算路及对棋路的敏感性好像有些衰退了。

感谢华江开辟了这片园地，这是一个温馨的小窝，是棋迷之家！

【刘标】我们那个年代学棋轨迹大致相近：旁边有同学爱下棋，自己无意中介入，学会四吃一后开始一发不可收拾，然后经常会陷入一种茫然的状态——我怎么老是干不过他？在怀疑自己智商的同时终于明白还是要理论指导实际，于是随手抓本书就看，我看的第一本棋书是加腾正夫的《通往初段的捷径—3》，当时我表哥从福师大带回来的，那简直就是天书啊，我整整看了一个暑假，反复吟诵，所谓书读百遍，其义自见，终于记住了几句谚语：弯三角是愚型的典型、入界宜缓、厚势勿围地……我记得书上可能列了有30条，当明白金鸡独立可以妙手杀敌时，当弄清楚刀把五是死型并且还存八气时，觉得自己掌握了一种武林密笈，闭上书后有种荡气回肠、仗剑走天涯的感觉，任督两脉终于打通了，绝技终于练成了，看着镜中的自己分明右脸浮出一个"初"字左脸浮出一个"段"字，暗暗地说是时候了，该出江湖了，应该像聂卫平一样当民族英雄大刀向鬼子头上砍去了，正是怀着这样一不怕输、二不怕丢人的精神，从此一名堂吉诃德闯入了围棋殿堂大门，经营着黑白世堂吉诃德界里的快意恩仇。

杨　晖：学棋记

刚开始学棋大概是 1985 年，在一个同学家里学会的。

遇到的第一件事就很苦恼：如果被人家从外面围住，不管里面多少个空格你都会死，就算十个吧？人家填到第 9 个就是打吃了，你只有提掉。人家再继续填，总之到最后你就被全部提掉。天哪，这事对我的震动不亚于牛顿被苹果砸到！可能在这以后才学会打劫的。

上高中后，班上有几个都很喜欢下棋，平时就书包里装上，中午就在乒乓球台上下，那时是塑料棋盘，玻璃棋，8 元一副。棋下着下着会少一些，街上有商店零卖棋子的，柜台还是木头的那种，棋子一分钱一个。

那时棋书也少，市中心有个图书馆，凭学生证就可以在里面看。好像就一本吴清源的《白布局》，啧啧，那时候如何看得懂？（估计有人会建议我把"那时候"删去。）

买的第一本棋书是邱鑫的《分投、侵消和打入》，好几毛呢。那时候觉得难度和《白布局》差不多。后来发现杜君果的那本《围棋基础》很好，特别是死活题，非常实用，全部做完有业余初段，注意是卜俊那时候的初段哦。第一道题是先扑后点杀角，后来郭舰给我们摆棋（校内团体赛），他先点后扑放活对手，记得大家是全体起立，拒绝再看——错也要错得有道理嘛。

市里有个茶馆，泡一杯茶，可以下一天围棋。周末我们几个同学会过去看，很热闹。那时候但凡在那边下彩棋的我们都觉得很高手，一路大飞就是在那里看到的，还有传说中的金鸡独立等等，真妙。

一帮家伙一边下一边打嘴仗，照多文天王的说法："优势方照例开始滔滔不绝地讲解对局流程，分析当前形势（当然是极不客观的那种），亲切地与每位到场者寒暄，明显受到压抑的对方则沉浸在悲愤中，以至于在之后的近一小时中一言不发，憋着的一泡尿也没时间去处理，所以采用的是一种夹着腿的坐姿。按照惯例，形势好的人时刻与刚来的朋友打招呼，作游刃有余状；而且热心参加局面分析讨论，尽量从客观的角度，以显示其卓尔不群的高度。这就像歌星参加演唱会，会简单地只是唱完一首歌了事吗？通常现场情况如下：音乐响起，该歌星粉墨登场，频频挥手示意——午夜的钟声正在敲打我的无眠。在歌声中，黑棋的一个角又被掏走。"总之对棋艺和心理都是一个挑战。我一直认为，如果中国足球队在这样的环境中成长，心理绝对过关。

【云昆】看着仿宋体那一段，杨晖同志恍然就在眼前。
【皮蛋】云昆总是话说半句，眼前恍然浮现的到底指哪一位呢？费解。
【云昆】严密地说，哪一位的概率都是存在的。举个并非不可能的例子，譬如杨晖让别人"半个子"下的时候，其谦谦君子的形象就体现得淋漓尽致。

　　大概一年多吧，里面好多人都下不过我了，经常可以赢点钱，挺好玩。那时候数目挺准，有时赢十几目的故意损一点，只赢个几目。

　　1989年市里面举办围棋赛，32个人居然打13轮，要求比全国个人赛都还严格。我打了第5名，那个比赛打完，感觉可能棋力有长两个，或许棋力有2段多吧？

　　进厦大先找郭舰下，他门口是大路，宿舍有个家伙很好玩，握着一个扫帚："芙蓉一人民广播电台，芙蓉一人民广播电台，现在开始播音。郭舰，请不要发出银铃般的笑声。"后来是悦海，感觉他棋很正，本来我已不行了，飞枷抓不住棋筋，但悦海误算，让我捡了一盘。

　　据说由此惊动了许云昆，一个周末他来找我，带我上他住的芙蓉八的7楼，第一次站那么高看厦大，灯火辉煌，感觉很不错。一见面我就很景仰——以前从来没有见过这样会量化的人，并且连我家乡的高手他都知道。但一走棋就觉得差距很大，根本就没法下。那时学校里围棋氛围不错，熄灯后一帮观众会打手电让你把棋下完。

蔡建宏那时的棋很厉害，手表一脱放旁边，抹抹脸。整个就《疯狂的石头》里面那个小军讲的——专业。边上拆四我就是那时候第一次看他下的，后来马晓春也评价拆四比拆三好：补一手，棋型比拆三好，人家来打入，也就只能对你一边威胁大。

彼得名言很多，很有点后现代派的味道。他讲的很多话是有典故的，老美有句熟语：In the future everyone will be famous for fifteen minutes（在未来，每个人都成名15分钟），就是和他的"厦大5000名人"很配套的（皮蛋注：此实乃云昆名言）。所谓的彼得后半盘滴水不漏是蔡雷传出来的，英语的说法是：It never rains but it pours。刀五是把刀这一著名论断，最近也由江湖上赫赫有名的天元宝宝予以证实："传统的围棋把刀五被称为愚形，但是，同学们，在实战中，刀五生命力极其旺盛，有八气，即使对手煞费苦心把它吃了，你只要轻轻点入，还是块基本死型。用现代的审美来看，他的身材，比芙蓉姐姐苗条，比李宇春丰满。所以，我们说，刀五是……"

华江一年后进来的，觉得他后半盘官子工夫很厉害，棋的形状比我好多了。后来是首届棋王赛冠军，那时要打个冠军挺难。

潘奕俊的棋很有意思。最大的特点是他走得好的地方他自己认为不咋的，走得烂的地方他又觉得挺好。为了发展厦大围棋，他从泉州带来很多棋盘，后来销路不好，我这边个人赛报名时帮他卖了不少，他一高兴还送我一块，质量很不错，用了有10年。

林志芳两年后进来，华山那种悬崖都敢爬，真厉害——我看照片都有点怕，印象很深。现在网名叫"大可乐"，可乐瓶子和可乐罐子代表两种截然不同的女性身材，同大小倒没有直接关系。建议最好改成小可乐瓶或者玻璃可乐瓶。黄为来自漳平，毕业后就不戴眼镜了，那次在街上遇到，颇有惊艳之感。

林思风：彼得学棋记

我之学棋，是因为父亲会下棋的缘故，现在想来他大约有业余一级的棋力吧，在当时还是不错的。小时候父亲不在身边，他是搞地质的，调回福州之前在三明工作，直到我 12 岁上小学四年级的时候，父亲终于回来了。小舅的棋力与父亲相当，两人时常在我家开战，棋的内容我自然不大明白，不过耳濡目染之下，我也开始尝试下棋，对手是我弟弟。弟弟因为一年前去三明过暑假时得到父亲指点的缘故，自然赢的居多，而我只能靠捡漏赢棋，如是这般，倒也不亦乐乎。父亲订有围棋月刊，因看不懂，故我也从来不看。直到有一天，楼上一个大我一岁的哥们来家里，正好我们两兄弟在下棋，他以一种不以为然的口吻对我们的水平表示怀疑，少年天性好胜，我和弟弟当然马上邀战，然而接下来的一幕令我至今难忘：那哥们一面嘴里谦虚地念着"看来我今天只有含恨败北了"，一面下手把我们兄弟杀得落花流水，直到中午母亲叫吃饭时，兄弟俩犹自相对无语，惭愧不已。

于是当晚我们就把父亲订的围棋月刊拿来看，父亲指点说要从定式学起，刚好那时的月刊有定式连载，先是大雪崩，当然看得一头雾水，就去找容易的先看，小目高挂托退定式，着手少，次序好记，可是我开始总不明白当对方高挂时为什么要应以下托，又凭什么敢于下托呢？非常担心对方内扳下来，那可怎么办啊，直到某天看到月刊上讲解到中盘战要领"扭十字长一边"时，由此联想到托退定式如果内扳会被对方切断形成"扭十字长一边"的形状，哈哈原来如此，不由深为自己的举一反三兴奋不已……哎，当时的我对于棋之一道就是这么不开窍，棋力当然只能就这么缓慢如蜗牛地在摸索中长进。中间偶尔向父亲讨教一局，总是过不了9子关。父亲几乎从不讲解的，偶尔下到得意处会说说这招就叫"仙鹤大伸腿"什么的。这样过了半年左右,也不知道自己到底是什么水平，只记得要比弟弟好点了。

上了初中，好像突然开窍似的，棋力有了一个跃进，父亲大约只能让我两个。初二时，正值老聂在擂台赛大展神威。一天小舅突然告诉我福州科艺宫举办"树人杯"围棋赛，他已为我报名参加"儿童组"比赛。主办人陈昭瑞老师培养过张璇，在福州棋界地位颇高。我当时完全是抱着重在参与的态度去的，先是双败淘汰的预赛，哪知前四局居然全胜，第五局虽然输了，依然让我信心大增，顺利进入决赛。决赛积分循环制，前三局依然顺利取胜，后两局对手实力均有段位，其中方子敬更是昭瑞的高徒，正常下让我两个还有余，然而这两局结果居然一胜一负，输给方的一局还是因一块棋死活定胜负时漏交换一个次序而惜败。比赛最后我第四，现在回想起来，实在是运气。奖品是一套杯子，这套杯子在多年后还收藏在老妈的柜子里。

高中时开始周末泡棋社，多数是与同龄人切磋，印象中成年高手多下彩，我们学生没机缘讨教。高二时参加了市里的段位赛，获初段，也是我唯一的一本段位证书。高三毕业放假在家，得知大院里有王忠和陶健两位高手，就找到陶健下了几局，回想起来他当时大约是2段的棋，杀得我是冷汗直冒，不过几局下来似乎勉强可以抗衡。

由此推断，我在刚进厦大时应该是2段稍弱。第一次参加段位赛很是激动，压力也大，因每局都背负舍友的厚望，最后得了第八还是运气偏好吧，那时厦大围棋相当有厚度的，印象最深的是对建宏的一局，杀得我喘不过气来，直叹对手力量真大，感觉那时建宏足能让我两子。随后就开始了厦大四年难忘的围棋时光，大概是和皮蛋住得很近的缘故吧，我的故事在皮蛋文中多有详述，就不需多说了。

潘奕俊：围棋教给我的一课

我学围棋很早了，我还记得最初的样子，是老爸教会我规则的，但其实他也不会下，我们总是在四五的地方靠星位一子，然后开始角上的战斗。虽然是这样，那时的我还是认为自己会下围棋的，于是在市里面少年宫报名比赛的时候，我报了象棋和围棋，后来仅仅因为时间冲突，认为围棋参赛的人比较少一些，赢面较大而选择围棋。从此与围棋相伴。

那次比赛给我记忆最深的是一盘棋的结果，我被一名大一点的孩子，杀得全盘没有活一个子。我还能记得的只是一两个微小的心理细节。我的一大片棋子找不到两眼，想要突围，可能需要连下两子才能连出去。我下了其中一子，心里祈祷着对手没看见或者放我一马，可是他毫不犹豫地把我断掉了，全歼。可能现在的大人都会觉得这样自然，可当时是小孩的我，面对结果，有种想哭的感觉。期待对手的退让和怜悯是不可能的，在童蒙时代，围棋教了我这个。

虽然输棋，围棋还是引起了我的兴趣，每周都会定时走好远的路去少年宫下棋。后来，无意中接触了一些围棋书籍——如加藤的《中国流布局》，水平开始提高，到了小学五年级的时候，拿到了市里面小学生比赛的第二名，取回了一个好大的花瓶。上了初中，市体委老师找了两个教练教我们，下围棋的主要是我和我弟弟以及另外一对姐弟。可能是因为正处于智力发展年龄，我提高得最快。到了初二年，我的水平约有业余3段，渐渐可以战平老师了。

决定我的围棋风格的是一盘棋。那是初三年时的全省少年围棋比赛，我遇上了另一个大城市的一位业余4段。业余4段！（注：就是蔡建宏）要知道我那时连初段的证书都没有呢，算是遇上的最厉害的对手了。那盘棋几个角部的形状我还记得，到中盘的时候我已经不行了。实地不够，左边有一块棋筋快被吃了，逃跑很困难，另外还有五六个子也含在人家嘴里，无论如何，我很难兼顾两者。

在那一瞬间，我冷静了下来，就好像一个赤手空拳的人，陷入了饥饿的狼群之中，可以看到它们一双双绿油油的眼睛和白森森的牙齿。已经是必死，我就可以把生死置之度外了，心境分外澄明。我深深地吸气，放松，我思考……我想了不知道多长时间……

全盘之上，对手只剩下右边一块棋有点薄。宁为玉碎，不为瓦全。我补不好，就不补了，想吃我的棋筋就吃吧！我镇，我攻击！在那段时间内，我计算的都是对手最厉害的反击手段，敌人的每一招回应都在我的估算之中，在他应对的时候我还要尽可能获得我应得的每一目。我搜根，我攻！我的棋形很奇怪，从一路硬生生地生长进敌人的地里，把对方的眼位给破掉了。对手终于忍受不住逃跑了，在逃跑的过程中伤到了右下角的棋子，局势渐渐均衡。再通过几次强硬的打劫转换以后，对方以白棋172子输掉了这盘棋。

之后我一路破关，尽管也输一盘，但最终获得了那年省少年冠军。

多年以后，我在大学里重逢了几位对手，他们都是我的师兄。他们说我下棋的时候，正襟危坐，面无表情，棋风强硬，能以气势压倒对方。我呵呵一笑，说，是吗。

【奕俊】这篇文章是2001年9月份写的，那时混得比较郁闷的，给自己打打气。拿了建宏发挥失常的一盘棋来自我吹嘘一下。其实赢棋仅仅是运气好罢了。
【志芳】潘先生绝对是我们那个棋班的名人，厦大围棋的名人，当之无愧！
【建宏】潘先生的音容笑貌跃然纸上啊，终于出手啦，这下很热闹了。没想到潘先生与我斗争还有这么伟大的心路历程，估计我肯定是懊恼到极点了吧，呵呵！
【思风】看罢此文，潘先生形象跃然、背影高大，回想在校时与奕俊之对局，着实吃了不少苦头啊。
【皮蛋】某晚看2008年第7期《围棋天地》，赫然发现潘先生的名字和棋谱！咋回事？ 原来鲍云6段写了篇有关盲棋的文章， 附上了他和潘先生的棋谱，这居然是鲍云的第一盘盲棋！潘先生这下可算是"一举成名"了。疑惑之下，电话问之，确有其事，继续问之，怎么和清华棋队凑到一块的？ 答曰："这说来就话长了"，呵呵，正如杨晖所言："潘先生具有很强的社交能力。"

苏华江：皮蛋学棋记

仔细算起来，学棋已 20 余年，擂台赛掀起的围棋热地球人都知道，不必废话，小学四年级到同学家玩，发现了这个宝贝，搞懂了四个吃一个后就下了起来，他就成了我的"启蒙老师"。结果不幸碰上打劫，你提过来我马上就提回去，各不相让、不亦乐乎之下共同认定这是个很罕见的情况，和棋。

真正摸着围棋的边，是哥哥在我五年级时从北京带回了几本棋书，好像有《学围棋》、沈果孙的《围棋官子技巧》等，好书呀。由此开始了看围棋书和杂志，看电视直播的无师自通，上大学前已经集了一整箱的棋书，只可惜放在柴草间里被偷了，随行的还有一箱小人书，极痛。记得第一次打谱是《新体育》杂志上的擂台赛对局，一盘棋一张谱，密密麻麻。在中央找了半天找不着第一手，好容易终于在右上角找着了，高手。

初二，去市少年宫培训班，里面已在学棋的基本上都下不过我，看来还是有那么一点天分的。在那里遇到了真正意义上的启蒙老师，同来自我们三明二中的李斌老师。在李老师的悉心指导与提携之下，我代表梅列区参加了市运会，结识了云昆和郑方亻吉（郑方镳之弟）等人，记得比赛首轮正值汉城奥运会开幕，我输给了郑。最后拿了少年组个人第四和棋类团体冠军，100 元的奖金，巨款。同时还发了一套梅花牌的运动服，质量很好，我爸现在还在穿。

1989 年高一，参加了盛况空前的三明市定段赛，人数太多，分为初赛和决赛两个阶段。我以 7 胜 1 负（负陈宏辉）通过了预赛，决赛前两名定 2 段。冠军是杨连标，我和翁义健、陈逸争第二，惨烈。我先赢了陈逸后对上了翁义健，必胜之时已经开始幻想 2 段证书的模样，结果出了个大漏着（见次页），飞了。还巴望着陈逸阻击翁后三人从头再来，谁知陈就此撂挑子不下了，理由居然是要是赢了还得再下，太累。翁由此拿到了大家都翘首以望的 2 段。

次年，海峡杯在三明举行，我见到了常昊、杨士海等只有杂志上才能看到的人物，还曾因在赛场聊天而被邱百瑞喝止，印象颇深。

1990 年冬，高二，我继续参加了段位赛。升段的难度不小：总共 8 盘得赢个 7 盘，此乃难度一；赛场在三钢轧钢厂，骑车单程就得半个小时，路途之遥超过了从厦大到原厦门棋院，我和卢潮辉就这样摸黑骑了八个晚上，此乃难度二。记得有一轮对吴云凯（曾获厦大首届段位赛冠军），恰逢班级开迎新年晚会，我是班长，潮辉是书记，怎么办呢？唯一的办法就是下完比赛尽快往回赶！最终天道酬勤，我八战全胜升了 2 段，也就是我进厦大之时的段位。

以上就是我进厦大之前的学棋经历，下面挑几个片断介绍给大家。

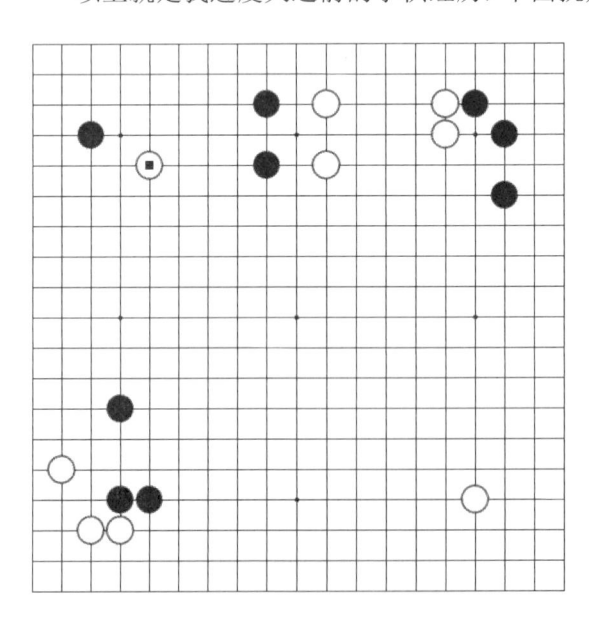

这是 1989 年段位赛的一盘关键对局，对手是重机厂林文风，我的白棋，面对左上角的黑阵，居然下出了■斜挂，好坏姑且不论，至少是有朝气、有想法，现在下不出这棋了。

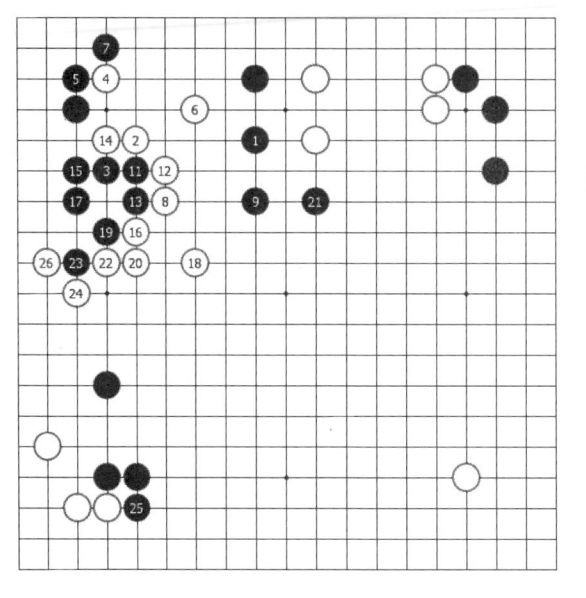

实战谱，应该说白棋打开了局面。

这盘棋读秒读了一个小时，观者如堵。打劫时我多次被读秒、点目搞得记不住是否找过劫材，屡屡问一旁边的陈逸"现在可以提劫吗"，第一次陈逸答了，后面他也不好意思再说，保险起见我只好又找了一个劫材，也算个很有趣的花絮。这盘棋最后赢了 2 目半，我可是没有看谱就把这个局部直接就写下来的，18 年哪，还能记得这么清，可见印象之深。

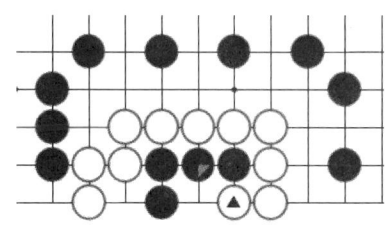

白▲就是那个送飞 2 段的大漏着，（当时显然没心情记谱，周围乃类似形状），怎一个痛字了得呀。当年《围棋》杂志正好有一个连载，题目就叫作《痛悔饮恨的败着》，差点就想把这拿去投稿。

说到投稿，我的棋谱还真上过《围棋》杂志呢，当然是在《对局诊断室》，1988 年第三期。绝无吹牛，照片为证。题材是和卢潮辉的对局，开篇是"福建三明读者苏华江来信，我学棋已三年，苦于老师指点，自觉进步颇慢……"一看就是抄来的，呵呵。

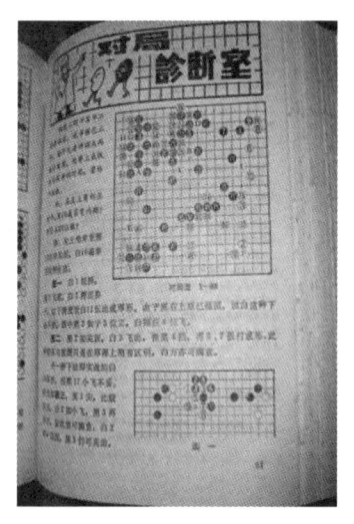

这张照片倒还颇有些故事，前面提到，在上大学前的棋书被小偷一锅端了，后来就再也找不着这本《围棋》，想来颇为遗憾。直到2002年《围棋》杂志停办清仓，才借此邮购了1988年围棋合订本。收到书打开此页，想到《围棋》陪伴我们学棋的点点滴滴，不免有些伤感。

潮辉是寄宿生，我三天两头中午吃完饭也不睡觉就去宿舍找他下棋。两人从初一下到大学，也不知道下过多少盘，一百盘应该是有的，挑一盘最有意思的。

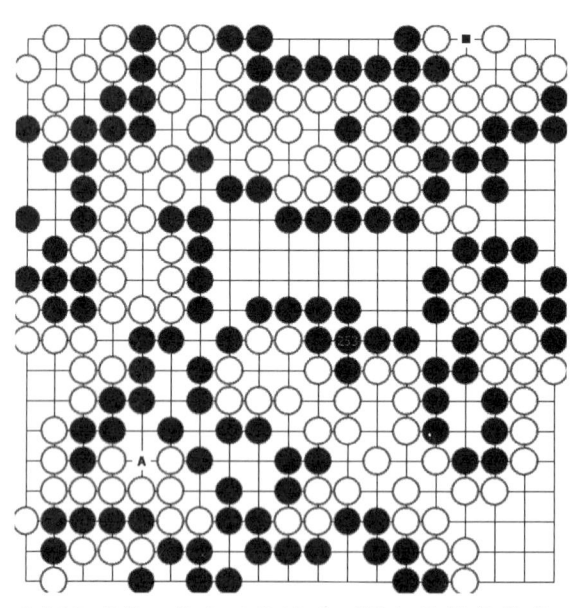

我的白棋，黑棋盘面6目，胜定。但黑253接劫大错，结果硬生生地被白棋靠着右上角■的接劫收后给翻了盘，自然是很不爽。过了几天，潮辉恨恨地对我说："那盘棋最后我还是可以赢的。""不可能的事，接劫收后你还有招"，"我A位主动扑进去不就把你的接劫收后给破了？"原来如此，学了一招。围棋难啊，单劫，甚至单官都是有很多学问的，所以才强烈要求云昆补一篇围棋单官技巧。

除了潮辉之外，和郑建新也下得很多，他家和我家是老邻居，一到放假两个人就凑在一块下棋，建新人很聪明，潮辉说的一个暑假从五子打到两子还真没有夸张，到了上大学前已经让不动子了。与建新的一盘棋让我搞懂了让子规则，让五子不是要贴 2.5 子吗，我就想当然地以为点目时黑棋也要贴五目，谁知一盘棋下完，点目时以为赢了一目，一算子却输了两子。讨论了半天才想明白，如果双方手数一样，目也一样，但最后围出来的地却不一样的，因为黑棋已经先摆了五个，就多了五个子，难怪要贴一半，所以让子棋点目是不用贴目的。建新的记性很好，1992 年国庆厦大军训完我和他一块去泉州，他姑妈家，他居然还记得汽车上坐在前排的人是啥模样，半个多月后建新来看段位赛，一眼就认出了那位老兄，他就是杨晖。段位赛后没多久建新就离开了厦大，交换生源去了新加坡国立大学，这对个人当然是个好事，但对厦大围棋来说就是一个损失了，否则以他的资质和勤奋应该也能成为一号人物。

啰唆了半天，最后再摆一盘入学前的得意之作，对手是当年三明的第一高手李海鹰，他夫人是三明女子围棋第一，一对围棋夫妻。对局背景是三明每年传统的新春围棋擂台赛，时间是 1990 年的 1 月。我上午赢了一盘后，下午又跑去，海鹰主动跳了出来，不禁让我又惊又喜，这可能是我和海鹰下的唯一的一盘对子局。其中有一个堪与云昆得意的三连扳（详见 P.164）相媲美的连扳。

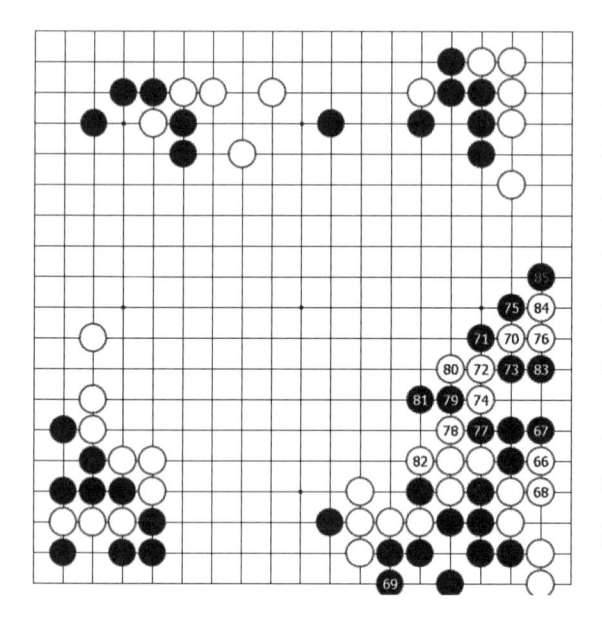

右下角漏算了白棋一路单立，濒临崩溃。但66、68手软了，放了黑棋一条生路。71靠，感觉的一手，不错，72、74生猛地欲通吃。75以下算清楚了，一条路走到底，最后亮出了85的连扳！！

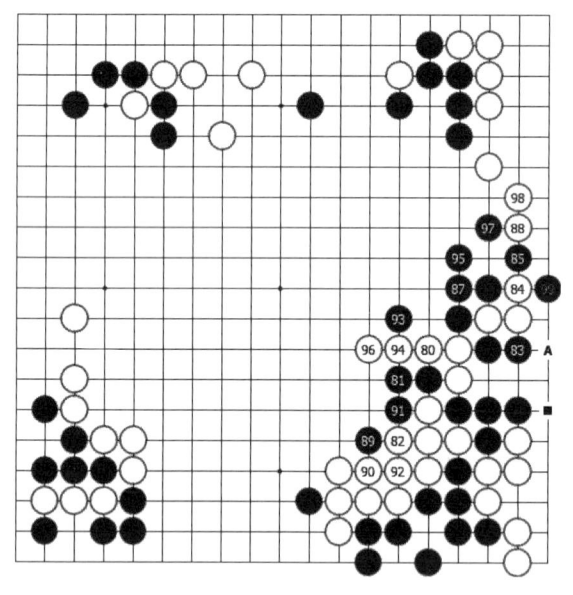

实战的结果，一点次序都错不得的。黑棋以这样一种方式成功脱险，不免有些得意。回家摆棋时，却意外地发现白棋并没有配合好，导致错过了最精彩的变化。94冲之前应在■先扳一手，咋看黑棋已动弹不得，谁知居然还有A位金鸡独立的妙手，真是山穷水复疑无路，柳暗花明又一村。能在与强手的正式对局中下出如此精彩的变化，真是件很幸运的事。（白88亦可在A位扳，能吃黑4子，但并不便宜。）

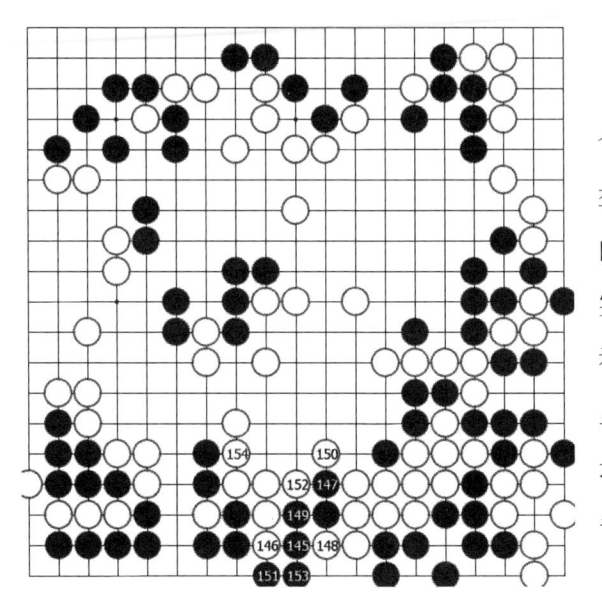

收官时出现了一个双方看错，还是复盘时海鹰夫人发现的。147 看似顽强，实际上并不成立，您看出来了吗？靠着这里赚了一点，这盘棋最后黑棋胜了一目半。

局后复盘，黄宝华、林新宝、李斌等一干三明高手均围坐旁观，海鹰夸我很能搞，我心里不免美滋滋的，李老师目睹自己的学生赢下了三明的最强者，应该也很高兴吧。我捧着攻擂成功的奖品——一个果盘兴高采烈地回家，和上午的那个凑成了一对，直到现在我妈每年春节还用那对果盘装糖果。1990 年那年春节，我是幸运的。

【皮蛋】9 月 28 日，国庆假期前的最后一个工作日，早晨在床上半梦半醒之间，不知怎的，忽又想起了三明的下棋时光。好像每年春节，在原列东街道办（居委会？）的小平房外都会举办迎新春围棋赛，有名手赛也有擂台赛。那时还没去少年宫学棋的我，在旁观对局时屡屡惊觉"原来围棋还能这样下！"，自然受益良多。就在那，我第一次见到了李斌老师，那天李老师输棋后很郁闷地回家，恰与我同路，我在其后不即不离地跟着，此情此景颇有狗仔追星之感。

【皮蛋】还是在新春赛，我第一次见到了读秒：到时间了，裁判安排一个人、一块手表、一根火柴棒，就开始"30、50、55……"，颇为有趣，也颇为科学。现在比赛图省事，全是包干制，少了很多读秒的故事，但倒也平添了更多的奇闻逸事。有时不禁会想，要是现在读秒，可用什么来读啊，呵呵。

【皮蛋】那时围棋热，比赛多。记得高二时还有一次比赛名曰"两厂一校对抗赛"，两厂好像是重机和化机。我和潮辉、李斌老师、陈逸老师（八中）还有一个郭老师组成了"教育系统联队"参赛，我打第二台。赛后去吃炭火锅，我问为何未见三钢、三化，李老师说，两队实力之强，是可以分别和三明其他棋手的联队打对抗的，印象颇深。

卢潮辉：我与皮蛋的中学围棋往事

在皮蛋的众棋友中，恐怕我和皮蛋是交往最早的。1986年进入三明二中学习（想想真快，一晃20多年就过去了），我在1班，皮蛋在4班，班级之间的围棋争霸赛就在我们两班展开（围棋"人口"最多），其中的"最强者"之战也是相当引人注目，我和皮蛋的第一盘棋就是在众目睽睽之下，在1班的讲台上开杀的。

战斗进行得相当激烈，大杀小输赢，临近尾盘时，我感觉形势稍好，突然，皮蛋往桌上一拍，骂了一句什么，结果棋子全错位了，"哈哈哈"，大家都说是皮蛋怕输逃避数子。那盘棋权且算我赢吧，可之后的交锋，我输多赢少，感觉自己也在进步，但皮蛋总是胜我一筹。

之后，由于我和皮蛋的水平最为接近，经常在一块。有一回我们去少年宫下棋，碰到了在那教棋的二中老师李斌，皮蛋和李老师下了一盘，李老师觉得皮蛋还不错，就让他一块去他的围棋班学棋。我跟皮蛋去了一次，那的小孩子很厉害，其中一个小小毛孩很轻松地把我击败，令我自信心极度受挫，之后没再去过。

高中时，有一次全国职业赛在三明举行，我、皮蛋，还有郑建新去看，建新是后起之秀（一个暑假从被皮蛋让5子到2子，进步神速）。我们第一次近距离接触那些原来只能在《围棋天地》、《围棋》看到名字的国手们，很是新奇，我看到一名比我小一点的棋手，输了半目，抹着眼泪跑走了，听建新说，他就是常昊。

高一时，在杭州举办全国"化智牌"竞赛（用化学方程式来打牌），化学老师挑了这届三个同学去，巧的是，恰好是我们三个，这也是"下围棋提高智力"的明证。从山城第一次来到大都市，看什么都很新奇，那时从未见过测体重身高还报"胖瘦"的机器。我和建新上去一测，机器说"较瘦"，皮蛋站上去，机器只说了一个字"瘦"。说到皮蛋瘦，有个事不得不说，有一回在二中的排球场打球，皮蛋一个英勇的鱼跃救球，乖乖，球救起了，人不见了，大家一找，原来整个人掉进场边的水沟里，瘦得装进水沟还绰绰有余。这件事一直被同学们当作笑柄。

高中时，我几乎每一期《围棋天地》、《围棋》都买，突然看到有一期《围棋》皮蛋的棋谱发表在"对局诊断室"，是和我的对局，还着实高兴了一阵，虽然水平不咋地，但是毕竟我们下的棋变成了铅字，不知道皮蛋还留着当时的谱没？

1992年，我们三个都考上厦大，报到时，家长都不送的，二中十几个同学一块去，可壮观了。在三明坐火车都是爬车窗，到了厦门火车站，1路车来了（那时还是两个车厢接在一起的长车，叫通道车），两个人从中间的车窗爬上去，售票员都看傻了，然后再把所有的大包小包接上去，在车的中部围了一个属于我们的空间，其他同学从前后门慢慢上。买票时，皮蛋用闽南话数：1、2、3……数到13不数了，呵呵，不懂14怎么说，被大家笑。

入厦大第一年，我们这一届二中出了两个棋王，皮蛋是围棋棋王，还有一个象棋棋王郑闽山，被传为佳话。虽然1992年我拿了厦大2段，但之后没有努力提高，向第一梯队靠拢，殊为可惜啊！

【皮蛋】当年那第一盘棋可不是什么大杀小输赢，而是我在大优之下被连续出棋，气恼之下拍了桌子呀。

【皮蛋】当年同去杭州的还有低一年级的郑炯和卢绪钦，郑后也就读厦大财金系，和我同住一层楼。卢也是个围棋好手，与我算是李斌老师那批学生中最强的两个，1988年市运会他代表三钢获得个人第九，输给我的半目估计和团体名次与奖金有关，被海鹰戏称为"价值千元的半目"。卢毕业后就读同济大学，此后再无联系。

林志芳：学棋记

走进围棋世界，纯属偶然。1984 年，我读小学三年级，一日和同学在学校玩捉迷藏时，无意间在一个教室门口看到围棋兴趣小组的招生通知，当年还不知围棋为何物的我就这样懵懵懂懂地报了名，从此与围棋结下了不解之缘。

我的启蒙老师是陈景隆，后曾在厦门获业余 4 段，上山下乡来到了漳平潘洛铁矿，我的出生地，一个小山沟。出于对围棋的执着和热爱，厦门几个业余围棋的爱好者陈景隆、林元成、曾昭炳、许水良在我们学校开办了围棋兴趣小组。陈老师的第一个弟子，也是他最得意的门生乃专业四段谢峰。学棋不久，我就从兴趣小组中脱颖而出，陈老师看我似乎有点下棋的天赋，就给我开起了小灶，每周一、三、五晚上到我家教我下棋。就这样，在陈老师的指导下，以师兄谢峰为目标，我刻苦学棋，学棋半年，获得龙岩地区围棋比赛女子儿童组的第一名，并代表龙岩地区参加全省比赛，获得了第三名（这一年比赛地点在三明，那时华江不知是否已经学棋了）。孩童时的我像个顽皮的小男孩，整天和一群孩子打打闹闹的，没个正经，自从学了围棋，以我父母的话说是，这个小女孩安静了许多，又变回了女孩子，呵呵。

1985 年，因为在省赛中取得了儿童组第一名，我被选拔到省体工队集训半年，同去的还有我的师姐王其红，当年她获得省赛少年组的第一名。那年我九岁，就这样第一次离开了父母，独自一人来到了省体工队学棋，开始了我的围棋"职业"生活。

当时省队的围棋队教练是罗建元，队员有宋丽（专业四段，现在日本）、余晓丹、陈晓昕、谢峰。也许我们与其他队员们之间的差距太大，罗建元没"兴趣"教我们，我们两个小孩跟着师兄师姐们训练，每天的训练就是做死活题、下棋、听罗老师给队员们讲棋，因为水平差距大，听得总是似懂非懂……记忆深刻的是有一次被批评，为啥呢，不是棋下得臭，而是下完后复不出盘，当时宋丽很严厉地批评了我，说下棋不用心所以记不住棋，当时哪受得了这个，当场就哭了。现在下网棋多了，很随意且基本上都是快棋，要不是软件本身就有记谱功能，又有几人能记得住谱？

这半年期间，1986年1月，我还有幸去了趟昆明参加"云子杯"西南地区围棋邀请赛。第一次参加全国赛、第一次出远门，看啥都新鲜。记得在贵阳转车时，住了一天，那真叫痛苦啊，贵阳人不放辣好像不会做菜，因为不会吃辣，整整饿了一天的肚子。昆明却是给我留下了美好的回忆，第一次看到下雪，第一次吃火锅（木炭火锅），第一次在冬天里吃冰棍……说起比赛，有一个小插曲，有一盘我和师姐下，我胜，当场我俩在复盘，复到一半，我俩都不记得下哪了，我师姐居然把裁判叫来了，说我多下了一步，我气急败坏，眼泪差点就掉下来了，后来苦思冥想，终于想出了……呵呵，即使是小孩子，胜负心还是很强烈的。

如果要说这半年的收获，我想最大的收获不在于棋力的长进，而在于这段经历教会了我独立生活的能力，为今后的成长奠定了良好的基础。记忆深刻的还有体工队的伙食，那真叫好，一天伙食费十多块，每天都发水果，在那个物资匮乏的年代，这可真叫幸福啊。

从省队回来后，因为父母工作调动，我回到了老家安溪，接着读书，由于去省队耽误了一学期的功课，这下面临了两种选择：一是留级，即多读一年三年级；二是跟班读四年级下学期。在父亲的争取下，我还是直接读了四年级。在这件事情上，我要感谢英明的父亲，若留了级，我的小学可不是读了五年，而是读了七年，因为从下一届开始，小学的学制从五年制改为了六年制，差了两年，这人生又得改写了，呵呵。

在安溪的一年半时间，我基本上没下棋，因为在这个小县城里找不到对手。这期间，1986年暑假我曾代表泉州市参加福建省第九届运动会，获得个人第三名(高波第一名)、团体第一名，分得了500元奖金，绝对的巨款，我用这笔钱给父母买了一台洗衣机。至今这台洗衣机还摆放在我家，父母没舍得扔，说这是女儿第一次送给父母的礼物，要留作纪念。

1987年，小学毕业，泉州少体校把我招进了围棋班，就这样，我又一次离开了父母，独自一人来到了泉州，一边读书，一边学棋。在泉州六年的中学生活里，主要以读书为主，每周三个晚上训练。在围棋班，我认识了潘奕俊、王培伟，当年我们的教练是泉州本地围棋爱好者蔡胜利，学棋的模式基本上是做死活题、下棋、复盘、打比赛，泉州市的各类比赛、市赛、省赛。因为泉州棋队训练抓得紧，在省赛中，泉州队女队员基本包揽了围棋、象棋、国际象棋的各组冠军，真可谓强大。这六年，我取得了无数次市赛、省赛冠军，1992年参加了福建省第十届运动会，获个人第二名、团体第一名，奖金2000元，又是一笔巨款。

这期间，1988年，我参加过全国段位赛，未获名次。段位赛之后，省体工队有意将我招至省队，这时人生的道路再次面临着两种选择：一是去省队，走职业围棋的道路；二是读书，围棋作为业余爱好。我和师姐王其红选择了不同的道路，其红选择了前者，而我则选择后者。之所以不走职业路，当时只有个朴素的想法：比较围棋和读书，我更喜欢读书。小时候那半年的"围棋职业生活"让我觉得到整天面对着围棋是一件很可怕的事情，生活少了许多乐趣。现在看来，当初的选择是对的。

大学四年，我的兴趣有所转移，更喜欢运动。除了参加比赛，比较少下棋，虽然下棋的时间少了，但自我感觉在棋的理解上，也许是眼界开阔了，境界提高了，再加上都是和男生下棋，战斗力提高了许多，棋肯定是长了。当年在学校，特别迷武宫正树的宇宙流，喜欢这种棋风的大气，也总是试图模仿着，无论先后手，都以二连星开局。我至今仍很喜欢这种棋风，只是现在棋力不够，下不出这种棋了。

这样算来，我学棋也有二十三个年头了，在我们这一群人中应该是学棋时间最长的了，可水平却是最臭的……如果说以前下棋带有比赛任务的话，现在下棋玩的成分更大一些，远没有云昆、华江等人已经达到痴迷的程度，会记谱，没日没夜地下棋，会精打细算那一两目棋，真是精益求精啊。这也许就是男女学棋的区别，也是为什么我和他们的距离会越来越远的原因，呵呵。

读书时，围棋给我带来了许多荣誉，工作后，围棋给我带来许多乐趣，围棋已经成为生活中不可缺少的一部分，并注定要陪伴我一生！

【皮蛋】这张照片是云昆去厦门围棋网（http://www.xmweiqi.cn）下载的，堪称本书最老的老照片，图中文字为"84年地区围棋赛潘洛队留念"。前排左一是黄为、左三为林志芳、左四为王其红，后排左三为陈景隆老师，右一执奖状者为谢峰。

张伟鹏：他们毕业以后

前些天，很久没有联系的华江给我打电话，说最近搞了个博客，写厦大的棋人棋事，让我上去看看，也邀请我写一些相关的事情，我很快就答应了。放下电话，我想了想，自己虽然也很乐意写一些，但苦于当时没有做哪怕是一点的记录，所以要写的话也只能凭我自己模糊的记忆了，再加上我那可怜的脑子记忆力极差，大学4级考了3次才过的，不免有些后悔。接着看了blog，写得非常生动和详细，更加觉得有压力。很多厦大围棋的光荣历史和极为有趣的故事，都是现在看了blog后才知道的，实在是很惭愧。主要是因为我是95级的，进校时，已经完全没有早期正式比赛前得先预赛的盛况了，到后来要举办比赛简直就是要到处拉人。而通过下棋体验到荣耀的感觉，在厦大我是没有体会过的，可能正是因为这样，导致后来我在负责厦大围棋协会的时候，没有足够的热情了。

我很小就开始学棋，好像是幼儿园中班吧。父亲是业余爱好者，后来做了学校的围棋教练，我想那时父母应该是想培养我成为职业棋手的，所以记得小时候有一段时间每天放学都要去少体校训练，别的小孩在玩的时候我却都在下棋，但在小学5年级进省队的努力失败以后，就很少下棋了。也许是从小就想向职业发展，所以对我来说下棋就像念书一样，一旦变成了一项任务，就很难喜欢，甚至有一种厌恶的情绪。

到了大学，我也压根没有想围棋这码子事。记得在厦大第一次下棋是在芙蓉十财金系的宿舍楼，我的一个老乡是财金系的，他知道我下得不错，就把我拉过去和他们同学下。因为已熄灯了，是在他们宿舍的走廊上下的，旁边围了不少人，也不知道和谁下，反正很轻松的就赢了。后来有一天潘奕俊来宿舍，说你们这是不是有人会下棋啊，然后就下了一盘，我输了。我记得当时都有一点懵，为什么呢？因为我的家乡是围棋之乡浙江嵊州，马晓春和俞斌的故乡，其他有职业段位的至少有10人，水平应该是比较高的，所以我自以为有半专业水平。原本以为厦大应该是个围棋沙漠，现在一下子就输了棋，所以有点懵。后来发现潘就在隔壁，我207他208，虽然近，但那时他已大四，而我作为新生，对老生颇有些敬畏，再加上潘也是性情中人，后来我们虽然偶尔也一起下棋，但交往得并不是很多，也就没能从他那里了解厦大的各种棋人棋事。

接着我就参加了段位赛，水平不高，没多大意思。不过后来那年春节回家碰到原来的师兄，后在清华读书的童宇峰，聊起来说他在前两年曾代表清华到韩国去参加了一次大学生围棋团体赛，这顿时让我来了兴趣，要知道那个时候能出趟国是很令人向往的。接着，大一下半学期，1996年棋王赛开始了，我一直把它当成全国应氏杯大学生赛的选拔赛的，所以下得很认真，结果也正如大家想的一样，潘、苏、宋和我四个人出线了，但是很遗憾的是这一年厦大没有参赛。我觉得去的话是很有机会的，因为那时不允许有职业段位的棋手代表大学参加选拔赛，所以那时候一般都是清华和复旦竞争（上外虽然成绩很好，但都是职业棋手）。而我在1997年参加复旦应氏杯，没记错的话，我是第十九名，宋凌春二十几名，而前面十名甚至十几名基本上都是职业棋手。而潘、苏的实力都在我和宋之上，所以那一年如果参赛，成绩应该不错，但这些终究都没有机会去验证了。

后面三届应氏杯厦大都派队参赛了，分别在上海复旦、南宁和济南。我参加了头尾两届。从我的感觉来看，应氏杯一直都是大学围棋生活中所谓的大场面，也是我大学围棋活动的主要记忆。1997年是我第一次组织参赛，先从华江那里问了一个老师的联系方式，电话联系后基本没有什么周折，就确认可以参加了。至于学校方面，如果不是需要申请经费的话其实都可以忽略（事实上1999年就是如此）。我记得1997年计划申请2000元，可去体育部时候，说按惯例是一共100元块，体育部出一半，校团委出一半，所以我就领了500块元回来。而到团委去申请的时候，团委的老师一开始根本就不理我，我去了好几次，都是找各种理由推脱，我想这不行，连路费都没有啊，于是就厚着脸皮再去，到最后，也许是他们被我给搞烦了，说你们先垫着，回来报销。经费一下子比原先少了那么多，觉得很郁闷。还好到了上海一问组委会，原来路费是可以报销的，松了一口气。我知道华江有记棋谱的习惯，所以博客上还能翻出很久以前的对局，非常有意思。而我这里对于比赛的情况，能够回忆起来的实在不多。

1998年我因故没有参加，1999年重返赛场，这是我在厦大最后一次参加比赛，比赛内容与结果依然记不清，惭愧。只记得宋凌春的成绩比我好了，记得以前比赛，不论厦门市运会、福建省运会还是应氏杯，我一直比宋好。那年在济南，最后一盘前，我和宋凌春胜率一样，他的小分比我高，可是最后一轮我下挑，而宋凌春却是"上挑"，好像还是一个来自北京的前专业棋手，很难，但最后宋硬是赢下来了，可见宋在厦大几年棋长了很多。

期间，我还代表厦大参加过省运会、市运会以及其他比赛，就不详细写了。至于华江走后厦大举办的比赛，我记得比较隆重的就是1997年段位赛，虽然不是很热闹，但一开始还是来了很多人，可是到比赛的末段人就越来越少了，以至于每一轮的对阵表都要到比赛前才能排定，不然很多人就轮空了，到最后可能就只有10来个人了。还有就是组织过一次棋王赛和团体赛，场面也都比较冷清。可能因为交际能力比较差吧，那些贴海报、报名、申请场地等事情都花了我不少时间和精力，但活动反响总是比较差，以至于后来也就没有组织什么比赛了。而厦大的围棋氛围也渐渐淡了，基础也薄弱了。1998年下半年，我就把围棋协会的事情交给了梁敬彬。

回想厦大的围棋生涯，有欢喜也有责任，遗憾的是，由于种种原因，在大学里没有激发出华江博客中所展现的他们那种对围棋的热爱。最近，我听说应氏杯终于在厦大举办了，也出了很多围棋人才，真替厦大感到高兴。感谢华江的博客，让我们了解了厦大围棋的过去。希望以后可以回厦门、回厦大重温围棋旧梦。

【潮辉】1998年和张伟鹏、宋凌春代表教育系统去泉州打省运会，长时间没有打比赛，事前也没有集训，实在无法适应。赢了第一盘，第二、三盘分别败给了那次比赛的个人第二、三名，体力不支，发烧牙疼，终于溃败，碰谁都输，拖了后腿，只拿到了团体第六，实在不好意思。

【皮蛋】呵呵，又是一个险过4级的，我老觉得英语和围棋好像有点克，远比不上围棋与数学的相关性强，看来又找到了一个例证。童宇峰是清华的第五台，那年在北京输给了杨晖。应氏杯和中日韩大学生对抗赛应该不是选拔的关系，而且那时对抗职业棋手也是可以下的（我记得有一年复旦的第一台是吴棋）。伟鹏的理解可能有误，当然也可能是后面规则变了。而我们自91级毕业后，甚至1994年云昆走后就差了不少，此消彼长，就算能参加选拔，我们的实力应该也是不够的。

第四辑

围棋就像马拉松

许云昆：围棋漫谈

皮蛋注：2008 年 1 月 19 日，云昆应厦门市图书馆邀请，作有关围棋基础知识的讲座。云昆为此煞费了一番苦心，收集的诸多颇为有趣的史料，为我此前闻所未闻，因此将其收录。

大家好！今天我跟大家讲一讲围棋的文化和故事，主要讲围棋的文化、历史、发展，以及其他有关围棋的文化。

一、围棋文化概述

1. 围棋的下法

我们看这就是一副围棋，有棋盘、棋子、棋罐，还有下棋的人常常拿的扇子。跟象棋等大多数棋类一样，围棋是两个人轮流下的，一方下黑棋，另一方下白棋。围棋的基本规则，简单地说，所谓"围"，包括两个意思：一个是围吃，如果你的棋被对方围住了，那就死了，要从棋盘上拿走；另一个是围地盘，最后看谁围的地盘大，谁就赢了。

2. 围棋的起源

大家大概都知道围棋是中国人发明的。那么究竟是谁发明的呢？什么时候发明的呢？史书记载，"尧造围棋，以教子丹朱"。尧、舜、禹的禅让、大禹治水等传说大家都很熟悉了。传说尧有一个儿子叫丹朱，资质愚钝，尧很头疼，哎呀这怎么办呢？就发明了围棋来开发儿子的智力。当然这只是一个传说，实际上，尧作为帝王，国事繁忙，抽空去发明一项游戏来教育儿子，这个可能性似乎不大。但围棋产生于原始社会末期却有一些证据可以证明，比如说发现了尧时代的陶器上有石刻，还发现了大禹治水时的石刻棋盘，等等。因此围棋大约已有四五千年的历史了。《大不列颠百科全书》认为围棋发明于公元前2356年，《美国百科全书》也认为围棋发明于公元前2300年左右。

到了春秋时期，《左传》中已有"举棋不定"的记载，孔子的《论语》中也提到了围棋。因此可以肯定围棋在春秋时已经比较普及了。

3. 古以"琴棋书画"为"四艺"，以之论及一个人的修养

我们知道，中国古代把"琴棋书画"并称为"四艺"，琴就是古筝，棋就是围棋，书就是书法，画就是绘画。这里我说明一下，古代的棋、弈是专指围棋的，这和现代人泛指棋类是不一样的，东汉的许慎在《说文解字》中明确说："弈，围棋也。"

古人把"琴棋书画"这四项艺术视作风雅之事，并且用它来评判一个人的修养。古人认为，如果你不会这四项技艺，那么你的修养就还不够，就好像现在，如果说不会卡拉OK、不会上网，那这个人就是土包子之类。事实上也是这样，围棋在古代的士大夫阶层非常流行，政治家、文学家、名士、大儒、诗人、学者中精通围棋的也很多。我们也经常在小说、电影电视里看到，描写神仙、世外高人的时候往往不是弹古筝就是下围棋，这些都说明，下围棋在古代是一件风雅之事。例如我们现有的四张画，第一张讲琴棋书画，第二张描绘的是孔子和老子在下棋，第三张两个神仙在下棋，第四张讲宋太祖和陈抟老祖下棋（注：一说为下象棋）。这些画都说明下围棋在当时是一件风雅之事。

4. 围棋的别名

下围棋现在也叫作对弈，此外还有很多别名。有叫"手谈"的，我们看高手下棋的时候一般是不说话的，静静地思考，每下一步棋都包含着自己的想法，就好像双方通过一着一着棋来进行无言的交谈一样,所以叫作手谈。还有叫作"坐隐"的,这就是形容下棋的时候凝神思考,好像和尚参禅入定的样子。还有叫作"烂柯"的,柯就是木头的意思,所谓烂柯就是木头烂了。大家可能奇怪了,围棋跟烂木头有什么关系呢?这里有个故事,说古时候有个人上山打柴,遇到两个老神仙在下棋,于是就在旁边观看,哎呀这个棋实在是精彩,看啊看他入了迷,也不知道过了多少时间,棋下完了,再一看砍柴的斧头柄都烂了,当然这只是个神话故事,后人就根据这个故事,把"烂柯"作为围棋的别称。还有叫"方圆"的,我们看这棋盘是方的,棋子是圆的,所以叫方圆,厦门有个"方圆围棋俱乐部"就是取的这个意思。另外还有叫"黑白"的,这个好理解,就是指棋子是黑白两色。

5. 围棋包含了中国古代朴素的天文和哲学思想

围棋还包含着天文的思想,根据推测呢,刚开始发明围棋,应该是用来计算天文的工具。我们看,这是围棋的棋盘,上面有很多的横线和纵线,总共有多少条呢?总共是横19条、纵19条,是方的,总共19乘以19共361个交叉点。最中间这个点叫作"天元",围绕天元的周边360个点象征360周天,四个角(左上角、右上角、左下角、右下角)象征四时,黑白棋子象征阴阳。合起来简单地说就是天圆地方、太极四象,表现了我国古代朴素的天文观。

围棋中还包含了中国古代朴素的哲学思想。围棋下到高水平,特别强调局面的均衡、中庸。这和儒家的思想有很多共通之处,所以有人说围棋是最能体现我国传统文化的棋类运动。关于围棋的均衡、中庸的思想我今天这里就不多说了,因为这需要对围棋有较深的认识以后慢慢才能体会到。

6. 围棋的段位制度

在我国古代,从魏晋南北朝开始,官吏选拔任免制度就出现了"九品中正制",我们常说的宰相是一品、知府是五品、七品芝麻官,这个提督几品那个将军又是几品等等,就是从这个时候开始的。围棋也和官吏的品级制度一样,从魏晋南北朝的时候开始,根据水平的高低,把棋手分为九品,一品最高,叫入神,也是天下第一高手,以下是二品坐照,比入神差一点,然后是三品具体,四品通幽,五品用智,六品小巧,七品斗力,八品若愚,九品守拙。这样分为九个等级。那有人要问如果水平比九品还低一些那是几品?对不起,那你还是个菜鸟,就没有品级了。中国古代一直沿用品级制度来区分棋手水平高低,台湾一直到十几年前还在使用。

后来围棋传到日本,日本人把品级制度倒过来,改成了段位制度,九段、八段、七段一直到一段,一段也叫初段。九段水平最高,初段最低。同时官方发放段位证书,上面写着你是几段几段。

到了现代,各国开始统一使用段位制度,还出现了业余段位制度。什么叫业余段位呢?棋手分成专业棋手和业余棋手,专业的就是以围棋为职业的,业余的就是另有职业、围棋只是一个爱好的,比如像我,像我们很多学棋的同学,都是业余棋手。专业棋手仍然是九段制,九段最高,初段最低。业余的8段最高,只有世界业余冠军才是业余8段,7段其次,是全国业余冠军,像我是5段,一般是要在省这一级得到名次。各国的棋院发段位证书。业余段位下面还有业余级位,从1级到30级,1到9级也发证书,10到30级一般就不发证书了。

7. 围棋的分支

古代的交通、通讯都不太发达,各国之间来往比较少,但还是常常有一些使节来往、文化传播的。围棋也就跟其他文化一样,向日本、朝鲜、南亚等国家传播,同时也传播到西藏、台湾等地区。传着传着,有时就发生了一些变化,有的和当地的文化融合,这样就出现了一些分支。首先是传到台湾地区和日本，变化比较小，如果中国棋手和日本棋手下，规则差不多，没有什么问题。但西藏围棋、朝鲜围棋、南亚围棋就变化得比较厉害了。朝鲜的叫作"顺丈围棋"，在开局和吃子规则上都有一定的差别。南亚孟加拉国、尼泊尔、不丹等国围棋是十五、十六路的。

围棋的分支中，最神秘的要数西藏的"密芒"的围棋。西藏这个地方，很多东西都很神秘，宗教色彩浓厚。围棋到了西藏以后，也和宗教结合。"密芒"围棋有两点很特别，一是如果有一方下成了藏族"吉祥八宝"的形状，那么最后计算胜负的时候要给予一定的奖励。二是下棋的时候可以讲谚语，下棋的时候一般是不说话的，但西藏的围棋是可以说话的，而且它鼓励说话，你可以边下棋边说一些谚语来鼓舞自己、打击对方。"密芒"在西藏地区曾经十分流行，但后来只在王室贵族和寺庙僧侣中流传，精通的人就更少了。

二、古代围棋史话

1. 中国古代围棋史话

我国古代把顶级围棋高手称为"国手"，现在也把各个体育运动队的国家队队员称为"国手"，比如乒乓球国手张怡宁、篮球国手姚明等等。第一个有记载的国手是战国初期的弈秋，他可以说是"国手"的鼻祖，在《孟子》中有记载。我们大家熟悉的墨子（墨家的创始人）、鬼谷子（纵横家鼻祖、苏秦张仪的师父）等，也都是下围棋的高手。

两汉和三国时期围棋发展很快，围棋在社会上非常普及，围棋向朝鲜、日本流传也是这个时期。东汉历史学家班固就曾经写过一篇《弈旨》，论述围棋，班固我们都知道，他是《汉书》的作者。三国时候的曹操也酷爱下棋，而且水平相当不错，经常和当时的一流高手下棋。

东吴的开国之主孙策,战场上勇冠三军,人称"小霸王",棋也下得很好。孙策经常和手底下的人边下棋边讨论军机要事,现存最早的棋谱《孙策召吕范谱》,就是孙策和谋士吕范下的。另外关羽也下棋。关羽就是关公,桃园三结义、过五关斩六将、华容道放曹操等很多故事大家都很熟悉了。三国中记载着关羽的一个故事,说关羽臂膀上中了毒箭,请华佗来医治,华佗说要把骨头上的毒素刮掉才行,然后关羽也不要麻醉,也不要把手绑起来,就一边跟别人喝酒下棋,一边治疗。这张画就是描绘关羽刮骨疗毒的故事,我们看关公真的是非常神勇。

另外,史书还记载了魏晋时"建安七子"之一王粲复盘的故事。说有一次,别人下棋,王粲在旁边观战,不小心有人把棋局弄乱了,王粲凭着记忆,重新摆出了原来的棋局。旁边的人都目瞪口呆,都不敢相信自己的眼睛,想想是不是再考验王粲一下,于是就用布把复盘的棋局盖起来,请王粲再重摆一遍。于是王粲又摆了一遍,一比对,分毫不差,一模一样。王粲是我国古代记载的最早能复盘的棋手。不过其实复盘并不是很难,基本上有个业余初段水平就能复盘。

三国的时候,有两个围棋高手,一个是严子卿,一个是马绥明,水平都很高,当时的人就称他们两个为"棋圣",中国古代总共有五位棋圣,除了这两位外,清朝有三位,另外还有现代的吴清源和聂卫平两个棋圣,这我们后面还会讲到。当时人们把严子卿的棋艺,皇象、张子并、陈梁甫的书法,曹不兴的画,宋寿的占梦,郑妪的相面,范淳达的算命,合称为"吴中八绝"。

两晋南北朝,我国古代围棋有两个鼎盛时期,一个是清朝康乾盛世时期,另一个就是两晋南北朝的时候,古代的五个棋圣都产生在这两个时期。两晋南北朝的时候,围棋经过汉和三国的发展达到了鼎盛时期,前面我们说的上山打柴看棋看到斧头柄烂了的"烂柯"的传说就发生在晋朝。这里我再介绍两晋和南北朝的两个著名人物的围棋故事。一个是东晋大将谢安的故事。谢安，就是著名的淝水之战的指挥将领，他很爱下棋，边打仗还边下棋，手下来报前方局势如何如何吃紧，他胸有成竹，一边部署作战，一边还继续下棋，下完了棋，前面仗也打赢了，这个故事体现了谢安沉着冷静的大将风度。另一个是梁武帝萧衍。南朝有四个朝代：宋、齐、梁、陈，围棋都非常繁荣，皇帝们也都喜欢下围棋。萧衍就是梁朝的皇帝，这个皇帝不仅爱下棋，而且下到了国手，也就是天下第一高手的水平。一个皇帝下棋下到天下第一，不仅围棋，在其他领域恐怕也是独一无二的。梁武帝萧衍对围棋的贡献很大，他组织了古代第一次全国围棋比赛，然后根据比赛成绩，评定天下棋手的"品级"，并编成书册流传后世。他还撰写了几本围棋技巧的书。

唐朝围棋继续发展，开元时期唐玄宗设立"棋待诏"，和"书待诏"、"画待诏"一起编入翰林院管辖，这样棋手就第一次成为国家官员，确立了围棋在古代文化中的地位。所谓"待诏"就是等待皇帝的召见，专门陪皇帝、妃子、王子公主下棋的官。著名棋手王积薪是唐玄宗时棋待诏，他著有《围棋十诀》，对围棋理论的贡献很大。公元848年，日本王子访问中国，想要和中国棋手比试。日本王子的水平很高，是当时日本的第一高手，唐朝派出棋待诏顾师言迎战，这也是有史以来第一场国际比赛，顾师言以著名的"镇神头"和"一子解双征"（类似于一箭双雕）的精彩招法获胜，棋谱也流传下来。到了唐朝末年，有个新罗的棋手叫朴球，新罗就是现在的朝鲜。朴球长期待在大唐，棋艺很高，后来他成了棋待诏，这也是我国历史上唯一的外籍棋待诏。

唐朝灭亡以后，我国历史进入五代十国时期，战乱不断，围棋发展也就停滞了。到了宋朝重新统一中国，才又开始发展。宋朝有一位所向披靡的大国手刘仲甫，水平很高。据说有一次刘仲甫到江南下棋，观者如云，下到一半，大家都以为刘仲甫要输了，忽然刘仲甫把棋子收了起来，看棋的人一片哗然，大家都说："你这是干什么，耍什么赖皮？"刘仲甫说："我听说浙江这个地方围棋高手很多，就想到这里来比试比试，但我来这里看了十几天了，天天和别人下棋，却没有发现真正的高手。"然后他就把这十几天下的棋一盘盘都摆出来，一一指出其中的问题。大家都目瞪口呆，心想这是什么人这是？记忆力这么好，过目不忘啊。然后他又把刚才收起来的那盘棋复盘复出来，说："你们都认为我这盘棋要输了，其实我已经看出了一个要点，只要我下一步下在这里，我就赢定了。如果你们有人能指出这着棋，我立刻卷铺盖回家，再也不下棋了。"这下大家听了来劲了，心想他怎么说得这么玄乎，都冥思苦想，但都想不出来，就让他下下看。于是刘仲甫就下了，大家一看，没什么了不起的嘛，很一般嘛，刘仲甫就说这步棋要二十几步以后才能用得上。果然，下了二十几手以后真的用上这个子，局势急转直下，刘仲甫大胜而归，这下大家都信服了，对他的高超技艺敬佩不已。北宋著名的文学家欧阳修也很精于围棋，他自称"六一居士"，这六个一里面，就包括围棋。

　　徐达是明朝的开国元勋。传说有一次徐达陪明太祖朱元璋游览南京城外的莫愁湖，忽然朱元璋棋兴大发，就要和徐达下棋，并且说如果徐达赢了就把莫愁湖赐给他。说是这么说，但是跟皇上下棋谁敢赢皇上啊，徐达有办法，他还真把朱元璋给赢了，朱元璋大怒，正要发作，徐达赶忙跪下说"陛下请看全局"，朱元璋仔细一看，棋子竟然下成了"万岁"两个字，转怒为喜，就把湖赐给了他，还在湖边建了一座"胜棋楼"。明朝末期，出现了一个天才国手过百龄，从十几岁开始纵横天下无敌手。他写了我国古代最有名的一本围棋著作《官子谱》，里面有一千多道题，几百年来一直是我国棋手的经典训练教材。

到了清朝，康乾盛世时，我国古代围棋的发展达到了顶峰。先是出了一个奇才黄龙士，被尊为"棋圣"，和当时的名士顾炎武、黄宗羲等并称的"十四圣人"，可见黄龙士当时的知名度。黄龙士的棋刚猛无比，在当时鹤立鸡群无人能敌，他的计算功力到了非常高的程度，后世棋手都对黄龙士十分推崇。他有个徒弟叫徐星友，在当时也属于一流高手，但跟黄龙士下竟然要被让三子，差了好几个档次，师徒两人有一次大战十局，下得异常激烈，后人称这十局棋为《血泪篇》。黄龙士之后，又出现了围棋"四大家"：稍早一些的程兰如、梁魏今和其后的范西屏、施襄夏，其中范西屏和施襄夏的水平已经达到了出神入化的地步，被称为"棋圣"，两人都是浙江海宁人，同乡，还是同门师兄弟，是真正的绝代双骄。客观地说，从留下来的棋谱来看，古代的国手中，只有黄龙士、范西屏、施襄夏三人的水平达到了当代顶级高手的水平，和当时盛极的日本围棋水平差不多，后来两百年我国都没有人再达到这个水平。

范西屏属于天才型棋手，资质极高，思维敏捷，以灵活变化见长，13岁就超过了师父，16岁就冠绝全国。有一次四大家聚在一起研讨棋艺，范西屏以一敌三，程兰如、梁魏今和施襄夏一起出主意跟范西屏对抗，也就刚刚能顶住范西屏的攻势。施襄夏资质要比范西屏差得多，他属于用功型，棋的漏洞少，细密严实，经过努力终于在30岁的时候追上师兄。两个人曾经在浙江平湖大战13局，留下10局棋谱，称为《当湖十局》，这十盘棋下得真的是妙绝千古，令人拍案叫绝啊。施襄夏的成功也说明，资质差一些没有关系，经过努力同样可以后来居上，成就一番事业。

到了清代后期，随着国力的衰落，围棋也和其他艺术一样，逐渐没落。特别是两次鸦片战争后，民不聊生，饭都吃不饱，下棋的人自然就少了很多。清代有"十八国手"，主要都在清代前期，最后一个国手是周小松，他的水平接近当时日本二流好手的水平，但和黄龙士、范西屏、施襄夏三人相比就差得很多了。

2. 日本古代围棋史话

下面我们讲一讲日本围棋史话。围棋是怎样传到日本的呢，主要有两种说法，一种是说东汉初年日本有一个代表团访问中国，把围棋艺术带回去了，还有一种说法是三国时期经由朝鲜传入日本，总之围棋在日本应该有一千八九百年的历史了。不过刚开始传入的时候在日本并不盛行，直到唐朝时，日本派了很多遣唐使，其中著名的吉备真备，就是创造日本文字平假名、片假名的那个吉备真备，他很喜欢下棋，回国后积极传播围棋，后来中国派去日本的使节和随行人员中，也有会下围棋的，也传播了围棋，这样围棋才在日本流行起来。我们前面也说到了，晚唐时期日本王子还曾经来中国访问。但是日本围棋兴盛并迅速发展是从16世纪德川幕府时期开始的。

围棋最初是用木头造的，所以中文是木字旁，到了日本以后日本用石头造围棋，所以写作"碁"。

16世纪时，日本幕府的织田信长和大将丰臣秀吉都很爱下棋，就把当时的第一高手日海和尚尊称为"名人"，国家给予一定的俸禄，就是"棋所"。名人棋所就相当于我们武侠小说中的武林盟主，一个时代只能有一个名人，也是唯一的九段。因此在古代九段是很少的，不像现在放宽标准，单单日本就有100多个九段。古代七段就已经是一流高手，也叫"上手"，专门有一套"段服"，并且要剃发，跟和尚一样要理光头，有一整套的礼仪，受到人们的普遍尊敬。后来，丰臣秀吉死后，德川家康掌权，此人也爱下棋，从此开创了日本围棋的兴盛发展时期，后来围棋在日本被称为"国技"。

这个日海和尚后来改法号本因坊，法名改为算砂，创办了本因坊派，这也是后来四大棋家之首。日海就是一世本因坊。本因坊在日本极其有名，人人知晓。除了本因坊家外，当时还出现了很多围棋门派，其中比较大的有安井家、井上家和林家，这四家就是"棋院四家"，相当于武林中的大门派，如少林派、武当派、华山派、崆峒派等。

四大家的掌门和一流高手，每年要到天皇或将军面前比赛，这就是"御城棋"，这就好像一年一度的武林大会、华山论剑一样，关系到各家的荣辱、面子，每年各家都精心准备。

那什么叫争棋呢？争棋相当于武林中的比武。棋界诸如争夺名人棋所等事宜，由元老会协调解决，元老会就好像武林前辈一样，都是一些德高望重的人，但协调来协调去，总有协调不下的时候，这时候往往就以争棋定输赢，谁厉害就谁就有理。最有名的争棋有两次，一次是本因坊三世（也就是算砂和尚的徒孙）道悦，当时他执意要争棋，元老会就警告他，如果下输了就要流放，他不怕，玩命拼死争棋，挑战棋界的盟主——名人位。另一次是井上家挑战名人，井上家出战者下到吐血，不治身亡，后来这个吐血者的师父又来争名人，也下到吐血、大病一场，非常惨烈。

名人、棋所、本因坊、"棋院四家"、御城棋、争棋是日本围棋文化的精髓。名人和本因坊更是一种传承的象征。自16世纪以来日本围棋的历史记载得比较完整，除了正史外，还夹杂着一些野史，很有意思，今天因为时间关系，就不详细介绍了，这个如果专题讲起来恐怕二十讲都讲不完。

我们接着说。说又过了几十年，日本棋界出现了一个千古奇才，这个人就是四世本因坊道策。在道策时代，完全没有人是他的对手，这和同时代中国的黄龙士相似，黄龙士当时也没有对手。道策开创了一整套全新的布局理论，奠定了现代围棋布局理论的基础，在日本他被尊为"棋圣"，道策是"名人之王"。名人就已经是当世水平最高者才有的称号了，名人之王就是说他是日本历史上最强的名人。

道策有六大弟子，都是一流高手。大弟子道节后来到井上家做了掌门，编写了著名的《围棋发阳论》，所谓阳就是手段，发阳就是发现手段的意思。这本书被井上家视作武林秘籍严格保密，即使是门下的弟子也只有少数几个能看，这本书是古今中外第一围棋习题集，极其复杂，相当于金庸小说中的《九阴真经》、《葵花宝典》一样。

道策时期，安井家有个棋手叫涉川春海，也是七段高手，同时在天文学上也很有造诣。他认为，下围棋和天文是相通的，第一步如果下在天元，震慑八方，黑方必胜。但是道策很厉害，春海跟道策下天元结果输了。于是春海就潜心研究天文，后来成为日本历史上著名的天文学家，曾编撰日本历法。

日本围棋盛极一时，但到了19世纪明治维新前后，日本社会动荡，也和中国清代一样，围棋出现了衰落。政府缩减开支，取消了御城棋，各家的俸禄津贴也削减了很多，很多棋手都转行做其他事去了，最强的本因坊家偏偏又遭遇了一次火灾，雪上加霜啊。这个时候，本因坊家的村濑秀甫自立门户，开创"方圆社"，呼吁各门派相互协作，同心协力推广围棋。以前各门派之间总是明争暗斗，且只注重发展各派的内弟子，不注重社会推广，秀甫打破陈规，在社会上大力推广围棋，比如他发放《围棋新报》、在门派外发段位证书等，收到了很好的效果。

秀甫还是向欧美推广围棋的先驱。当时有个德国人叫奥斯卡，在日本待了十年，期间生了一场大病，所谓"因祸得福"，在生病期间就学了围棋。学着学着就产生了兴趣，开始的时候奥斯卡向井上家拜师，井上家说洋鬼子怎么会下围棋呢？很轻蔑地拒绝了。后来他又请求拜本因坊秀甫为师，秀甫素有大志，曾经对人说："现在文明开化，如果有机会向世界传播国技围棋，那是再好不过的事了。"于是秀甫欣然收奥斯卡为徒，并且亲自传授技艺，后来奥斯卡回国后极力推广围棋，堪称"欧洲围棋之父"。因此说，秀甫对围棋向欧美的传播贡献很大。秀甫在日本国人中的地位很高，他被列为日本近代31位非凡人物之一。

最后一个名人是二十一世本因坊秀哉。秀哉号称"不败的名人"，因为他很长一段时间没有输棋。1937年，名人引退，在纪念棋中败给木谷实，宣告一个时代的结束。1941年秀哉逝世，曾获得诺贝尔文学奖的著名小说家川端康成的小说《名人》描写了秀哉的生平。

3．朝鲜古代围棋史话

我们再讲讲朝鲜、韩国。朝鲜、韩国受中国文化影响很深，例如汉字、端午节等至今在朝韩都很有影响。东汉初年光武帝时围棋传入朝鲜半岛的高丽、百济，后来发展出围棋的分支——我们前面说到朝鲜顺丈围棋。我们前面也讲到，新罗棋手朴球棋艺高超，曾经在唐朝担任棋待诏。

4．古代各国家、地区围棋文化交流

最早的中外交流就是我们前面讲的唐朝时日本王子来访，棋待诏顾师言迎战的记载。另外唐玄宗时，也曾派围棋名手杨季鹰到新罗（也就是朝鲜）去交流棋艺。乾隆时期，琉球棋手也曾来中国，找到当时的两位棋圣交流，这里有个故事我们等一下还会讲到。另外围棋还传到东南亚，郑和下西洋的时候，发现印度尼西亚这个地方也有很多人下围棋。除此之外，官方记载的交流就非常少了，尤其是和盛行围棋的日本之间的交流很少。为什么呢？推测起来有两个原因，一是中国

古代一贯有一种"大国心态",总觉得围棋创自中华,国外的围棋水平不能与中国相比,不屑于和外国交流,因此交流比较少;另一个是日本棋界也不大敢和中国交流,因为他们是拿朝廷的俸禄的,跟中国交流,赢了固然好,万一输了,政府怪罪下来,后果不堪设想,因此双方的交流很少。

倒是日本和朝鲜、琉球的交流比较多。16世纪,韩国第一高手李祠史访问日本,名人本因坊算砂夸下海口说要让他三子,结果让三子还真的赢了,而且李祠史输得服服帖帖。古代日本和琉球之间的交流比较有传统,一共有三次交流。道策时期,琉球国的"国手",叫作亲云上浜比贺,首次访问日本,道策让他四子获胜。1710年,琉球国又有"国手"屋里良之子(浜比贺的弟子)来日本讨教。第三次琉球棋手访问日本比较有意思,那时候上一代名人去世,名人位置正好空缺,四大棋家正为争当名人闹矛盾,井上家想当名人,可别的棋家不认账。琉球棋手访问日本,按照规定是要名人代表国家出战的,井上家就不管三七二十一,自己把自己当作名人来迎战琉球棋手,也让三子,哪里知道琉球的水平提高了,三个根本让不动,输得一塌糊涂。我们刚才说了,这个琉球棋手后来也到中国大清朝来挑战,结果被当时两位棋圣范西屏、施襄夏杀得找不到北,回去以后逢人便说:"中华大国,人才出众。日本棋手,别说井上家那个掌门,就是棋圣本因坊道策再世,也万万敌不过中国棋手!"这个消息传到日本,井上家的掌门这才发现娄子桶大了,被日本国人骂了个狗血淋头,赶快告老引退,再也不敢出来了。其实呢,客观地说当时中日最高水平应该是在同一水平线上,但是中国古代棋风凶悍,日本比较平稳。琉球棋手主要是学习日本的围棋理论,哪里见过中国棋手这种下法,所以被杀得一败涂地也就不足为奇。

5．围棋传入欧美

欧洲对围棋最早的了解，是明末传教士利玛窦的简单描述。16世纪葡萄牙海员也曾经学会围棋。但那时候欧洲还没有人下棋。欧洲人下棋是从前面我们说到的那个在日本待了十年，生了场大病然后拜在秀甫门下的德国人奥斯卡开始的，奥斯卡回到欧洲后，就开始写书、办杂志，积极推广围棋，从这时候起，欧洲才开始有人下棋。因此呢，欧洲的围棋基本上是从日本传过去的。到了20世纪初，也就是大概一百年前，再由欧洲传播到大洋洲的新西兰和北美洲的美国。

英语中围棋这个单词是"Go"，有"走棋"的走的意思，也是日本"碁"字的谐音。后来台湾围棋基金会的创始人应昌期提议改名为Goe以免和Go的一般意义混淆，同时他笑称Goe只比God上帝退一位，Goe这个单词也就开始有人使用。

三、民国时期的中国围棋

前面我们说了，由于缺乏和日本围棋的交流，因此清末中国棋手并不知道围棋水平已经落后日本很多了。一直到20世纪初，有个军阀叫段祺瑞，很爱下棋，水平也不错，大概有现在业余3段左右，他经常与日本商人下棋，后来他就逐渐促成了中日名手的交流。当时中国最好的棋手是南王北顾，南王是南方的王子晏，北顾就是北方的顾水如，后来变成南刘北过，刘棣怀和过惕生取代了老一辈棋手。结果不下不知道，一下吓一跳，一交手，中国一流高手全部惨败给日本一个叫高部道平的二流棋手。我国棋界这才知道，哦，日本都这么厉害了，这么多年故步自封，我们已经不是人家的对手了，于是就开始虚心向日本学习先进的围棋理论和技术。

1915年，由段祺瑞赞助，顾水如到日本去留学。20年代，段祺瑞又邀请秀哉名人来中国访问，所有中国一流高手全部被让三子，可见当时差距有多大。

20世纪20年代，中国出现了一个天才少年，他就是后来横扫日本棋坛、被誉为"昭和棋圣"的吴清源。昭和是当时日本天皇的年号。吴清源是我们福建福州人，出生在望族，从小就爱好围棋，进步飞快，十二三岁就达到国内一流高手的水平。日本有个围棋教育家叫濑越宪作，听说了以后就很想让吴清源去日本发展。他上下活动，终于在中日两边都搞到了赞助，中国这边是段祺瑞，日本那边是日本棋院的创始人富商大仓喜七郎，20世纪20年代日本围棋很困难的时候就是他出巨资成立了日本棋院的。有了两边的赞助，吴清源就在14岁的时候前往日本学棋，拜在濑越宪作门下，濑越门下还有另外一个顶级高手，就是后来关西棋院的创始人桥本宇太郎。濑越先生晚年时还收了个韩国弟子曹薰铉，后来独霸韩国棋界几十年，曾多次获得世界冠军。

四、现代世界围棋的发展

中日韩是现代世界围棋的三强。在20世纪80年代以前，日本围棋一直领先，我们就先说说现代日本围棋。

20年代日本棋院成立后，日本围棋逐渐从四大家走向社会，棋手数量也逐渐增加。在30到50年代，吴清源在当时组织的"十番棋"挑战中战无不胜，称霸日本棋坛二十年。所谓十番棋就是两个人之间下上十盘，一决胜负。后来吴清源出了一次车祸，身体不太好了，开始由坂田荣男称霸棋坛，坂田是现代日本围棋的传奇人物，棋风锐利，号称"剃刀"，一生中夺得了60多个日本棋战的冠军。在坂田之后是大竹英雄、武宫正树、小林光一、加藤正夫、赵治勋、林海峰六个超一流群雄逐鹿的局面，所谓超一流棋手是日本人的说法，就是超过了一流、一流中的一流的意思，其中武宫正树夺得了第一次世界职业围棋赛的冠军。说到这六个超一流棋手，不能不说到桃李满天下的木谷实。木谷实是吴清源同时代的棋手，就是那个打败了不败的名人秀哉的棋手。他为人极其严谨。吴清源曾经说，有一次和木谷实去打台球，结果木谷实每一杆都要瞄上五六十次，把吴清源急得要命。木谷实就是这样一个人。他创办了木谷道场，收了很多徒弟，精心培养，门下的弟子成才的极多，弟子的段位加起来有三百多段，七八十年代的六个超一流棋手，除了林海峰是吴清源的弟子外，其他五个都是木谷实的徒弟，实在是令人惊叹。到了20世纪90年代，中国和韩国的水平逐渐提高，呈三强鼎立之势，到了本世纪，甚至已经超过了日本。

我1993年去北京比赛的时候，有幸见到吴清源老先生并合影。吴老当时80岁，现在已经94岁了。

中国的围棋水平在新中国成立后不断提高。建国初期，在陈毅元帅的关怀下，组织了全国性围棋比赛，各省市也都有了专业围棋队，出现了以陈祖德为代表的新一代国手。1960年，陈毅元帅促成了日本围棋代表团首次访华。从此，中日围棋交流揭开了新的历史篇章。1965年陈祖德首次战胜日本九段高手，标志着我国围棋水平已经接近日本一流棋手。陈祖德后来得了癌症，在病重期间他写下了《超越自我》一书，而后又奇迹般地战胜了癌症。70年代后，又出现了以聂卫平、马晓春为代表的一批棋手，在1984年开始的中日围棋擂台赛上，聂卫平多次力挽狂澜，战胜日本超一流棋手，为中国队夺取胜利，中国围棋水平逐渐追上了日本。1988年，聂卫平也因为擂台赛的出色表现获得了中国围棋协会授予的"棋圣"称号。1995年，马晓春夺取了我国第一个世界职业围棋冠军。陈祖德、聂卫平、马晓春带动了一大批青少年学习围棋，在我国掀起了围棋热潮，各种围棋学校在全国兴起，学棋的小孩无数，厦门目前就有上千小朋友在学围棋。目前我国的棋手古力、常昊、胡耀宇等都达到了世界顶级水平。

台湾的围棋也具有一定的水准，主要的好手基本都到日本学棋。吴清源的弟子、位列80年代日本六大超一流棋手的林海峰，就是台湾人。此外，当今日本最强者、林海峰的弟子张栩也是台湾人。师徒三代都曾称霸日本棋坛，传为佳话。台湾土生土长的九段高手周俊勋也曾夺得一次世界冠军。海峡两岸也进行过多次围棋交流，我自己就参加过两次厦门和台北的围棋交流比赛。

韩国在古代流行的是顺丈围棋，到了现代，有一位棋手叫赵南哲，他到日本学棋，20岁回国后极力推广现代围棋，他推着手推车、上面载着棋盘和棋子，走街串巷教别人下棋，经过不懈的努力，围棋在韩国逐渐流行起来，成为一项极为普及的运动。韩国全国五千万人口，据说会下棋的有一千万。赵南哲因此被称作"韩国现代围棋之父"。

七八十年代，韩国出了一个围棋天才曹薰铉，他在韩国一枝独秀，1989年他夺了首届"应氏杯"冠军，引发了韩国围棋热潮。曹薰铉收了唯一的徒弟叫李昌镐，这是个百年一遇的围棋奇才，17岁就夺得世界冠军，才30出头就已获得各种冠军一百多个，沉着冷静，人称"少年姜太公"。近年来又出现了新的领军人物李世石，棋风狠辣，跟中国古代棋圣黄龙士颇为相似。韩国是夺得围棋世界冠军最多的国家。

欧美围棋水平提高也很快，现在欧美围棋已经有相当数量的爱好者，仅美国就有几万人会下围棋，甚至还出现了一个九段高手，美国的麦克雷蒙，他是中国女婿，妻子是中国女子专业棋手牛娴娴三段。我们福建的围棋选手，在海外比赛也有一定的成绩，曾经有两个人获得新加坡冠军，一个人获得加拿大冠军并参加世界大赛。

随着互联网的发展，从 90 年代中期开始，逐渐出现了一些围棋对弈网站。早期的有 IGS、CNNS 等，大约有数百人在线下棋，后来的联众、TOM、弈城、新浪、中国围棋网等网站在线下棋人数剧增，高峰时一个网站就可以达到一万多人之多。网络的发展为围棋水平的提高提供了很大的便利。像我们以前下棋时，没有网络，想下棋只有去棋院或者别人家里找人下，路上很花时间，有时遇上天气不好还很不方便。有了网络就方便多了，你什么时候想下，上网就有人陪你下，而且很容易找到水平相当的对手。

说到网络围棋，不能不讲一个神秘的"龙飞虎"的故事。前几年在清风围棋网站，曾经出现过一个网名叫作"龙飞虎"的棋手，这个棋手很神秘，谁也不知道他是谁，但他连战连胜，有一天居然连赢了国内一流高手四局，这下网上炸开了锅，大家都在猜这个"龙飞虎"是谁，猜他是不是聂卫平、马晓春、常昊、古力等，但这些人都否认了。这就更奇怪了，因为国内具有这个水平的人也就十来个，究竟会是谁呢？而且这个"龙飞虎"来无影去无踪，谁也不知道哪天他就上线来下棋了，杀两盘然后又踪迹全无。最后过了两三年，终于有个叫丁伟的一流好手承认他就是"龙飞虎"。

五、其他有关围棋的文化

1. 源于围棋的成语

第一个是"举棋不定"。《左传》中说，春秋时期，卫国的相国在谈判的时候犹豫不决，大夫太叔文子知道了这件事以后就说："这个相国处理事情犹犹豫豫，缺乏决断，下棋的人举棋不定都难以战胜对手，更何况处理这么重大的国事呢？"这则有关围棋的最早的确切的记载文字，同时也记载了成语"举棋不定"的来历。

第二个是"专心致志"。《孟子》中说，国手弈秋教两个人下棋，其中一个专心地听讲，另一个上课时不专心，老是想七想八，比如想等一下下课时如果有大雁飞过来我怎么把大雁射下来？诸如此类，后来不专心的学生就逐渐下不过专心的学生了，"专心致志"这个成语最早就是从《孟子》中这段故事中来的。

第三个是"当局者迷，旁观者清"，这个成语的意思是，下棋的时候，对局双方由于过于投入，不能超脱出胜负，因此有时往往不能意识到局面的要点，而在旁边看棋的人，由于能够心平气和地思考，反而能够清楚地找到局面的要点。

还有"棋高一着"、"棋逢对手"等我就不用解释了，就是比喻两个人水平对比的高低。

2. 围棋与军事

围棋理论中的很多思想都是和军事理论相通的，因此古代就有人吸取围棋中的一些理论运用于军事。汉朝的时候就有人把围棋理论的书应用于兵法，隋朝的时候索性就直接把围棋的典籍和棋谱收录到兵书中。最有名的是《围棋十诀》，它浓缩了围棋理论的精华，被军事家广泛引用。

3. 金庸小说中的围棋

著名的小说家金庸是一个十足的围棋爱好者，据说他家里有很多棋书，他有空就拿出来看。他的武侠小说里有关围棋的描写很多，我这里选几个片段讲一讲。最著名的当属《天龙八部》中的珍珑棋局了。书中说道，苏星河摆了一个极难解的局面请天下英雄破解，大家想破了头都想不出来，却被不会下棋的小和尚虚竹误打误撞，先自杀后反而柳暗花明，死而后生解开了这个题，这段描写充分体现了围棋的玄妙高深。

《笑傲江湖》中负责看管任我行的四个雅士，琴棋书画各有所好，其中老二叫黑白子，痴迷围棋，他用磁铁打造成棋盘作兵刃，当真是奇巧的构思。

　　《碧血剑》中有个木桑道长，非常喜欢下棋，他到华山找袁承志的师父下棋，袁的师父没那么多空闲陪他，他就教袁承志下棋，并且答应袁承志赢了他就传授武功，用传授武功的代价来过棋瘾，木桑道长只怕也是武林中唯一的一个人。

　　金庸小说中关于围棋的描写还有很多，我就不一一列举了。

4. 棋具艺术

　　围棋的棋具也是一项艺术，很多高级的棋盘棋子都是艺术品。日本有蛤碁石做的白棋、特别的黑碁石做的黑棋、名贵的榧木做的棋墩等等，我国有传统的用云南大理石做的围棋子，叫云子，此外还有木雕的棋盒和精致的扇子。蛤碁石是什么呢？它是用特别大的文蛤的壳上挖出来的，这种大文蛤现在在日本已经没有了，要到加勒比海那里才出产，因此非常名贵，用文蛤造的围棋，质量好的一副要几万元。

　　今天的围棋文化就讲到这里，谢谢大家！

【参考文献】《围棋词典》、《中国围棋史话》、《中国围棋史趣话》、《中国历代围棋国手》、《日本近代围棋通史》、《日本围棋故事》、《欧美围棋史谈》、《围棋十诀》。

许云昆：单官技巧进阶

一、前言

皮蛋总编再三约稿，勉强同意写一篇单官技巧，或能提高各位半目胜负局面的胜率。我的棋半目胜负比较多，单官阶段也就故事多多、经验丰富，就说 1994 年以前的吧，立刻能想起来的比赛例子就有：

1. 1989 年省赛选拔，我花了半个小时绞尽脑汁对劫材精打细算，并引诱对手犯了小错误赚了两个劫材后，打劫收后，出线。

2. 1989 年三明地区赛对李海鹰 3 段，以为要被打劫收后了，后来终于找到了一个可以减少三个劫材的应劫方法，避免被逆转。

3. 1989 年三明地区赛对三明棋王郑永明，1 目官子时送对手打劫收后，负。

4. 1991 年厦门市运会第二轮打单劫，发生应劫打错方向的奇闻。

5. 1991 年厦门应氏杯对陈景隆，我强行打劫收后，并玉碎制造了一个转换，但陈老师没有跳入陷阱仍负。

6. 1992 年厦门绦纶杯名手赛，对余晓丹打劫收后因劫材不足，未遂。

7. 1993 年厦大首届棋王杯赛对皮蛋，进入单官后才动手出棋，仍然告负。

8. 1993 年应氏杯对张翔，绝望时找个瞎劫，岂料对方不粘劫抢单官，捡一盘。

9. 1993 年应氏杯对缪中子，收单官时没发现暗官，在空里不必要的地方补一手然后被对手收 1 目官子饮恨。

10. 1994 年团体赛单官出棋胜沈悦海。

11. 1994 年闽粤"五建杯"对许书祥，一路追赶可惜劫材不足输半目。

以上 11 盘中，导致胜负逆转的是 5 胜 3 负，俺小赚。但出来混总是要还的，就说两次全国赛输了四盘半目，其中两盘是终点线逆转，唉，辛酸史啊！俺这单官水平，实在也需要提高。

单官主要是打劫收后，然后延伸出打单劫技巧并继续延伸至劫材技巧等问题，内容还是很丰富的，先从理论说起吧。

二、理论篇

1. **提高认识，思想上高度重视。**这是单官技巧提高的关键！切记切记！一些人对单官有偏见，这是很危险的。提高单官技巧，等于提高你马拉松水平 0.01 秒……

2. **养成先补棋后收单官的好习惯。**以免不小心出棋。此外，在对手想打劫收后时，先补棋还可以防止对手把收单官当作劫材用。小心能驶万年船，想想吧，为什么中国平安保险的股票能涨到 100 多块？

3. **中盘开始就要开始注意劫材问题。**例如虎一个还是粘一个、怎么补劫材少等。尤其是**局部官子走尽前，尽可能为将来留下劫材**。关键是要细腻，可以通过算 24 和看荷花池乌龟提高自己的细腻度。

4. **掌握中国规则特有的打劫收后技术，包括制造和避免。**打劫收后日韩规则是不存在的，这一阶段的学习应结合爱国主义教育进行。

5. **学以致用，增加实战，直至举一反三。**不妨到 TOM 拿 30k～3D 账号下棋，官子阶段一桶一桶漏到差半目，然后打劫收后赢回来。这一阶段也可以培养收单官兴趣，成为单官水平进一步提高的动力。

三、基本篇

1. **打劫收后基本型**

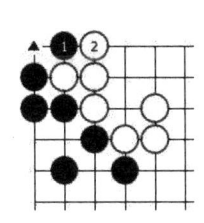

如果此时黑棋劫材有利，就可以不在▲粘劫而抢单官，有了打劫收后的可能。但是要注意"**打单不打双**"。单官数量为单数时黑不粘劫才有意义，否则如果单官是双数，那么不粘劫抢单官也收不了后。

2. **不给对方打劫收后的机会**

在盘面上有两个劫（一人提着一个）时，不要粘劫，就不用说了。

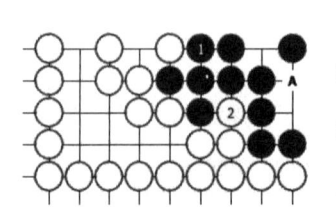

还有一个常见错误,收单官时不要去打吃对方的单劫。如左图黑先走2,本可占到2个单官,但走了1,就容易让对方打劫收后,只剩1个了。

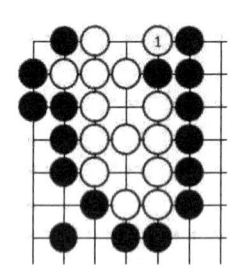

稍微有点复杂的是在对方打劫收后之时,找个地方反过来抛一个劫,这就等于抢了两个单官。当然对于想打劫收后的一方来说,就得找机会把对方的此类手段给灭了。

3. 应劫时注意减少劫材

应劫技巧是一项基本功,大到天下劫,小到单劫,都有怎么应劫材最少的问题。举例如下:黑2应是路人皆知的小技巧。黑4取材于马晓对依田实战。黑6是正着,取材于汪见虹实战,如果抱吃,劫材少了,却损1目。

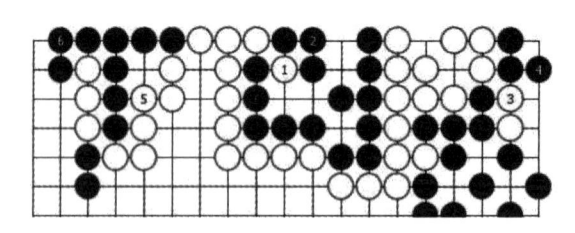

四、提高篇

1. 争夺公共劫材

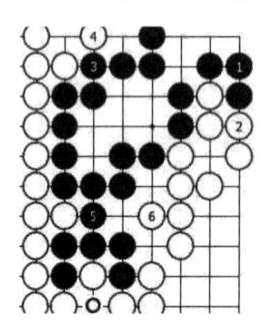

开始打单劫前,千万要把公共劫材走掉,而且还要特别注意顺序。

黑1、3、5都是公共劫材,要先走掉再于○位提劫。但这仅是万里长征的第一步,1、3、5的顺序丝毫马虎不得。黑1如果不先下,被白扑一个，角上就要长出个劫材来。黑1后如果先下黑5，白就会抢上边的3，里外差两个劫材。

此外还要注意的是，如果黑的意图是打劫收后，那么上图的黑1、3、5都走不到，白都可以脱先去粘单劫。

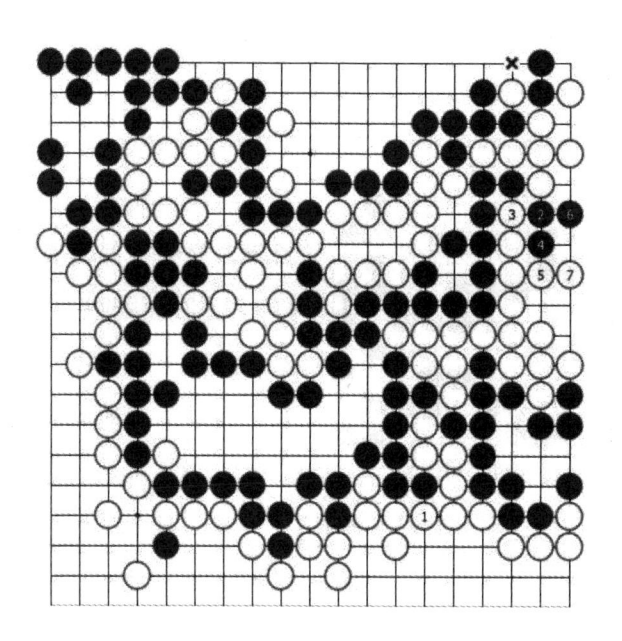

这种粘劫优先于逆收的局面，我对郑永明时就遇到了：白1随手逆收一目，被黑打劫收后。晕……

2. 对方企图打劫收后，先把对方的"先手单官"补掉以减少劫材

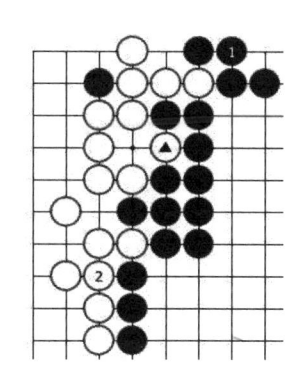

先下黑1，再下黑3主动粘上，然后再提劫。如果先提劫，这两个地方对方有三个劫材，而且这三个劫材顺手可以交换掉两对单官。

作为白方，如果对方觉得黑只是一时疏忽忘了先补劫，那么白应该把这三个劫材一次性全部走掉再提劫，否则留下两个，黑反过来补掉再提劫，白反而需要再找劫，等于亏一个劫材。

3. 落后一目半甚至更多仍有可能通过打劫收后取胜

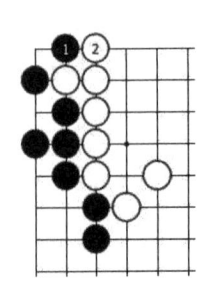

左图是打劫收后的延伸型，黑如劫材绝对有利，现在开始粘可以收后并让白停两手粘劫两次。如果差两目半，那现在就不能粘要开始抢单官了。

作为白方，在此类局面黑抢最后一个单官时，可以不停招而去制造劫材，待白粘一个劫后继续跟黑争劫。我和廖纳新就曾经下过类似下图这种局面：

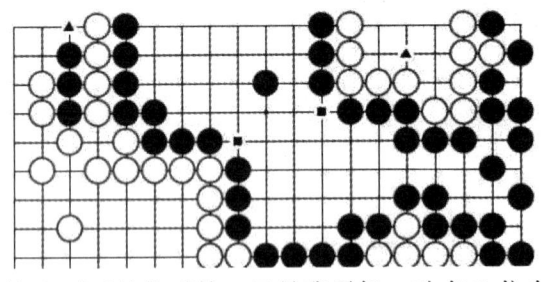

形势是我落后一目半，必须打赢需要接两下的劫并收后。然而由于 1 位断的存在，我是不可能完成这个两下劫收后的，于是我灵机一动在 1 位自填 1 目，这下纳新愣住了，提了一次劫，我找劫材提回去后就不会下了。半晌，我提醒他可以去制造劫材，他恍然大悟，只要随便在■位断一个，新产生的劫材数量就超过我在▲等位的劫材数量了。最后俺还是打不赢。

4. 理论上讲还有更赖皮的同时打多个劫收后

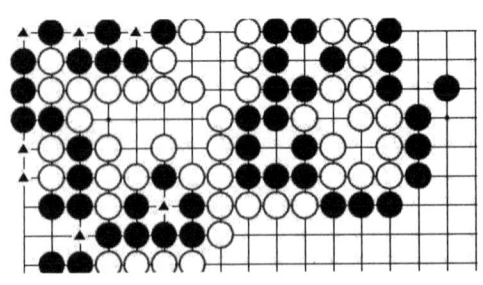

如杨晖所言，出现的概率约等于一群猴子跳上打印机噼噼啪啪也能打出大英百科全书。如图，黑可以利用那个打劫双活，赖着打上边需要接五下的劫，甚至还可以同时打下边的劫，总之黑形势不好的话就挺着打到底，双方只好和棋。

我就曾经在联众下过一盘，我连环劫死了一块棋，于是同时和对方打两个单劫，对方只好在多花一手把连环劫补了，让我粘一个单劫，再跟我打另一个单劫，俺打赢了，可惜还是输半目……

五、探索篇

（一）半目胜负且盘上存在多个单劫时，应如何处理

有时临近终局时盘上会有两三个单劫甚至更多，此时应该如何打劫收后或避免被别人打劫收后呢？

1. 基本型1：嘴里有两个单劫时

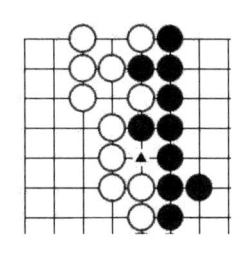

（1）如果黑空领先，那黑就提劫，这两个劫当然就是一人一个，胜势不可动摇。

（2）如果差半目、单官为单数，且劫材有利时黑就要考虑打劫收后。此时黑棋当欲擒故纵，不提劫而去抢单官，什么时候白粘一个劫，黑就提另一个，这样才能打劫收后。（所以作为白棋来讲应当立即粘劫，剩下的单官就成为劫材。）如果黑去提劫，那就等于交枪，白棋先收单官了。1992年涤纶杯我对晓丹就是这样的局面，很不幸，满足了差半目和两个劫在对方嘴里、单官为单数三个条件，劫材却不利，唉……

2. 基本型2：一方嘴里有三个单劫时

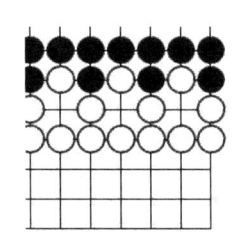

（1）如果黑不管单劫抢单官，那么白什么时候粘一个劫，黑就马上提第二个劫，最后黑得到一个劫，白得到两个劫。

（2）如果黑提单劫，那么其中两个劫就是一人一个了，那么就等于剩一个单劫，白可以根据形势粘劫或者打劫收后、游刃有余。黑还是只得到一个劫。

因此，黑提劫给了白棋打劫收后的机会。

结论是：嘴里有三个劫时，不要提劫，提劫只有错而无对的时候。

3. 由上面两个基本型得到的两个推论：（1）双方嘴里各一个单劫时，兑掉，等于没有劫。（2）一方嘴里有三个劫时，也等于没有劫。

第一个推论好理解，第二个推论需要进一步解释。假设嘴里有三个劫，任何时候一方提劫，对方就粘第二个，于是就回到了第一个推论的状态，因此，含在嘴里三个劫，等于没有劫。

4. 盘上多个单劫的情况

已知：盘面上的单劫，黑嘴里 X 个，白嘴里 Y 个。求：盘面事实上存在的单劫数量 S，以及正确着法。（以下解方程借用 3 的推论，同时需具备初一数学知识）解：第一步，先兑掉双方嘴里成对的单劫，还剩下 $|X-Y|$ 个单劫；

第二步，$|X-Y|$ 每三个一组可以消掉，即：

（1）当 $|X-Y| \leqslant 2$ 时，$S=|X-Y|$

（2）当 $|X-Y| \geqslant 3$ 时，S 等于"$|X-Y|$ 被 3 除的余数"

于是，$S=0$、1 或 2；

第三步，讨论解决正确着法：

（1）$S=0$ 时，盘上其实没有劫，不可提劫而破坏以上的成对、三个一组的消除过程，以免生变。

（2）$S=1$ 时，盘上其实只有一个劫。如果轮含着劫的一方下，提劫总是对的（粘上面第一第二步兑掉的劫也一样）；如果轮另一方下，则可以考虑是打这个劫收后还是粘劫。

（3）$S=2$ 时，盘面其实有两个同方向的劫。这就是基本型 1 的情况。如果轮含着劫的一方下，可以考虑提劫（即兑掉）或抢单官打劫收后；如果轮另一方下，粘劫总是对的（提上面第一第二步兑掉的劫也一样）。

以上就是盘面上有多个单劫的正确着法。当然了，实战中已经输定半目故意提来提去也是常有的，但那是期望搞晕对方然后劫材出错什么的，属于死猪不怕开水烫，不在正着之列。

【皮蛋】2007 年第 23 期《围棋天地》，赫然发现了一局单官技巧的素材：第十六届名人赛八强战王雷－周鹤洋。终局时，周嘴里有四个单劫，王嘴里一个。很不幸，周粘了一个，被王接劫收后。嗨，由此已知云昆的单官比三个 9 段收得好：淡路修三、柳时熏、周鹤洋。

（二）双活中的专属单官

日韩规则不关心单官，但中国规则单官是有价值的。在一些双活中有存在一方可以下而另一方不能下的单官，可以称之为专属单官：

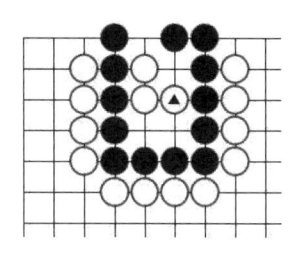

如图，黑不能下肚子里的单官，因此白可以等终局什么都下完之后，再在黑的怒视之下从容填里面两个单官，这就相当于白在这里有两目。回溯此前，白下▲位其实相当于逆收两目的官子。

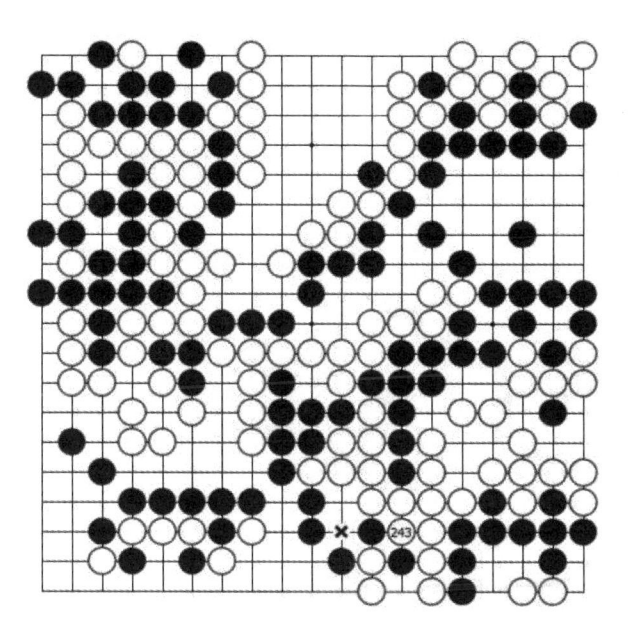

左图是我和唐晓宏实战，右下角的局面，牵扯到形势判断、劫材情况、制造劫材、单官归属等问题，你能搞得清楚吗？实战中我战战兢兢。

（三）"不提三目"棋型终局时的技巧

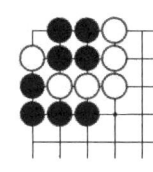

左图的"不提三目"是日本规则下的一个特殊判例，但中国规则是实战解决，双方都不下就判双活，那白肯定不干，因此白迟早要提。

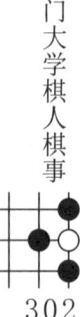

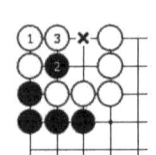

终局时，所有单劫、单官都解决了之后，白提黑四子，黑吃倒脱靴。此时注意，白要多送一子，这样便宜1目且收后。

有思维敏捷、擅于钻研者可能想到，这么下会不会导致打吃时黑在"一·一"路做赖皮劫顽抗？其实这是不可能的，白完全可以在解决这个局部之前，把劫材全部补掉。

六、实战篇

俺搜肠刮肚，就搜出这些个货色，最后贴一个第四届中日擂台赛马晓春对依田纪基的谱，终局前马"一·一"抛劫，如杨晖所言，我当时研究劫材花了40分钟。有兴趣，您也研究研究？提示一下，第一手棋恐怕就有一半的人会下错，黑应该接而不应提。

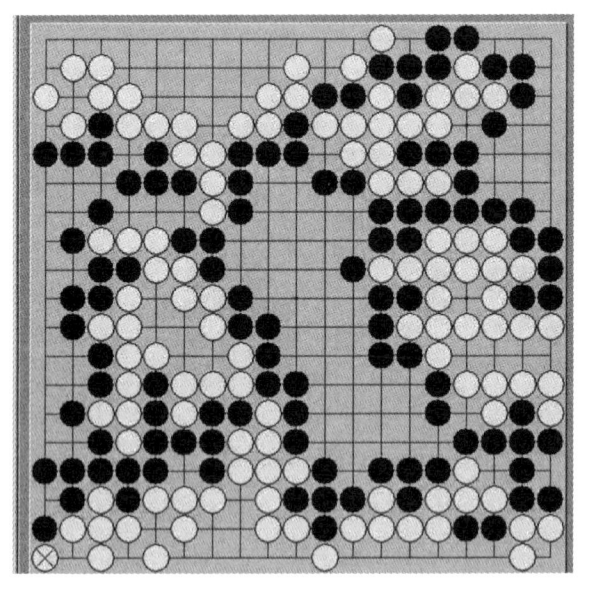

【皮蛋】云昆说到做到，2008年1月5日，参加厦门国际马拉松赛，以4小时12分的成绩跑完全程，不知提高了多少个0.01秒，不禁让人肃然起敬。

苏华江：热议十六目半

第一辑第十二回，云昆发表了大作《十六目半》，引来热评如潮，跟贴 60 余篇，一万余字。大伙热烈探讨了十六目半引发的种种官子话题，兴致之余整理如下。

一、何谓十六目半

1993 年 9 月 18 日，厦大第二届棋王赛的第二轮，杨晖（黑）对许云昆（白），行至此时已呈白大胜之势，然而十六目半的故事发生了。

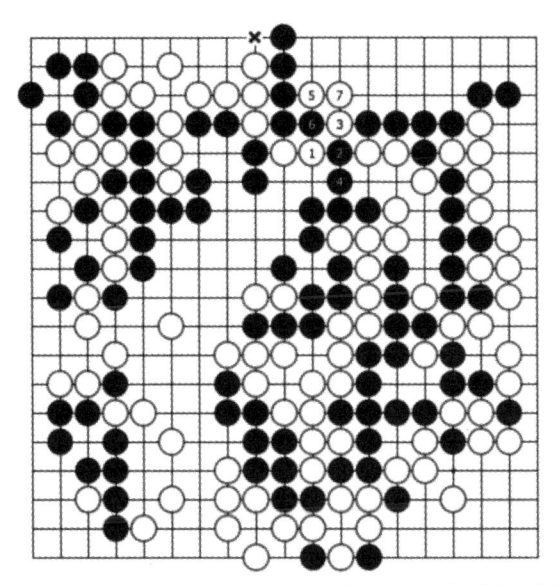

【云昆】白 1 忽然发癫，白 7 悬崖勒马滚打还来得及，但对局时愣是没有看到黑 8 立一手！各位，你们能点清这里我损了多少吗？呵呵我当时算是损了 16 目半。最后我输了 1 目半……

这就是十六目半的来历，呵呵。

【皮蛋】16 目半我是算不清楚的，只知道黑棋免费收到了黑 2，巨大，但算不清有多大，黑 4 算是 3 目吧，黑 8 算是逆收 2 目吧，还有白棋自填的 2 目。根据 16 目半的假设，这么说白 2 价值 9 目半，好像不止吧。

唉，根本就没算，太信任云昆了，已经精确到了半目还会错？随便调侃了一句，谁知却就此掀起了始料不及的热议。

二、到底损了多少？

【悦海】算白 2 长先手的话，好像白棋在此净损 14 目，损失确实巨大。

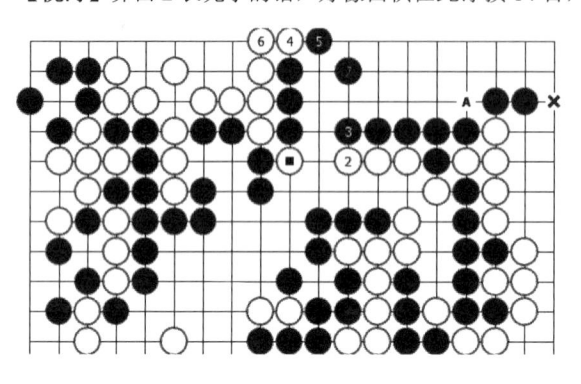

【云昆】你们这些人官子都不及格，只有沈悦海还算过关。①现在黑 6 路以下共 36 目（包括吃两白子 6 目折半 3 目）；②正常白 2 位长黑要 3 位挡，然后白一路扳粘，再白接到 1 子黑空是 20 目（要扣中间将被冲掉的 1 目）。二者相差 16 目，此外"五·十"路白打先手所以可以拉出中腹两白子，这样中腹官子白有余利，这就是 16.5 目。

不过这么算是不对的，因为白多花了一手棋，而实战死掉起码是先手，呵呵。简单算来，白一接价值 7.5 目，因此实际这里损失应该是 16.5-7.5/2＝13 目左右。

所以呢，16.5 半是错的，因为它忘记是后手要扣一手棋价值。13 目才是对的。总之，说 15 目以下的我认栽，说 17 目以上的官子就太臭了。

【皮蛋】中间白棋接 1 子 7 目半？7 目看清了，半目在哪里？

【云昆】这个官子看到是 7 目，但显然是 7 目强。一旦接回中间白两子，黑还脱先，那个断点出来就"强"起来差好几目了。但是这个可能性低于四分之一，所以算给它个半目差不多了。

【文洲】12 目半，俺第一次的计算结果与老许接近，但不是这样算地，俺的计算方式是：现在局面下，白 2 位长最大，黑 3 大致要应吧？接下来救回一子算双方一半权利。上面扳接是白的先手，与实战留下被扑吃后手六目的关子，俺认为是 12 目半，不过好像老许这样的算法看起来是正确的，实在搞不是很明白。

【云昆】to 文洲，你那么全部去折半的算法当然是对的，但实用性有时候要打折扣。教你一下更快更好用的方法，就是如果有后续官子，先不管它全部算进去，然后后续官子有一半可能下到的就算一半扣掉，有四分之一可能性下到的就扣掉四分之三，这样算常常更快。

【悦海】云昆的思路是对的，我的想法和结果同他一样，不过在过程上有点小出入。实战局面，白棋上边要挡，黑紧气，这样黑棋右上从六路算起含扑吃白二子的3目，共37目（皮蛋注：悦海的37目和云昆的36目并无出入，双方对白中间接上一子后冲掉的一目口径不同）。白的正确下法是2位长，黑3位挡，白8位扳粘，后面黑吃一子或白接一子是个7目双后官子，云昆说的中间官子半目余利我觉得走不到）。白如接到后，黑右上21目，再加上7目的折半，右上黑棋有24目半。两个局面先后手相同，所以白棋损了12目半。

小结：讨论至此，不论是13目还是12目半，方法与思路已趋于一致，只差中央半目余利计算的枝节问题，眼看讨论即将结束，但勤学好问的皮蛋又来事了……

三、 白棋长时，黑棋一定要挡吗？

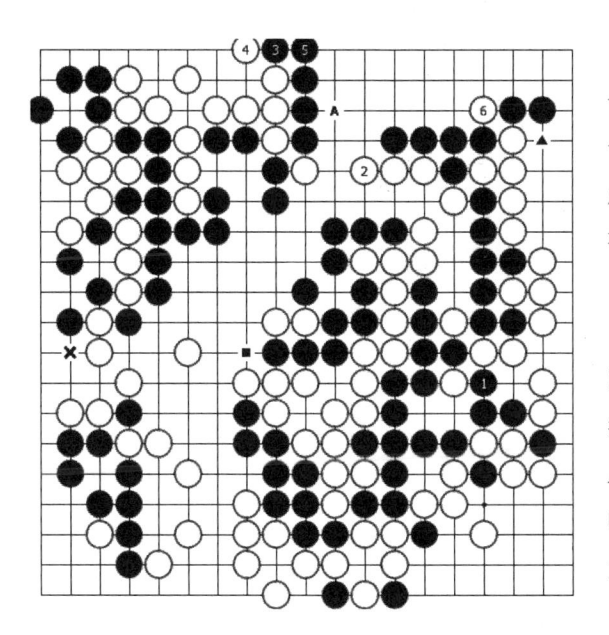

【云昆】这里如果白2位长，黑最强的应手是3位一路扳粘，这样上边可能成到22目并加上白边上有双活损失的3目是25目。这样看白的损失11目，但这将引发白在6位断的官子试应手。黑还要损回去。（皮蛋注：结合A的靠，6断是好棋，黑味极恶，会把▲的价值变大，黑确要损回去。）

【皮蛋】但是，白2的时候，黑3一定要应吗？上面的棋如果是白A右边跳进去，黑冲，以后的滚打并没有想像的大，因为把中间的接一子给卖了。中间黑棋■贴一手，再扳一手吃净两子且围空，有逆收7目强（皮蛋注：当时算错了，只有6

目），也是大家伙。再结合左边让白棋很麻的×二路一爬，组合起来已经晕了。

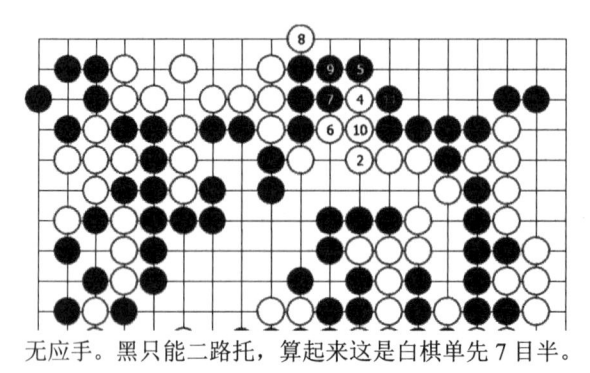

【悦海】黑3是否脱先取决于后续官子的价值，白2位长的时候，假设黑脱先围中间。白棋最好的下法是在4位点，黑不能10位冲，否则白8一扳无应手。黑只能二路托，算起来这是白棋单先7目半。

经过讨论，上边白2后如果黑脱先，下一手的价值是单先7目半。那么，接下来的问题是，皮蛋一直盯着的中央到底有多大呢？

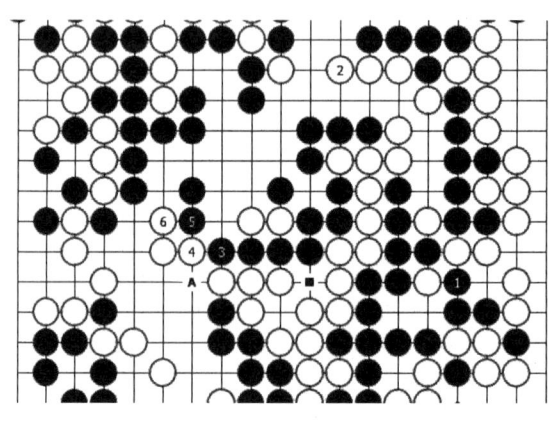

【悦海】中间黑先，黑3压至7，以后白空里要补一手。（注：皮蛋误算存在A位断多抠白一目的"妙手"，后来发现即使白上方跳进去后气也不够紧，白居然可以团在■位，A不便宜。）

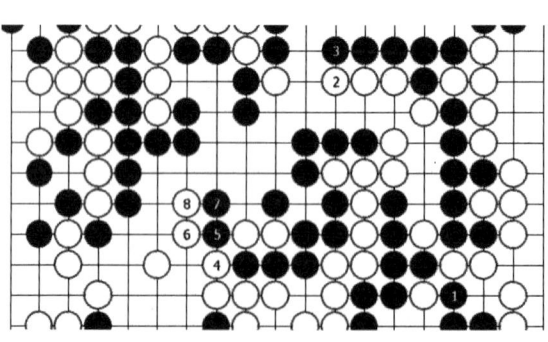

【悦海】白4拐黑应，和黑压住的结果相差6目。正常黑应脱先，下一手很难算，正确下法大致是打吃一手后在7位尖一手，黑打吃两子时不接而长进去！有9—9.5目。因此，白4拐是近后手11目（6+9.5/2）。

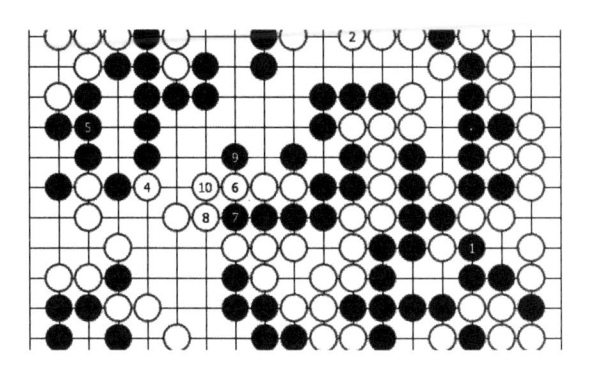

【悦海】白还有救两子的下法，4位断打后拖出中央两子，和黑棋拐相差12目。（皮蛋注，单看目数，黑9似应在10左侧吃一子较好）。

小结：经过计算，轮黑下，上方是逆收7.5目，中间是后手12目或逆收6目，通常情况下，应选择上方，也就是说。白棋长时，黑"大致要应"的感觉是没有错的。但是，由于皮蛋出现了中央是逆收8目的误算，还由此引发了更有趣的话题。

四、逆收八目的误导：上方还是中央？

【云昆】我的结论还是白棋长是先手，问题在于白长的一刹那黑在中腹压一个不是急先手。皮蛋说的中腹比上边大是不可能的，中间白拐如果黑应就先手8目（那时全体观众还被皮蛋中央断的"妙手"误导），但不应下一手仅仅是9目官子，所以白拐就是后手，价值＝8+9/2＝12.5目，一般没有上边的7.5目大。

【皮蛋】云昆的推理我不赞成，还是中间大、上边大的问题，黑棋在中间压确实不是急先手。白棋拐后下一手就算是9目。但是，拿12.5目去和逆收7.5目比的背景和实战有所不同。

【皮蛋】应当这样推理：①假设黑停一着。②白棋必然先走完上边的先手7.5目，再在中间拐。③这时候没有比9目更大的官子了，所以黑必需应。④因此，白棋中间拐实际上是先手8目。⑤现在回来，黑棋面临的是可以走一个逆收，是消掉上边的7.5目，还是中间的8目的问题？当然是取中间的。

【皮蛋】但事情还没有完。上边推理的前提是：中央白棋拐后的接回两子有9目，全盘最大，真是这样吗？右上显然不够，但别忘了左边的二路挡，此手号称有先手5.5目之大，后手9目对单先5.5目，哪个大呢？又和其他官子有关了……

从 8 目的误会中回来，在算清楚中央是逆收 6 目后，以上讨论的前提都不存在了，但到底是选择逆收 7.5 目还是后手 12 目依然没有足够的证据，和后续官子的分布关系密切，只好按通行的加倍算法了。

然而事情依然没有完，应大家的强烈要求，云昆把损完以后的谱给贴了出来，悦海在习惯性地写小结时发现了更大的问题。

五、悦海的研究：大损之后依然白优

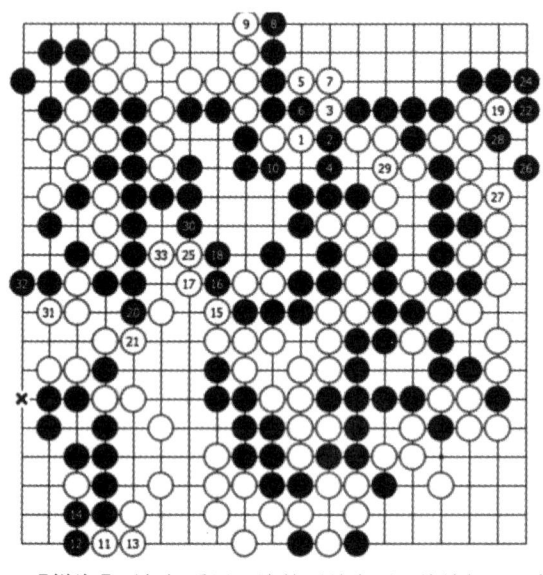

这就是大损之后的实战收官次序，现在看来真是问题多多。让我们以此为基础，来共同欣赏悦海的研究成果。

【悦海】再仔细看了一遍的后续官子，总结如下，大家看看对不对，太复杂了。

1. 上边白失误的损失，结论是 12 目半，具体过程前面已有交代。

2. 上边白 2 长后，下一手跳进去是单先 7.5 目，全盘已没有更大的，黑只有挡。

3. 右上白挡，因上边黑空味恶且逆收很大，黑要马上一路扳接，留下双方后手 6 目的官子，和中央 29 位吃两子见合。

4. 中间的下法及官子大小（皮蛋注：这是最体现悦海研究精神与官子逻辑的地方，不能省，全文照贴，同时我还把谱给配上去，以便阅读，但长达两页要有思想准备喔。）

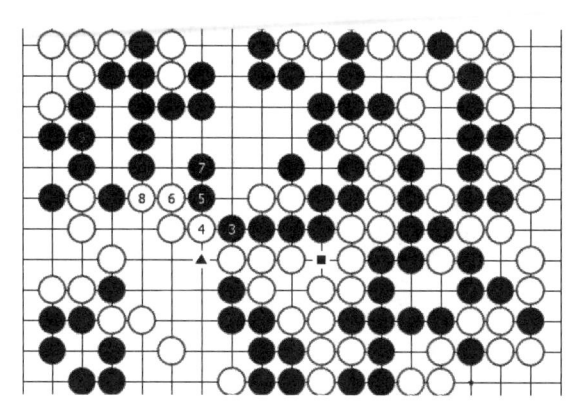

a. 黑先基本图，黑 3 压，至 8 打吃，9 提。以后黑■挤或白团是双后 2 目折半计算。（皮蛋注：悦海此算法有误，由于目前白气够紧，▲的"妙手"已成立，这是黑的权利。但为便于对照阅读，且不影响结论，保留。）

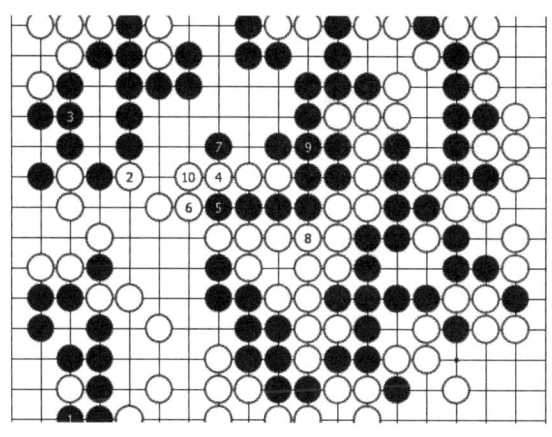

b. 白拉出两子的变化，白 2 打后，接回中央两子。这样与 a 相比，是个双后 11 目官子。

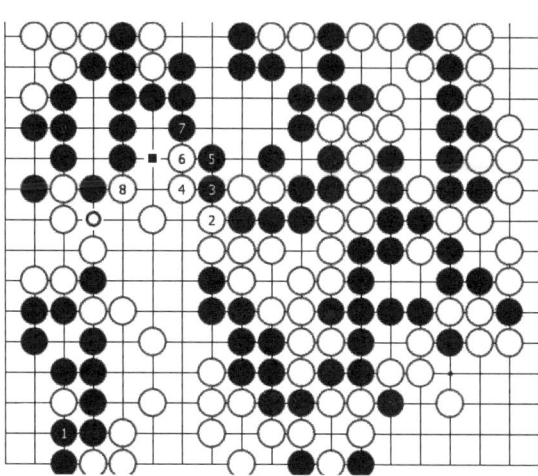

c1. 白弃两子的变化，白 2 拐。以后白在○打吃和黑■算是各自的权利。这样和 a 相比，是白棋的单先 6 目官子。

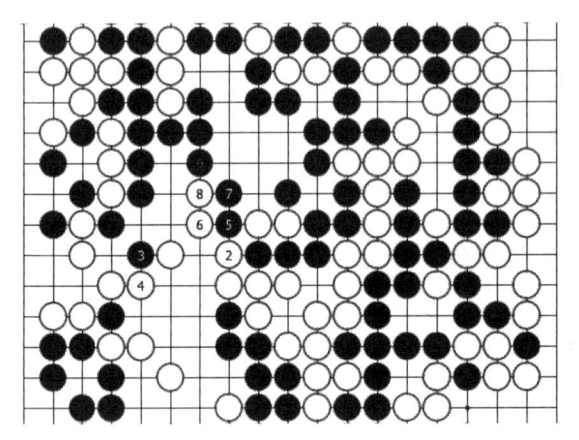

c2. 但白拐时黑棋有变，黑 3 位虎！白只好挡。与 a 相比是白单先 2 目。对照 c1，居然从单先 6 目变成 2 目。黑得到了 4 目的利益！不起眼的黑 3 居然是双先 4 目！（皮蛋注：应是 3 目，因为左边白挡时黑不能扳，少了 1 目。）

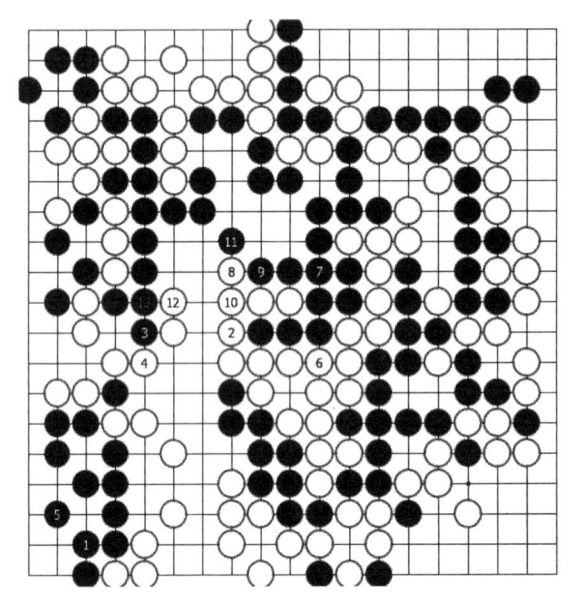

d. 白拐后黑棋还可以脱先。白 8 虎，黑打白粘，黑再在中间扳挡。后面的官子有点难算，姑且假设是双后。如白先，白 12 长，黑粘，白曲；黑先则 13 位虎，白曲，黑打白粘，再各自粘上。这样是个双后 4 目官子，折半计算。与 c2 相比，是白的单先 6 目。如果白 8 虎时黑继续脱先。白在 8 上一路并，是个双后 6 目官子。因此，白 8 虎是一个 9 目官子（6+6/2）

耗了两张纸，6 个图，总算计算清楚中央官子大小了：①左侧边上的黑虎或白卡打价值巨大，双先 4 目（c2）；②白中间拉出两子是后手 11 目（b）；③在白走到左边卡打时，白 2 拐是先手 6 目或后手 10 目半（6+9/2，6 目间 c1，9 目见 d）；④因为白拐后已经没有其他 9 目的大官子，所以白拐是先手，那么选择拐 6 目而在不逃中间两子 11 目的代价是 5 目，即此时的先手能有 5 目的价值就应该拐。

5. 根据第 4 点的④结论,白棋实战选择没逃两子而是先手拐定型是否正确呢?因为先手定型的代价是 5 目,也就是说还需要走到价值 5 目以上的双后官子才有便宜可赚。然而其他地方的剩余官子为:左边白 31 位挡仍应算为白棋的绝对先手,右上方两个双后 6 目见合,两个双后 2 目(左边和左上的一路扳粘)见合,只剩下下白三路团的逆先手 2 目。这样算下来,白棋在中间选择先手定型而不拉出两子可能损了约一目。但这还不是最关键的,真正致命的是,白棋在实战定型时漏走了卡打,再损 4 目,而这盘棋白只输了 1 目半。

【悦海】 最后的结论,上边大损后还是白棋优势,中间的定型白棋虽损仍然稍优,而第三谱中白 19 没有卡打到是最后败招。

【云昆】 重新完整地研究了一下官子,得沈悦海指教,发现被白没有卡打才是白最后的败因,这里白一定要打到然后拉出中间白两子,这个位置意外地大。我自己又收了一遍,损掉的结果是我还要赢 2.5 目,不损的结果是要赢 16.5,我的结论是,单从局部来看损 12.5 目,但结合全局来看是损 14 目。

呜呼,怎么会是这种结果?后半盘身体一贯很好的云昆连续踢飞了多个点球,而一贯对后半盘懒得钻研的杨晖却滴水不漏。"不损的结果是要赢 16.5",嘿嘿,这十六目半的标题是如此的恰到好处,天意啊。到此,似乎应该结题了,然而,皮蛋在整理文章时又发现了新问题。

六、皮蛋的再研究——大损之后的正确收官

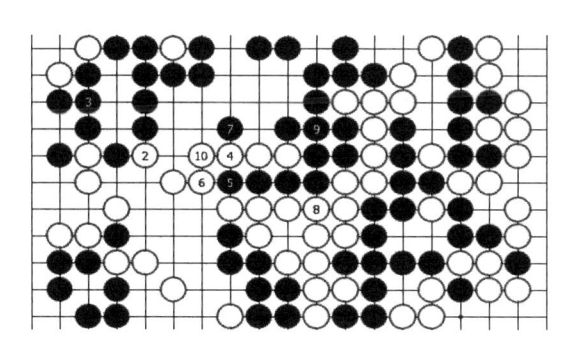

悦海和云昆一致认为,中央应该卡打一子后,再拉出中间两子,然而皮蛋认为这个结论不对,黑棋有变:

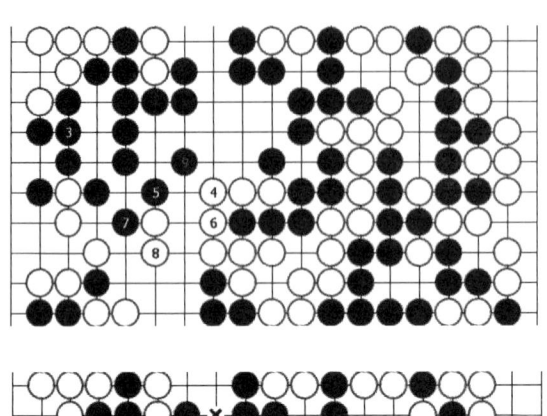

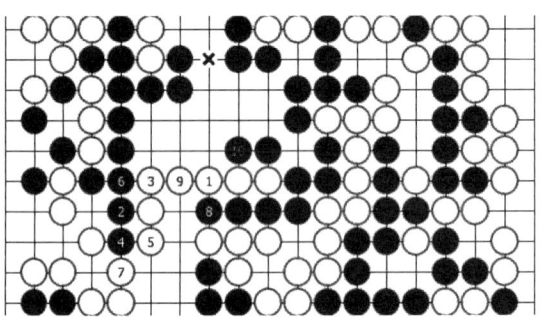

在白棋长出两子时，黑5不冲，而改为打吃白2一子，白很麻。被黑先手提一子，白损。（皮蛋注：此处漏算，白6可以在左侧呆并一手，得失与下各变化图大致相当，见终局图4）

很自然地想到，白棋是否有先长再打的"绝妙"次序呢？好像也不成立，长的时候黑棋冲就上当了，不冲而改在2位虎顶，白棋同样很麻。

因此，白拉出两子不成立，悦海所言"白拐先手定型约损一目"自然也无从谈起。因此，从中央局部看，白只能先卡打再单拐弃两子。但从全局看，白棋拐时黑棋一定要在中间应吗？左边爬可不小呀，而左边的价值又和中央卡打的时机密切相关，时机很难掌握。总之白该先下哪？很晕，只好排列组合了。

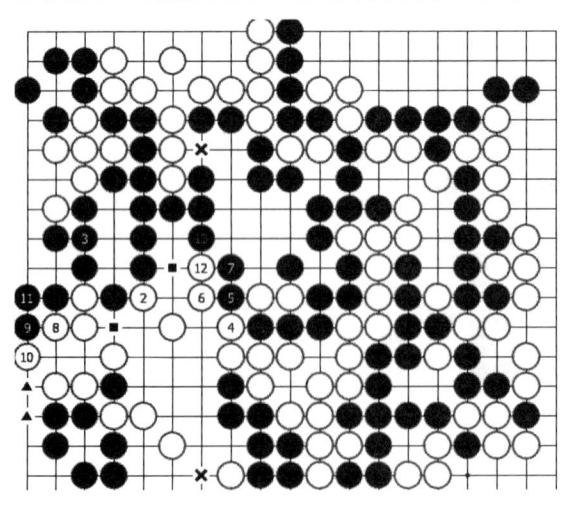

a0.基本图，白卡打后拐中央，黑应。计算×以内的目数。黑把左上角及左边一同计算在内，白不计算下面黑的一串死子，左下角算双方▲，中央算■算各自的权利。此型黑44目，白18目。黑多26目，黑后手。

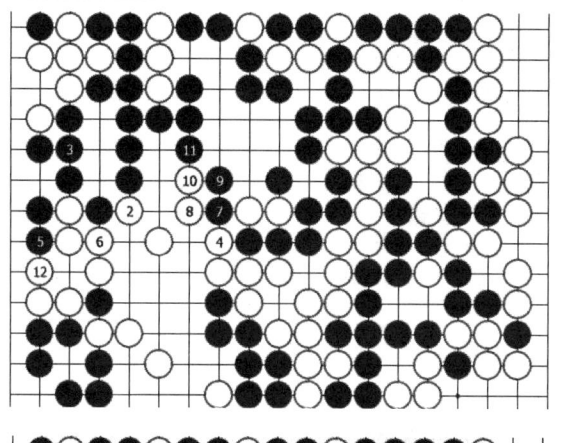

a1.白卡打后拐中央，黑5脱先在左边爬，白6、12忍耐，则黑5爬到3目，中央损1目，黑显然优于a0。对比a0，黑好2目且先手。

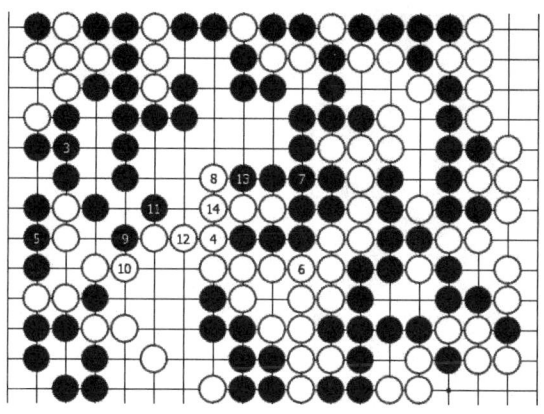

a2.黑5爬时，白针锋相对地打吃后8破空。黑9-15每手棋都让白非常麻。白比上图更加不满，此图白不可取，黑5爬时白只能忍。

因此白棋先卡打，黑的正解图是a1。黑好两目且先手。

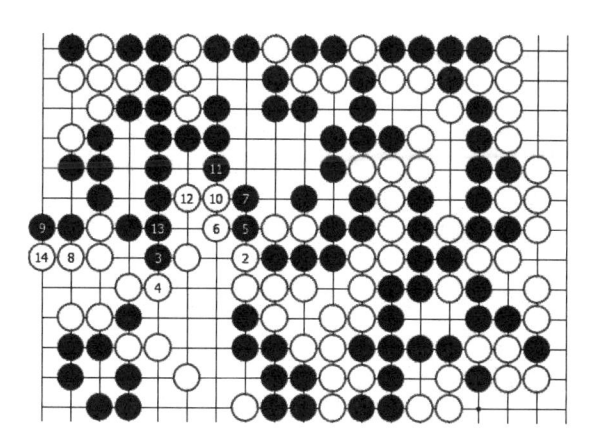

b1.白棋保留卡打，单拐，黑先在中央尖顶后再回中央应，注意白8拐时黑只能立，否则白棋在左上冷静地一路做眼后就两边作劫必得其一，出棋。黑较a0图好2目，黑后手。

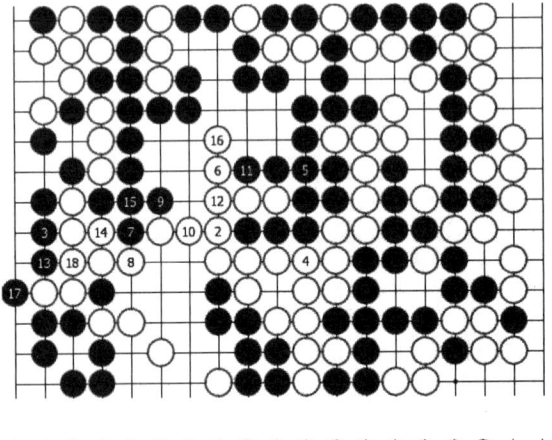

b2. 白拐，黑改在左边爬。白 6 尖破空，11 打时，白 12 接较好。结果黑较 a0 好 0.5 目，黑先手。注：此图与 a2 貌似神离。相比 b1，通常情况下黑应少 1.5 目抢先手。但此局面利弊不明。

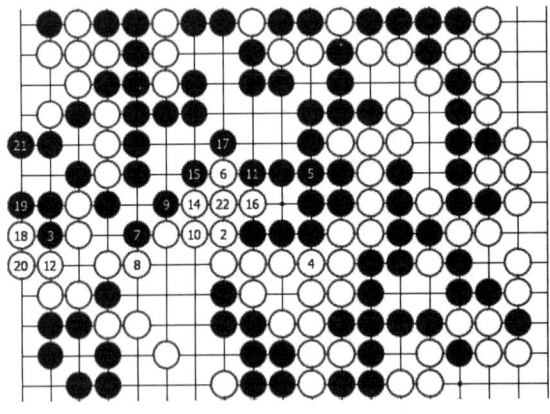

b3. 白 12 改在左边团也不小，但还是中间大，黑较 a0 好 3 目弱，黑先手。此图白不可取。

综合 b 的 3 个图，白棋单拐时，黑的正解是 b1 还 2 目但后手，或者黑 b2 黑好 0.5 目且先手。

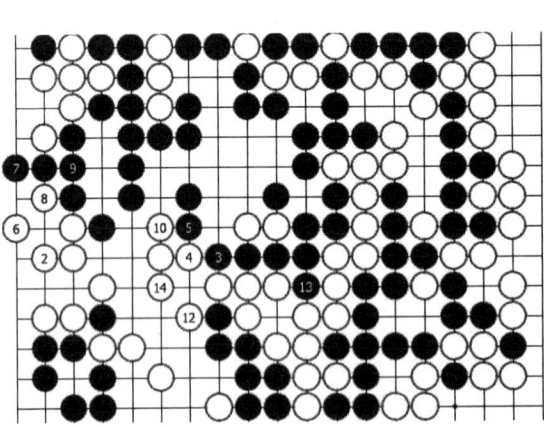

c. 白 2 改在左边挡，价值显然小于黑 3 的逆收 7 目，11 在 4 下断是此前一直强调的手筋，多刮一目，至 14 无变。对比 a0，黑好 3 目但后手。

小结：白棋的三种下法：A 卡打后再拐，黑选 a1，好 2 目且先手。B 单拐，黑选 b1 好 2 目但后手，或 b2 好 0.5 且先手。C 左边挡，图 c 好 3 目但后手。

显然，对白棋而言，A 不如 B，剩下 B1、B2 和 C 三种方案，即白棋是否让 1.5—2 目而争先手，通常应选择先手，但本局其他地方的官子出奇地少，且多为见合，先手的价值倒还真没多大，不好光凭计算下结论，索性全部收完。

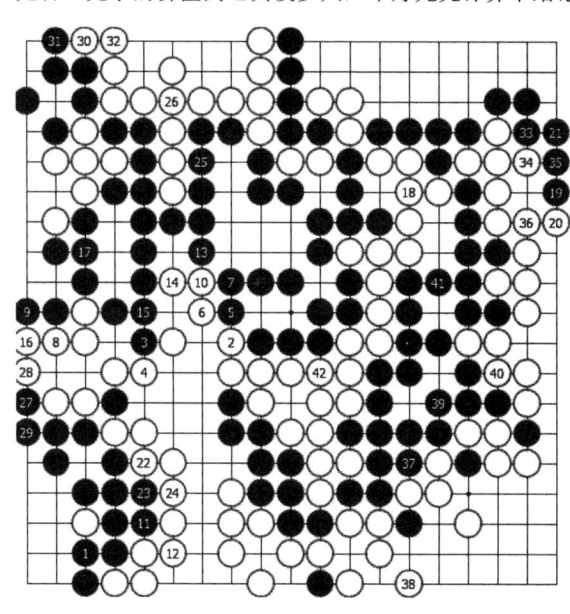

B1. 白拐后黑尖，要点：

1. 14 和 15 不一定交换得到，因白局面不利，算白的权利。

2. 19 此时应大飞，走 33 争来的先手并无意义。

3. 下边 38 需补。

　　此图和实战类似，但实战白在右上又损了一目。最后输了一目半。

白拐黑尖黑胜半目！

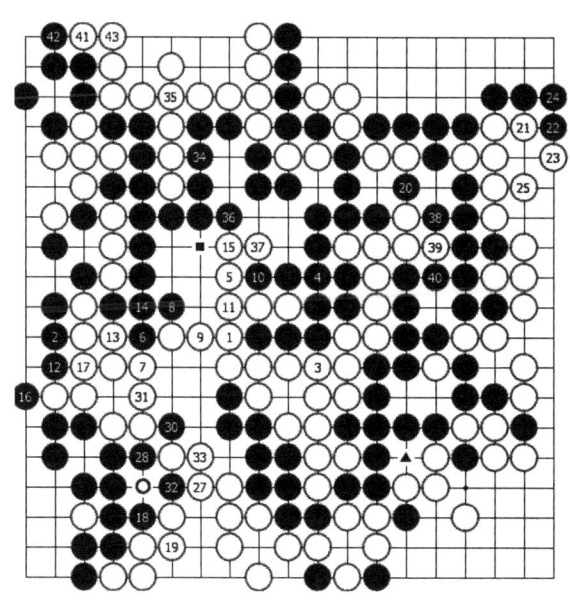

B2. 白拐黑爬，要点：

1. 因中央白须补一手，黑 26 挖时，白 27 打吃优于 28 挤。

2. 右下▲先手，白要补。

3. 白 43 后，黑不应走■一目，而应在〇处粘单劫，否则白将以一个劫材之优接劫收后。就这么巧，不信试试，呵呵。

白拐黑爬黑胜半目！

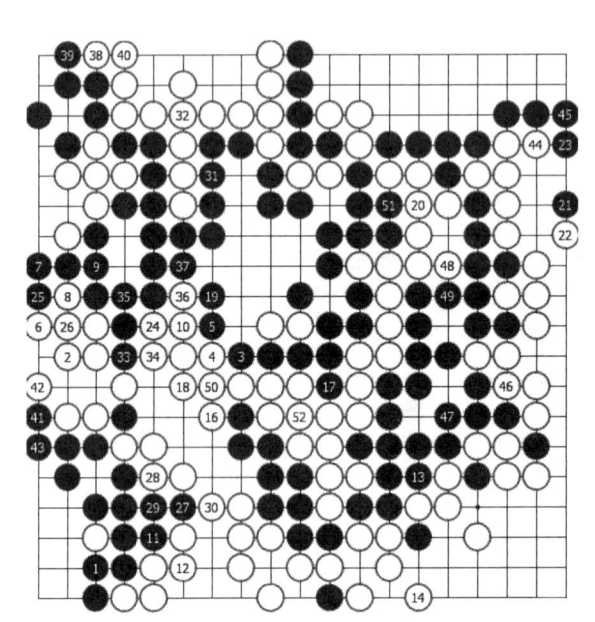

C. 白左边挡，要点：

1. 白6在7位扳不成立。

2. 黑11、13得先走，中央定型后就来不及了。尤其是13很容易忽略。

3. 黑15（50位）手筋，时机很重要。

4. 现在20比21要大，21走大飞和44曲的结果一致（曲时白棋要跳）。

5. 此时的白28比30好。

白左边挡黑胜半目！

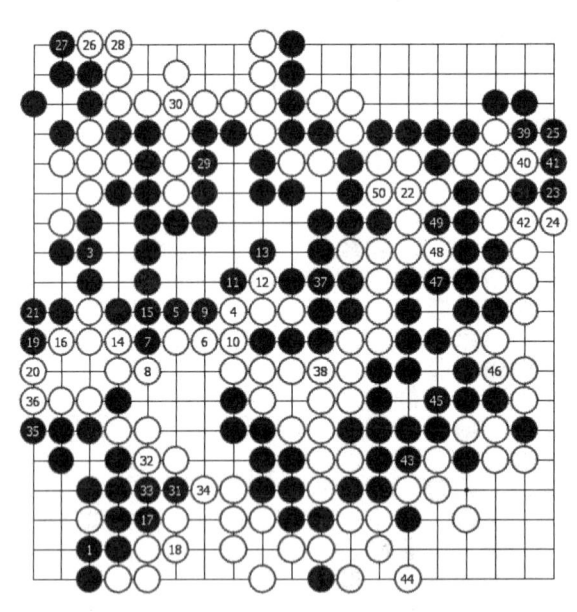

【悦海】还有一个变化，要点：

1. 黑5打吃时，白6呆并是化解两边危机的临机一手，皮蛋漏算。

2. 白14处算白的权力。

3. 黑右上角此时应大飞

4. 白26应该没有先35扳后脱先强抢其他官子的手段吧。

白先卡打黑胜半目！

天哪，变来变去都跳不出如来佛的手掌心，黑胜半目。由此得出皮蛋的结论：①双方都忽略了左边巨大的二路挡。②白上方大损后，已是黑的半目险胜局，不过到处都是地雷，很难全部走对。③实战白中间拐是正确选择之一，但随后双方开始疯狂地踢皮球，疏漏的地方实在太多，最后上帝站在了杨晖同学一边。

除了具体着法的研究，感受到悦海的钻研与逻辑之外，大家还有来有去地进行了一番官子理论的研究，颇有意思，整理如下。

七、关于如何计算损失的探讨

【云昆】 在算损失和利得的时候，跟官子是不一样的，这一点一定要对诸如建宏等部分不大明了的同志教育一下。例如你收个单官被别人抢了个20目官子，最后你输了15目，决不要大呼被翻盘了是因为刚才损了20目，其实你刚才就损了10目，严谨地说是损失了20目官子的50%的权利。

【皮蛋】 以上似有不严谨之嫌，如果盘面上只有一个20目和5目的双后手官子，那个单官损的是多少呢？好像是30目。（皮蛋注：事后重新看来这是错的，应该是15目。）如果盘面上从20目到1目所有的双方后手官子都是两个，那个单官损失的又是多少呢？好像是0目。所以用20目除2至少是不够严谨。如果在收官时不幸走了一个单官，严格地说，损失的是一个"先手权"，这个先手权有几目，是和盘上官子的分布有关的，再考虑一些逆先手，假先手的因素那就晕了。

【皮蛋】 好像讨论的是不可能有解的问题，从来都是问官子有多大，很少有精确地问损了多少，特别是在先后手转换的情况下，因为"损"的严格的计算方法应该是这样的：假设这手下了以后双方的应手都是正确的，这手棋是不下a，而下b，下a赢A目下b赢B目，那么B－A就是损的目数。对吧，可是在转换先后手时，B－A是根本不可能算出来的，折半也是不够精确的，原因如前所述。

【建宏】 我还是认为如要计算损多少目，应在17目以上。云昆的算法是正常下黑围了多少地与实战结果相比，但因为全局还有许多不确定性因素，白棋会有许多不同的下法，每种下法产生的结果与实战相比，都会有不同的损得结果出现。如果白在这个局部下正确了，可能会导致实战后续收官的下法不一致了，因为这个局部的每个官子将参与到后续官子大小的排序。因此不能作为判断依据。

【建宏】 因此剖析在这个局部现时的每手棋的价值，不是更为简单的算法吗？黑8

位逆收 2 目=4 目，黑 2 位后手 8 目，白棋因实战下法而导致上述两个官子均被黑得到，难道不是损了 12 目吗？再加上无端地"白 1 与黑 4 位交换，损了 3 目"和"白棋在黑空中白扔了 2 个子，损 2 目"，难道不是再损 5 目吗？

【皮蛋】建宏的计算是不对的，只有在其他地方已经全部定型完毕，没有任何一个官子了，或者其他地方的官子完全对偶，才能这样计算。

【云昆】建宏你还是没有搞清楚最基本的一个概念，你损出去一个 2 目官子等于只损失 1 目。

【建宏】太复杂了，没人认同我的看法，难道我的官子确实有问题？"你损出去一个 2 目官子等于只损失 1 目"明显有问题。当然还是 2 目啦（1 目自己的，1 目对方的）。"例如你收个单官被别人抢了个 20 目官子，最后你输了 15 目，决不要大呼称翻盘了因为刚才损了 20 目，其实你刚才就损了 10 目，严谨地说是损失了 20 目官子的 50%的权利"也是错误的，如果仅余这个 20 目的官子，当然就是损了 20 目啦。因此我基本同意皮蛋关于损的计算方法（注：所指乃 abAB 也）。

【悦海】我觉得建宏的道理是说得没错地，就是具体的数字弄错喽。:)要是收官的时候先后手关系转换的话，或许可以这样处理：要么就算是后手官子，要么就把后面的官子也加进来，直到先后手关系一样为止。不过这里涉及的计算可能会很复杂。

【云昆】建宏你这官子实在是需要补课，只有白白抢到一个逆收 10 目的才是实实在在得了 10 目，白白抢到一个 10 目后手的就是得 5 目。不要举什么 20 目官子以后就只剩单官的特例，现在说的是普遍现象，也就是官子剩下 20，19，18，17……或者 20，18，16，14……这样一溜下来。

【云昆】再退一步，有四个子含在嘴巴里，点空的时候是算一半的可能，4 目吧。对方走单官让你白白提掉你是 8 目吧，先后手没变吧，那么虽然你收了 8 目官子，但是他的损失就是 4 目。计算官子是以出入为标准，计算损失是与公允结果为标准。

【云昆】如果这个浅出你搞明白了，那么就再说个深入的，刚学官子就看见书上说逆官子和后手官子进行比较时，要翻倍计算吧。它的理论基础其实跟这里跟你说的"20 目损失 10 目"是一个道理。

【皮蛋】（在云昆说出了局部损 12.5 目，全局损 14 目后）12.5 目不等于 14 目，为什么？就是因为12.5目的基础是：白2长后剩下7目官子按"折半"计算。从严谨、科学的角度来说，折半是不对的。但谁也没有精力对损的地方都把后续官子收完后大叫：我赢1目半，最后输了2目半，所以我损了4目！那有屁用。

【皮蛋】因此，折半是最合理也最可行的方法，因为官子分布的期望值应该就是折半的值，只是每盘棋官子分布都不一样，所以才导致了这盘棋12.5和14目的差。通过这次讨论，我认为：

①损多少是无法也没有必要精确计算的，只能按折半法估算。

②计算官子大小时折半，严格来说也是一种估算，两个官子，A（后手4目＋再后手3目），B（后手5目＋再后手1目），收出来的结果可能就不一样大。原因也在于后续官子的分布。

③在讨论过程中颠来倒去的各类问题，可以证明我们的官子基础不行，无论从理论、算大小、看手段以及时间控制上来都差一些。

④在离终局三四十手时就能把胜负精确到目，我们应该没那个本事。对我们来说，最重要的是看到棋，然后用折半法把大小算清楚，然后从大到小收。

⑤围棋难哪，连相对最简单的官子也这么难！小时候《围棋》连载章照原所著《官子的全局着法》说了一通各类情况下的先后顺序，没看懂，至今也没搞懂。

【建宏】我确实没有系统地学过官子，不过折半是用来计算官子大小，这个我还是懂的。但是，用折半来计算损了多少目可能有误。（与皮蛋观点较为一致）。

【建宏】围棋计算胜负比的是双方目数的差距，因此按我的看法，上述的很多算法不是折半计算，而是双倍计算。我本来可胜5目，却输了2目，是不是损失了7目？我同意皮蛋的观点，其实计算损多少确实没有很大的意义，探讨官子大小、次序才是正道。不同的局面、逆收官子有多少个，后手官的目数是多少，都可能对最后的胜负产生影响，因此就某个局部下法的损失进行计算并不具有实战意义。我主要从逻辑推理来看这个讨论，具体的官子手段那是比不上云昆、悦海兄，但主要观点应该不会错的。

八、皮蛋歪理

关于损得的计算，学棋时官子书已经把方法说得很清楚了，可经过大家的讨论，再加上皮蛋与建宏等人的搅局，却发现绝大多数人都是知其然而不知其所以然。后来经过与云昆的再探讨，皮蛋整理了一下有关理论，如下。

1. 两个大家基本认同的观点

A：官子大小的计算采用出入计算法，这是大家都知道的，最简单的就是双方后手的一路扳接，黑棋扳接与白棋扳接的结果相比，黑棋多出了一目而白棋减少了一目，一出一入就是两目，所以一路扳接是双方后手两目。

B：严格的损失计算也应该采用出入计算法，即皮蛋前面所说的 abAB 的道理，这应该也容易理解，但显然不可操作。所以云昆一直强调计算损得要采用与"公允结果"比较的办法（会计就是会计，呵呵），但没有把理由说清楚。

云昆所云"计算官子是以出入为标准，计算损失是与公允结果为标准。"听起来很玄妙，可这种结果实在是生硬了一点，并没办法从 A、B 中直接得出，无法让人完全信服，所以建宏对此很不满意。皮蛋也犯晕了，最后结合一个错误想破脑袋，整出了一套歪理。

2. 皮蛋歪理－收官就是占公允价值的便宜

先从皮蛋的错误说起：盘面黑先仅剩一目和两目两个官子，当然是黑收两目后白收一目。可黑不幸先收了一目，那么黑损了多少呢？很简单，黑本可"多"一目，可现在却变成黑"少"一目，一出一入当然是两目，可事实呢？

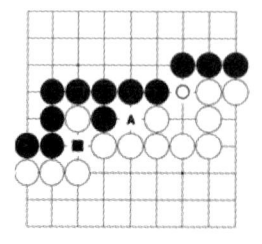

如图，黑■收两目，白○一目。全盘黑 28 白 27，黑胜 1 目。反过来应该是黑负 1 目吧。非也，黑○白■后，黑白都 26，和棋，黑棋损了1目。咦，为什么不是两目？看来皮蛋确实把官子大小和损得给搞混了。

在思考为什么错时，想出了一套歪理－"收官就是占公允结果的便宜"。

A.先说什么叫"公允"结果，实在是很难严格定义。简单点，针对双方后手官子，公允价值是双方机会各半的结果；而针对单先（逆收）官子，公允价值是先手方行使先手权利后的结果，这应该都可以认同吧。

B.再进行一个概念转换，我们为什么收官子？因为我们要赢对方。靠什么赢对方，得占对方的便宜？所以，收官的过程实际上是一个"占便宜"的过程。那么，每收了一个官子到底占了多少便宜呢？和公允价值联系起来就好理解了。

C.我收到一个后手两目官子，因为它的公允价值是一人一目，所以我占到了一目的便宜。收到一个单先两目，因为公允价值是我的两目，所以我并没有便宜。我收到了一个逆收两目，因为公允价值是我的0目，所以我占了两目的便宜。

回到皮蛋犯错的例子，黑棋2目白棋1目的回合，黑占了2/2＝1的便宜，白占了1/2＝0.5的便宜，黑先会取得0.5目的便宜。可黑棋的错误次序，却使白棋取得了0.5目的便宜，一出一入，黑棋损了0.5×2＝1目，这样就解释得通了。

再回头想想，实际上也用不着绕这么一个大弯，因为官子是出入计算法的，所以在计算损得的"一出一入"时就恰巧可以借用两个官子的差来替代。两者的关系就好比日韩规则算目胜1目半、中国规则算子胜3/4子，但并不代表着1子＝2目，在道理上似有相通之处。

3.歪理扩展（1）－逆收官与先手权的计算

有了皮蛋歪理，一些原先知其然而不知其所以然的东西好像也想通了，例如形势判断时边上为什么要算到双方立到？因为那是公允结果。为什么逆收官要双倍折算？因为逆收占的便宜是全部官子价值，而双后占的便宜是一半官子价值。

但还得继续思考问题：书上说的都是"通常逆收官要按两倍价值计算"，为什么用"通常"，而不是"一定"呢，如果按照歪理的逻辑，理应是"一定"才是。仔细想想，逆收官涉及了先后手转换，有个先手权的问题。所谓先手权，指特定局面下先手所能得到的利益，如上图仅剩 2 目与 1 目的情况，先手权应该是 1 目。

我们如果把逆收 A 目官子和后手 B 目官子（当时局面最大）的交换视同一个回合的话，逆收相当于走了一个后手 A 目官子，并获得了 B 以后官子的先手权 C，是否该逆收，其实并不取决于 A 是否大于 B/2，而在于 A+C 是否大于 B，这样解释应该说得过去吧。所以，逆收官子加倍仅仅是一个大致的算法，真正严格算法应当是"逆收官目数＋先手权－后手官目数"，如果大于 0，就应逆收，如果小于 0，就应收后手。

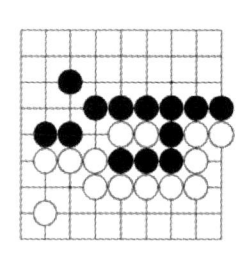

黑先，左边逆收 3 目，中间后收 4 目。按加倍理论应当逆收，可谁都知道此时应该走 4 目。因为黑通过逆收抢来的先手没有价值了，即先手权＝0。3+0<4，应当收后手 4 目而不是逆收 3 目。

如果稍微变化一下，右边多了一个 2 目的官子，这时的先手权等于 2，3+2>4，就应该收逆收 3 目。

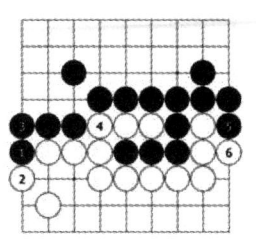

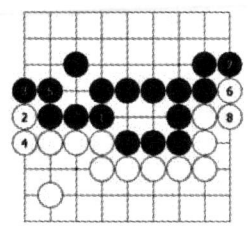

左图先收后手 4 目，黑 29，白 22，黑胜 7 目。上右图先逆收后手 3 目，黑 28，白 20，黑胜 8 目，优于上变化图 1 目。这也验证了公式的结论。

当然在实战中，逆收官的选择绝不会如此简单，关键在于官子较多，尤其是掺杂着一些逆收官和二次官子的时候，计算先手权基本上是不可能的，但"逆收官的价值通常加倍计算"的意思究竟是把先手权的价值算成当前最大官子的一半，还是算成逆收官价值本身呢？费解，计算的依据又何在呢？更加费解。

4. 歪理扩展（2）—局部损得对全局胜负影响的计算

局部损得在实战中比比皆是，如前所言，胜负既定时回头计算损失确无意义。话虽如此，但恐怕谁也按捺不住算的冲动，以此增加吹牛的谈资，既然如此，还是得把局部损得对胜负影响的可行性与计算方法给探讨一下。

首先，损得的对象到底是什么呢？前面屡屡提到"黑走了一个单官，和白棋×目官子交换"等等，这到底说明损得的对象是一手棋，还是一个回合，还是一个局部？我认为还是认定为一个局部较为合理，并设计了如下公式。

局部损得对全局的影响＝局部实战结果－局部公允结果－对先手权的影响

显然，难在后者，而先手权影响，又有战场是否正确（即选择的局部是否正确）和实战先后手是否与公允结果相同（简称先后手变化）两个影响因素。

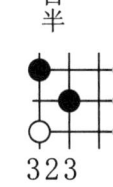

A.战场正确，先后手相同。这相对简单，因为不用算先手权，对照实战与公允结果即可，十六目半就属此类。话虽如此，但也很难精确计算，因为遗留官子会对后续官子序列产生影响，就如云昆所云的局部损12.5目，全局损14.目。只有一种情况才有可能，那就是实战和公允结果都是走净所有变化，只剩单官。

B.战场正确，先后手不同，实战逆收官选择类似此问题，也包括后文4中将要提到局部先后手选择。麻烦，因为还要算先手权变化的差异，如对方收了个逆收五目，那就是五目；如剩余官子全部见合就是0；如剩余官子不见合，那就是所有不见合官子之间每两个捉对，计算价值差的和，大致如此。

C.战场错误，先后手相同，结果落后手。单官是这种情况最简单例子，就得按B的办法计算先手权，如果选了一个后手有目的官子，由于改变了官子序列，就麻烦了，甚至有可能还是正确选择，第三届棋王赛时云昆对我，看清楚了2目、1目官子全部见合，这时候就去粘了个单劫，避免我接劫收后，最后赢了半目。

D.战场错误，先后手相同，但取得先手，应该对全局没有影响，好比你冲了先手一目，但后续价值过小，显然时机不对，但对方既然应了，就不存在时机不对的问题了吧，不过也许你会因此而打输一个劫，那就管不了这么多了。

E.战场错误，先后手不同，但落后手，F战场错误，先后手不同，但获先手，这里都涉及一个局部两种定型方式，先后手选择的问题，算肯定是算不清的，但由此引申出一个局部先后手定型的选择问题，倒也蛮有意思，详见4。

以上列举够完整，但也够晕乎的，要的就是这个效果，呵呵。可以看出：直接、精确地计算出一个局部损得对全局的影响几乎是不可能的。所以说，即便再有兴趣，也还是省点体力为宜，用"后续官子折半法"估算一下局部损得，再模糊地把先手权用"一手棋的价值"给忽悠过去，如此吹牛已经够让人敬仰了。

5. 歪理扩展（3）—局部先后手定型的选择与计算

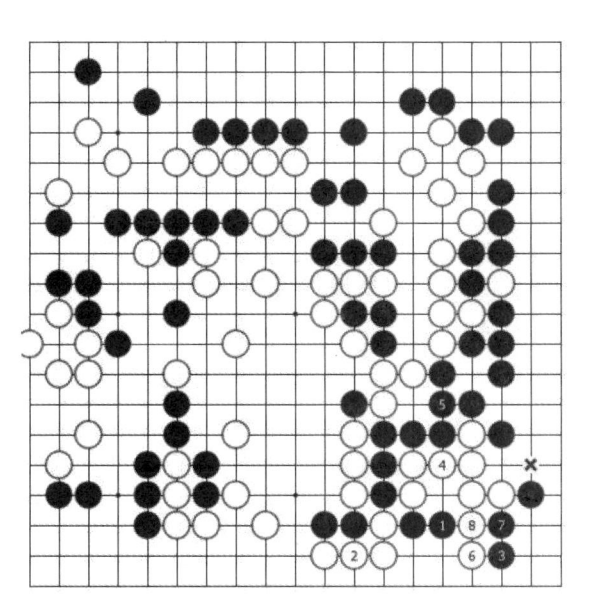

云昆在1994年五建杯和张伟（黑）的比赛中局面，皮蛋对实战黑棋的选择有疑问：黑棋落了个后手活角，值得吗？经过计算，与黑棋单尖相比，白少了12目，黑多了角上4目，少了边上9目，统算下来黑棋花了一个后手，多了7目。

怎么看待这7目呢？云昆认为黑占了7目的便宜，相当于黑棋下右下角尖后走了个后手14目的官子（7×2，加倍的理由在于原先对损得计算晕乎乎的讨论），14目显然是目前盘面最大的，所以实战黑棋正确。而我从小到大就认为这相当于走完先手后再下了一个后手7目官子，孰是孰非？

首先，应该不是后手7目，哪里生出来的一个后手7目的官子呢？也不应是后手14目，毕竟从占了7目的便宜倒推至后手14目颇有些循环论证的味道，不太靠谱。仔细想想，局部的先后手选择，实质就是"损失一个先手权换几目便宜，值不值？"的问题，这和逆收官时面临的问题一样，因此应算成逆收 7 目。

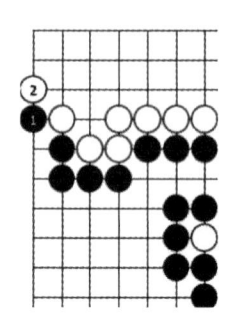

在研究以上问题时，还想到了小时候围棋杂志上的一个图，赵治勋（黑）对大竹英雄（白）。大致形状，黑 1 扳时，白 2 通常应退，因为打住黑可活角，常识吧。可解说却认定白应挡！原来，黑棋面临着是否打进去后手活角的选择。由于黑活角后白可先手冲进黑空，因此价值意外地小（居然也是 7 目，呵呵），所以黑应接住。反过来说，实战白退损了 2 目，而最终输了 2.5 目，因此白退是最后败着。

九、小结

22 页、34 个图、1.2 万字，重新研究了十六目半，并由此装模作样地做了一番理论研究，能明确得出的结论却寥寥无几，且多为废话：

1. "十六目半"的局部损失是十二目半，且大损之后黑已略优。

2. 精确计算局部损失对全局胜负的影响基本上不可能，只能"后续官子折半法"算出局部损失后，再视先后手变化情况用"损（得）一手棋的价值"笼统概括。

3. 局部定型有先后手两种选择时，选择后手定型相当于逆收官。

4. 围棋太难，大家都是爱棋之人，但基本功都还有待提高。因此，我赶忙去买了本《围棋官子大全》（丁开明著），呵呵。

苏华江：马拉松

今天（2009 年 1 月 3 日）是厦门国际马拉松，一个城市的节日。孩子他妈在她单位给俺也报了个 5 公里，算是"陪跑的陪跑的陪跑"吧，说来惭愧，第七届了，才首次凑数。

云昆闻讯大喜，立马安排俺在 5 公里终点（即全程的 37 公里处）给他送水，说了一通赛会提供的饮料如何如何不够专业，自己只好沿途安排了 4 个加水站（李祝在厦大是前一站）云云，拿着他那专业且外标氨基酸等字样的小玻璃瓶，不禁肃然起敬。

7：00 全家就出动了，丈母娘做后勤、儿子搞摄像，俺和老婆算是运动员。好容易挤上公交到了会展中心，人山人海呀，千辛万苦找到了老婆单位的一干人等，已经 7：45 了。

8：00，发令时间，啥也没听着，却远远看见远处飞起一群和平鸽，开跑喽。

建发搞了个红马甲方队，福利不错；他们老早就占据了 5 公里的出发处，倒也辛苦。大伙只好跟在后面，可他们居然还不时停停喊两句口号，可气。等到了起点（注意，是起点），已经是 14 分 20 秒了，刚查了下 5000 米的世界纪录，12 分 37 秒，呵呵。

一路上除了人还是人，前看黑压压，后看黑压压，居然还看到有人别着半程甚至全程的号码牌，这也太浪费了一点吧。LP 不时歇歇，歇够了一声不吭就开跑；跟跑一会刚找到点感觉却又一声不吭地停下来走走，唉……就这么半走半跑，倒也不觉得远，很快就到了终点，先看到了儿子和丈母娘，然后才看到了时间，55 分！！！1 分钟就"跑"100 米，强啊！

休整过后，就是正事了，到了马路对面，静等返程大部队。等待的过程中，发现马拉松真是一个充分展现个性大舞台，舞台上的各路英豪真是各显神通。

这位老兄的"假屁股"够酷吧，儿子大笑："羞羞脸！"

赤脚大仙还不少，强啊。这位老兄赤脚加扛旗，更强。

据说厦门的赛道和观众都是颇受好评的，我们这观众一家子居然也被拍了下来。此外，旁边这位老兄得说两句。左手拿着对讲机，一会"英镑"、一会"机器猫",听得我云里雾里。而且身边的供应品应有尽有,各类饮料、喷剂、香蕉、能量棒等等……后来一问,深圳的一个长跑俱乐部,来了100个人,70人跑30人搞后勤,强啊。

主角即将出现……

10:45,李祝来电:"刚跑过(31公里)。""怎么样,他还能微笑吗?""都挺好的!"算了一下,回头对LP说,11:20能到。

11:05,LP就催促了,"先把瓶盖打开吧,万一跑得快了呢?"晕,算过没有?你当他能拿世界冠军啊。

11:21,总算接到了,这张是LP拍的,挺酷吧。望着那飘然而去的高大背影,再次肃然起敬。

11:25,完成任务喽,向云昆夫人汇报后,准备撤,儿子也饿了。

11:53,接到终点打来的电话,云昆的最终成绩是3小时52分,较去年整整提高了20分钟,第585名,强啊!

回家的路上。

套用一句"童话",真是一个难忘的上午啊!!呵呵。

许云昆：苦难的历程

补充一下，今年由于小腿出了问题，跑得非常艰苦，尽管训练水平已经比去年提高了 15%，但比赛成绩因此只提高了 10%。

起跑就闹了个大乌龙，今年四个项目都从同一个口进门，去年进去只不过在全程的后几排，今年居然得排到半程线后面起跑。去年在全程后排比较空可以做做拉伸，今年在半程前排却动弹不得，这为后面小腿出问题埋下了部分伏笔。起跑线过了一看，3 分 4 秒！！！

去年在全程区 200 米以后就可以有空间自己跑了，今年在半程区那些显然只想摇旗呐喊的跑者多了很多，只好见缝插针，等于是变速跑，又费劲又慢，第 1 公里 5 分 49，又比正常多费了 40 几秒。

第 2 公里开始终于可以跑自己的节奏了，但是跑得发紧，到第 7 公里的坡发现这么跑下去会紧出问题来，赶快放松跑，每公里 5 分 6 秒的速度一直跑过 23 公里折返点没有问题。

24 公里时忽然小腿有电击感，开始以为是鞋带掉了打到，停下来发现没有，心头一凉——这是抽筋的前兆。于是放松跑，略微降速，但小腿迅速恶化，25 公里时正式抽筋一次，立刻停下压了两下小腿，继续跑，不过小腿再也不敢后蹬了，否则随时可能再抽筋。当时心想，跑到哪抽筋不行了就算哪吧。争取先跑到李祝那儿。接下来更努力地跑，但由于不能后蹬，接下来这 5 公里比前边多跑了 3 分半钟。

31 公里时与李祝会师，小腿肌肉却也开始突突乱跳，不能后蹬实在太艰苦了，接下来在胡里山的坡把我的储备耗尽，下一个坡的坡顶终于顶不住，走了 10 秒。这在马拉松上叫作"崩溃"。

拖着"不能后蹬+崩溃"的身体到了 35 公里，过了白石炮台的长坡，其间喷了三次白药，但那玩意似乎只能缓解 100 米，于是开始给自己要求跑 400 步走 20 秒，很快又调整为跑 280 步走 20 秒，总之是跑到将要抽筋前一刻就走。速度直线下降，这时候已经不是多少时间跑下来的问题，是能不能坚持到底的问题。

37 公里时终于见到皮蛋，过了这最后一站，后面的这种速度（6.5 分/公里）我这一年最轻松的训练都不曾低到过这个程度，每跑一步俩小腿肌肉都要跳三四下。39 公里右膝盖开始痛并很快变成拖着腿跑。最后 1 公里，看了看表，还有希望能跑到 3：50 以内，还是被迫走了一次，最后几百米终于没有再走，3 小时 49 分 51 秒。（加起跑 3 分 4 秒，比赛成绩 3 小时 52 分 55 秒）心里对此已经没有感觉，唯一的感觉是"我到了"，后半程比前半程慢了 15 分钟。

从未这么艰苦。赛前调整一定出了什么我不知道的问题，训练中从来没有 24 公里抽筋，最多只有 28 公里后，肌肉发硬。这后 18 公里真不知道自己是怎么撑下来的。赛后整条右腿从大腿、膝盖、小腿到脚踝，再加左小腿大腿，不是酸就是疼。唯一欣慰的是左边俩关节没出问题。

一年只跑一次的比赛，没有发挥出来，怎么说都是遗憾的。好在都过去了，出问题的关键还是能力不足，主要应该是腿部力量练习不够。抽筋这么早肯定有赛前调整的问题，要去找出来。再给我一次 24 公里抽筋这种事情，我真的不知道自己有没有毅力把它撑下来。

【思风】望着那飘然而去的高大背影……(此处省略356字)，云昆太帅了。

【陈明】前两天骑车环岛不到一圈，还没到马拉松全程就用了将近2小时，还累个半死，估计跑马拉松全程的话得从早跑到晚！

【建宏】太难了，云昆！我现在在跑步机上跑不到10分钟还会抽筋，云昆跑了24公里了才抽筋；还继续坚持了18公里，成绩还比去年提高了20几分钟，太强了。

【建宏】云昆估计是棋界中（业5以上，含职业）跑得最快的吧，可以上报吉尼斯吗？

【云昆】江苏有个教棋的业5，估计棋差不多，打赤脚跑，跑得比我快多了。俺这个跑步水平，换算过来只有围棋业2。建宏你的基础比我好得多，跑上几个月就感觉大不一样了。象800米、400米这种靠天赋的，我们这谁都不如你。

【皮蛋】转眼又过了一年，云昆大侠又精心准备参加了2010年的厦门国际马拉松，本人继续充当送水角色，结果却是两人擦肩而过。究其原因，乃云昆本届受伤更早，后顽强地挪至终点，俺实在等之不及又难以联系，只好提前开溜。

苏华江：围甲观战学习记

2009年6月26日，围甲第八轮上海移动－北京中信的比赛，上海队把主场放到了厦门，我有幸去做了次网上转播与记录（美其名曰"裁判"，对儿子的说法是"组织"比赛，呵呵），在现场呆了近9个小时。累，真的很累，不过颇为兴奋，为什么呢？因为切实感受到了边记录边思考是很好的学习。

我负责第四台，朱元豪（黑）－柁嘉熹（白），没能摊上主将对决（孔杰－胡耀宇）自然有些遗憾，留给建宏吧。）

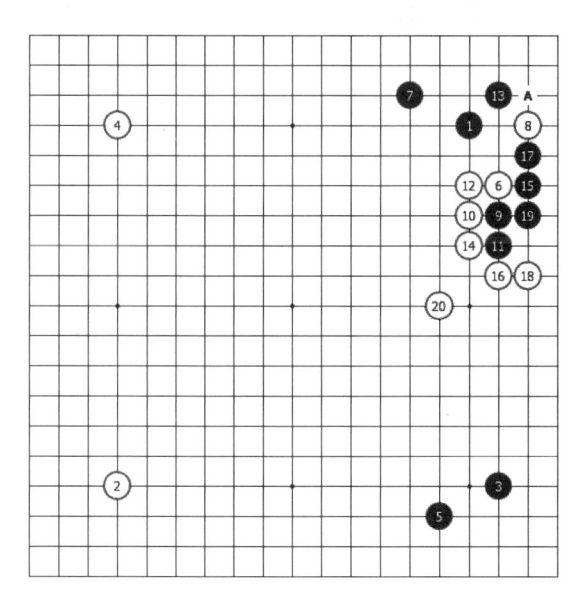

9：30，邱鑫老先生宣布比赛开始，双方各2小时40分，保留5分钟读秒。

右上的定式当时没见过，不奇怪。（一个月后的富士通杯决赛，李昌镐－姜东润的前20手和本局一模一样。）现在每天都有新手新型新定式，没见过很正常，知道了反倒不

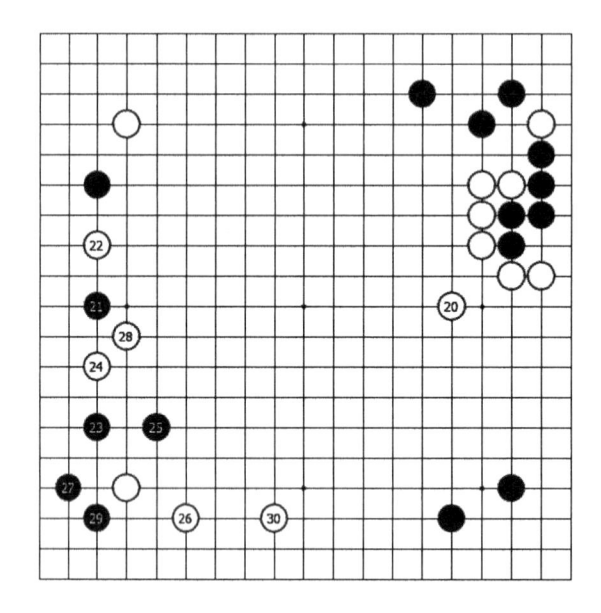

正常。就没搞清以后 A 位爬到底有否官子便宜。

21 分投后，白 22、24 都没有花时间，但 26 却一下挥霍了 10 分钟，颇有些奇怪，22 明显应该比 26 更有想头才对啊？

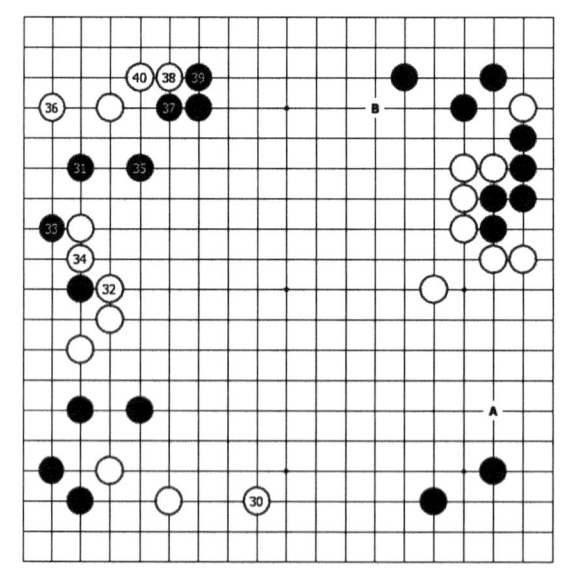

31 只花了两分钟，生猛，首次见到。

32，4 分钟；33，6 分钟；34、36 都是 4 分钟，双方都挺谨慎。

33 时，我老想，黑能否借着 34 顶的味道，先在左下角横顶一下试应手？

42 时，文洲正好在身后，我就着电脑在 B 位比画了一下，他指了指 A，白会下哪呢？

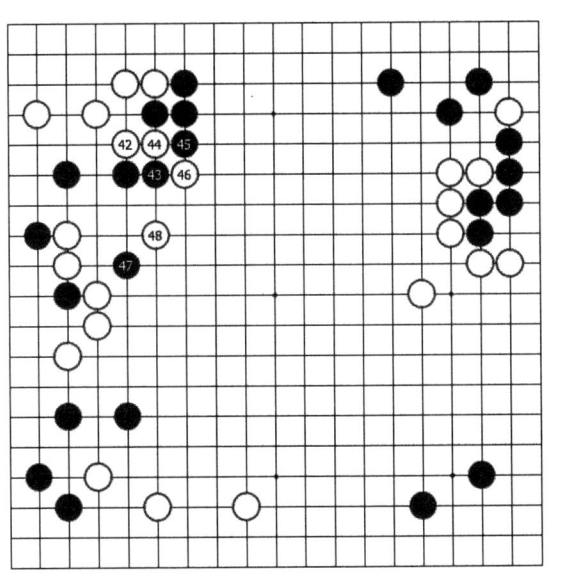

42 直接就练出来了？！暴力啊。前几天常昊对李昌镐春兰杯决赛，也是类似形状，大李冲的瞬间，常昊点三三试应手，好棋。可惜这里用不上，白棋可土团在42左面。

47 没想到，48 倒是感觉到了，49 怎么办？左看右看，总觉得黑形不对。难道 47 时漏算了 48？不会吧。

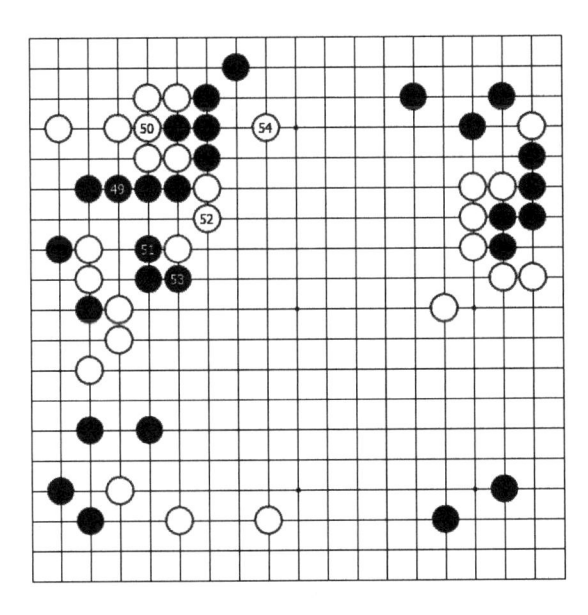

49 单接，原来如此，这下 47 也显得自然了。

50 花了 12 分钟，不过是去洗手间，而且是在 49 落子之前。

52 时，我猜白会直接点在 54 的三子正中的，没能猜对，颇有些无趣。

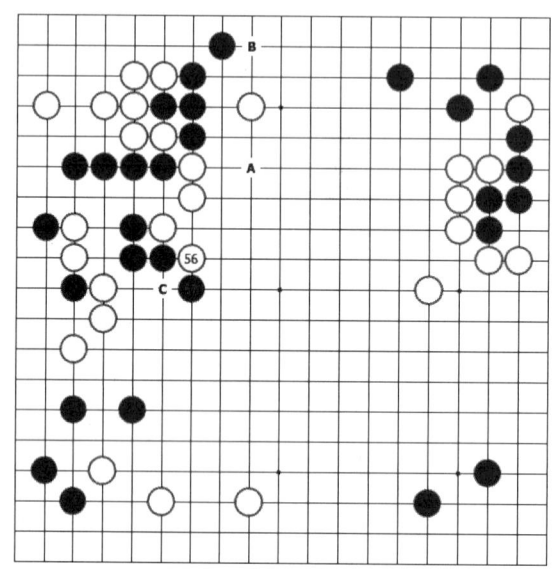

56 整整去了 15 分钟,这时确实很难,事关全局的选择。

57 却一秒都没花!!气势使然还是趁着刚才的 15 分钟都算清了?

58 继续长考,我心想,来点狠的,A 位跳一个,B、C 两点必得其一,反正左边应不会死吧,看棋的就是有种不必负责的轻松。

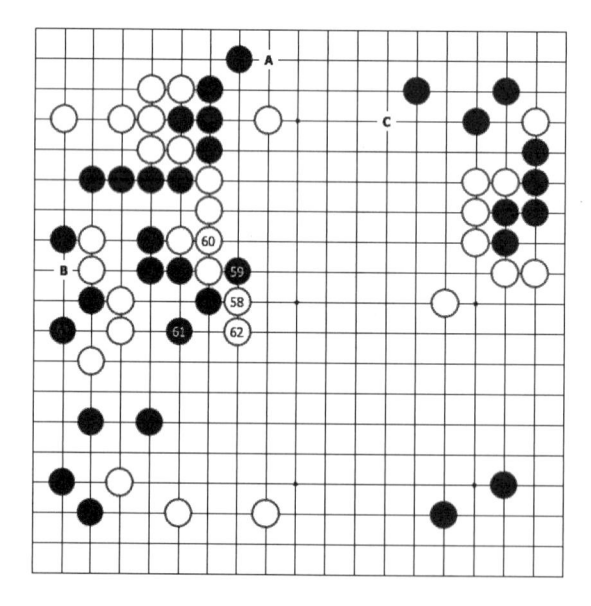

8 分钟后,58 连扳了一手,失望啊。

不过看到 62 挺头,白左右外势遥相呼应,而黑还得再花一手单官连接,白确实挺好,不由得佩服白的冷静。

63 尖!啊,还有这手?不好意思,真没看到,这下白棋可麻烦了。64 又开始长考,我又在嘀咕,索性把左边给弃了,连走 A、C 两手,岂不爽哉?

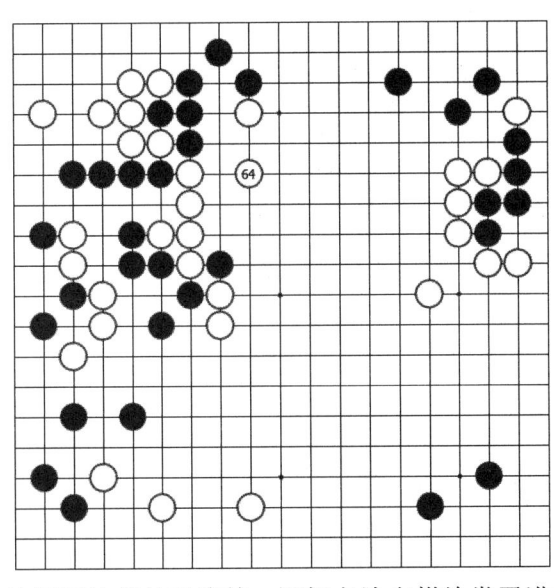

14 分钟后，64 跳，啊，这么冷静？！到底是冷静还是无奈？不懂。

65 好形，我原先一直以为是飞出来的。

行棋至此，我的看法是，黑成功地度过了难关，不但顽强地把两边都处理清楚，还把左边白棋给卷了进来，白危险。

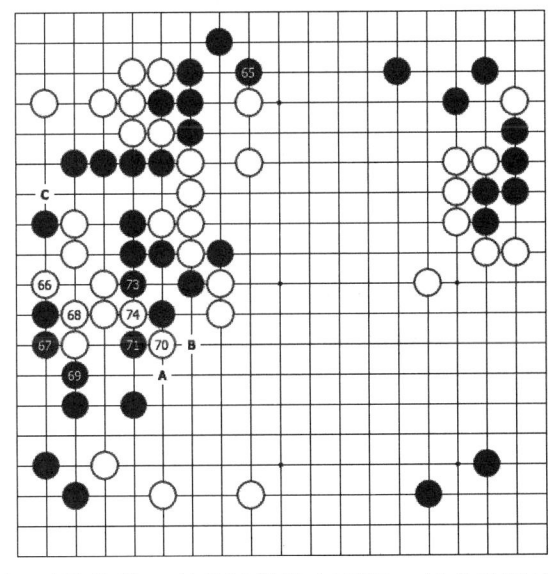

70、74？左边就这么弃了？黑 A、白 B，黑 C，白左边岂不是死了？

74 后中午封盘，黑余 1 小时 50 分，而白仅余 1 小时 01 分。

无论从用时还是棋势上，我都觉得白危矣。中午吃饭时，还对伙伴说，嘉熹好像状态不好，忽略了黑的反击，看来这盘下午会很快结束，有时间去看常昊和陈耀烨的快棋了，然而……

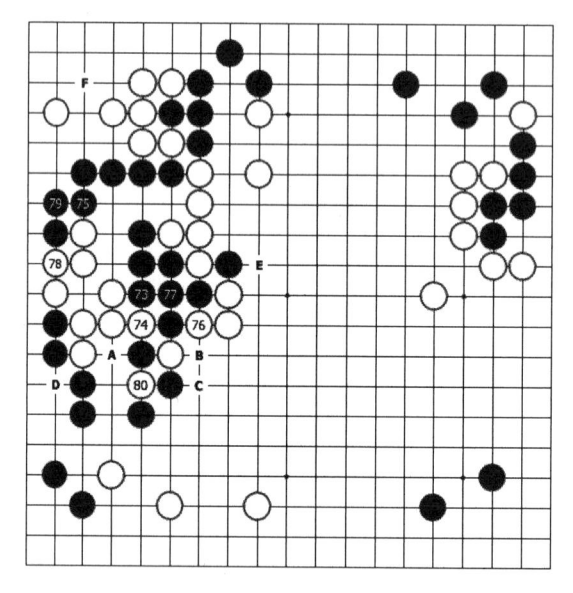

13：00，下午续弈。

黑 75 又想了 10 分钟，顶！为什么要留下一个白 80 抱吃后的打劫呢？喔，看来是不怕，一点便宜都不留给白棋，要把它全部吃光，真黑。

78 一直在摇头，80 打吃时还在摇，喔，看来只有打劫了。白只有 D 的本身劫，而黑左上 F 一点，就是个劫材。就算放白左边苦活，黑消劫后从 E 位拉出来太严厉了，白苦战。

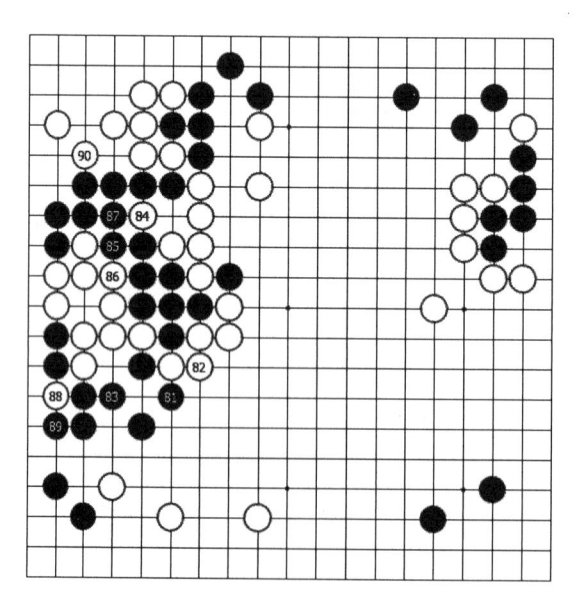

嗯，82 接上了？！原来白 80 是一个"调子"！

84 挖，88 断，我才发现，白的气可一点都不短，原来白 70 开始，再加上午休共 2 个多小时的时间，双方琢磨的是左边的对杀！想起刚才自己的种种"遐想"，颇觉搞笑，专业棋手的棋哪那么容易死。

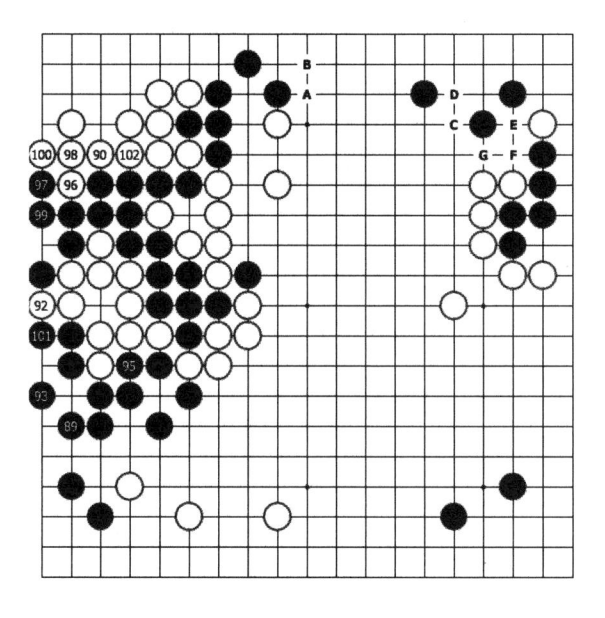

91 扳（103 位），92 挡，93 提，94 也提，95 紧气后，白 96 又停了下来。

这下我算看清楚了，原来是黑的先手劫，我向一旁的刘骄比画了一下 A、B 两手。刘摇摇头，白不急着开劫，先去造劫材，右上角 C—F 先交换后再开劫，随后 G 多爽！强，我连连点头。

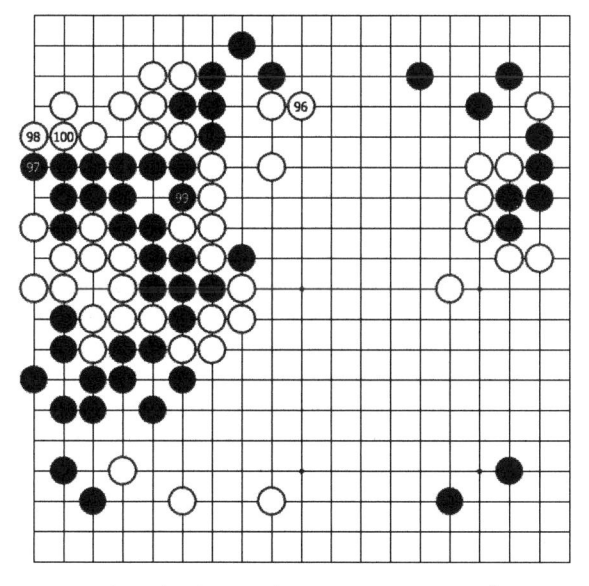

10 分钟后，96 徐徐一长！

黑 97 把左边做成了有眼双活，还留下了个几乎不存在的缓一气劫，顺便还把白棋中间的气给紧住了，顽强。

拿起棋谱，盘点一下从左边 31 开始后 70 余手的战斗，发现黑虽顽强，子力的方向却远不如白棋，而白

58、64、96的"缓手"却始终控制着局面,强,真的很强。

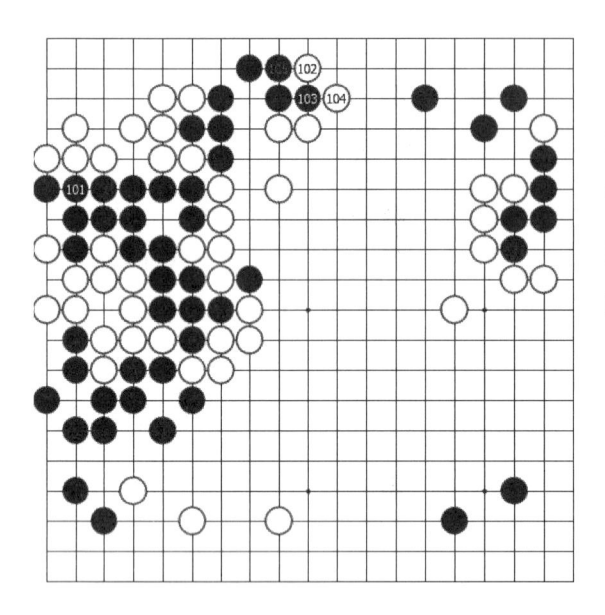

102跳、104挡,106总是接上后逼黑苦活吧,但总觉得有的断点,中间气又紧,看不清,怎么办呢?

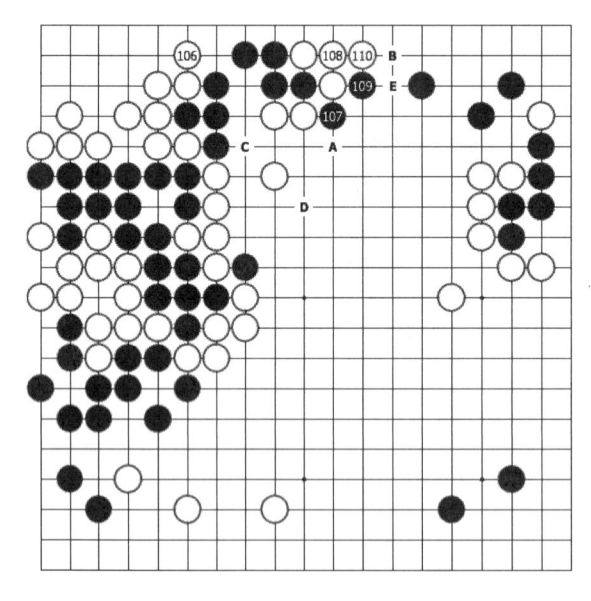

106走在了这里?我一愣,还没回过神来,107咔嚓一声就断了上去。

111长考,想啥呢?显然只有两个选择,A或B,前者显然好嘛,这么难选择?

刘骄悄悄地在中间比画了一下,C位弯一个?这么强?!

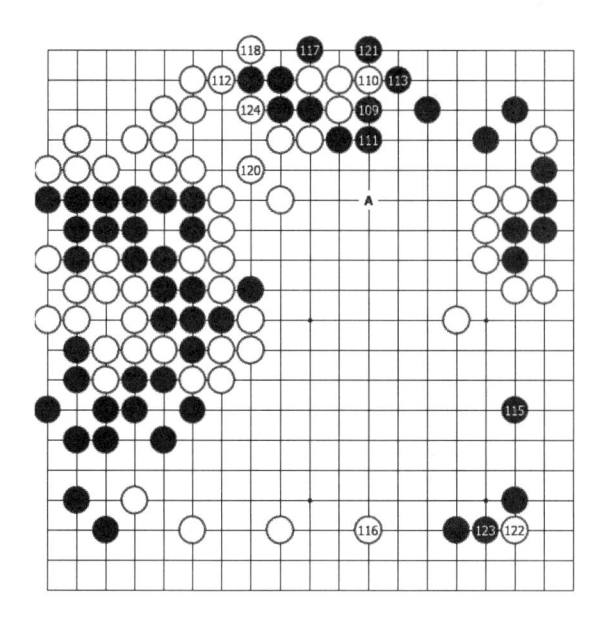

20分钟后，黑长叹一声，扫了白一眼（此情此景和彼得颇为神似），接在了111。

接下来双方没花什么时间，很快就走到了126，（125提、126于A），一场风波就此消散于无形。白棋优势吧。

黑111从中间弯出来到底会是什么结果呢？不知道。

129消，131靠纠缠，黑确实顽强。可132居然不理，空跳了一手？难道可以这样手割：黑129消，白132跳，黑131显然位置不对？

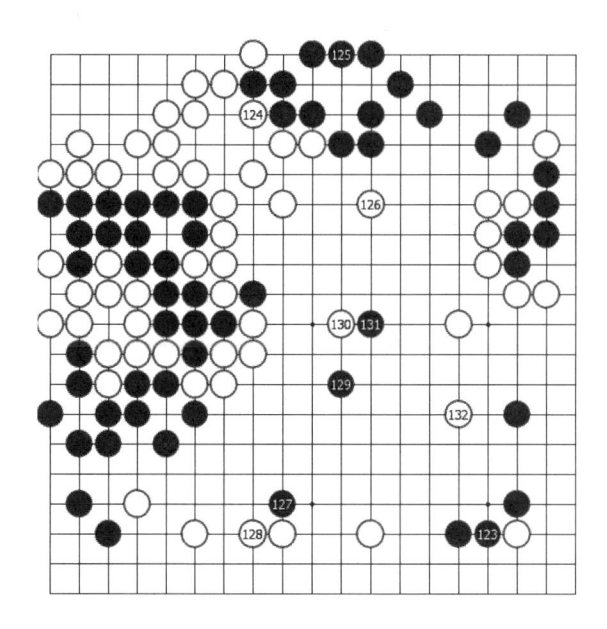

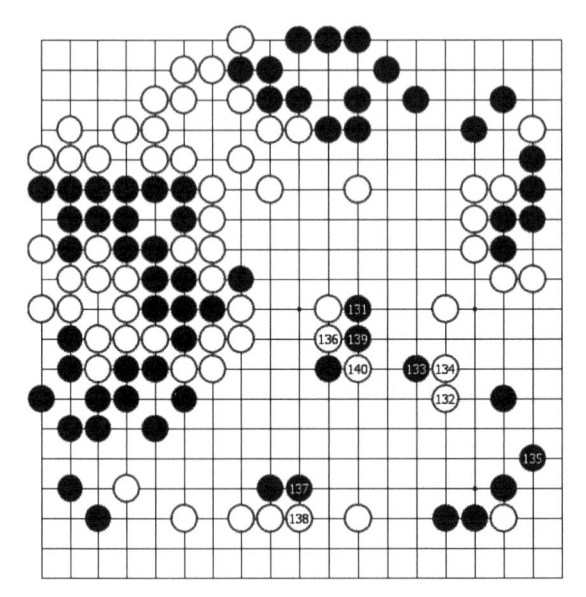

135 不抢看来是不行，可我老觉得左一路呆并是否好点？

136 顶，难道要断？

140 真断了！晕。

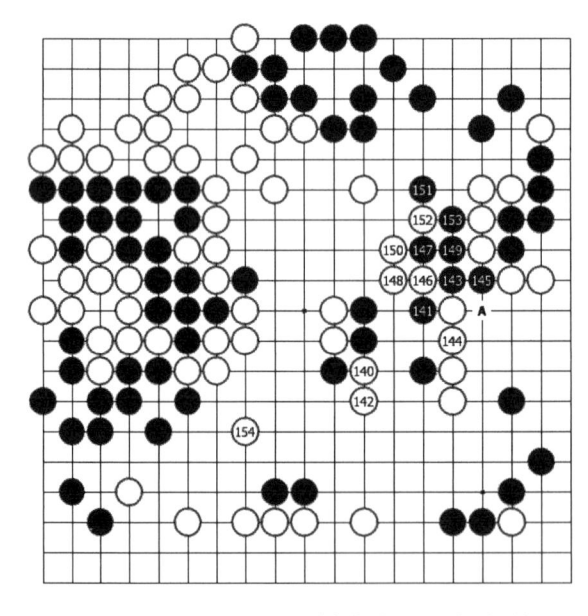

141 靠是形，142 能否横长一个啊？

143 扳时，我顺手就在纸上写了 A 位的退，写完才发现白还没下呢！可难道除了退还能下什么吗？

果然，又猜错了，144 接、145 断后白棋弃掉了右上角的四个子，抢到了中间的 154，转换之下依然优势。

可我就始终没弄明白，白 144 为什么不能退？152 先挖一个再脱先又有何妙味？

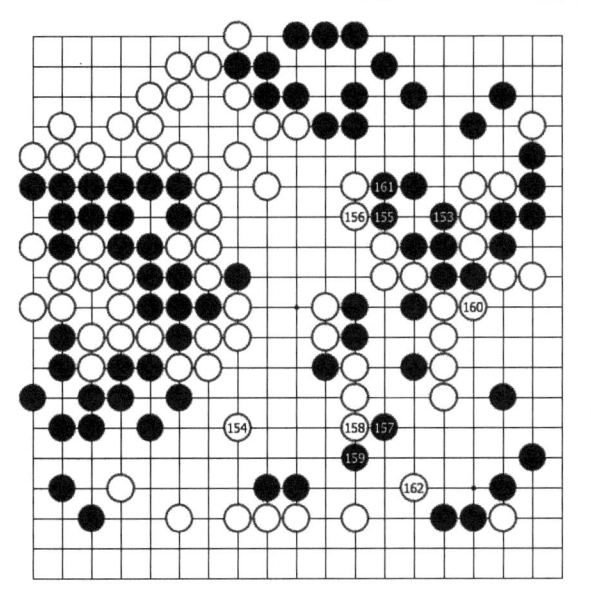

黑157、159继续顽强地纠缠，白棋在160时进入了读秒。

160打了一将后162飞了出来？！到底是谁在读秒，谁是优势，谁在拼命啊？

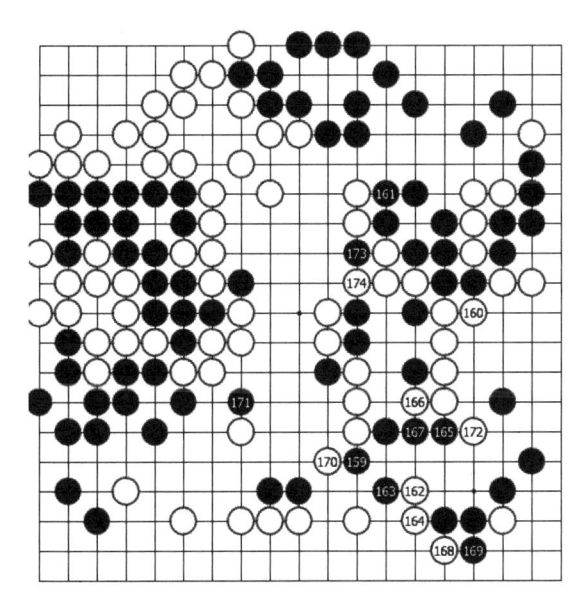

白已经是最后一次读秒了，黑171跨，继续不依不饶。

白摇着头，58秒时，下在了172，这算是打将还是什么？我就不懂，白为何不冲？

173断，这倒是我此前看过的地方，174我原先觉得应该直接吃右边一子，实战好像损了一点（黑长，白只好粘，黑夹、打是先手）。且好像还有多了点味道，眼睛很花，搞不清了。

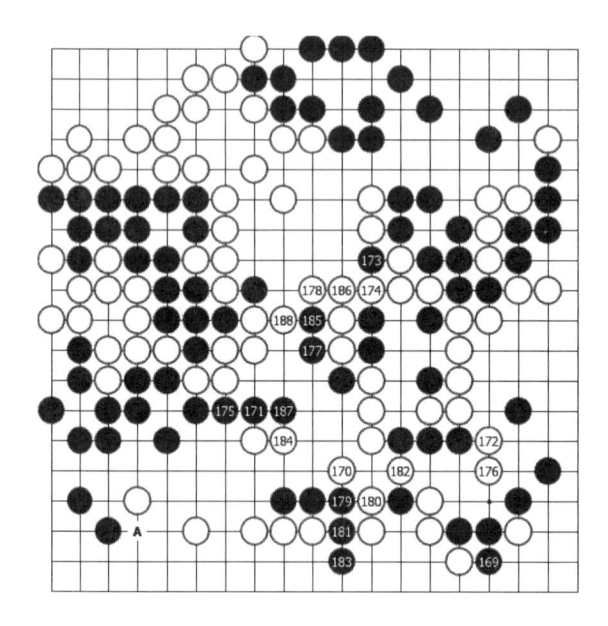

175 接与 176 又成了个转换，损得我是算不清的，棋盘瞬间好像又大了一倍，黑总是成功的吧。

中腹白味太怪了，还好横看竖看没什么棋。

181、183 打穿了下边，又看不清了，黑太能搞了。

184 从 50 秒开始就把手放在了 A 的上方，不知为何，58 秒时又飞快地移走落子，莫非是心理战？

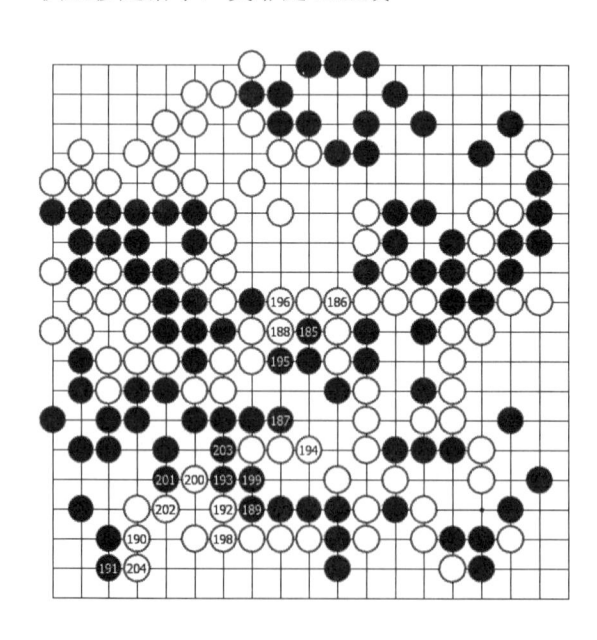

191 开始搜刮白棋，但这么大块显然不是死形。

195，黑也开始读秒了。

204 寸土不让，也不知道黑有没有什么搜刮的招。

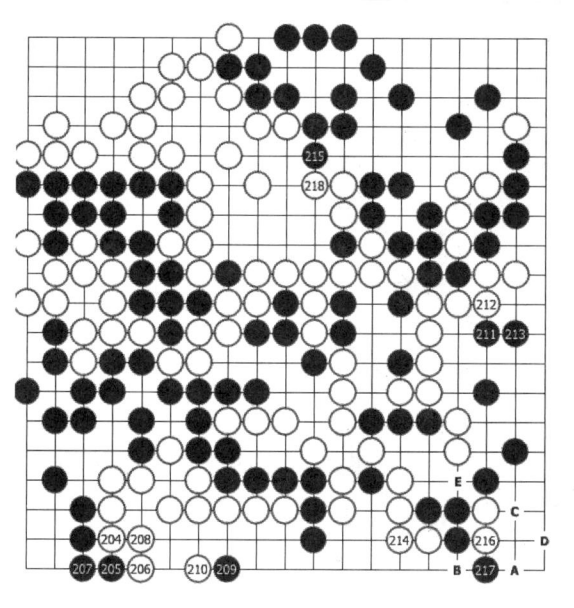

读秒声中，黑选择了最简明的下法。

这盘棋从头杀到尾，官子所剩无几。213、214 两个大家伙，一人一个。

216 为什么不扳呢？黑不能挡啊，否则白打，黑提，白A、C后D、E两点必得其一啊。嘿，黑 217 却扳了一手！白 A、C 不是就出棋了吗？难道双方误算？错进错出？

可白棋又叹了口气，回到了上方 218 挡，我又傻了，问刘骄，他教了我一手，我才发现误算的是俺，您看出来了吗？

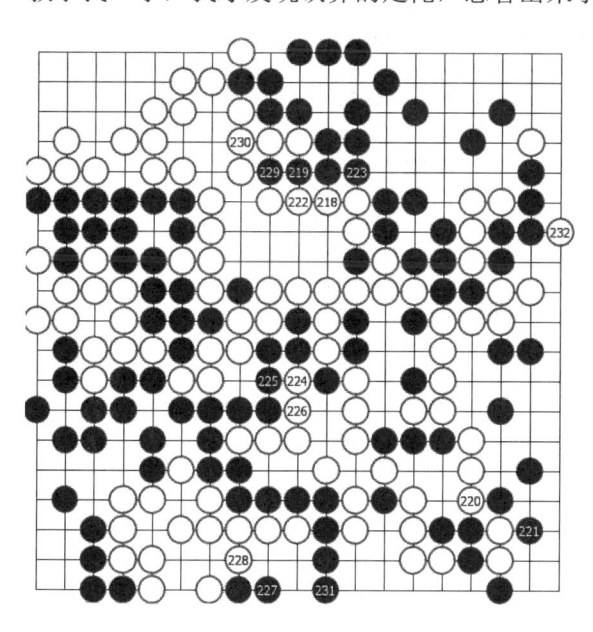

黑 231 时想了会儿，顺手打了 229 一将不算，还去了 1 分钟读秒。确实挺为难，如果退，白肯定马上挡，如果立，又把这里的官子给下小了，最后还是立了。既然这样，能否在 227 时先拐一手啊？不懂。

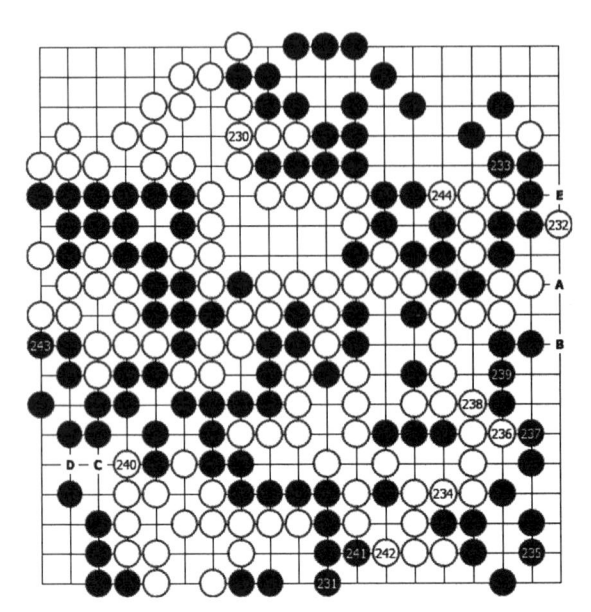

243本是当然的先手一目，可白却打在了244位，黑停了下来，显然是在琢磨着开劫，可左边明显没有右上大，只好无奈地接上。

最后白可是收单官时才补了这边的，黑可能心理又被小打击了一下吧。

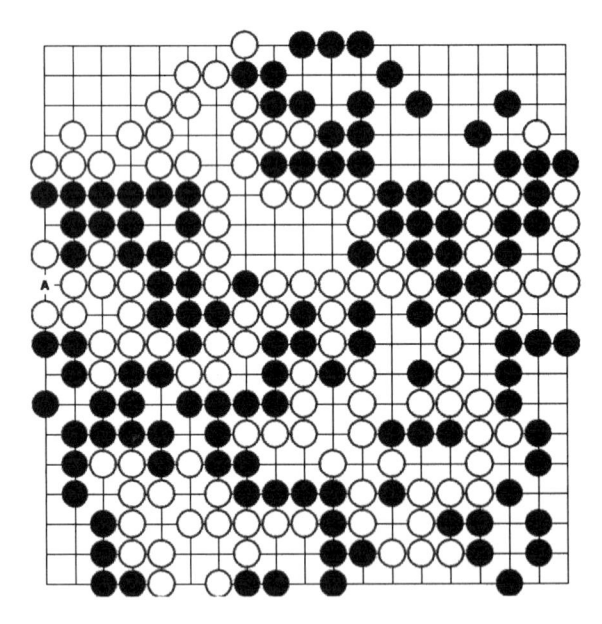

终局谱，您不妨算一算黑棋到底盘面几目，提醒一下，A处除了提了一子之外，还得给它再算一目的。

后 记

下午5：00，总算下完了，刨去中午时间，整整下了6个半小时。

双方确认了下盘面，好像略有差异，嘉熹指了指左边的双活："这里你算几目？"

刘骄去数子，我觉得颇有些画蛇添足。

黑白双方开始轻声地探讨得失，我拿起记的两张棋谱请辛苦了一天的两位签名留念。

直到这时我这才发现，我的老腰已经快直不起来了，毕竟我也辛苦了一天。

签字时，顺便问了问嘉熹："左边下完应该白好吧？"

嘉熹答曰："但局面很难控制。"

我说："黑棋后面实在是太能搞了。"

黑白双方均无语。

稍后，在走廊上碰到刘世振，

我："职业棋手赢盘棋真是太不容易了。"

刘："那当然喽！"

我："黑很能拼啊，后面搞了很多事。"

刘："嗯，但下面定型后就肯定不行了。"

回来后继续看了其他两盘。（常昊与陈耀烨的快棋早结束了，常胜半目，五月不知输滋味）

一会，邱峻负于王煜辉，双方就靠主将决胜了。

胡耀宇和孔杰的对决可是慢得出奇，上午2个半小时就下了30手，只在右上角下了个定式。76手时就双方读秒了。

云昆记谱还是有一套，把双方读秒如何使用保留时间都记了下来。

93手时，双方均已最后一次读秒。

双方的读秒让我明白了什么叫作基本功。

胡耀宇在时间和大龙味道不净的双重压迫下，极端冷静、应对无误不说，还顺手揩了一点油。

最后，黑贴不出了。

6点10分，孔杰静静地停钟，上海队主将胜。

乖乖，整整下了7小时40分，读秒读了2个多小时。

站在一旁的我，再次发现，腰又直不起来了。

离场时，在电梯里碰到了孔杰。

清秀的脸却显得惨白，说不出的疲倦。

旁边的一位记者问了几句，听不太清。

只记得孔杰轻轻嘀咕了一句："中间下了个没用的……"

晚上，我们几个"裁判"自然得聚聚，犒劳一下自己，顺便交流交流感受。我就两点：

1. 职业棋手太强了，也太辛苦了，这行可不是自己能干的。

2. 业余棋手太幸福了，既能充分体会围棋的乐趣，又不至于过深地受困于胜负的烦恼。

嗨，什么事作为爱好都好，成为职业就不是那么一回事了。

所以，得多敬自己两杯！

许云昆：智运会拾趣

2009年11月18日，本着"友谊第一，比赛第N"的精神，我和皮蛋赶往成都，参加首届智运会围棋男子团体赛。一周很快过去了，虽然比赛强度很大，故事却也不少，妙趣横生。乐融融拾趣八件，待我一一道来。

一、机缘巧合七连白

团体赛，我打一台，皮蛋打二台，三个小孩三四台和替补。锻炼队伍嘛，大家轮流休息，每五轮转一圈。按照规则，一台执黑时，二台就执白，三黑四白。在积分编排制下，第一台应该是黑白基本平衡，因此二台皮蛋也应该基本平衡。但是种种机缘之下，竟然造就了皮蛋连执七盘白棋的奇闻。这到底是怎么回事呢？

第一轮我黑棋，皮蛋自然白棋。

第二轮我们队一台白棋，但是轮到我休息，皮蛋升到一台，又拿了盘白棋。

第三轮我黑棋，皮蛋二台白棋。

第四轮我白棋，皮蛋黑棋，但是轮到他休息，错过。

第五轮我黑棋，皮蛋二台白棋。

第六轮编排出现两队都多黑的，我们队号码大，因此我连续执黑棋，可怜的皮蛋只能继续白棋。

第七轮一台白棋，但是该我轮休，皮蛋再次升到一台执白。

第八轮补了我队一轮白棋，皮蛋再次该黑棋，但他再次轮休，再次错过黑棋！

只剩下第九轮了！！

在第六轮后我和皮蛋已经意识到可能要出"全白"的故事，七、八轮先后轮休后故事又得以继续。当天晚饭后我们急急忙忙去看次日对阵。然而很不幸，我们一台白棋，那么皮蛋就是黑棋！

难道故事就此夭折？实在是心有不甘啊。

我和皮蛋连夜密谋如何延续故事，"友谊第一、比赛第N"，成绩是没有什么追求也不可能有什么追求了，但现在有这么好的"七盘全白、创造历史"的机会，放过就实在太可惜了。密谋结果似乎是只有让我继续轮休才能让皮蛋升台执白，但这招于我太损，不可轻用啊。

正苦恼间，忽然发现对手是同省德比——福建队，眼前一亮，计上心来。找到福建队，要求我和皮蛋互换台次，冠冕堂皇的理由是：我和王鉴椿老师以前同在高校队时下得实在太多了，让皮蛋去向王老师讨教一盘。王老师和福建二台柯庆和感于皮蛋之学习精神，唏嘘不已，欣然同意。于是，次日我和皮蛋悄悄摸上赛场，不容分说换台下将起来，反正别人也不关心我们的结果，就此蒙混过关……

二、皮蛋狂飙五连胜

话说皮蛋连续执七盘白棋，一个业余棋手在二连败后，居然连胜5盘，直把一帮看官惊得近视眼镜、隐形眼镜、老花镜、太阳镜、凸透镜、显微镜、放大镜、望远镜通通跌到了地上。

俗话说，拳头先缩回来再打出去，那是要有劲一些。第一天，皮蛋对上职业三段李魁和业余天王胡煜清8段，这两盘拳头打出去要想获得"一本"毕竟是勉为其难，从进程来看也就是有些"效果"，整体上正常发挥输了两盘，拳头还是藏起来实在一些。说自我激励也罢，说浇愁解闷也罢，总之当天晚饭皮蛋要了瓶啤酒，多吃了碗抄手，喝得两眼稍稍放光，酒足饭饱回了房间沐浴更衣酣睡不提。

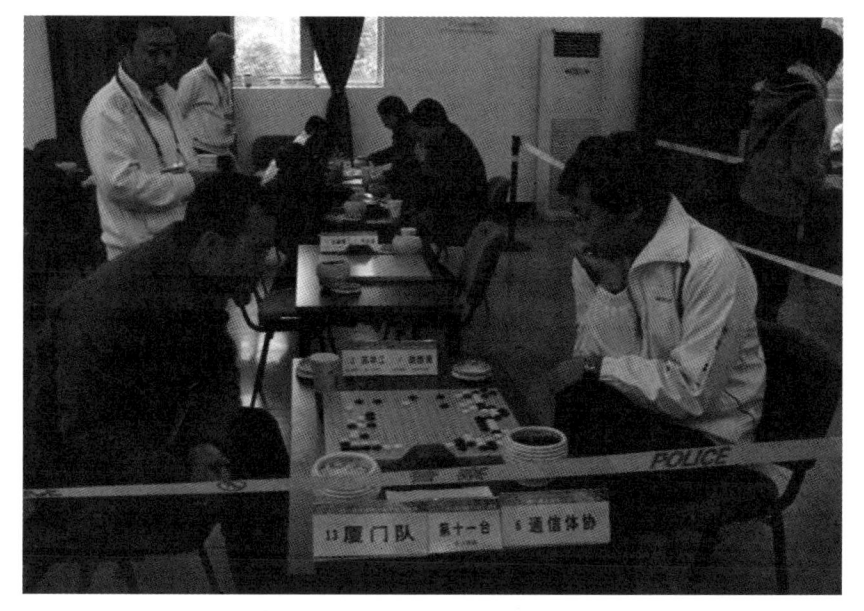

次日上午对阵航天体协，航天体协相对较弱，是我队拿分的绝好机会。皮蛋不辱使命、不辱啤酒、不辱抄手，不辱沐浴更衣酣睡，顺利开胡，我队也奏响凯歌。下午对广东，皮蛋如上场要对佟禹林，这个对手可就连取得点"效果"都难了，但正该皮蛋轮休，逃过一劫。

第三天，对宁夏和香港，皮蛋气势如虹，赢了7目半和3目半，三连胜。

第四天上午，对航空体协，我休息皮蛋上一台，赛前皮蛋惴惴不安，我心下纳闷："三连胜后心态应该很好了，对手也不是很强怎么会发虚呢？"果然，中盘时皮蛋看错先后手，在局势胶着时走了个后手8目，顿失中腹滔天大势，局势岌岌可危。可后半盘皮蛋紧赶慢赶，这里过分一点那里考验一下，官子一刮再刮，居然在撞线时形成超越，半目险胜。局罢皮蛋敞开心扉："昨天两盘7目半和3目半，俺就怕是等差数列，这盘要输半目了。"原来如此，我听了笑道："难道就不可以是等比数列赢1目半？看来等差等比都有可能，哦，二者折中那就是赢半目了……"

第四天下午对海南，二台上应该是好胜负，但皮蛋轮休。

最后一轮对福建队，我们换台后皮蛋对王鉴椿王老师。王老师棋理清晰，前半盘在业余棋手中非常突出，20世纪80年代独步福州棋坛。虽然现在年岁不饶人，后半盘常常会出些岔子，但五十几岁仍能活跃在福州棋界一线，实在可敬可佩。

双方开战，不足百手皮蛋形势已非，如果不是赛前我对皮蛋说："对王老师局势坏了不要着急、只管接着下，后半盘肯定能捡到机会"，说不准皮蛋早已缴械投降。于是，皮蛋在一个局部硬着头皮开始纠缠。果然，王老师在"不会下"的局面下，真的不大会下了，事情越搞越大，本来也不至于翻盘，但王老师硬是看错了死活，动了杀心，把皮蛋一块棋放进空里损了二十目要杀，结果很不幸，活了……

在皮蛋一连串的"不好意思"之中，王老师长叹一声，又痛失了一盘好局——本次比赛王老师这种棋大概输了三盘啊！

至此，皮蛋取得狂飙五连胜！！！比赛也结束了。

去查总成绩表，在二台上，皮蛋5胜2负列全场第三，仅次于陈耀烨和王檄！！5连胜也列全场并列第四，居古灵益（7）、付冲（7）和彭立尧（6）之后。（小小的备注：由于全队成绩不佳，皮蛋的对手和陈、王、古等全然不可同日而语，在此我们一定要很无耻地暂且忽略。）

【皮蛋】狂飙？台次第三？连胜第四？实在是搞笑、见笑。不过话说回来，本次参赛的初始目标是赢一盘，看到全体参赛名单后斗胆修正为两盘，能赢五盘当然是喜出望外。尤其是五连胜是我参加市级以上比赛的最高连胜记录，那就更爽了。总结下来，五连胜有以下三个原因，都是"dui"：

队友：多亏了队友一直没赢棋，导致我们一直在最后几台挣扎，自然难以对上专业队和专业棋手啦。

对手：有几盘赢得实在是不像话，对手实在是太客气了一些。

队规：恰到好处地轮休，避开了硬角色。

三、人挪活来阵挪胜

上回说到皮蛋狂飙五连胜，但由于后面有三个加起来只有 25 岁的小孩，因此即便我和皮蛋同时狂飙，我们队也最多只能平，赢一场几近奢望。何况九轮比赛中我和皮蛋还有四场分别轮休，这四场我们更是一点戏都没有。可意外的是，偏偏还真赢了一场。

第一天两轮结束后，晚饭前我去赛场送次日上场名单。按照队规，次日早上皮蛋轮休，于是我一台，三个小孩二三四台。饭后和皮蛋信步走到赛场外，看看次日对阵，不看不要紧、一看就心动——次日对航天体协，从前两轮成绩来看，该队可是我们最好的拿分机会，如此让皮蛋轮休放跑逼平的机会，岂不是太可惜了？于是急忙给领队打电话，从大势评判到对手研究再到前两轮数据分析，有理有利有节，领队深以为然，对变阵动议予以准奏，于是赶忙跑到裁判长那边更改参赛名单。

次日开战，三台先输了，但皮蛋很快取得了胜势，我的形势也不错，心想，这平一场是大有希望了。紧接着四台传来收子的声音，偶闻孩童雀跃之声，心下纳闷，不过还是没敢往赢棋的方向想。然后裁判把全队成绩单拿过来，我瞄了一眼——

什么？？！！四台赢了！！

这一惊非同小可，结结实实体会了一把范进中举的心情！恍惚了几十秒（幸亏还没进入读秒），缓过神来，顿感肩上担子沉甸起来，小心翼翼、步步为营，在皮蛋赢了之后，我也顺利拿下，取得了一场意外的胜利！

这里必须要介绍一下我们的头号功臣——本场第四台周淞同学。他年方八岁，乃我队教练府上公子。教练是首届福建省段位赛季军，曾代表福建大学生队获得全国大学生团体亚军，将门虎子，假以时日，必定大有所为。此番周淞获胜，虽说意外，却也是教练大人指导有方吧。

变阵变阵！人挪活，阵挪胜，当天享受了一把全队胜利的喜悦，教练大人那张嘴，当天就再也没有合拢过……

知足者常乐，有此2分垫底，后来在遇到有望得分的队也懒得再去调整轮休了。只是在最后一轮时，出于对"七盘白棋"的无限渴望，我们对换了台次，结果也成功地逼平了福建队，整个比赛也就拿了这3个场分。

四、优秀自从意外生

话说皮蛋一路高歌，连胜、胜率均不让众国手，颇似一代廉颇重新冉冉升起。但比赛结束后，一件事却把皮蛋眼睛红得如樱桃一般。

23日上午，智运会全部比赛结束，我们来到餐厅享用"最后的午餐"。我们照例和福建队排排坐，对于皮蛋的赫赫战绩，一干人等谀辞如潮，皮蛋虽作谦逊状，却也不免偶露自得之色。饭罢，信步走到餐厅出口处的公告栏前，瞥了一眼。咦？怎么好像扫到个有那么点熟悉的名字？定睛一看，这不是俺的大名吗？怎么了？俺最大的罪过不过就是最后一轮变阵换台，不至于被赛会通报批评吧！再仔细端详，原来是俺和古力等其他二十几人一起被评为了"优秀运动员"（事后方知该奖的别名为"体育道德风尚奖"），这可是俺参加各类比赛20余年来第一次获得此类奖项，当真是意外之喜。再故作冷静地看看是否每个队都有一个名额——不对，福建队就没有。哈哈，赶紧叫上一干人等，故作冷静地宣布俺的发现……

这一下皮蛋眼睛都直了，对此愤愤不平："凭啥啊？"俺继续故作冷静地想想，是啊，凭啥啊，怎么轮也轮不到俺啊。论成绩，俺的2∶5可比皮蛋的5∶2掉了个个儿，差远了；论连胜，俺除了连败压根就不见连胜；论爆冷，怎么也比不上五台周淞关键场次的壮举；这"优秀"二字又从何谈起？最多不过是每天到裁判长那里送名单兢兢业业一些——可那也只能是"优秀助理教练"，干"运动员"三字什么事？怪事！真是咄咄怪事！

话是这么说，俺可不管那么多，这个意外之喜一扫多日输棋的阴霾，健步来到领奖处，美滋滋地领取了8开纸大、多少有点沉甸甸的奖状（毕竟是硬纸质的嘛），哼着费翔的"只留下，只留下，淡淡的一句……"渐行渐远，只留下的嘛，是皮蛋那红绿相间的眼神……

五、多年信仰一朝破

20世纪90年代初以来，在厦大棋友圈里，流传着一个关于俺的神话，传说俺临近终局时，除了点目外，还同时用点子确认一遍胜负，且从未点错失手。得广了，逐渐也就成了圈内的一种信仰……

必须承认，从第一次参加比赛开始，俺每当3目以内的细棋终局时，只要有那么两三分钟，的确是至少点一遍子，与点目结果印证、确认胜负，顺便也确认是否需要打劫收后。这一土得不能再土的招数一直沿用到上世纪末，屡试不爽，基本上没有点错过。

但那毕竟是遥远的上个世纪的事了，神话嘛，总是古老而美丽的，信仰嘛，总是历经沧桑和令人神往的……时光飞逝岁月如梭，我们唱着《伤心1999》、《恋曲2000》迈进新时代，焉能与上世纪同日而语，9·11事件、非典、金融危机、北京奥运、萨达姆走了奥巴马来了……这都发生了多少事了，咱这美丽的神话、沧桑的信仰，也该歇歇了。

智运会第四轮，福建对阵宁夏，我和皮蛋在旁关注。二台还差几个单官终局，皮蛋充满信任与期待地问："怎样？"我心领神会："哦，那是要俺施展点子绝技了。"于是飞快地点了一遍，沉稳而小声对皮蛋道："179，白（福建队）胜。"皮蛋会心地点了点头，钦佩与欣喜之情溢于言表。可俺多少有点不大放心，在裁判正式数子前又点了一遍，糟糕！怎么好像是176？赶紧察言观色，黑白双方都因读秒而忐忑不安，看来极细，难道俺点错了？

裁判点子完毕，176！黑胜半目！

我的天！点错就罢了，居然胜负颠倒，居然错了三子，这在俺的点子史上实在是闻所未闻，俺自然是哭丧着脸，神情极为尴尬。这也罢了，皮蛋却也失望之极，喃喃自语："差了三个子！三个子！三个子啊！！！"失落感跃然脸上。

俺一溜烟溜出赛场，一阵秋风吹过，凉飕飕的，吹干了俺脖子上早已四溢的冷汗，也吹散了皮蛋多年的信仰……

【皮蛋】 文洲把对人的崇拜分三个等级，偶像、信仰、图腾！精辟吧。

图腾嘛，俺目前还没有，估计以后也不大可能有。偶像呢，从小到大自然不少，三教九流古今中外皆有。信仰则界乎其中，有、必须有，但却是屈指可数。云昆的点子神功有幸列入其中，可见当年是何等的出神入化。

可时过境迁，现在居然能整整错上三个子！只不知这和"中国队小禁区前拔脚怒射，球飞出了边线！"相比，谁能更胜一筹啊。

多年的信仰就这样破灭了，甚至还先后破灭了两次。各位，您能理解我内心的失落吗？当夜无眠，不提。

六、领队教练齐偷菜

前五篇拾罢了竞技场上的若干趣事，现在回过头再来看看场外。

话说 11 月 18 日，我们抵达成都，当天晚饭后在领队的房间泡茶聊天，话不三句，但见领队急急忙忙打开电脑连上网络，屏幕上瞬间出现了开心农场——哦，原来领队也偷菜！

只见领队专心致志，时而托腮凝思、时而若有所悟、时而静若处子、时而动如脱兔、时而志得意满、时而眉心微锁……已全然运筹帷幄于万里蓝天、沃野千顷，炊烟袅袅犬吠鸡鸣的诗画之中。

领队是厦门棋界的老一辈了，在我们眼中，一直是一位不苟言笑、不怒自威的长者，岂料领队也迷恋农场网游，而且显然颇下了 N 番工夫。呜呼！燕雀安知鸿鹄之志哉！我和皮蛋见状慨叹不已。

良久，领队稍歇。我们忙凑上前询问个中奥妙，领队顿时容光焕发，津津乐道偷菜三味。从种菜到偷菜、从品种到时令、从化肥到狗粮，字字铿锵、句句激昂、轩昂独立、气贯长虹。若是我俩偶尔插话请教其详，则耐心释疑举一反十，若是我俩小露质疑之色，则必引经据典，多方论证。直把我俩听得如痴如醉……我不禁想，肯尼迪、希特勒、闻一多演讲时亦应不过尔尔，只恨没带 MP3 录将下来。

因种种原因，领队只在东方幸运城（据向导称这曾经是个赌场，可谓名副其实）住了一晚，次日就搬了出去，结账时显示其上网 14 小时！！全天候地辛勤劳作啊！而我俩在那里待了一周，也不过才 11 个小时。

又过了几日，我俩与福建队教练黄老师闲聊。忽听黄一声长叹："唉，少打一个电话，损失了两万多块啊！！"我俩大惊失色，暗想是炒股损失还是什么？只听黄继续痛不欲生："种了一片樱桃，眼看就熟啦，结果让人给偷了，一棵XX块，总共损失两万多块啊！！"再听黄呷了一口茶后捶胸顿足："唉，上午光忙着赛事就忘了打个电话，让学生帮忙收一收。两万多、两万多块啊！！！"我和皮蛋面面相觑，半晌说不出话来。

记得哪位大侠曾经说过："围棋是如此之有趣，一旦迷上即不再移情于其他游戏。"年少无知的俺曾经信以为真，由此主动地自绝于各色新鲜花样。可是，当俺在全国智力运动会的赛场上，亲眼目睹围棋宿将倾情偷菜的生动一幕，俺这才发现，俺很傻、很天真。

七、两个周游聚温江

同名同姓者常有，然同名同姓同时同地同好同友者，所谓"六同"，当属稀有之事。这不，两位均姓周名游的围棋好手同时出现在温江智运会围棋赛场上，且均与俺神交已久，缘分哪。

北京周游，新浪围棋记者，青春级加帅哥级棋手。本世纪北工大围棋的拓荒者、"红翼"博客的执掌者、野蛮围棋的践行者。擅使一把名曰"伊丽莎白"（一立杀白）的独门兵刃，常上演一剑封喉的好戏，现有左谱为证。

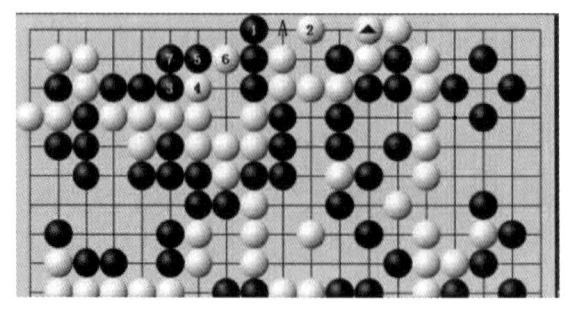

厦门周游，厦门队教练，元老级加偶像级棋手。1988年即获首届福建省段位赛季军，名震八闽；1989年全国大学生个人第八，助福建队勇夺团体亚军；1990年厦门应氏杯冠军。

记者周游，整日奔波于智运会六大赛场，鼠标点点键盘滴滴中，第一时间为广大棋友送上精彩的报道，熬夜笔耕，殊为辛苦。一晚抽空聊天，周记者告诉俺俩五子棋赛场的诸多趣闻逸事，如：黑方被逼出九子连珠，黯然认输；又如：白方被逼出六子，黑方竟如获至宝以为获胜，经白方小声提醒后方才恍然大悟，等等。使俺俩大开眼界、颇为神往，准备下届智运会改行参加五子棋。

教练周游，忙前跑后，细致入微，展示了老一辈兢兢业业的风范。打虎亲兄弟，上阵父子兵——其子周淞，年方8岁即在智运会上拿下一局，为本队唯一的一场胜利立下头功。父子俩高兴得直至回到厦门，才双双把嘴巴合拢。

由此，在温江时，我和皮蛋若每每提起"周游"二字，另一个总不免要加问一句："哪个周游？"呵呵。

八、干葱老师靴都喷

闽粤两省的方言与普通话相去甚远，甚至相邻城镇即差异甚大，常让人云里雾里。也正因如此，当地的普通话口音很重，常夹杂着一些音调甚至发音的变化。"干葱"老师"靴"都喷，即由此而生。

福建队一台王老师，大名"鉴椿"，这名字有水准，一听就是名门望族之后。哪像我们，什么华、云、宏、晖等等，都是常用得不能再常用的，唯一的好处就是打字时挑字快一点。王老师是福州人，"鉴椿"二字的福州方言念作 gancong，与"干葱"谐音。福建队多由福州棋手组成，整日干葱长、干葱短的，我们听着听着也就在背地里叫开了，不知道的还以为和"皮蛋"一样属于外号了，哈哈！

传统文化的底蕴是不可忽视的，咱在名字上输给王老师一大截，棋还没下就觉得气短三分。干葱老师棋理清晰，前半盘在业余棋手中非常突出，20世纪80年代独步福州棋坛，首届福建省段位赛冠军，是八闽棋界的泰山级人物。如今五十几岁（在所有参赛队员中排第二）仍能活跃在福州棋界一线，从选拔中脱颖而出，委实可敬可佩。1992年我代表高校参加省运会，和干葱老师一起集训月余，大局上获益良多。本次温江重逢，再加上与福建队均为老友，到了晚上我们就一起在电脑上摆棋，颇有收获，只是需要忍受干葱老师那一根接一根的烟。

一天晚上，我们照例摆棋。摆到一个局部，黑方有一个冲让白棋挡也不是不挡也不是，又"麻"又"痛"，因此，白棋本手是要补一个。但另一处有一急所，看着实在是眼馋。小柯怯生生地建议白方强行脱先，"干葱"老师听罢立刻大摇其头，用其浓重的福州腔说道："这个被冲一下，"靴"（血）都会喷出来！！！"一旁的福州棋手倒没什么反应，但我和皮蛋登时想象干葱傲立，万靴飞天之壮丽景观，实在是忍俊不禁。

随后几天，我和皮蛋无论是摆棋还是出行，碰到点屁大的事，就会自嘲几句："靴都会喷出来哦。"如此兴高采烈地一路喷靴，难怪回到厦门会觉得体力不支。

附：皮蛋对干葱老师的敬意与歉意

拾趣至此已近尾声，但始终没有谱，似乎参加的不是智运会。正好手头有些许素材，整理出来供大家分享，同时表达一下敬意与歉意。

云昆对王老师的大局赞誉有加,我第一次摆棋时倒没觉得什么。但次日晚看到王老师大战业余世界冠军付利时,感觉就大不一样了。

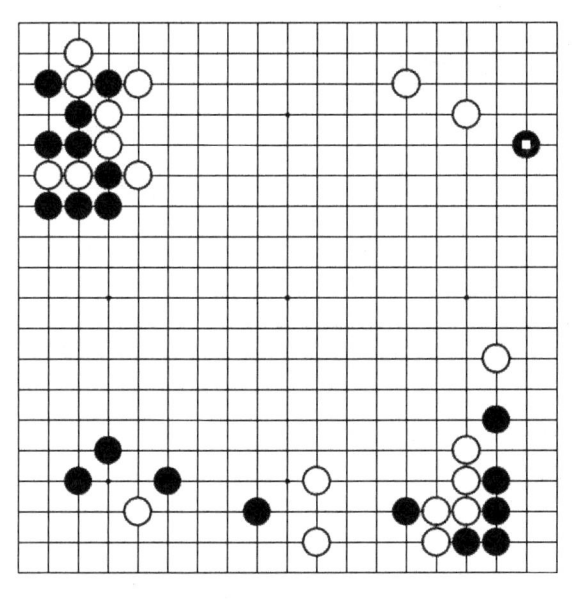

王老师执白,此时付利的黑■漏进右上角,您将怎样下?

在欣赏王老师的下法之前,先看看我在最后一轮对王老师的棋。

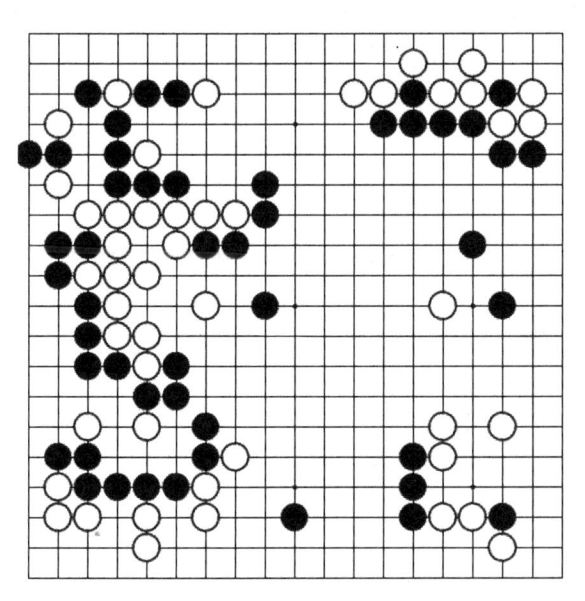

七连白嘛,当然是我的白棋,右上角的定式,在五盘赢棋中出现了三盘。但此时由于左上角的大误算,此时白棋的形势已经不足以用"已非"来形容了:黑棋实空遥遥领先,且全盘铁厚,左中央的白棋甚

至还没有活净。这还下啥啊。要不是时间太早，真想认输拉倒。

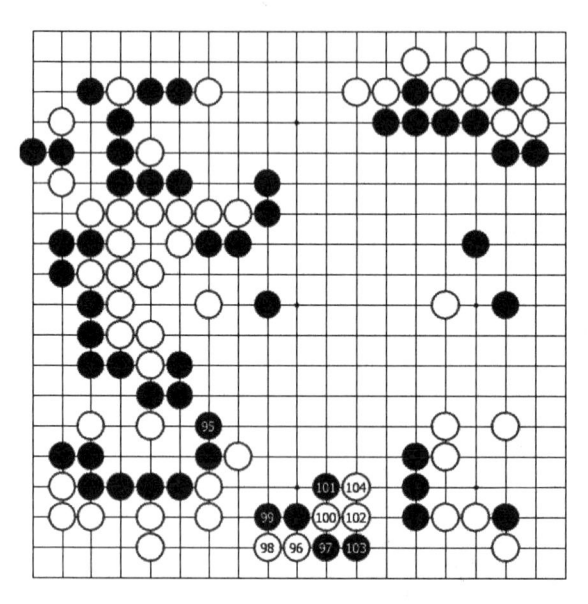

96 托，找点头绪，99 在 101 虎上就什么事都没有了嘛，王老师可能讨厌 103 的夹，99 继续压一手，问一问白的应手……

可白棋还能有什么应手呢，正愁没地方搞事，咔嚓一声断了上去。

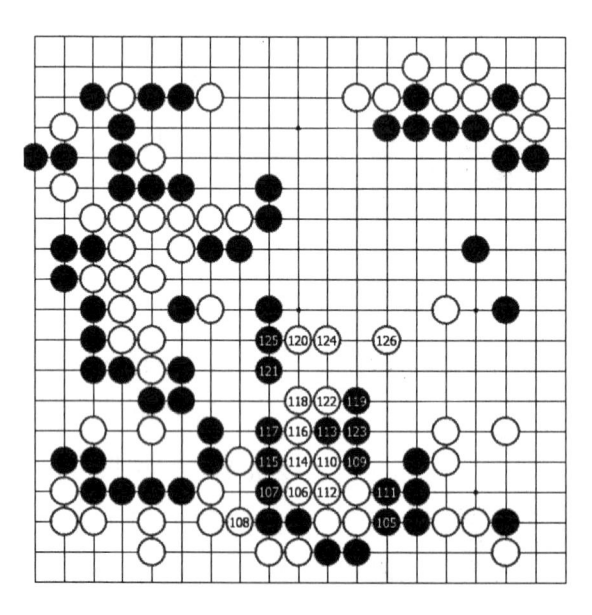

黑长考后，构思了一个宏大的蓝图，109 滚打，113 冲出，121 跳点，125 接厚，一气呵成。黑根本就不理会下面黑棋的死活，127 靠，直指白棋大块。

正在此时，福建队的黄教练暂时放下偷菜大业来赛场巡视，见到此情此景不禁加了句解说词："干葱发出了一阵狞笑。"

可俺却怎么听怎么不对劲，狞笑的是黄教练，而非王老师。

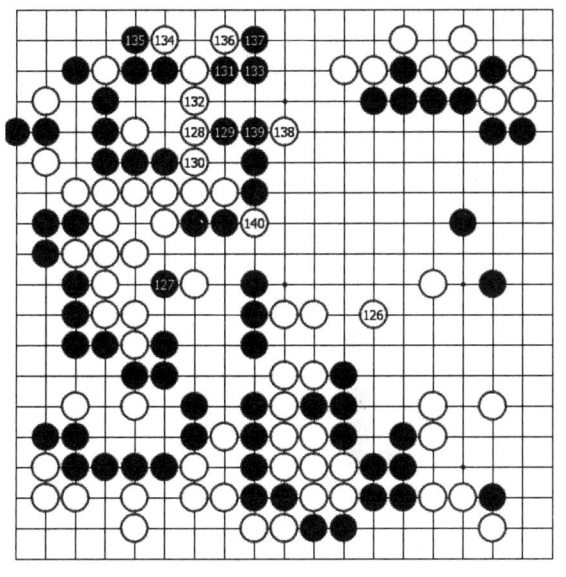

管他谁在怎么笑，反正俺在心里窃笑，黑应该是误算了。

俺连连摇头，表情极为痛苦，向上方"鼠窜"。王老师被自己的误算和俺的伪善迷惑了，继续穷追不舍、赶尽杀绝，让白顺势接回了一子。

140断，又是咔嚓一声，白图穷匕见！！！

白顺利做活了大块，您不妨和基本图比比，看看这一圈下来黑损了多少。然而，即便这样，黑也还没有输。但这一路追杀使王老师耗尽了心情，也耗尽了时间，在催命的读秒声中，双方错进错出，白幸运地笑到了最后……

这样输了一盘棋，才是真正的"靴都会喷出来"。您说，我是否应该向王老师表示一下歉意啊。

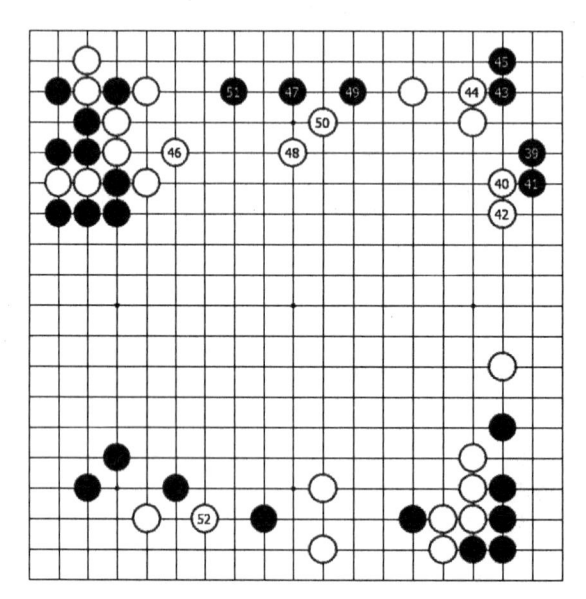

再回过头来看看王老师的表演。40飞罩放黑进三三。进而46虎、48镇，放黑活上边。一路争先后，回到了左下。

王老师自战解说："我当时想，放他进三三，黑应该就坏了吧。"

好坏与正确姑且不论，反正这种高手在腹的招我是永远也下不出来的。实战结果也证明了白中腹的潜力远远超乎了我的预计。

看到这天马驰空的几着，同样激动得"靴都会喷出来"。您说，我是否应该再向王老师表示一下敬意啊。